北京高校优质本科教材
高等学校制药工程专业规划教材

制药安全工程概论

庞 磊　靳江红 ◎ 主编
李翠清 ◎ 主审

化学工业出版社

·北京·

《制药安全工程概论》是高等学校制药工程专业规划教材，介绍了制药安全工程的相关知识。具体内容包括危险化学品安全基础、防火防爆安全技术、电气安全技术、压力容器安全技术、工业毒物与防毒技术、企业安全生产管理、企业职业卫生管理。《制药安全工程概论》内容编写紧贴制药安全工程的生产、管理实践，力求为学生全面介绍相关理论及相关法规，为学生未来的就业奠定良好的专业基础。

本书可作为高等学校制药工程、化学工程与工艺、应用化学、安全工程等专业的本科生教材，也可供制药企业安全管理人员、安全技术人员学习参考。

图书在版编目（CIP）数据

制药安全工程概论/庞磊，靳江红主编．—北京：化学工业出版社，2015.1（2023.1重印）
高等学校制药工程专业规划教材
ISBN 978-7-122-22107-0

Ⅰ.①制… Ⅱ.①庞…②靳… Ⅲ.①制药工业-工业企业-安全生产-高等学校-教材 Ⅳ.①F407.7

中国版本图书馆 CIP 数据核字（2014）第 243547 号

责任编辑：徐雅妮　何　丽	文字编辑：颜克俭
责任校对：王素芹	装帧设计：关　飞

出版发行：化学工业出版社（北京市东城区青年湖南街13号　邮政编码100011）
印　　装：北京七彩京通数码快印有限公司
787mm×1092mm　1/16　印张16　字数392千字　2023年1月北京第1版第6次印刷

购书咨询：010-64518888　　　　　　　　　售后服务：010-64518899
网　　址：http://www.cip.com.cn
凡购买本书，如有缺损质量问题，本社销售中心负责调换。

定　　价：49.00元　　　　　　　　　　　　　　　　　　　　　　版权所有　违者必究

编写人员

主　　编：庞　磊　北京石油化工学院
　　　　　靳江红　北京市劳动保护科学研究所
主　　审：李翠清　北京石油化工学院
参编人员：王晓东　北京市劳动保护科学研究所
　　　　　亢　永　北京石油化工学院
　　　　　吕鹏飞　北京石油化工学院
　　　　　马秋菊　北京理工大学

前 言

近年来,我国制药行业得到迅猛发展,同时也伴随着制药企业生产安全事故的频发,并暴露出药品生产过程中相当突出的职业危害问题。我国经济社会的和谐稳定发展要求现代制药企业在保证药品质量的同时,更应确保制药过程中从业人员的生命安全与身心健康。只有实现制药过程的安全生产,才能使制药企业乃至整个制药行业得到全面可持续发展。

制药工程专业本科毕业生的工作去向,除了从事药品研发,还有相当一部分会涉足制药企业生产设备和生产工艺的设计开发、制药企业的生产管理和内部控制,甚至涉及制药企业的监管及企业工会相关工作。这些岗位的具体工作内容与制药企业安全生产技术及管理存在着必然联系,而安全生产管理是制药企业管理工作的重要内容之一。因此,掌握一定的安全科学基本理论和基础知识,特别是学习和掌握与制药企业安全生产密切相关的危险化学品安全、防火防爆、电气安全、压力容器安全、工业防毒等安全生产技术,同时掌握一定的企业安全生产管理与职业卫生管理的先进方法及理念,对制药工程专业的本科生是非常重要的。目前,我国已有两百多所高等院校开设了制药工程本科专业,而很多高校在本科人才培养过程中已经意识到制药工程专业学生学习制药安全、环保等知识的重要性,并已开设了相关的配套课程。但是截至目前,国内尚未正式出版专门供制药工程专业本科生使用的制药安全工程类教材。正因如此,结合我国制药企业安全生产特点和制药工程专业人才培养目标,我们编写了这本教材。该教材以制药企业安全生产技术、安全生产管理与职业卫生管理为主要内容,以介绍基础知识为重点,知识覆盖面宽,难度适宜。

本书由庞磊和靳江红担任主编,李翠清担任主审。参加编写的人员有:靳江红(第4章)、王晓冬(第8章)、吕鹏飞(第6章)、亢永(第7章7.1~7.5节)、马秋菊(第7章7.6~7.9节)、庞磊(第1~3章、第5章)。全书由马秋菊、庞磊统稿。

本书可作为高等学校制药工程、化学工程与工艺、应用化学、安全工程等专业的本科生教材及相关领域科技、管理人员的参考书。

因编者经验和水平有限,书中不妥之处难免,敬请读者谅解,并期待提出宝贵意见。

编 者
2014 年 9 月于北京

目 录

第 1 章 绪 论 /1

1.1 安全科学产生与发展进程 ······ 1
1.2 安全科学基本术语 ······ 2
   1.2.1 安全 ······ 2
   1.2.2 安全生产 ······ 4
   1.2.3 危险与风险 ······ 4
   1.2.4 事故 ······ 5
   1.2.5 危险源 ······ 7
1.3 我国制药企业安全生产事故特点及分析 ······ 8

第 2 章 危险化学品安全基础 /12

2.1 危险化学品及其分类 ······ 12
   2.1.1 危险化学品的定义 ······ 12
   2.1.2 危险化学品的分类 ······ 12
2.2 危险化学品的危害特性 ······ 18
   2.2.1 爆炸品的危害性 ······ 18
   2.2.2 压缩气体和液化气体的危害性 ······ 19
   2.2.3 易燃液体的危害性 ······ 19
   2.2.4 易燃固体、易于自燃的物质、遇水放出易燃气体的物质等的危害性 ······ 20
   2.2.5 氧化剂和有机过氧化物的危害性 ······ 20
   2.2.6 毒性物质和感染性物质的危害性 ······ 20
   2.2.7 放射性物质的危害性 ······ 21
   2.2.8 腐蚀性物质的危害性 ······ 21
2.3 危险化学品安全生产信息 ······ 21
   2.3.1 化学品安全技术说明书 ······ 21
   2.3.2 化学品安全标签 ······ 23
   2.3.3 化学品作业场所安全警示标志 ······ 25
2.4 危险化学品的安全储存 ······ 26
   2.4.1 储存分类 ······ 26
   2.4.2 危险化学品安全储存的基本要求 ······ 26
2.5 危险化学品的安全运输 ······ 28
   2.5.1 一般危险化学品安全运输的基本要求 ······ 28
   2.5.2 剧毒化学品安全运输的基本要求 ······ 28
2.6 危险化学品的安全包装 ······ 29
   2.6.1 包装的作用及分类 ······ 29
   2.6.2 危险化学品安全包装的基本要求 ······ 29
2.7 危险化学品使用过程中的安全控制原则 ······ 30

第 3 章 防火防爆安全技术 /32

3.1 燃烧基础 ······ 32
   3.1.1 燃烧概述 ······ 32
   3.1.2 燃烧要素 ······ 33
   3.1.3 燃烧形式 ······ 35
   3.1.4 燃烧类型 ······ 36
   3.1.5 燃烧过程 ······ 38

3.1.6　燃烧的特征参数 …………… 39
3.2　火灾防治技术 ………………………… 41
　　3.2.1　火灾及其分类 ………………… 41
　　3.2.2　火灾的特殊燃烧形式 ………… 42
　　3.2.3　生产及储存的火灾
　　　　　危险性分类 ……………………… 43
　　3.2.4　火灾产生的机理与发展过程 … 45
　　3.2.5　火灾的危害 …………………… 47
　　3.2.6　防火技术 ……………………… 49
　　3.2.7　灭火技术 ……………………… 49
　　3.2.8　火场疏散与自救 ……………… 51
3.3　爆炸基础 ……………………………… 53
　　3.3.1　爆炸的基本概念 ……………… 53
　　3.3.2　爆炸的分类 …………………… 53
　　3.3.3　气体爆炸 ……………………… 55
　　3.3.4　爆炸极限 ……………………… 57
　　3.3.5　粉尘爆炸 ……………………… 60
　　3.3.6　粉尘爆炸与混合气体爆
　　　　　炸的差异 ………………………… 65
3.4　爆炸预防技术 ………………………… 65
　　3.4.1　控制工艺参数 ………………… 65
　　3.4.2　防止形成爆炸性混合物 ……… 66
　　3.4.3　隔离储存 ……………………… 68
　　3.4.4　控制点火源 …………………… 70
　　3.4.5　监控报警 ……………………… 71
3.5　爆炸控制技术 ………………………… 73
　　3.5.1　隔爆 …………………………… 73
　　3.5.2　抑爆 …………………………… 73
　　3.5.3　泄爆 …………………………… 75

第4章　电气安全技术　/77

4.1　电气安全基础知识 …………………… 77
　　4.1.1　电力系统简介 ………………… 77
　　4.1.2　用电负荷分级及供电要求 …… 78
　　4.1.3　工业企业供配电系统 ………… 78
　　4.1.4　制药企业常见电气事故 ……… 79
4.2　触电事故防护与急救 ………………… 82
　　4.2.1　直接接触电击及其防护措施 … 82
　　4.2.2　间接接触电击及其防护措施 … 85
　　4.2.3　其他触电防护措施 …………… 89
　　4.2.4　触电事故急救措施 …………… 93
4.3　电气防火防爆 ………………………… 97
　　4.3.1　电气引燃源 …………………… 97
　　4.3.2　危险物质 ……………………… 98
　　4.3.3　爆炸危险区域划分 …………… 99
　　4.3.4　防爆电气设备选型 …………… 104
　　4.3.5　火灾危险区域 ………………… 108
4.4　静电与雷电危害及其
　　　安全措施 ……………………………… 110
　　4.4.1　静电危害及其防护措施 ……… 110
　　4.4.2　雷电危害与安全措施 ………… 115

第5章　压力容器安全技术　/117

5.1　压力容器安全基础 …………………… 117
　　5.1.1　压力容器及其结构 …………… 117
　　5.1.2　压力容器分类 ………………… 118
　　5.1.3　压力容器设计要求 …………… 120
　　5.1.4　操作条件 ……………………… 120
　　5.1.5　压力容器的破坏形式 ………… 121
　　5.1.6　压力容器的安全装置 ………… 123
　　5.1.7　压力容器的安全使用与管理 … 123
5.2　反应釜安全 …………………………… 125
　　5.2.1　反应釜及其分类 ……………… 125
　　5.2.2　反应釜安全使用注意事项 …… 127
　　5.2.3　反应釜安装、操作规范 ……… 127
　　5.2.4　反应釜维护安全事项 ………… 128
　　5.2.5　反应釜典型危害及事故特点 … 129
5.3　气瓶安全 ……………………………… 130
　　5.3.1　气瓶的定期检验 ……………… 130
　　5.3.2　气瓶的颜色标志 ……………… 130
　　5.3.3　气瓶的储存 …………………… 130
　　5.3.4　气瓶的安全使用 ……………… 131
　　5.3.5　短途搬运气瓶的注意事项 …… 132

第6章　工业毒物与防毒技术　/133

6.1　工业毒物的分类及毒性 ……………… 133
　　6.1.1　毒物概述 ……………………… 133
　　6.1.2　工业毒物的分类与毒性指标 … 134
　　6.1.3　工业毒性物质的毒性及分级 … 135

6.1.4 生产及环境中有毒物质的存在状态 …… 136
6.2 工业毒物的危害 …… 137
　6.2.1 有毒物质进入人体的途径 …… 137
　6.2.2 有毒物质对人体的危害 …… 138
　6.2.3 有毒物质作用于有机体的方式及中毒机理 …… 138
　6.2.4 职业中毒对人体系统及器官的损害 …… 139
　6.2.5 有毒物质对机体作用的影响因素 …… 140
6.3 工业毒物防治技术 …… 141
　6.3.1 消除毒源 …… 142
　6.3.2 切断毒物的传播途径 …… 143
　6.3.3 个体防护与保健措施 …… 144
6.4 职业中毒诊断及现场救护 …… 146
　6.4.1 职业中毒的诊断 …… 146
　6.4.2 清除未被吸收的有毒物质 …… 147
　6.4.3 现场急救 …… 147

第7章 企业安全生产管理 /151

7.1 安全生产管理及其基本原理 …… 151
　7.1.1 安全生产管理基本概念 …… 151
　7.1.2 安全生产管理原理与原则 …… 152
7.2 安全生产规章制度 …… 154
　7.2.1 安全生产规章制度及重要意义 …… 154
　7.2.2 安全生产规章制度的建设依据及原则 …… 155
7.3 组织保障 …… 159
　7.3.1 机构要求 …… 159
　7.3.2 人员要求 …… 160
7.4 安全生产投入 …… 160
　7.4.1 基本要求 …… 160
　7.4.2 费用使用和管理 …… 161
7.5 安全生产教育培训 …… 162
　7.5.1 基本要求 …… 162
　7.5.2 培训的组织 …… 163
　7.5.3 各类人员的培训 …… 163
7.6 安全生产检查与隐患排查治理 …… 166
　7.6.1 安全生产检查 …… 166
　7.6.2 隐患排查治理 …… 169
　7.6.3 监督管理 …… 171
7.7 企业安全生产标准化 …… 172
　7.7.1 安全生产标准化概述 …… 172
　7.7.2 企业安全生产标准化基本规范 …… 173
　7.7.3 企业安全生产标准化评定 …… 180
　7.7.4 企业安全生产标准化与职业健康安全管理体系的区别 …… 182
　7.7.5 企业安全生产标准化与药品GMP认证的区别 …… 182
7.8 企业安全文化 …… 183
　7.8.1 安全文化的内涵 …… 183
　7.8.2 企业安全文化的基本功能 …… 183
　7.8.3 企业安全文化建设 …… 184
7.9 事故应急救援 …… 188
　7.9.1 事故应急救援的基本任务 …… 188
　7.9.2 事故应急救援的特点 …… 188
　7.9.3 事故应急管理四阶段 …… 189
　7.9.4 事故应急预案 …… 192
　7.9.5 应急演练 …… 197

第8章 企业职业卫生管理 /200

8.1 职业卫生概述 …… 200
　8.1.1 职业卫生定义 …… 200
　8.1.2 我国职业卫生现状 …… 200
　8.1.3 职业卫生管理体制 …… 202
8.2 职业卫生法规标准体系简介 …… 203
　8.2.1 法律体系框架 …… 204
　8.2.2 宪法相关条款 …… 204
　8.2.3 职业卫生法律和相关法律 …… 204
　8.2.4 职业卫生行政法规和相关行政法规 …… 205
　8.2.5 地方性职业卫生法规 …… 206
　8.2.6 职业卫生规章及规范性文件 …… 206
　8.2.7 国家职业卫生标准 …… 208
　8.2.8 经我国批准生效的国际职业卫生公约 …… 209
8.3 职业病危害因素与职业病 …… 209

8.3.1 职业病危害因素 …………… 209
8.3.2 职业病 …………………………… 217
8.4 职业病防护设施 ………………… 219
　8.4.1 职业病防护设施选用原则 …… 219
　8.4.2 常见职业病防护设施 ………… 220
8.5 个人使用的职业病防护用品 … 224
　8.5.1 个人使用的职业病防护
　　　 用品的选用 …………………… 224
　8.5.2 个人使用的职业病防护用品
　　　 的使用期限和报废 …………… 227
　8.5.3 个人使用的职业病防护
　　　 用品管理 ……………………… 228
8.6 应急救援设施 …………………… 228
8.7 企业职业卫生管理 ……………… 229
　8.7.1 职业卫生管理机构与
　　　 人员的配置 …………………… 229

8.7.2 职业卫生管理制度
　　　和操作规程 …………………… 230
8.7.3 职业病防治规划及实施方案 … 230
8.7.4 职业病危害告知 ……………… 231
8.7.5 职业卫生培训 ………………… 231
8.7.6 职业健康监护 ………………… 231
8.7.7 职业卫生档案 ………………… 233
8.8 制药企业典型职业危害分析 … 234
　8.8.1 生产工艺介绍 ………………… 234
　8.8.2 职业病危害因素识别 ………… 236
　8.8.3 职业病危害防治要点 ………… 240
8.9 职业危害检测与评价 …………… 241
　8.9.1 职业病危害因素检测 ………… 241
　8.9.2 建设项目职业病危害评价 …… 243
　8.9.3 用人单位职业病危害
　　　 现状评价 ……………………… 243

参考文献 /244

第1章 绪 论

1.1 安全科学产生与发展进程

安全科学是人类生产、生活和生存过程中，避免和控制人为因素、自然因素或"人为-自然"因素所带来的危险、危害、意外事故和灾害的学问。安全科学以技术风险作为研究对象，通过事故与灾害的避免、控制和减轻损害及损失，达到人类生产、生活和生存的安全。

安全科学的诞生是现代化生产和科学技术发展的必然结果。纵观人类漫长的历史进程，人类利用自己创造的工具和手段，一步一步地揭示了自然的奥妙。人类不断地认识自然规律，解释物质世界的种种现象，不断地按照自己的意图改造物质世界，在世世代代延续着的规模越来越大的适应自然、征服自然、改造自然的努力中，人类最"得意"的武器就是技术。但是，技术也给人类带来了另一种后果，这就是由于技术失控，其能量的"逆流"导致了灾害和事故的发生，造成人体伤残、健康危害乃至生命的丧失，以及造成技术本身功能的丧失或减弱，使人类的财产遭受损失、环境遭受破坏。历史的经验和教训表明，要处理好生产和生活领域的重大安全问题，绝非某单一学科的理论和技术所能解决的。这就为安全科学作为一门新兴科学的诞生提供了时代背景。

追溯整个历史进程，人类至今共经历了5个安全科学的发展阶段。

(1) 宿命论与被动型的安全状态

远古时期，人们对待事故及灾难只能听天由命，无能为力，认为命运是上天的安排，神灵是人类的主宰。直至17世纪以前，人们对于安全的认识仍然是落后和愚昧的，宿命论和被动承受是其显著特征。

(2) 经验论与事后型的安全哲学

17世纪末人类进入了蒸汽机时代，至20世纪初，由于科学技术发展，安全认识论提高到经验论的水平。随着事故与灾害复杂性和严重性的增加，安全科学进入局部安全的认识阶段，学会了"亡羊补牢"，在事故的策略上有了"事后弥补"的特征，这种由无意识变为有意识的活动，在当时已然是极大的进步，但人们把事故管理等同于安全管理，仅仅围绕事故本身做文章，安全管理的效果极为有限。

(3) 系统论与预防型的安全哲学

20世纪初至50年代，人类对安全的认识进入系统论阶段，认识到事故是可以预防的。方法论上强调生产系统的总体安全，通过各种技术手段来防止事故的发生。事故策略从"事后弥补"进入"预防为主"的阶段。特别是工业生产系统中,在设计、制造、加工、生产过程中都要考虑事故预防对策,由于强化了隐患的控制,安全管理的有效性得到显著提升。

(4) 本质论与综合型的安全哲学

20世纪50年代以来,由于现代军事、宇航与核技术的发展,人们对安全的认识进入本质论阶段,意识到人、机、环境、管理是事故的综合要素,主张工程技术硬手段与教育、管理软手段综合措施,在方法论上推行安全生产与安全生活的综合型对策,强调从人与机器、环境的本质安全入手,贯彻全面安全管理的思想、安全与生产技术统一的原则,安全管理进入了近代的安全哲学阶段。

(5) 超前预防型的大安全观理念

20世纪90年代后,世界进入信息化时代,人们更加重视生命与健康的价值,并逐渐认识到,人类预防事故的三大对策——工程技术对策(Engineering)、教育对策(Education)和强制对策(Enforcement)(简称为3E原则)。超前预防型的"大安全"综合安全管理模式逐步成为21世纪安全管理的发展趋势。

安全科学是一门新兴的边缘科学,涉及社会科学和自然科学的多门学科,以及人类生产和生活的各个方面。从学科角度上看,安全科学研究的主要内容包括:①安全科学技术的基础理论,如灾变理论、灾害物理学、灾害化学、安全数学等;②安全科学应用理论,如安全系统工程、安全人机工程、安全心理学、安全经济学、安全法学等;③安全科学工程技术,包括安全工程、防火防爆工程、电气安全工程、交通安全工程、职业卫生工程、除尘、防毒、个体防护、安全管理工程等。安全科学横跨自然科学和社会科学领域,近十几年来发展迅速,直接影响着经济和社会的发展。随着安全科学学科的全面确立,人类开始更深刻地认识安全的本质及其变化规律,用安全科学的理论指导人们的实践活动,保护职工安全与健康,提高功效,发展生产,创造物质和精神文明,推动社会发展。

1.2 安全科学基本术语

1.2.1 安全

"无危则安、无损则全"。安全是人类生存与发展活动中永恒的主题,也是当今乃至未来人类社会重点关注的问题之一。人类在不断地发展进化的同时,也一直与生存发展活动中所存在的安全问题进行着不懈的斗争。人类社会的发展史在某种意义上说是解决安全问题的奋斗史。随着对安全问题研究的逐步深入,人们越来越清醒地意识到,"无危则安、无损则全"不是安全的科学定义。这是因为,绝对"无危、无损"的状态只是主观上的理想状态,任何生产、生活过程都客观地存在一定的危险性。另外,所谓"无危、无损"的状态,是一个模糊的概念,不能用科学的定量标准来衡量。

实际上,安全指的是在人类生产生活过程中,将系统的运行状态对人类的生命、财产、环境可能产生的损害控制在人类能接受水平以下的状态。安全的本质是反映人、物以及人与物的关系,并使其实现协调运转。

安全具有以下八大基本特征。

(1) 安全的必要性和普遍性

安全是人类生存的必要前提。安全作为人的身心状态及其保障条件,是绝对必要的。而人和物遭遇到人为的或天然的危害或损坏又是常见的,因此不安全因素是客观存在的。人类生存的必要条件首先是安全,如果生命安全都不能得到保障,生存就不能维持,繁衍也无法进行。实现人的安全又是普遍需要的。在人类活动的一切领域,人们必须尽力减少失误,降低风险,尽量使物趋向本质安全化,使人能控制以减少灾害,维护人与物、人与人、物与物相互间协调运转,为生产活动提供必要的基础条件,发挥人和物对生产力的作用。

(2) 安全的随机性

安全取决于人、物和人与物关系的协调性,如果失调就会出现危害或损坏。安全状态的存在和维持时间、地点及其动态平衡的方式等都带有随机性。因而,保障安全的条件是相对地限定在某个时空的,条件变了,安全状态也将发生变化。因此,实现安全有其局限性和风险性,当然要尽量做到不安全的概率极小(即安全性极高),要保证安全时空条件稳定。但是,就当代人的素质和科技水平而言,只能在有限的时空内尽力做到控制事故。如果安全条件变化,人与物间关系失调,事故会随时发生。

(3) 安全的相对性

人们对安全的标准是相对的。因为人们总是逐步揭示安全的运动规律,提高对安全本质的认识,向安全本质化逐渐逼近。安全的内涵引申程度及标准严格程度取决于人们的生理和心理承受的程度、科技发展的水平和政治经济状况、社会的伦理道德和安全法学观念、人们的物质和精神文明程度等现实条件。公众接受的相对安全与本质安全之间是有差距的,现实安全是有条件的,安全标准是随着社会的物质文明和精神文明程度的提高而提高的。

(4) 安全的局部稳定性

无条件地追求绝对安全,特别是巨大系统的安全是不可能的。但有条件地实现人的局部安全或追求物的本质安全化则是可能的、必需的。只要利用系统工程原理调节、控制安全的三个要素,就能实现局部稳定的安全。安全协调运转正如可靠性及工作寿命一样,有一个可度量的范围,其范围由安全的局部稳定性决定。

(5) 安全的经济性

安全与否,直接与经济效益的增长或损失相关。保障安全的必要经济投入是维护劳动者的生产流动能力的基本条件,包括安全装置、安全技能培训、防护设施、改善安全与卫生条件、防护用品等方面的投入,这些都是保障和再生生产力的投入。安全科学技术不仅通过维护和保障生产安全的运转来提高生产效率,而且作为生产力投入也有其馈赠性的经济价值,如创造的产品本身的安全性能及其可靠性就含有安全的潜在经济价值;同时,安全保障后不出现的危险伤害和损坏的本身就可减少经济负效益,这就等于创造了经济效益。

(6) 安全的复杂性

安全与否,取决于人、物(机)和人与物(机)的关系如何,取决于人"(主体)-机(对象)-环境(条件)"系统的运转。这是一个自然与社会结合的开放性系统。在安全活动中,由于人的主导作用和本质属性,包括人的思维、心理、生理等因素以及人与社会的关系,即人的生物性和社会性,使安全问题具有极大的复杂性。安全科学的着眼点是从维护人的安全的角度去研究某系统的状态,最终使该系统成为安全系统。

(7) 安全的社会性

安全与社会的稳定直接相关。无论是人为的灾害还是自然的灾害,如生产中出现的伤亡事故，交通运输中的车祸、空难，家庭中的伤害及火灾，产品对消费者的危害，药物与化学产品对人健康的影响，甚至旅行、娱乐中的意外伤害等，都将给个人、家庭、企事业单位或社团群体带来心灵和物质上的危害，成为影响社会安定的重要因素。安全的社会性的另一个重要方面还体现在对各级行政部门以及对国家领导人或政府高层决策者的影响，"安全第一，预防为主，综合治理"作为我国的安全生产方针，反映在国家的法令、各部门的法规及职业安全与卫生的标准、规范中，从而使社会和公众在安全方面受益。

(8) 安全的潜隐性

对各类事物的安全本质和运动变化规律的把握程度，总是受人的认识能力和科技水平限制的。广义"安全"的含义，不仅考虑不死、不伤、不危及人的生命和躯体，还必须考虑不对人的心理造成伤害。如何掌握伤害程度的界限及确定公众能接受的安全标准有待研究，各种产品（特别是化工产品）、医药、人工合成材料、生物工程产品、遗传工程产品等均有许多潜在危害，需要专门探讨。客观安全由明显的和潜隐的两种安全因素组成。它包括能识别、感知和控制的安全和无把握控制的模糊性安全。所谓安全的潜隐性，是指控制多因素、多媒介、多时空、交混综合效应而产生的潜隐性安全程度。人们总是努力使安全的潜隐性转变为明显性。因此，安全的潜隐性问题亟待人们研究，只有通过探索实践，才能找到实现安全的方法。

1.2.2 安全生产

所谓"安全生产"，就是指在生产经营活动中，为了避免造成人员伤害和财产损失的事故而采取相应的事故预防和控制措施，以保证从业人员的人身安全，保证生产经营活动得以顺利进行的相关活动。

《辞海》中将"安全生产"解释为：为预防生产过程中发生人身、设备事故，形成良好劳动环境和工作秩序而采取的一系列措施和活动。

《中国大百科全书》中将"安全生产"解释为：旨在保护劳动者在生产过程中安全的一项方针，也是企业管理必须遵循的一项原则，要求最大限度地减少劳动者的工伤和职业病，保障劳动者在生产过程中的生命安全和身体健康。后者将安全生产解释为企业生产的一项方针、原则和要求，前者则解释为企业生产的一系列措施和活动。

根据现代系统安全工程的观点，上述解释只表述了某一个方面，都不够全面。概括地说，安全生产是指采取一系列措施使生产过程在符合规定的物质条件和工作秩序下进行，有效消除或控制危险和有害因素，无人身伤亡和财产损失等生产事故发生，从而保障人员安全与健康、设备和设施免受损坏、环境免遭破坏，使生产经营活动得以顺利进行的一种状态。

安全生产是安全与生产的统一，其宗旨是安全促进生产，生产必须安全。搞好安全生产工作，改善劳动条件，可以调动职工的生产积极性；减少职工伤亡，可以减少劳动力的损失；减少财产损失，可以增加企业效益，无疑会促进生产的发展；而生产必须安全，则是因为安全是生产的前提条件，没有安全就无法正常和顺利地生产。

1.2.3 危险与风险

与安全相对应地，危险是安全的对立状态。危险是指在生产、生活系统中一种潜在的，致使人员伤亡或财产损失的不幸事件（即事故）发生的概率及其严重度超出可接受水平的状态。危险的概率是指危险发生（转变）事故的可能性，即频度或单位时间危险发生的次数。

危险的严重度或伤害、损失或危害的程度则是指每次危险发生导致的伤害程度或损失大小。

风险也是安全的对立状态。风险强调系统的不安定性、不确定性。与危险相比，风险的内涵更加宽泛。针对系统的不同状态以及人们对系统的认识程度，风险的内涵主要有以下一些。

(1) 描述系统危险性的客观量

当系统的可知性和可控性较强时，风险是不幸事件将要发生，且后果可以预见的状态。根据国际标准化组织的定义，风险是衡量危险性的指标，风险是某一有害事故发生的可能性与事故后果的组合。生产系统中的危险，是安全工程的主要研究对象，而生产系统是具有较强可知性和可控性的人为系统。因此，对于安全工程领域和工业生产系统，风险与危险性是相同的概念，即风险是系统危险性的客观量。

(2) 损失的不确定性

当系统的可知性和可控性较弱时，风险是不幸事件发生不确定，发生后出现何种损失事先难以预知的状态。美国学者威特雷认为，风险是关于不愿意发生的事件发生的不确定的客观体现。具体地说，风险是客观存在的现象，风险的本质与核心具有不确定性，风险事件是人们主观所不愿发生的。社会、经济系统是可知性和可控性较弱的自在系统，其风险更多地被理解为损失的不确定性。

(3) 危险和机遇伴生的状态

上述两种风险概念的共同点在于，都将风险看成是可能发生，且可能造成损失后果的状态。这时的风险造成的结果只有损失机会，而无获利可能，称为纯粹风险。与纯粹风险相对应的是投机风险。投机风险是指既可能产生收益也可能造成损失的不确定性。经济系统的某些风险，其结果的不确定性可能波及的范围大到损失和获利之间，以致危险和机遇并存，如投资、炒股、购买期货等。

安全工程所涉及的风险，理论上只能是纯粹风险，因为系统的危险性只存在造成事故损失结果的可能性。然而，在实践中却可能存在投机风险性质。例如，为预防和控制事故所付出的安全投入，是用实在的资金支出换取事故发生概率的降低，具有节省支出也可能不出事故的性质；违章操作具有发生事故的危险和作业便捷的诱惑。为了防止生产过程中的事故，必须努力防止和杜绝风险的投机性质。例如，落实安全投入相关法律法规、开展企业安全设施审查、设计本质安全条件、提高违章成本等。

根据对风险的理解，风险的大小可以用不幸事件发生的概率和事件后果的严重程度两个客观量的逻辑乘积来评价。在安全工程领域，人们认识风险和管理风险的目的就是限制系统中客观存在的各种潜在的危险因素，使之趋于极小化，以提高系统的安全性。具体措施就是要降低不幸事件发生的概率，控制其可能造成的后果的严重程度。

1.2.4 事故

1.2.4.1 事故及其特性

事故是指在生产生活过程中，由于人们受到科学知识和技术力量的限制，或者由于认识上的局限，当前还不能防止，或能防止但未有效控制而发生的违背人们意愿的事件序列。事故的发生，可能迫使系统暂时或较长期地中断运行，也可能造成人员伤亡和财产损失（又称为损伤），或者二者同时出现。

事故的特性有以下几方面。

(1) 普遍性

自然界中充满着各种各样的危险,人类的生产、生活过程中也总是伴随着危险。所以,发生事故的可能性普遍存在。危险是客观存在的,在不同的生产、生活过程中,危险性各不相同,事故发生的可能性也就存在着差异。

(2) 随机性

事故发生的时间、地点、形式、规模和事故后果的严重程度都是不确定的。何时、何地、发生何种事故,其后果如何,都很难预测,从而给事故的预防带来一定困难。但是,在一定的范围内,事故的随机性遵循数理统计规律,亦即在大量事故统计资料的基础上,可以找出事故发生的规律,预测事故发生概率的大小。因此,事故统计分析对制定正确的预防措施具有重要作用。

(3) 必然性

危险是客观存在的,而且是绝对的。因此,人们在生产、生活过程中必然会发生事故,只不过是事故发生的概率大小、人员伤亡的多少和财产损失的严重程度不同而已。人们采取措施预防事故,只能延长事故发生的时间间隔、降低事故发生的概率,而不能完全杜绝事故。

(4) 因果相关性

事故是由系统中相互联系、相互制约的多种因素共同作用的结果。导致事故的原因多种多样。从总体上事故原因可分为人的不安全行为、物的不安全状态、环境的不良刺激作用。从逻辑上又可分为直接原因和间接原因等。这些原因在系统中相互作用、相互影响,在一定的条件下发生突变,即酿成事故。通过事故调查分析,探求事故发生的因果关系,搞清事故发生的直接原因、间接原因和主要原因,对于预防事故发生具有积极作用。

(5) 突变性

系统由安全状态转化为事故状态实际上是一种突变现象。事故一旦发生,往往十分突然,令人措手不及。因此,制订事故预案,加强应急救援训练,提高作业人员的应激反应能力和应急救援水平,对于减少人员伤亡和财产损失尤为重要。

(6) 潜伏性

事故的发生具有突变性,但在事故发生之前存在一个量变过程,亦即系统内部相关参数的渐变过程,所以事故具有潜伏性。一个系统,可能长时间没有发生事故,但这并非就意味着该系统是安全的,因为它可能潜伏着事故隐患。这种系统在事故发生之前所处的状态不稳定,为了达到系统的稳定态,系统要素在不断发生变化。当某一触发因素出现,即可导致事故。事故的潜伏性往往会引起人们的麻痹思想,从而酿成重大恶性事故。

(7) 危害性

事故往往造成一定的财产损失或人员伤亡。严重者会制约企业的发展,给社会稳定带来不良影响。因此,人们面对危险能全力抗争而追求安全。

(8) 可预防性

尽管事故的发生是必然的,但我们可以通过采取控制措施来预防事故发生或者延缓事故发生的时间间隔。充分认识事故的这一特性,对于防止事故发生有促进作用。通过事故调查,探求事故发生的原因和规律,采取预防事故的措施,可降低事故发生的概率。

1.2.4.2 安全生产事故及其分类

安全生产事故，是指生产经营单位在生产经营活动中发生的造成人身伤亡或者直接经济损失的事故。《安全生产法》所称的生产经营单位，是指从事生产活动或者经营活动的基本单元，既包括企业法人，也包括不具有企业法人资格的经营单位、个人合伙组织、个体工商户和自然人等其他生产经营主体；既包括合法的基本单元，也包括非法的基本单元。《安全生产法》和《生产安全事故报告和调查处理条例》所称的生产经营活动，既包括合法的生产经营活动，也包括违法违规的生产经营活动。国家机关、事业单位、人民团体发生的事故的报告和调查处理，参照《生产安全事故报告和调查处理条例》的规定执行。

《企业职工伤亡事故分类标准》（GB 6441—1986）综合考虑起因物、引起事故的诱导性原因、致害物、伤害方式等，将企业工伤事故分为20类，分别为物体打击、车辆伤害、机械伤害、起重伤害、触电、淹溺、灼烫、火灾、高处坠落、坍塌、冒顶片帮、透水、放炮、火药爆炸、瓦斯爆炸、锅炉爆炸、容器爆炸、其他爆炸、中毒和窒息及其他伤害。

《生产安全事故报告和调查处理条例》（国务院令第493号）将"生产安全事故"定义为：生产经营活动中发生的造成人身伤亡或者直接经济损失的事件。根据生产安全事故造成的人员伤亡或者直接经济损失，生产安全事故一般分为以下等级：

① 特别重大事故，是指造成30人以上死亡，或者100人以上重伤（包括急性工业中毒，下同），或者1亿元以上直接经济损失的事故；

② 重大事故，是指造成10人以上30人以下死亡，或者50人以上100人以下重伤，或者5000万元以上1亿元以下直接经济损失的事故；

③ 较大事故，是指造成3人以上10人以下死亡，或者10人以上50人以下重伤，或者1000万元以上5000万元以下直接经济损失的事故；

④ 一般事故，是指造成3人以下死亡，或者10人以下重伤，或者1000万元以下直接经济损失的事故。

该等级标准中所称的"以上"包括本数，所称的"以下"不包括本数。

1.2.5 危险源

危险源通常指可能导致死亡、伤害、职业病、财产损失、工作环境破坏或这些情况组合的根源或状态。在《职业健康安全管理体系要求》（GB/T 28001—2011）中危险源的定义为可能导致人身伤害和（或）健康损害的根源、状态或行为，或其组合。它的实质是具有潜在危险的源点或部位，是爆发事故的源头，是能量、危险物质集中的核心，是能量从那里传出来或爆发的地方。危险源存在于确定的系统中，不同的系统范围，危险源的区域也不同。例如，从全国范围来说，对于危险行业（如石油、化工等）具体的一个企业（如炼油厂）就是一个危险源。而从一个制药企业系统来说，可能是某个车间、仓库就是危险源，一个车间系统可能是某台设备是危险源。因此，分析危险源应按系统的不同层次来进行。一般来说，危险源可能存在事故隐患，也可能不存在事故隐患，对于存在事故隐患的危险源一定要及时加以整改，否则随时都可能导致事故。

实际中，对事故隐患的控制管理总是与一定的危险源联系在一起，因为没有危险的隐患也就谈不上要去控制它；而对危险源的控制，实际上就是消除其存在的事故隐患或防止其出现事故隐患。

危险源应由潜在危险性、存在条件和触发因素三个要素构成。潜在危险性是指一旦触发事故，可能带来的危害程度或损失大小，或者说危险源可能释放的能量强度或危险物质量的大小。危险源的存在条件是指危险源所处的物理、化学状态和约束条件状态。例如，物质的压力、温度、化学稳定性，盛装压力容器的坚固性，周围环境障碍物等情况。触发因素虽然不属于危险源的固有属性，但它是危险源转化为事故的外因，且每一类型的危险源都有相应的敏感触发因素。例如，热能是易燃易爆物质的敏感触发因素，又如压力升高是压力容器的敏感触发因素。因此，一定的危险源总是与相应的触发因素相关联。在触发因素的作用下，危险源转化为危险状态，继而转化为事故。

在对危险源认知的基础上，《危险化学品重大危险源辨识》(GB 18218—2009)中给出了危险化学品重大危险源的定义，它是指长期地或临时地生产、加工、使用或储存危险化学品，且危险化学品的数量等于或超过临界量的单元。控制危险化学品重大危险源是化工和制药企业安全管理的重点。控制重大危险源的目的，不仅仅是预防重大事故的发生，而且是要做到一旦发生事故，能够将事故限制到最低程度，或者说能够控制到人们可接受的程度。通俗地讲，危险化学品重大危险源总是涉及易燃、易爆、有毒有害的危险物质，并且是在一定范围内使用、生产、加工、储存超过了临界数量的这些物质。

1.3 我国制药企业安全生产事故特点及分析

我国制药企业安全生产形势极为严峻，近年来制药企业各类生产安全事故频繁发生，药品生产过程中职业危害也极为严重。表1-1给出了近十年来我国制药企业14起典型生产安全事故（来自国家安全生产监督管理总局网站 www.chinasafety.gov.cn）。

根据表1-1，制药企业爆炸事故发生起数和死亡人数分别占制药企业生产安全事故总起数和总死亡人数的64%和78%，说明爆炸事故是制药企业生产过程中最主要的事故类型。同时，从事故发生发展过程来看，这些爆炸事故均与制药工艺中常用的反应釜及烘箱有关，且往往伴有次生火灾，进而造成伤亡的扩大。

表1-1 近十年我国制药企业14起典型生产安全事故

发生时间	事故描述	事故类型	伤亡情况
2004.09.07	浙江金华市白龙桥镇立信医药化工有限公司,阿奇霉素中间体生产车间因反应釜突然爆炸引燃周围甲苯、丙酮、甲醇和泄漏的易燃液体等造成大火	爆炸、火灾	3死4伤
2005.05.27	山东菏泽科达药物化工有限公司,生产医药中间体过程中反应釜爆炸事故	爆炸	6死1伤
2005.11.24	重庆英特化工有限公司(生产医药中间体),在用双氧水处理焦化苯中的少量杂质硫化物时,与反应釜相连的中和釜发生燃烧爆炸,同时引起苯高位槽爆炸	爆炸	1死5伤
2007.01.13	江苏昆山康大医药化工公司,硝化车间熔融反应釜发生爆炸事故	爆炸	7死
2007.05.08	江西吉安淦辉医药化工有限公司,缩合车间因作业人员操作不当,导致反应釜内物料温度骤然升高,反应失控产生冲料,大量易燃易爆物质喷出后与空气接触燃烧起火并引发爆炸	火灾、爆炸	3死12伤

续表

发生时间	事故描述	事故类型	伤亡情况
2009.08.05	内蒙古赤峰市红山区赤峰制药股份有限公司,抚顺市抚运危险货物运输服务有限公司一辆液氨槽罐车在卸车过程中,卸车金属软管突然破裂,导致液氨发生泄漏	中毒和窒息	246伤
2010.01.12	天津市金汇药业有限公司,巴豆酸车间反应釜发生爆裂并引发燃烧	爆炸、火灾	3死2伤
2010.12.30	云南昆明市五华区全新生物制药厂,电器火花引爆积累在烘箱中的乙醇爆炸性混合气体发生爆炸并引发火灾	爆炸、火灾	5死8伤
2011.03.27	安徽安庆鑫富化工有限公司(主要产品为药用三氯蔗糖)制造车间3号低温氯化釜发生爆炸	爆炸	3死1伤
2011.08.04	宁夏银川多维泰瑞制药有限公司泵房污水管道阀门垫子破裂,导致管道内沼气溢出,致人中毒	中毒和窒息	3死
2012.04.18	安徽中升药业有限公司二车间发生光气泄漏中毒事故	中毒和窒息	2死
2013.09.09	江苏南通常佑药业科技有限公司,结晶车间在用氮气进行试漏过程中,由于系统氮气泄漏,车间空间狭小,通风不畅,造成巡查的职工窒息昏迷	中毒和窒息	2死
2013.10.21	山东东营新发药业公司维生素B_2生产车间因导热油泄漏,引发火灾	火灾	3死2伤
2014.07.01	海南海口慧谷药业有限公司,固体制剂车间烘箱含易燃品酒精的物料发生爆炸事故	爆炸	4死4伤

从表1-1可见,制药企业中毒和窒息事故发生起数和死亡人数分别占制药企业生产安全事故总起数和总死亡人数的29%和16%,事故后果也相当严重,说明中毒和窒息也是制药企业最主要的事故类型之一。同时,对于表1-1所列事故,中毒和窒息事故引发的死亡和受伤人数约占事故伤亡总人数的77%,说明制药企业中毒和窒息事故的灾害覆盖面是最大的。此外,根据事故发生原因来看,这些中毒和窒息事故并非由制药工艺中涉及的原材料、中间体或产品所致,而主要由制药工艺的配套设备实施及操作所引发。

从事故严重程度来看,这14起典型事故中29%为一般事故,71%为较大事故,尽管没有重大和特别重大事故,但较大事故占据的比重非常高。从事故发生时间来看,几乎每年均有发生,且事故所在月份并无明显分布规律。

结合制药企业生产特点及上述生产安全事故来看,造成我国制药企业安全生产严峻形势的主要原因如下。

(1) 生产安全事故风险高,安全隐患多样

药品的生产过程往往涉及多种危险化学品,它们绝大多数都具有易燃、易爆、毒害和腐蚀作用,如果使用和管理失控,极易引发火灾、爆炸、中毒和窒息等事故,造成严重的人员伤亡和经济财产损失。同时,随着我国制药企业生产规模的日益扩大和自动化生产水平的不断提高,制药过程涉及的生产装置所含能量越来越高,安全生产的风险也与日俱增。此外,各类药品的生产又具有其自身的风险特点,如生物制药可能对接触者带来很大的感染性风险,而中药、天然药物的生产中则往往伴随着粉尘、噪声等严重的职业危害。这些因素都加剧了制药企业安全生产的风险,给企业员工的生命和身心健康带来潜在的巨大威胁。

(2) 安全生产管理不到位

国内相当多的制药企业安全生产管理不到位。纵观近年我国制药企业生产安全事故原因可知，绝大部分属于责任事故，且绝大部分是由于操作人员违规操作或对突发情况处理不当引起的。同时，在企业正常生产运营过程中，员工不重视职业危害，个体防护不到位的情况屡见不鲜，而企业安全生产检查及安全隐患排查治理工作也往往走过场，流于形式。这些都说明制药企业自身的安全生产管理不到位，安全生产宣传教育不到位，没有使员工形成良好、规范的安全操作流程和形成良好的事故与职业危害防范意识。此外，很多制药企业对事故的应急管理不够重视，缺乏完善的应急管理体系，事故应急预案缺乏可操作性，应急演练也流于形式，一旦遇到突发事故（件），必然出现难以从容应对的情况。

(3) 从业人员素质偏低，安全意识薄弱

《安全生产法》第十九条规定，矿山、建筑施工单位和危险物品的生产、经营、储存单位，应当设置安全生产管理机构或者配备专职安全生产管理人员。除这几类企业以外的其他生产经营单位，从业人员超过三百人的，应当设置安全生产管理机构或者配备专职安全生产管理人员；从业人员在三百人以下的，应当配备专职或者兼职的安全生产管理人员，或者委托具有国家规定的相关专业技术资格的工程技术人员提供安全生产管理服务。

我国绝大部分制药企业都涉及各种危险化学品，且近年来各制药企业也在努力扩大生产规模以跟上经济发展和人民生活水平提高的步伐。因此，国内相当多的制药企业几乎都需要设置安全生产管理机构或者配备专职安全生产管理人员。然而，目前我国制药企业专职安全生产管理人员严重不足，甚至身兼数职，往往没有足够精力从事制药企业的安全生产管理。一些中小规模制药企业的从业人员技术水平低，综合素质差，安全意识极其薄弱，例如一些员工对制药过程中的典型职业危害一无所知，企业配发的口罩、耳塞等个人防护用品从不按要求佩戴，伤害了自己的同时也严重制约了我国制药企业的总体安全生产水平。

(4) 安全生产投入偏低

安全生产的实现要靠投入保障作为基础。从经济学的角度看，安全投入一是活劳动的投入，即专业人员的配置；二是资金的投入，用于安全技术、管理和教育措施的费用。从安全活动和实践的角度看，安全文化建设、安全法制建设和安全监管活动，以及安全科学技术的研究与开发都需要安全投入来保障。因此，安全投入是安全生产的前提、基础和保障。

目前我国安全生产总体投入水平相对较低。在安全活劳动投入方面，我国的安全生产管理人员的万人配备率相当低，美国是我国的10余倍、英国是我国的22倍。在安全经费投入方面，用万人投入率比较，美国是我国的3倍、英国是我国的5倍。我国20世纪90年代企业年均安全总投入（包括安全措施经费、劳动防护用品等）占GDP的比例为0.703%，而发达国家的安全投入一般占到GDP的3%。

制药企业也不例外。我国制药企业普遍存在安全生产经费投入严重不足、装备水平低、本质安全化程度偏低的现状。企业为了谋取利益的最大化，减少安全投入，放松安全管理，安全生产培训往往流于形式。近年来，全国各地大量制药企业兴起，原有制药企业则积极扩大药品产量及种类。企业将绝大部分投入用于发展和扩大生产，在一定程度上忽视了安全投入。例如，大量制药企业不断引进新设备新工艺，但生产车间却还没有完备的可燃气体探测及火灾预测预警系统，也没有按照工业防火防爆相关标准建设生产及储存厂房；一些药品生产线涉及工业毒物，但仅给员工佩戴了无防毒作用的简易防尘口罩。这些实际情况在很大程度上增加了制药企业安全生产的风险。

(5) 安全生产监管不及时、不到位

我国当前的安全生产监管仍存在一些突出问题，例如安全生产监察人员队伍整体文化层次不高，缺乏安全科学理论知识和专业技能，安全生产监管过程留死角、走过场，安全生产的问责和惩处力度不够，现场监管技术手段落后等。特别是一些专项检查、监管仍属于事后预防状态，即往往在重特大事故发生后才开始实施专项监管和检查，没有做到"事前预防"和"关口前移"，这在很大程度上与"安全第一、预防为主、综合治理"的安全生产方针背道而行。

鉴于我国制药企业安全生产的严峻形势，我国制药工程专业本科生极有必要学习安全科学的基本理论和基础知识，特别是学习和掌握与制药企业安全生产密切相关的危险化学品安全、防火防爆、电气安全、压力容器安全、工业防毒等安全生产技术，同时掌握一定的企业安全生产与职业卫生管理的先进方法及理念，从而为毕业后进入制药企业或药品行业从事药品生产和企业管理、监管打下坚实的基础。

第 2 章 危险化学品安全基础

近年来，我国制药企业得到了蓬勃发展，制药过程中涵盖化学品，特别是危险化学品的种类和数量也都大大增加。制药过程中不可避免地涉及大量危险化学品的生产、储存、运输、使用、经营及废弃等环节。危险化学品的多种危害性极易引发各种生产安全和环境污染事故，造成严重的人员伤亡、经济财产损失，也造成了极为恶劣的社会负面影响。本章内容基础性较强，是制药企业安全生产技术与管理的基础，也是学习本书后续章节的基础。因此，制药工程专业学生必须了解危险化学品的基础知识，特别是各类危险化学品的危险性及其储存、运输、使用等各个环节的安全措施及注意事项，才能在未来的制药相关工作中从事故发生机理入手有效避免和控制危险化学品可能引发的各种事故。

2.1 危险化学品及其分类

2.1.1 危险化学品的定义

化学品是指单个化学元素（汞、氧气）或由多种元素组成的纯净物（磷酸铵、氯化钠）或混合物（黑火药），无论是天然的（原油）还是合成的（三硝酸甘油酯），都属于化学品。广义上讲，凡具有各种不同程度的燃烧、爆炸、毒害、腐蚀、放射性等危险特性，受到摩擦、撞击、震动、接触火源、日光暴晒、遇水受潮、温度变化的其他物质等外界因素的影响，进而引起燃烧、爆炸、中毒、灼伤等人身伤亡、职业危害或使财产损坏、环境污染的物质，都属于危险化学品。2011年12月1日起施行的《危险化学品安全管理条例》（国务院第591号令）中明确给出了危险化学品的定义，即指具有毒害、腐蚀、爆炸、燃烧、助燃等性质，对人体、设施、环境具有危害的剧毒化学品和其他化学品。

目前，全世界化学品约1000万种，销售的化学品商品有7万多种，具有危险性的化学品达到1万多种。化工生产中所需的原料、中间体及产品约70%以上为危险化学品，其中有150~200种被认为是致癌物。危险化学品和其他许多科技成果一样是一把双刃剑，既可造福于人类，也会由于其潜在危险给人类的生产和生活带来负面影响。

2.1.2 危险化学品的分类

2.1.2.1 根据《化学品分类和危险性公示 通则》(GB 13690—2009)分类

我国早期对危险化学品的分类主要基于国家标准《常用危险化学品的分类及标志》(GB

13690—1992)。在该标准中,将危险化学品按其危险特性分为八大类。第一类是爆炸品;第二类是压缩气体和液化气体;第三类是易燃液体;第四类是易燃固体、自燃物品和遇湿易燃物品;第五类是氧化剂和有机过氧化物;第六类是有毒品;第七类是放射性物品;第八类是腐蚀品。

2009年,国家出台了《化学品分类和危险性公示 通则》(GB 13690—2009),该标准对应于联合国《化学品分类与标记全球协调制度》(GHS)第二修订版,并代替了《常用危险化学品的分类及标志》(GB 13690—1992)。该标准适用于化学品分类及其危险公示,适用于化学品生产场所和消费品的标志。该标准按物理、健康或环境危险的性质将化学品共分为3大类27小类,如表2-1所示。

表2-1 《化学品分类和危险性公示 通则》(GB 13690—2009)对化学品的分类

序号	物理危险	健康危险	环境危险
1	爆炸物	急性毒性	危害水生环境
2	易燃气体	皮肤腐蚀/刺激	
3	易燃气溶胶	严重眼损伤/眼刺激	
4	氧化性气体	呼吸或皮肤过敏	
5	压力下气体	生殖细胞致突变性	
6	易燃液体	致癌性	
7	易燃固体	生殖毒性	
8	自反应物质或混合物	特异性靶器官系统毒性——一次接触	
9	自燃液体	特异性靶器官系统毒性——反复接触	
10	自燃固体	吸入危险	
11	自热物质和混合物		
12	遇水放出易燃气体的物质或混合物		
13	氧化性液体		
14	氧化性固体		
15	有机过氧化物		
16	金属腐蚀剂		

(1) 物理危险

1) 爆炸物

爆炸物分类、警示标签和警示性说明见GB 20576。

爆炸物质(或混合物)是这样一种固态或液态物质(或物质的混合物),其本身能够通过化学反应产生气体,而产生气体的温度、压力和速度能对周围环境造成破坏。其中也包括发火物质,即便它们不放出气体。

发火物质(或发火混合物)是这样一种物质或物质的混合物,它旨在通过非爆炸自持放热化学反应产生的热、光、声、气体、烟或所有这些的组合来产生效应。

爆炸性物品是含有一种或多种爆炸性物质或混合物的物品。

烟火物品是包含一种或多种发火物质或混合物的物品。

爆炸物种类包括以下几种。

① 爆炸性物质和混合物。

② 爆炸性物品，但不包括下述装置：其中所含爆炸性物质或混合物由于其数量或特性，在意外/偶然点燃/引爆后，不会由于迸射、发火、冒烟或巨响而在装置之外产生任何效应。

③ 在①和②中未提及的为产生实际爆炸或烟火效应而制造的物质、混合物和物品。

2）易燃气体

易燃气体分类、警示标签和警示性说明见 GB 20577。

易燃气体是在 20℃ 和 101.3kPa 标准压力下，与空气有易燃范围的气体。

3）易燃气溶胶

易燃气溶胶分类、警示标签和警示性说明见 GB 20578。

气溶胶是指气溶胶喷雾罐，系任何不可重新灌装的容器，该容器由金属、玻璃或塑料制成，内装强制压缩、液化或溶解的气体，包含或不包含液体、膏剂或粉末，配有释放装置，可使所装物质喷射出来，形成在气体中悬浮的固态或液态微粒或形成泡沫、膏剂或粉末或处于液态或气态。

4）氧化性气体

氧化性气体分类、警示标签和警示性说明见 GB 20579。

氧化性气体是一般通过提供氧气，比空气更能导致或促使其他物质燃烧的任何气体。

5）压力下气体

压力下气体分类、警示标签和警示性说明见 GB 20580。

压力下气体是指高压气体在压力等于或大于 200kPa（表压）下装入贮器的气体，或是液化气体或冷冻液化气体。

压力下气体包括压缩气体、液化气体、溶解液体、冷冻液化气体。

6）易燃液体

易燃液体分类、警示标签和警示性说明见 GB 20581。

易燃液体是指闪点不高于 93℃ 的液体。

7）易燃固体

易燃固体分类、警示标签和警示性说明见 GB 20582。

易燃固体是容易燃烧或通过摩擦可能引燃或助燃的固体。

易于燃烧的固体为粉状、颗粒状或糊状物质，它们在与燃烧着的火柴等火源短暂接触即可点燃和火焰迅速蔓延的情况下，都非常危险。

8）自反应物质或混合物

自反应物质分类、警示标签和警示性说明见 GB 20583。

自反应物质或混合物是即便没有氧（空气）也容易发生激烈放热分解的热不稳定液态或固态物质或者混合物。本定义不包括根据统一分类制度分类为爆炸物、有机过氧化物或氧化物质的物质和混合物。

如果在实验室试验中，自反应物质或混合物的组分容易起爆、迅速爆燃或在封闭条件下加热时显示剧烈效应，应视为具有爆炸性质。

9）自燃液体

自燃液体分类、警示标签和警示性说明见 GB 20585。

自燃液体是即使数量小也能在与空气接触后 5min 之内引燃的液体。

10）自燃固体

自燃固体分类、警示标签和警示性说明见 GB 20586。

自燃固体是即使数量小也能在与空气接触后 5min 之内引燃的固体。

11）自热物质和混合物

自热物质分类、警示标签和警示性说明见 GB 20584。

自热物质是发火液体或固体以外，与空气反应不需要能源供应就能够自己发热的固体或液体物质或混合物；这类物质或混合物与发火液体或固体不同，因为这类物质只有数量很大（公斤级）并经过长时间（几小时或几天）才会燃烧。

需要注意的是，物质或混合物的自热导致自发燃烧是由于物质或混合物与氧气（空气中的氧气）发生反应并且所产生的热没有足够迅速地传导到外界而引起的。当热产生的速度超过热损耗的速度而达到自燃温度时，自燃便会发生。

12）遇水放出易燃气体的物质或混合物

遇水放出易燃气体的物质分类、警示标签和警示性说明见 GB 20587。

遇水放出易燃气体的物质或混合物是通过与水作用，容易具有自燃性或放出危险数量的易燃气体的固态或液态物质或混合物。

13）氧化性液体

氧化性液体分类、警示标签和警示性说明见 GB 20589。

气体性液体是本身未必燃烧，但通常因放出氧气可能引起或促使其他物质燃烧的液体。

14）氧化性固体

氧化性固体分类、警示标签和警示性说明见 GB 20590。

氧化性固体是本身未必燃烧，但通常因放出氧气可能引起或促使其他物质燃烧的固体。

15）有机过氧化物

有机过氧化物分类、警示标签和警示性说明见 GB 20591。

有机过氧化物是含有二价—O—O—结构的液态或固态有机物质，可以看作是一个或两个氢原子被有机基替代的过氧化氢衍生物。该术语也包括有机过氧化物配方（混合物）。有机过氧化物是热不稳定物质或混合物，容易放热自加速分解。另外，它们可能具有下列一种或几种性质：

易于爆炸分解；迅速燃烧；对撞击或摩擦敏感；与其他物质发生危险反应。

如果有机过氧化物在实验室试验中，在封闭条件下加热时组分容易爆炸、迅速爆燃或表现出剧烈效应，则可认为它具有爆炸性质。

16）金属腐蚀剂

金属腐蚀物分类、警示标签和警示性说明见 GB 20588。

腐蚀金属的物质或混合物是通过化学作用显著损坏或毁坏金属的物质或混合物。

(2) 健康危险

1）急性毒性

急性毒性分类、警示标签和警示性说明见 GB 20592。

急性毒性是指在单剂量或在 24h 内多剂量口服或皮肤接触一种物质，或吸入接触 4h 之后出现的有害效应。

2) 皮肤腐蚀/刺激

皮肤腐蚀/刺激分类、警示标签和警示性说明见 GB 20593。

皮肤腐蚀是对皮肤造成不可逆损伤；即施用试验物质达到 4h 后，可观察到表皮和真皮坏死。

腐蚀反应的特征是溃疡、出血、有血的结痂，而且在观察期 14d 结束时，皮肤、完全脱发区域和结痂处由于漂白而退色。应考虑通过组织病理学来评估可疑的病变。

皮肤刺激是施用试验物质达到 4h 后对皮肤造成可逆损伤。

3) 严重眼损伤/眼刺激

严重眼损伤/眼刺激性分类、警示标签和警示性说明见 GB 20594。

严重眼损伤是在眼前部表面施加试验物质之后，对眼部造成在施用 21h 内并不完全可逆的组织损伤，或严重的视觉物质衰退。

眼刺激是在眼前部表面施加试验物质之后，在眼部产生在施用 21d 内完全可逆的变化。

4) 呼吸或皮肤过敏

呼吸或皮肤过敏分类、警示标签和警示性说明见 GB 20595。

呼吸过敏物是吸入后会导致气管超过敏反应的物质。皮肤过敏物是皮肤接触后会导致过敏反应的物质。

过敏包括两个阶段：第一个阶段是某人因接触某种变应原而引起特定免疫记忆；第二阶段是引发，即某一致敏个人因接触某种变应原而产生细胞介导或抗体介导的过敏反应。

就呼吸过敏而言，随后为引发阶段的诱发，其形态与皮肤过敏相同。对于皮肤过敏，需有一个让免疫系统能学会做出反应的诱发阶段；此后，可出现临床症状，这里的接触就足以引发可见的皮肤反应（引发阶段）。因此，预测性的试验通常取这种形态，其中有一个诱发阶段，对该阶段的反应则通过标准的引发阶段加以计量，典型做法是使用斑贴试验。直接计量诱发反应的局部淋巴结试验则是例外做法。人体皮肤过敏的证据通常通过诊断性斑贴试验加以评估。

就皮肤过敏和呼吸过敏而言，对于诱发所需的数值一般低于引发所需数值。

5) 生殖细胞致突变性

生殖细胞突变性分类、警示标签和警示性说明见 GB 20596。

本危险类别涉及的主要是可能导致人类生殖细胞发生可传播给后代的突变的化学品。但是，在本危险类别内对物质和混合物进行分类时，也要考虑活体外致突变性/生殖毒性试验和哺乳动物活体内体细胞中的致突变性/生毒性试验。

6) 致癌性

致癌性分类、警示标签和警示性说明见 GB 20597。

致癌物一词是指可导致癌症或增加癌症发生率的化学物质或化学物质混合物。在实施良好的动物实验性研究中诱发良性和恶性肿瘤的物质也被认为是假定的或可疑的人类致癌物，除非有确凿证据显示该肿瘤形成机制与人类无关。

7) 生殖毒性

生殖毒性分类、警示标签和警示性说明见 GB 20598。

8) 特异性靶器官系统毒性——一次接触

特异性靶器官系统毒性一次接触分类、警示标签和警示性说明见 GB 20599。

9）特异性靶器官系统毒性——反复接触

特异性靶器官系统毒性反复接触分类、警示标签和警示性说明见 GB 20601。

10）吸入危险

注：本危险性我国还未转化成为国家标准。

本条款的目的是对可能对人类造成吸入毒性危险的物质或混合物进行分类。

"吸入"指液态或固态化学品通过口腔或鼻腔直接进入或者因呕吐间接进入气管和下呼吸系统。

吸入毒性包括化学性肺炎、不同程度的肺损伤或吸入后死亡等严重急性效应。

(3) 环境危险

环境危险主要指危害水生环境。

对水环境的危害分类、警示标签和警示性说明见 GB 20602。

急性水生毒性是指物质对短期接触它的生物体造成伤害的固有性质。

慢性水生毒性是指物质在与生物体生命周期相关的接触期间对水生生物产生有害影响的潜在性质或实际性质。

2.1.2.2 根据《危险货物分类和品名编号》(GB 6944—2012)分类

危险货物也称危险物品或危险品，是指具有爆炸、易燃、毒害、感染、腐蚀、放射性等危险特性，在运输、储存、生产、经营、使用和处置中，容易造成人身伤亡、财产损毁或环境污染而需要特别防护的物质和物品。显然，危险化学品和烟花爆竹都属于危险货物，危险货物以危险化学品为主，因此该分类方法也常作为危险化学品的分类参考。《危险货物分类和品名编号》(GB 6944—2012)规定危险货物分为以下九大类。

第 1 类　爆炸品

　　第 1.1 项　有整体爆炸危险的物质和物品

　　第 1.2 项　有迸射危险，但无整体爆炸危险的物质和物品

　　第 1.3 项　有燃烧危险并有局部爆炸危险或局部迸射危险或这两种危险都有，但无整体爆炸危险的物质和物品

　　第 1.4 项　不呈现重大危险的物质和物品

　　第 1.5 项　有整体爆炸危险的非常不敏感物质

　　第 1.6 项　无整体爆炸危险的极端不敏感物品

第 2 类　气体

　　第 2.1 项　易燃气体

　　第 2.2 项　非易燃无毒气体

　　第 2.3 项　毒性气体

第 3 类　易燃液体

第 4 类　易燃固体、易于自燃的物质、遇水放出易燃气体的物质

　　第 4.1 项　易燃固体、反应物质和固态退敏爆炸品

　　第 4.2 项　易于自燃的物质

　　第 4.3 项　遇水放出易燃气体的物质

第 5 类　氧化性物质和有机过氧化物

　　第 5.1 项　氧化性物质

第5.2项　有机过氧化物
第6类　毒性物质和感染性物质
第6.1项　毒性物质
第6.2项　感染性物质
第7类　放射性物质
第8类　腐蚀性物质
第9类　杂项危险物质和物品，包括危害环境物质

2.2　危险化学品的危害特性

不同类别的危险化学品由于其分子组成、官能团等的差别具有不同的危害特性。总的来说，危险化学品的主要危害特性如下。

(1) 活性

所谓活性就是指易于与其他物质发生作用的特性。活性越强的物质其危险性就越大。许多具有爆炸特性、氧化特性的物质的活性都很强，活性越强的物质其危险性就越大。

(2) 燃烧性

压缩气体和液化气体、易燃液体、易燃固体、自燃物品和遇湿易燃物品、氧化剂和有机过氧化物等均可能发生燃烧而导致火灾事故。

(3) 爆炸性

除了爆炸品之外，压缩气体和液化气体、易燃液体、易燃固体、自燃物品和遇湿易燃物品、氧化剂和有机过氧化物等都有可能引发爆炸。

(4) 毒害性

除毒害品和感染性物品外，压缩气体和液化气体、易燃液体、易燃固体等一些物质也会具有不同程度的毒性，致人中毒。

(5) 腐蚀性

腐蚀性物品对人或金属会造成不同程度的腐蚀，酸和碱类物质一般都有腐蚀性。有些有机物质也有腐蚀性。

(6) 放射性

放射性化学品所放出的射线对人体组织结构会造成暂时或永久性的伤害。

下面结合《危险货物分类和品名编号》(GB 6944—2012)分类分别对各类危险化学品的危害性进行解释。

2.2.1　爆炸品的危害性

爆炸品的危害特性突出表现为以下四个方面。

① 化学反应速度极快。一般以万分之一秒的时间完成化学反应过程。

② 爆炸时产生大量的热，能量在极短时间放出。

③ 产生大量气体，造成高压，形成的冲击波对周围建筑物有巨大的破坏性。

④ 撞击、摩擦、温度等外界条件非常敏感。

任何一种爆炸品的爆炸都需要外界供给它一定的能量即起爆能。某一爆炸品所需的最小

起爆能,即为该爆炸品的敏感度。敏感度是确定爆炸品爆炸危险性的一个非常重要的标志,敏感度越高,则爆炸危险性越大。此外,有的爆炸品还有一定的毒性。例如 TNT(梯恩梯)、硝酸甘油、雷汞等都具有一定的毒性。还有些爆炸品与酸、碱、盐、金属发生反应,反应的生成物是更容易爆炸的化学品,如苦味酸遇某些碳酸盐能反应生成更易爆炸的苦味酸盐;苦味酸受铜、铁等金属撞击,立即发生爆炸。因此,在爆炸品储运中要避免摩擦、撞击、颠簸、震荡,严禁与氧化剂、酸、碱、盐类、金属粉末和钢材料器具等混储混运。

2.2.2 压缩气体和液化气体的危害性

该类危险化学品按其性质又分为易燃气体、不燃气体和有毒气体。

① 易燃气体极易燃烧,与空气混合能形成爆炸性混合物,在常温下一旦遇明火、高温即会发生燃烧或爆炸,如乙炔气、氢气。

② 不燃气体系指无毒、不燃气体,包括助燃气体,但高浓度时有窒息作用。助燃气体有强烈的氧化作用,遇油能发生燃烧或爆炸,如氮气、氩气和氧气。

③ 有毒气体对人畜有强烈的毒害、窒息、灼伤、刺激作用,其中有些还具易燃、氧化、腐蚀等性质,其毒性指标与《危险货物分类及品名编号》中第六大类的毒性指标相同,如氯气、硫化氢等。

2.2.3 易燃液体的危害性

易燃液体按其闪点高低分为以下 3 种。

低闪点液体:指闭杯闪点低于 $-18℃$ 的液体,如乙醚,汽油,甲醇等。

中闪点液体:指闭杯闪点在 $-18\sim23℃$ 的液体,如苯乙烯。

高闪点液体:指闭杯闪点在 $23\sim61℃$ 的液体,如轻柴油。

易燃液体具有以下特点。

(1) 高度易燃性

遇火、受热以及和氧化剂接触时都有发生燃烧的危险,其危险性的大小与液体的闪点、自燃点有关,闪点和自燃点越低,发生着火燃烧的危险越大。

(2) 易爆性

由于易燃液体的沸点低,挥发出来的蒸气与空气混合后,浓度易达到爆炸极限,遇火源往往发生爆炸。

(3) 高度流动扩散性

易燃液体的黏度一般都很小,不仅本身极易流动,还因渗透、浸润及毛细现象等作用,即使容器只有极细微裂纹,易燃液体也会渗出容器壁外。泄漏后很容易蒸发,若形成的易燃蒸气比空气重,能在坑洼地带积聚,就增加了燃烧爆炸的危险性。

(4) 易积聚电荷性

部分易燃液体,如苯、甲苯、汽油等,电阻率都很大,很容易积聚静电而产生静电火花,造成火灾事故。

(5) 受热膨胀性

易燃液体的膨胀系数比较大,受热后体积容易膨胀,同时其蒸气压亦随之升高,从而使密封容器内部压力增大,造成"鼓桶",甚至爆裂,在容器爆裂时会产生火花而引起燃烧爆炸。因此,易燃液体应避热存放;灌装时,容器内应留有 5% 以上的空隙。

(6) 毒性

大多数易燃液体及其蒸气均有不同程度的毒性。

2.2.4 易燃固体、易于自燃的物质、遇水放出易燃气体的物质等的危害性

易燃固体是指燃点低，对热、撞击、摩擦敏感，易被外部火源点燃，燃烧迅速，并可能散发出有毒烟雾或有毒气体的固体，但不包括已列入爆炸品的物质。

其主要危险特性如下：

① 易燃固体的主要特性是容易被氧化，受热易分解或升华，遇明火常会引起强烈、连续的燃烧；

② 与氧化剂、酸类等接触，反应剧烈而发生燃烧爆炸。故应特别注意易燃固体粉尘爆炸问题；

③ 对摩擦、撞击、震动也很敏感；

④ 许多易燃固体有毒，或燃烧产物有毒或有腐蚀性。

自燃物品是指自燃点低，在空气中易于发生氧化反应，放出热量而自行燃烧的物品。燃烧性是自燃物品的主要危险特性。自燃物品在化学结构上无规律性，因此自燃物质就有各自不同的自燃特性。例如，黄磷性质活泼，极易氧化，燃点又特别低，一经暴露在空气中很快引起自燃。但黄磷不和水发生化学反应，所以通常放置在水中保存。另外黄磷本身极毒，其燃烧的产物五氧化二磷也为有毒物质，遇水还能生成剧毒的偏磷酸。所以遇有磷燃烧时，在扑救的过程中应注意防止中毒。又如，二乙基锌、三乙基铝等有机金属化合物，不但在空气中能自燃，遇水还会强烈分解，产生易燃的氢气，引起燃烧爆炸。因此，储存和运输必须采用充有惰性气体或特定的容器包装，失火时亦不可用水扑救。因此，应根据自燃物品的不同特性采取相应的储运及扑救措施。

遇湿易燃品是指遇水或受潮时，发生剧烈化学反应，放出大量的易燃气体和热量的物品；其中有些物品不需明火即能燃烧或爆炸。遇湿易燃物质除遇水反应外，遇到酸或氧化剂也能发生反应，而且比遇到水发生的反应更为强烈，危险性也更大。因此，储存、运输和使用时，注意防水、防潮，严禁火种接近，与其他性质相抵触的物质隔离存放。另外，遇湿易燃物质起火时，严禁用水、酸碱泡沫、化学泡沫扑救。

2.2.5 氧化剂和有机过氧化物的危害性

氧化剂系指处于高氧化状态，具有强氧化性，易分解并放出氧和热量的物质。包括含有过氧基的有机物，其本身不一定可燃，但能导致可燃物的燃烧；与松软的粉末状可燃物能形成爆炸性混合物，对热、震动或摩擦较为敏感。

有机过氧化物是指分子组成中含有过氧基的有机物，其本身易燃易爆、极易分解，对热、震动和摩擦极为敏感。

氧化剂具有较强的获得电子的能力，有较强的氧化性，遇酸碱、高温、震动、摩擦、撞击、受潮或与易燃物品、还原剂等接触能迅速分解，有引起燃烧、爆炸的危险。

2.2.6 毒性物质和感染性物质的危害性

毒性物质是指其进入肌体后，会累积达到一定的量，能与体液和肌体组织发生生物化学作用或生物物理学变化，扰乱或破坏肌体的正常生理功能，引起暂时性或持久性的病理改

变，甚至危及生命的物质，具体指标如下。

经口：$LD_{50} \leqslant 500mg/kg$（固体），$LD_{50} \leqslant 500mg/kg$（液体）。

经皮肤：$LD_{50} \leqslant 1000mg/kg$（24h 接触）。

吸入：$LD_{50} \leqslant 10mg/kg$（粉尘、烟雾、蒸气）。

毒害品按其毒性大小又分为有害品、有毒品和剧毒品。

感染性物质是指含有致病的微生物，能引起病态甚至死亡的物质。

2.2.7　放射性物质的危害性

此类化学品系指放射性比活度大于 $7.4 \times 10^4 Bq/kg$ 的物质，主要危险如下。

① 放射性。放射性物质放出的射线可分为 4 种：α射线，也叫甲种射线；β射线，也叫乙种射线；γ射线，也叫丙种射线；还有中子流。各种射线对人体的危害都较大。

② 毒性很大。许多放射性物品毒性很大，不能用化学方法中和使其不放出射线，只能设法把放射性物质清除或用适当的材料予以吸收屏蔽。

2.2.8　腐蚀性物质的危害性

此类物质按其化学性质分为酸性腐蚀物质、碱性腐蚀物质和其他腐蚀物质。其主要危险特性如下。

① 强烈的腐蚀性。在化学危险物品中，腐蚀品是化学性质比较活泼，能和很多金属、有机化合物、动植物机体等发生化学反应的物质。这类物质能灼伤人体组织，对金属、动植物机体、纤维制品等具有强烈的腐蚀作用。

② 强烈的毒性。多数腐蚀品有不同程度的毒性，有的还是剧毒品。

③ 易燃性。许多有机腐蚀物品都具有易燃性，如甲酸、冰醋酸、丙烯酸等。

④ 氧化性。如硝酸、硫酸、高氯酸、溴素等，当这些物品接触木屑、食糖、纱布等可燃物时，会发生氧化反应，引起燃烧。

2.3　危险化学品安全生产信息

2.3.1　化学品安全技术说明书

化学品安全技术说明书在国际上也称作化学品安全数据表（Safety Data Sheet for Chemical Products，SDS）。化学品安全技术说明书是一份关于危险化学品燃爆、毒性和环境危害以及安全使用、泄漏应急处置、主要理化参数、法律法规等方面信息的综合性文件。

化学品安全技术说明书是化学品供应商向下游用户传递化学品基本危害信息（包括运输、操作处置、储存和应急行动等）的一种载体，同时还可以向公共机构、服务机构以及其他涉及该化学品的相关方传递这些信息。危险化学品安全技术说明书的主要作用包括：

① 化学品安全生产、流通、使用的指导性文件；

② 应急作业人员进行应急作业时的技术指南；

③ 为制订危险化学品安全操作规程提供技术信息；

④ 是化学品登记注册的主要基础文件和基础资料；

⑤ 企业进行安全教育的主要内容。

《化学品安全技术说明书 内容和项目顺序》（GB/T 16483—2008）规定了化学品安全技术说明书应包含的主要内容，如表 2-2 所示。

表 2-2 化学品安全技术说明书主要内容

编号	内容	编号	内容
1	化学品及企业标识	9	理化特性
2	危险性概述	10	稳定性和反应性
3	成分/组成信息	11	毒理学信息
4	急救措施	12	生态学资料
5	消防措施	13	废弃处置
6	泄漏应急处理	14	运输信息
7	操作处置与储存	15	法规信息
8	接触控制及个体防护	16	其他信息

图 2-1 给出了某典型危险化学品安全技术说明书中的部分内容。

第3部分：成分/组成信息

纯物质/混合物：

物质■　　　混合物□

纯品或危险组分：

化学名	浓度或浓度范围	CAS No
氧	≥99.5%	7782-44-7

第4部分：急救措施

皮肤接触：如果发生冻伤：将患部浸泡于保持在38~42℃的温水中复温。不要涂擦。不要使用热水或辐射热。使用清洁、干燥的敷料包扎。如有不适感，就医。
眼睛接触：如果接触到液体，立即用水冲洗。（温度不超过40℃）。立即通知医生。
吸入：迅速脱离现场至空气新鲜处，就医。并告知医生病人是由于暴露在富氧环境中而造成的。
食入：不会通过该途径接触。

图 2-1　某典型危险化学品安全技术说明书中的部分内容

危险化学品安全技术说明书由其供应商编印，在交付商品时提供给下游用户，作为给用户的一种服务，随商品在市场上流通。化学品的用户在接收使用化学品时，要认真阅读安全技术说明书，了解和掌握化学品的危险性，并根据使用的情形制订安全操作规程，选用合适的防护器具，培训作业人员。供应商有责任更新化学品安全技术说明书，并向下游用户提供最新版本的化学品安全技术说明书。

危险化学品经营企业在购销业务中不得采购和销售无化学品安全技术说明书的商品，一定要向供应商索取并向下游用户提供化学品安全技术说明书。危险化学品经营企业在向用户销售自行分装的商品时，应提供相应的化学品安全技术说明书。

危险化学品的使用单位在采购产品时，应向供应商索要化学品安全技术说明书，并由使用单位的技术和安全管理部门统一妥善保管，一旦发生紧急情况，可以立即向救援人员提供相关资料及数据，便于采取相应救援措施。

危险化学品安全技术说明书是涉及危险化学品企业从事生产经营活动必不可少的工具，

是企业辨认产品的危险性，安排适合的储存地点和储存方式，研究确定产品养护措施，安排适合的运输方式，制定安全操作规程，采取相应的消防、安全防护及急救措施的依据。

2.3.2 化学品安全标签

化学品安全标签是用于标示化学品所具有的危险性和安全注意事项的一组文字、象形图和编码组合，它可粘贴、拴挂或喷印在化学品的外包装或容器上，是传递化学品安全信息的一种载体。这其中的象形图属于统计图的一种，它通常利用现象本身的形象画面来显示统计数据。《化学品分类和危险性象形图标识 通则》（GB/T 24774—2009）中专门规定了化学品的物理危害、健康危害和环境危害分类及各类中使用的危险性象形图标识。图2-2给出了几种典型的危险化学品象形图。

图2-2 几种典型的危险化学品象形图

《化学品安全标签编写规定》（GB 15258—2009）中规定了安全标签应包含的主要内容，包括化学品标识（化学品名称、混合物的组分）、象形图、信号词（危险、警告）、危险性说明（根据《化学品分类、警示标签和警示性说明安全规范》（GB 20576～GB 20599、GB 20601～GB 20602）简要概述化学品的危险特性，选择不同类别危险化学品的危险性说明）、防范说明（表述化学品在处置、搬运、运输和使用作业中所必须注意的事项和发生意外时简单有效的救护措施等，应包括安全预防措施、事故响应、安全储存措施、废弃处置等内容）、供应商标识（名称、地址、邮编、电话等）、应急咨询电话（化学品生产商或生产商委托的24h化学品事故应急咨询电话）、资料参阅提示语。某典型化学品安全标签如图2-3所示。

对于小于或等于100mL的化学品小包装，为了方便标签使用，安全标签要素可以简化，只包括化学品标识、象形图、信号词、危险性说明、应急咨询电话、供应商名称及联系电话、资料参阅提示语即可。简化标签样例如图2-4所示。

安全标签应粘贴、挂拴、喷印在化学品包装或容器的明显位置。标签的粘贴、挂拴、喷印应牢固，保证在运输、储存期间不脱落，不损坏。

安全标签的粘贴、喷印位置规定如下。

① 桶、瓶形包装：位于桶、瓶侧身。
② 箱状包装：位于包装端面或侧面明显处。
③ 袋、捆包装：位于包装明显处。

安全标签应由生产企业在货物出厂前粘贴、挂拴或喷印。若要改换包装，则由改换包装单位重新粘贴、挂拴、喷印标签。

盛装危险化学品的容器或包装，在经过处理并确认其危险性完全消除之后，方可撕下安全标签，否则不能撕下相应的标签。

气瓶的安全标签应执行《气瓶警示标签》（GB 16804—2011）标准。

| 化学品名称 | A组分:40%; B组分:60% |

危　险

极易燃液体和蒸气,食入致死,对水生生物毒性非常大

【预防措施】
- 远离热源、火花、明火、热表面。使用不产生火花的工具作业。
- 保持容器密闭。
- 采取防止静电措施,容器和接收设备接地、连接。
- 使用防爆电器、通风、照明及其他设备。
- 戴防护手套、防护眼镜、防护面罩。
- 操作后彻底清洗身体接触部位。
- 作业场所不得进食、饮水或吸烟。
- 禁止排入环境。

【事故响应】
- 如皮肤(或头发)接触:立即脱掉所有被污染的衣服。用水冲洗皮肤、淋浴。
- 食入:催吐,立即就医。
- 收集泄漏物。
- 火灾时,使用干粉、泡沫、二氧化碳灭火。

【安全储存】
- 在阴凉、通风良好处储存。
- 上锁保管。

【废弃处置】
- 本品或其容器采用焚烧法处置。

请参阅化学品安全技术说明书

供应商:××××××××××××××××　　电话:××××××
地　址:××××××××××××××××　　邮编:××××××
化学事故应急咨询电话:××××××

图 2-3　化学品安全标签样例

| 化学品名称 |

危　险

极易燃液体和蒸气,食入致死,对水生生物毒性非常大

请参阅化学品安全技术说明书

供应商:××××××××××××××××　　电话:××××××
化学事故应急咨询电话:××××××

图 2-4　化学品安全简化标签样例

　　充装单位应保证根据气瓶内所充装的气体粘贴、除去、更换标签。每只气瓶第一次充装时即应粘贴标签。如发现标签脱落、撕裂、污损、字迹模糊不清时,充装单位应及时补贴或更换标签。

　　标签应被牢固地粘贴在气瓶上,并保持标签清晰可见。应避免标签被气瓶上的任何部件或其他标签所遮盖。标签不应被折叠,面签和底签不可分开粘贴。在气瓶的整个使用期内标签应保持完好无损、清晰可见。

标签不可覆盖任何充装所需的永久性标记。放置面签的首选位置应在气瓶瓶肩上或瓶肩正下（最大 50mm），对小气瓶（10L 及以下），标签可以放置在瓶体上。如尺寸允许，标签可放在气瓶颈圈上。危险性面签等于或大于 100mm×100mm 时，应放置在气瓶筒体部位。

只有当原有标签信息内容完全清晰时，才可以用新标签覆盖旧标签。否则，原有标签应被彻底除去。主要危险性面签应部分覆盖在次要危险性面签上面。

危险化学品经营企业在采购商品时应检查供应商所提供的商品是否有化学品安全标签，在销售商品时不能向用户提供没有化学品安全标签的商品。

运输单位对无安全标签的危险化学品一律不能承运。

在危险化学品包装物上加贴化学品安全标签，是预防和控制化学危害的基本措施之一，通过对市场上流通的化学品加贴标签的形式进行危害性标识，提出安全使用注意事项。认真查看所使用的危险化学品包装上的化学品安全标签是危险化学品使用人员取得安全信息，以预防和减少化学危害、保障安全和健康的重要途径之一。

2.3.3 化学品作业场所安全警示标志

化学品作业场所安全警示标志以文字和图形符号组合的形式，表示化学品在工作场所所具的危险性和安全注意事项。

《化学品作业场所安全警示标志规范》（AQ 3047—2013）规定了化学品作业场所安全警示标志的有关定义、内容、编制与使用要求，适用于化工企业生产、使用化学品的场所，储存化学品的场所以及构成重大危险源的场所。图 2-5 为典型危险化学品"苯"的某作业场所安全警示标志。

苯	
CAS号：71-43-2	
危　险	【理化特性】 无色透明液体；闪点-11℃；爆炸上限8%，爆炸下限1.2%；密度比水轻，比空气重；易挥发。 【预防措施】 远离热源/火花/明火/热表面。一禁止吸烟。保持容器密闭。采取防止静电措施，容器和接收设备接地/连接使用防爆电器/通风/照明等设备，只能使用不产生火花的工具。得到专门指导后操作。在阅读并了解所有安全预防措施之前，切勿操作。按要求使用个体防护装备，戴防护手套/防护眼镜/防护面罩。避免吸入烟气/气体/烟雾/蒸气/喷雾。操作后彻底清洗，操作现场不得进食、饮水或吸烟。禁止排入环境。 【事故响应】 火灾时使用泡沫、干粉、二氧化碳、砂土灭火。如接触或有担心，感觉不适，就医；脱去被污染的衣服，洗净后方可重新使用。如皮肤（或头发）接触：立即脱掉所有被污染的衣服。用大量肥皂水和水冲洗皮肤/淋浴。如发生皮肤刺激，就医。如果食入：立即呼叫中毒控制中心或就医。不要催吐。如接触眼睛：用水细心冲洗数分钟。如戴隐形眼镜并可方便地取出，取出隐形眼镜。继续冲洗。如果眼睛刺激持续：就医。 【安全储存】 在阴凉通风处储存，保持容器密闭，上锁保管。 【废弃处置】 本品/容器的处置推荐使用焚烧法。
极易燃液体和蒸气！ 食入有害！ 引起皮肤刺激！ 引起严重眼睛刺激！ 怀疑可致遗传性缺陷！ 可致癌！ 对水生生物有毒！	
	【个体防护用品】
请参阅化学品安全技术说明书	
报警电话：****	

图 2-5　典型危险化学品"苯"的某作业场所安全警示标志

化学品作业场所安全警示标志要素包括化学品标识、理化特性、危险象形图、警示词、危险性说明、防范说明、防护用品说明、资料参阅提示语以及报警电话等。

化学品作业场所安全警示标志的制作应清晰、醒目，应在边缘加一个黄黑相间条纹的边框。标志应采用坚固耐用、不锈蚀的不燃材料制作，有触电危险的作业场所使用绝缘材料，有易燃易爆物质的场所使用防静电材料。

化学品作业场所安全警示标志应设在与安全有关的醒目处，如作业场所的出入口、外墙壁或反应容器、管道旁等的醒目位置。标志的设置应使进入作业场所的人员看见后，有足够的时间来注意它所表示的内容。警示标志不应设在门、窗、架等可移动的物体上。标志前不得放置妨碍认读的障碍物。

2.4 危险化学品的安全储存

2.4.1 储存分类

(1) 按照储存形式分类

按照储存的形式，可以将化学品的储存分为整装储存和散装储存两类。

① 整装储存就是将物品装于小型容器或包件中储存，如袋装、桶装、箱装或钢瓶装等。

② 散装储存指的是不带外包装的净货储存，如油品储存于油罐中、液化石油气储存于大型球罐中。

(2) 按照储存方式分类

按照储存方式，将危险化学品的储存分为隔离储存、隔开储存、分离储存三种方式。

① 隔离储存是在同一房间或同一区域内，不同的物料之间分开一定的距离，非禁忌物料间用通道保持空间的储存方式。

② 隔开储存指在同一建筑物或同一区域内，用隔板或墙将禁忌物料分开的储存方式。

③ 分离储存为在不同的建筑物或远离所有的外部区域内的储存方式。

2.4.2 危险化学品安全储存的基本要求

危险化学品的储存涉及许多方面的问题，不同的类别、火灾危险性、毒性、外界条件的影响等都会对储存条件提出不同的要求，以下仅为基本要求。

(1) 有符合国家标准规定的储存方式、设施

国家标准规定的储存方式及设施主要包括：建筑物、储存地点及建筑结构的设置、储存场所的电气设施、储存场所通风或湿度调节、禁忌要求、储存方式、安全设施、报警装置等。建筑物的设计应符合《常用危险化学品储存通则》(GB 15603—1995)、《建筑设计防火规范》(GB 50016—2014)、《危险化学品经营企业开业条件和技术要求》(GB 18265—2000)等国家标准的规定。

禁忌要求：危险化学品应根据其性能分区、分类、分库储存。各类危险化学品不得与化学性质相抵触或灭火方法不同的禁忌物料混合储存。

储存场所通风或湿度调节：储存危险化学品的建筑必须安装通风设备，并采取设备防护措施。储存危险化学品的建筑通排风系统应设有导除静电的接地装置。通风管应采用非燃烧材料制作。通风管道不宜穿过防火墙等防火分隔物，如必须穿过时应采用非燃烧材料分隔。

采暖：储存危险化学品建筑采暖的热媒温度不应过高，热水采暖不应超过80℃，不得使用蒸汽采暖和机械采暖。采暖管道和设备的保温材料，必须采用非燃烧材料。

安全设施：应当按照国家标准和国家有关规定，根据危险化学品的种类、特性，在库房设置相应的监测、通风、防晒、调温、防火、灭火、防爆、泄压、防毒、消毒、中和、防潮、防雷、防静电、防腐、防渗漏、防护围堤或者隔离操作等安全设施，保证符合安全运行要求。

危险化学品专用仓库，应当符合国家标准对安全、消防的要求，设置明显标志。危险化学品专用仓库的储存设备和安全设施应当定期检测。同一区域储存两种和两种以上的不同级别的危险品时，应按最高等级危险物品的性能设置标志。

(2) 仓库的周边防护距离应符合国家标准或者国家有关规定

大中型危险化学品仓库应选址在远离市区和居民区的当地主导风向的下风方向和河流下游的地域；并应与周围公共建筑物、交通干线（公路、铁路、水路）、工矿企业等保持至少1000m的距离。

大中型危险化学品仓库内应设库区和生活区，两区之间应有高2m以上的实体围墙，围墙与库区内建筑的建筑距离不宜小于5m，并应满足围墙两侧建筑物之间的防火距离要求。

(3) 有符合储存需要的管理人员和技术人员

危险化学品的储存与一般日用工业品不同，有相当大的危险性和专业性，不具备一定的基础知识就无法保证安全运营。

储存危险化学品的单位，其主要负责人必须保证本单位危险化学品的安全管理符合有关法律、法规、规章的规定和国家标准的要求，并对本单位危险化学品的安全负责。企业法定代表人或经理应经过国家授权部门的专业培训，取得合格证书方能从事经营活动。

危险化学品单位从事储存危险化学品活动的人员，必须接受有关法律、法规、规章和安全知识、专业技术、职业卫生防护和应急救援知识的培训，并经考核合格，方可上岗作业。

危险化学品仓库应设有专职或兼职的危险化学品养护员，负责危险化学品的技术养护、管理和监测工作。仓库工作人员应进行培训，经考核合格后持证上岗。

(4) 健全的安全管理制度

健全的安全管理制度对危险化学品储存企业非常重要。安全管理制度要结合储存单位储存的商品类别、数量、仓库的规模、设施等情况具体确定。一般要有出入库管理制度；商品养护管理制度；安全防火责任制；动态火源的管理制度；剧毒品管理制度；设备的安全检查制度；事故调查和处理制度等。

(5) 有相应的危险化学品事故应急救援预案

危险化学品单位应当制定本单位事故应急救援预案，配备应急救援人员和必要的应急救援器材、设备，并定期组织演练。危险化学品事故应急救援预案应当报设区的市级人民政府负责危险化学品安全监督管理综合工作的部门备案。

(6) 符合法律、法规规定和国家标准要求的其他条件

例如，剧毒化学品以及储存数量构成重大危险源的其他危险化学品必须在专用仓库内单独存放，实行双人收发、双人保管制度。储存单位应当将储存剧毒化学品以及储存数量构成重大危险源的其他危险化学品的数量、地点以及管理人员的情况，报当地公安部门和负责危险化学品安全监督管理综合工作的部门备案。

剧毒化学品的储存单位,应当对剧毒化学品的储存量如实记录,并采取必要的保安措施,防止剧毒化学品被盗、丢失或者误售、误用;发现剧毒化学品被盗、丢失或者误售、误用时,必须立即向当地公安部门报告。

危险化学品出入库均应按合同进行检查验收、登记,验收内容包括:商品数量、危险化学品包装、包装标志等。

压缩气体和液体气体必须与爆炸性物品、氧化剂、易燃物品、自燃物品、腐蚀性物品隔离储存。易燃气体不得与助燃气体、剧毒气体同储;氧气不得和油脂混合储存,盛装液化气体的容器属压力容器的,必须有压力表、安全阀、紧急切断装置,并定期检查,不得超装。

易燃液体、遇湿易燃物品、易燃固体不得与氧化剂混合储存,具有还原性的氧化剂应单独存放。

有毒物品应储存在阴凉、通风、干燥的场所,不要露天存放,不要接近酸类物质。腐蚀性物品包装必须严密,不允许泄漏,严禁与液化气体和其他物品共存。

2.5 危险化学品的安全运输

2.5.1 一般危险化学品安全运输的基本要求

① 托运危险物品必须出示有关证明,向指定的铁路、交通、航运等部门办理手续。

② 危险物品的装卸运输人员,应按装运危险物品的性质,佩戴相应的防护用品;装卸应轻装轻放,严禁摔脱,不得损坏包装容器,注意安全标志等。

③ 危险物品装卸前,应对车(船)搬运工具进行必要的通风和清扫,不得留有残渣,对剧毒品的运输车船,卸车后必须洗刷干净。

④ 爆炸、剧毒、放射性、易燃液体、可燃气体等物品必须使用符合安全要求的运输工具。

⑤ 运输爆炸、剧毒和放射性等物品,应指派专人押送,押运人员不得少于2人。

⑥ 运输危险物品的车辆,必须保持安全车速、车距,严禁超车、超速和强行会车。运输危险物品的行车路线,必须事先经当地公安部门批准,按指定的路线和时间运输,不可在繁华街道行使和停留。

⑦ 运输易燃易爆物品的机动车,其排气管应装阻火器,并悬挂"危险品"标志。运输散装固体危险物品,应根据性质采取防火、防爆、防水、防粉尘飞扬和遮阳等措施。

⑧ 蒸汽机车在调车作业中,对装载易燃、易爆物品的车辆,必须挂不少于2节的隔离车,并严禁溜放。

⑨ 运输危险化学品,必须配备必要的应急处理器材和防护用品。

⑩ 危险化学品运输单位或运输车辆必须具有有效的危险化学品运输资质。按照国家有关部门规定对危险化学品运输资质实行认定。

2.5.2 剧毒化学品安全运输的基本要求

考虑到剧毒化学品的特殊性,剧毒化学品的运输还需满足以下基本条件。

① 通行证：具有国务院公安部门制定的通行证。

② 公路运输途中发生意外（被盗、丢失、流散、泄漏）等情况时，立即向当地公安机关报告，并采取一切可能的警示措施。

③ 铁路运输：符合《铁路剧毒品运输跟踪管理暂行规定》（铁道部 [2002] 21 号）要求。

④ 水路：禁止利用内河以及其他封闭水域等航运渠道运输剧毒化学品以及国务院交通部门规定禁止运输的其他危险化学品。

2.6 危险化学品的安全包装

2.6.1 包装的作用及分类

① 可防止被包装的危险品因接触雨雪、阳光、潮湿空气和杂质而使产品变质，或发生剧烈的化学反应从而造成事故。

② 可减少货物在运输过程中所受到的碰撞、震动、摩擦和挤压，使危险品在包装的保护下保持相对稳定，从而保证运输安全。

③ 可防止货物撒漏、挥发以及与性质相悖的物品直接接触而发生事故或污染运输设备。

④ 便于储运过程中的堆垛、搬运、保管，提高运载效率和工作效率。

危险品包装通常分为三类：货物具有较大危险性，包装强度要求高；货物具有中等危险性，包装强度要求较高；货物具有的危险性小，包装强度要求一般。

2.6.2 危险化学品安全包装的基本要求

危险化学品的包装必须符合国家法律、法规、规章的规定和国家标准的要求。

① 危险化学品的包装物、容器必须由专业生产企业定点生产，并经专业部门检测检验合格。重复使用的危险化学品包装物、容器在使用前，应当进行检查，并作出记录；检查记录应当至少保存 2 年。

② 包装所用材质应与所装的危险品的性质相适应。危险品的包装材料要考虑危险品的各种性能，如腐蚀性、对撞击和碰撞的敏感性、活性、遇湿易燃性等，针对不同的危险品，采用不同的包装材料。例如，氢氟酸不能使用玻璃容器；铝可以作硝酸、醋酸的容器，但不能盛装其他酸。

③ 包装应具有相应的强度，其构造和封闭装置，能经受运输过程中正常的冲撞、震动、挤压和摩擦。包装应有一定的强度，以保护包装内的货物不受损失，这是一般货物的共同要求。一般说来，货物性质比较危险的，发生事故危害性较大的，其包装强度要高一些。

④ 包装的封口应与所装危险货物的性质相适应。大部分危险品的包装应封口，一般应严密不漏。但有些危险品要求封口不严密，甚至还要求设有通气孔。例如，油浸的纸、棉、绸、麻等及其制品要用透气箱包装，以保持良好的通风；而装碳化钙的铁桶应严密到不漏水、漏气，有时还在桶内充氮抑制乙炔产生。

⑤ 内、外包装之间应适当衬垫。运输包装有很多方式组合包装。组合包装内外应加衬垫材料，因衬垫材料有缓冲、吸附、缓解作用。

⑥ 危险品包装应能承受一定范围的温湿度变化，空运包装还应适应高度变化。

⑦ 包装的件重、规格和形式应适应运输要求。

⑧ 包装的外表应有规定的各种包装安全标志。为保证危险品的运输安全，使从事危险品运输、装卸、储存的有关人员在进行作业时提高警惕，以防发生危险，并在一旦发生事故时能及时采取正确的施救措施，危险品运输包装必须具备国家或政府间组织规定的"危险货物包装标志"。危险货物包装标识应正确、明显和牢固、清晰。一种危险货物同时具有两种以上性质的，应分别具有表明该货物主、副特性的主副标志。一个集合包件内具有几种不同性质的货物，所有这些货物的危险性质标志都应在集合包件的表面显示出来。

2.7 危险化学品使用过程中的安全控制原则

为了在危险化学品的使用中消除化学品的危害或者尽可能降低其危害程度，以免危害工人、污染环境、引起火灾和爆炸等事故，企业通常可采取下列控制措施。

(1) 取代

减少危险化学品危害的最有效方法是不使用有毒有害化学品，不使用易燃易爆化学物质或尽量使用比较安全的化学品。通常采用无毒或低毒的化学品取代原有的有毒有害化学品，采用可燃化学品取代易燃化学品。

(2) 变更工艺

取代是控制、预防、降低化学品危害的首选方案，但是由于技术条件和经济状况等因素，使得可供选择的替代品的数量很有限。这时可通过变更生产工艺来达到消除或降低化学品危害的目的。如改喷涂为电涂或浸涂，改手工分批装料为机械连续装料，改干法破碎为湿法破碎都是通过变更工艺过程来降低危险化学品危害的例子。

(3) 隔离

隔离是消除或降低工作场所的危害，防止工人在正常作业时受到有害物质侵害的一种有效手段，它是通过封闭、设置屏障等措施，避免作业人员直接暴露于有害环境中，在有毒作业场所尤为重要。最常用的隔离方法是封闭法，即将生产或使用的设备完全封闭起来，使工人在操作中不接触化学品。隔离操作是另一种常用的隔离方法，即把生产设备与操作室隔离开，将生产设备的管线阀门、电控开关放在与生产地点完全隔开的操作室内。通过安全储存有害化学品和严格限制有害化学品在作业场所的存放量（满足一天或一个班次所需要的量即可）也可以获得相同的隔离效果，这种安全储存和限量的做法特别适用于那些操作人数不多，而且很难采用其他控制手段的工序，然而，在使用这种手段时切记要向工人提供充足的个体防护用品。

(4) 通风

通风是降低作业场所中有害气体、蒸气或粉尘危害的最有效的措施之一。通风使作业场所空气中有害气体、蒸气或粉尘的浓度降低，保证工人的身体健康，防止火灾、爆炸事故的发生。为了确保通风系统的高效率，合理设计通风系统十分重要。对于已安装的通风系统要经常加以维护和保养，使其有效地发挥作用。

(5) 个体防护

个体防护是降低化学品危害的一种辅助性措施。当作业场所中有害化学品浓度超标时，工人就必须使用合适的个体防护用品。个体防护用品既不能降低作业场所中有害化学品的浓度，也不能消除作业场所中的有害化学品，而只是一道阻止有害物进入人体的屏障。防护用品主要有头部防护器具、呼吸防护器具、眼防护器具、身体防护用品、手足防护用品等。使用防护用品时要注意其本身的有效性。

(6) 卫生

良好的卫生条件能有效地预防和控制化学品危害。卫生包括作业场所清洁卫生和作业人员的个人卫生两个方面。要经常清洁作业场所，对废物、溢出物加以适当处置，保持作业场所清洁。作业人员应具有良好的卫生习惯，如：遵守安全操作规程并使用适当的防护用品；工作结束后、饭前、饮水前、吸烟前以及便后要充分洗净身体的暴露部分，防止有害物附着在皮肤上，防止有害物通过皮肤渗入体内；定期检查身体以确信皮肤的健康；皮肤受伤后要完好地包扎；时刻防止自我污染，尤其是在清洗或更换工作服时要注意；在衣袋里不装被污染的东西，如脏擦布、工具等；防护用品要分放、分洗；勤剪指甲并保持指甲清洁；不接触能引起过敏反应的化学物质。

第3章 防火防爆安全技术

> 火灾和爆炸是制药企业生产安全事故的主要事故类型。制药企业中这两类事故在发生机理及灾害特点上既有类似之处，也存在本质差异。同时，这两类事故往往可以相互影响和转化，如爆炸引发次生火灾造成事故灾害的扩大。制药工程专业学生有必要从燃烧、爆炸的发生原理入手，深入学习火灾爆炸事故机理，了解火灾爆炸事故的预防和控制措施，并掌握一定的针对性自救和应急处置方法。

3.1 燃烧基础

3.1.1 燃烧概述

燃烧是可燃物质与助燃物质（氧或其他助燃物质）在一定的条件下发生的一种发光发热的氧化反应。在化学反应中，失掉电子的物质被氧化，获得电子的物质被还原。所以，氧化反应并不限于与氧的反应。例如，氢在氯中燃烧生成氯化氢，氢原子失掉一个电子被氧化，氯原子获得一个电子被还原。类似地，金属钠在氯气中燃烧，炽热的铁在氯气中燃烧，都是激烈的氧化反应，并伴有光和热的发生。金属和酸反应生成盐也是氧化反应，但没有同时发光发热，所以不能称作燃烧。灯泡中的灯丝通电后同时发光发热，但并非氧化反应，所以也不能称作燃烧。只有同时发光发热的氧化反应才被界定为燃烧。

可燃物（一切可氧化的物质）、助燃物（氧化剂）和点火源（能够提供一定的温度或热量）是可燃物质燃烧的三个基本要素，即燃烧三角形理论，如图3-1所示。缺少三个要素中的任何一个，燃烧便不会发生。对于正在进行的燃烧，只要充分控制三个要素中的任何一个，使燃烧三要素不能满足，燃烧就会终止。

因此，防火防爆安全技术可以归结为这三个要素的控制问题。例如，在无惰性气体覆盖的条件下加工处理一种如丙酮之类的易燃物质，一开始便具备了燃烧三要素中的前两个要素，即可燃物质和氧化剂。通过相关资料可以查出，丙酮的闪点是－10℃，这意味着在高于－10℃的任何温度，丙酮都可以释放出足够量的蒸气，与空气形成易燃

图3-1 燃烧三角形

混合物，一旦遭遇火花、火焰或其他火源就会引发燃烧。为了达到防火的目的，至少要实现下列四个条件中的一个条件：

① 环境温度保持在-10℃以下；
② 切断大气氧的供应；
③ 在区域内清除任何形式的火源；
④ 在区域内安装良好的通风设施，丙酮蒸气一旦释放出来，排气装置就应迅速将其排离区域，使丙酮蒸气和空气的混合物不至于达到危险的浓度。

条件①和②在工业规模上很难达到，而条件③和④则不难实现。固然，完全清除燃烧三要素中的任何一个，都可以杜绝燃烧的发生。然而，对工业操作施加如此严格的限制在经济上很少是可行的。工业物料安全加工研究的一个重要目的是确定在兼顾经济和杜绝燃烧的可行性方面还留有多大余地。为此，知道如何防火还不够，降低防火的消费成本在工业防火中有着同样重要的作用。

燃烧反应在温度、压力、组成和点火能等方面都存在极限值。可燃物和助燃物达到一定的浓度，点火源具备足够的温度或热量，才会引发燃烧。如果可燃物和助燃物在某个浓度范围以外，或者点火源不能提供足够的温度或热量，即使表面上看似乎具备了燃烧的三个要素，燃烧仍不会发生。

近代燃烧理论用连锁反应来解释可燃物质燃烧的本质，认为多数可燃物的氧化反应不是直接进行的，而是通过游离基团和原子这些中间产物经连锁反应进行。有些学者在燃烧的三角形理论的基础上，提出了燃烧的四面体学说。这种学说认为，燃烧除具备可燃物、助燃物和点火源三角形的三个边以外，还应该保证可燃物和助燃物之间的反应不受干扰，即进行"不受抑制的连锁反应"。

3.1.2 燃烧要素

通常，燃烧可以理解为燃料和氧之间伴有发光发热的化学反应。除自燃现象外，都需要用点火源引发燃烧。所以，燃烧要素可以简单地表示为燃料、氧和热、火源这三个基本条件。

3.1.2.1 燃料

防火的一个重要内容是考虑燃烧的物质，即燃料自身。处于蒸气或其他微小分散状态的燃料和氧之间极易引发燃烧。固体研磨成粉状或加热蒸发极易起火。但也有少数例外，有些固体蒸发所需的温度远高于通常的环境温度。液体则显现出很大的不同，有些液体在远低于室温时就有较高的蒸气压，就能释放出危险量的易燃蒸气。另外一些液体在略高于室温时才有较高的蒸气压，还有一些液体在相当高的温度才有较高的蒸气压。很显然，液体释放出蒸气与空气形成易燃混合物的温度是其潜在危险的量度，这可以用闪点来表示。

液体的闪点是火险的标志，通常把闪点等于或低于27℃的液体列为高火险液体。选择27℃作为分界点，是因为这个温度代表通常或室内温度的上限，任何液体在此或较低温度闪燃都是危险的。闪点在27~177℃表示中度火险，闪点在177℃以上只有轻微火险。当液体的闪点低于93.7℃时，全美消防协会才称之为易燃液体。上述的火险等级划分只是指出了液体加工或贮存时的危险程度，实际上，所有有机物质在足够高的温度下暴露都会燃烧。

排除潜在火险对于防火安全是重要的。为此，必须用密封的有排气管的罐体盛装易燃液体。如此，当与罐体间隔一段距离的物料意外起火时，液罐被引燃的可能性将会大大减小。因为燃烧的液体产生大量的热，会引发存放液罐的建筑物起火，把易燃物料置于耐火建筑中对于防火安全也是重要的。易燃液体安全的关键是防止蒸气的爆炸浓度在封闭空间中的积累。当应用或贮存中度或高度易燃液体时，通风是必要的安全措施。通风量的大小取决于物料及其所处的条件。因为有些蒸气密度较大，向下沉降，仅凭蒸气的气味作为警示是极不可靠的。用可燃气体探测器进行实时检测才是安全可靠的方法。

3.1.2.2 氧和热

几乎所有的燃烧都需要氧。而且，反应中氧的浓度越高，燃烧就越迅速。工业上很难调节加工区氧的浓度，特别是由于阻止发火的氧浓度远低于正常浓度，浓度太低，不适于人员呼吸。工业上有时需要处理仅在常温下暴露在空气中就会起火的物料，把这些物料与空气隔绝是必要的安全措施。为此，加工物料需要在真空容器或充满惰性气体（如氩气、氦气和氮气）的容器内进行。

热是燃烧伴生的一个重要结果。为使工业装置免受燃烧的破坏，常需调节和控制释放出的热量。容易被忽略的是，只需把很少量的燃料和氧的混合物加热到一定程度就能引发燃烧，而局部小规模的燃烧即可点燃更多的燃料与氧的混合物，并最终引发大规模火灾。热量通常可以由不同的点火源提供，如高的环境温度、热表面、机械摩擦、火花或明火等。

3.1.2.3 火源

(1) 明火

喷枪、火柴、电灯、焊枪、探照灯、手灯、手炉等都属于典型的明火。在药品生产中加热用火，维修过程中的切割和焊接等都属于明火。为了防火安全，常用隔墙的方法实现充分隔离。隔墙应足够坚固，以在喷水器或其他救火装置灭火时能够有效地遏止火焰传播。一般推荐使用耐火建筑，例如混凝土隔墙。

易燃液体在应用时需采取限制措施。在加工区，即使运输或储存少量易燃液体也要用安全罐盛装。为了防止易燃蒸气的扩散，应尽可能采用密封系统。在火灾中，防止火焰扩散是非常必要的。所有罐体都应设置通往安全区域的溢流管道，因而必须用拦液堤容纳溢流的燃烧液体，否则火焰会大面积扩散，造成人员或财产的更大损失。除采取上述防火措施外，降低起火后的总消耗也是重要的。高位储存易燃液体的装置应该通过采用防水地板、排液沟、溢流管等措施，防止燃烧液体流向楼梯井、管道开口、墙的裂缝等。此外，在加热易燃液体时，应尽量避免采用明火，而是改用蒸气或其他热载体。

(2) 电源

电源在这里指电力供应和发电装置及电加热、电照明等设施。在危险区域安装电力设施时，应遵守以下电力规范措施。

① 应用特殊的导线和导线管。

② 应用防爆电动机，特别是在地平面或低洼地安装时，更应该如此。

③ 应用特殊设计的加热设备，警惕加热设备材质的自燃温度，推荐应用热水或蒸气加热设备。

④ 电气控制元件，如热断路器、开关、中继器、变压器、接触器等，容易发出火花或变热，这些元件不宜安装在易燃液体贮存区。在易燃液体贮存区只能用防爆按钮控制开关。

⑤ 在危险气氛中或在库房中，仅可应用不透气的球灯。在良好通风的区域才可以用普

通灯。最好用固定的吊灯,手提安全灯也可以应用。

⑥ 在危险区,只有在防爆的条件下,才可以安装保险丝和电路闸开关。

⑦ 电动机座、控制盒、导线管等都应该按照普通的电力安装要求接地。

(3) 过热

过热指超出所需热量的温度点。过热过程应避免在可燃建筑物中发生,并应该受到密切监视。推荐应用温度自动控制和高温限开关,虽然密切监视仍是需要的。

(4) 热表面

易燃气体或易燃液体挥发出的蒸气与燃烧室、干燥器、烤炉、导线管以及蒸气管线接触,常引发着火。如果这些设备设施在正常工作时可能达到高过一些材料自燃点的温度,就必须把易燃物质与其隔离至安全距离。

(5) 自燃

许多火灾由物质的自燃引起,并被毗邻的干燥器、烘箱、导线管、蒸气管线的外部热量所加速。有时,在封闭的无通风的仓库中积累的热量足以使氧化反应加速至着火点。加工易燃液体,特别是容易自热的易燃液体,要特别注意管理和通风。在所有设备和建筑物中,都应避免废弃物料、废纸张、废木条等物品的堆积。

(6) 电气火花

电气火花常指机具和设备发生的火花,吸烟的热灰、无防护的灯、锅炉、焚烧炉以及汽油发动机的回火,同样它们也都是起火的潜在因素。在储存和应用易燃液体的区域应严禁吸烟。该区域的所有设备都应进行一级条件的维护,并尽可能应用防火花或无火花的器具和材料。

(7) 静电

工业操作中,常由于摩擦而在物质表面产生电荷即所谓静电。在湿度比较小的季节或人工加热的情形,静电起火更容易发生。在应用易燃液体的场所,保持相对湿度在40%~50%之间,会大大降低产生静电火花的可能性。为了消除静电火花,必须采用电接地、静电释放设施等。所有易燃液体罐、管线和设备,都应该互相连接并接地。禁止使用传送带,尽可能采用直接的或链条的传动装置。如果不得不使用传送带,传送带的速度必须限定在45.7m/min以下,或者采用会降低产生静电火花可能性特殊装配的传送带。

(8) 摩擦

许多起火由机械摩擦引发,如通风机叶片与保护罩的摩擦,润滑性能很差的轴承,研磨或其他机械过程,都可能引发起火。对于通风机和其他设备,应该经常检查并维持在尽可能好的正常工作状态。对于摩擦产生大量热的过程,应与储存和应用易燃液体的场所隔开。

3.1.3 燃烧形式

(1) 均相燃烧和非均相燃烧

按照可燃物质和助燃物质相态的异同,燃烧可分为均相燃烧和非均相燃烧。均相燃烧是指可燃物质和助燃物质间的燃烧反应在同一相中进行,如甲烷气体在空气中的燃烧。非均相燃烧是指可燃物质和助燃物质并非同相,如煤油(液相)、木材(固相)在空气(气相)中的燃烧。与均相燃烧比较,非均相燃烧比较复杂,需要考虑可燃液体或固体的加热以及由此产生的相变化。

(2) 混合燃烧和扩散燃烧

可燃气体与助燃气体的燃烧按照混合方式可分为混合燃烧和扩散燃烧两种形式。可燃气体与助燃气体预先混合而后进行的燃烧称为混合燃烧。可燃气体由容器或管道中喷出，与周围的空气（或氧气）互相接触扩散而产生的燃烧，称为扩散燃烧。与扩散燃烧相比，混合燃烧速度快、温度高，一般爆炸反应属于这种形式。在扩散燃烧中，由于与可燃气体接触的氧气量偏低，通常会产生不完全燃烧的炭黑。

(3) 蒸发燃烧、分解燃烧和表面燃烧

可燃固体或液体的燃烧反应有蒸发燃烧、分解燃烧和表面燃烧三种形式。

蒸发燃烧是指可燃液体蒸发出的可燃蒸气的燃烧。通常液体本身并不燃烧，只是由液体蒸发出的蒸气进行燃烧。很多固体或不挥发性液体经热分解产生的可燃气体的燃烧称为分解燃烧。如木材和煤大都是由热分解产生的可燃气体进行燃烧。而硫黄这种可燃固体是先熔融、蒸发，而后进行燃烧，也可视为蒸发燃烧。

可燃固体和液体的蒸发燃烧和分解燃烧，均有火焰产生，属于火焰型燃烧。当可燃固体燃烧至分解不出可燃气体时，便没有火焰，燃烧继续在所剩固体的表面进行，称为表面燃烧。金属燃烧即属表面燃烧，无气化过程，无需吸收蒸发热，燃烧温度较高。

此外，根据燃烧产物或燃烧进行的程度，还可分为完全燃烧和不完全燃烧。

3.1.4 燃烧类型

按照燃烧起因，燃烧可分为闪燃、点燃和自燃三种类型。闪点、着火点和自燃点分别是上述三种燃烧类型的特征参数。

3.1.4.1 闪燃和闪点

液体表面都有一定量的蒸气存在，由于蒸气压的大小取决于液体所处的温度。因此，蒸气的浓度也由液体的温度所决定。可燃液体表面的蒸气与空气形成的混合气体与火源接近时会发生瞬间燃烧，出现瞬间火苗或闪光。这种现象称为闪燃。闪燃的最低温度称为闪点。可燃液体的温度高于其闪点时，随时都有被火点燃的危险。

闪点主要适用于可燃液体。某些可燃固体，如樟脑和萘等，也能蒸发或升华为蒸气，因此也有闪点。一些可燃液体的闪点和自燃点列于表3-1，一些油品的闪点和自燃点列于表3-2。

表3-1 一些可燃液体的闪点和自燃点   单位：℃

名称	闪点	自燃点	名称	闪点	自燃点
丁烷	-60	365	间二甲苯	25	525
己烷	-22	233	对二甲苯	25	525
庚烷	-4	215	萘	80	540
壬烷	31	205	甲醇	11	455
癸烷	46	205	乙醇	14	422
异戊间二烯	-54	220	丙醇	15	405
二氯丙烷	15	555	丁醇	29	340
氯丁烷	12	210	戊醇	33	300
苯	11	555	乙醚	-45	170
甲苯	4	535	醋酐	49	315
邻二甲苯	72	463	环氧丙烷	-37	430

表 3-2　一些油品的闪点和自燃点　　　　　　　　　单位：℃

名称	闪点	自燃点	名称	闪点	自燃点
汽油	<28	510~530	重柴油	>120	300~330
煤油	28~45	380~425	蜡油	>120	300~380
轻柴油	45~120	350~380	渣油	>120	230~240

3.1.4.2　点燃和着火点

可燃物质在空气充足的条件下，达到一定温度与火源接触即行着火，移去火源后仍能持续燃烧达 5min 以上，这种现象称为点燃。点燃的最低温度称为着火点。可燃液体的着火点约高于其闪点 5~20℃。但闪点在 100℃ 以下时，二者往往相差不大。在没有闪点数据的情况下，也可以用着火点表征物质的火险。

3.1.4.3　自燃和自燃点

在无外界火源的条件下，物质自行引发的燃烧称为自燃。自燃的最低温度称为自燃点。表 3-1 和表 3-2 列出了一些可燃液体的自燃点。物质自燃有受热自燃和自热燃烧两种类型。

(1) 受热自燃

可燃物质在外部热源作用下温度升高，达到其自燃点而自行燃烧称之为受热自燃。可燃物质与空气一起被加热时，首先缓慢氧化，氧化反应所产生的热使物质温度升高，同时由于散热也损失部分热。若反应热大于损失热，氧化反应加快，温度继续升高，达到物质的自燃点而自燃。在制药企业生产过程中，可燃物质由于接触高温热表面、加热或烘烤、撞击或摩擦等，均有可能导致自燃。

(2) 自热燃烧

可燃物质在无外部热源的影响下，其内部发生物理、化学或生化变化而产生热量不能及时与外界交换，并不断积累使物质温度上升，达到其自燃点而燃烧，这种现象称为自热燃烧。引起物质自热的原因有：氧化热、分解热、聚合热、吸附热、发酵热等。如硝化纤维素在常温下可以放出分解热，并且具有自催化作用，容易产生燃烧现象。

影响自燃的因素有热量生成速率和热量积累。热量生成速率是影响自燃的重要因素。热量生成速率可以用氧化热、分解热、聚合热、吸附热、发酵热等过程热与反应速率的乘积表示。因此，物质的过程热越大，热量生成速率也越大；温度越高，反应速率增加，热量生成速率亦增加。

热量积累是影响自燃的另一个重要因素。保温状况良好，热导率低，可燃物质紧密堆积，中心部分处于绝热状态，热量易于积累引发自燃。如果空气流通利于散热，则很少发生自燃。

压力、组成和催化剂性能对可燃物质自燃点的温度量值会有很大影响。压力越高，自燃点越低。可燃气体与空气混合，其组成为化学计量比时自燃点最低。活性催化剂能降低物质的自燃点，而钝性催化剂则能提高物质的自燃点。

有机化合物的自燃点呈现下述规律：同系物中自燃点随其相对分子质量的增加而降低；直链结构的自燃点低于其异构物的自燃点；饱和链烃比相应的不饱和链烃的自燃点为高；芳香族低碳烃的自燃点高于同碳数脂肪烃的自燃点；较低级脂肪酸、酮的自燃点较高；较低级醇类和醋酸酯类的自燃点较低。

可燃性固体经粉碎形成发的粒度越小，其自燃点越低。固体受热分解，产生的气体量越大,自燃点越低。对于有些固体物质,受热时间较长,自燃点也较低。

3.1.5 燃烧过程

可燃物质的燃烧一般在气相环境中进行。由于可燃物质的状态不同,其燃烧过程也不相同。

气体最易燃烧,燃烧所需要的热量用于本身的氧化分解,并使其达到着火点。气体在极短的时间内就能全部燃尽。

液体在火源作用下,先蒸发成蒸气,而后氧化分解进行燃烧。与气体燃烧相比,液体燃烧需要多消耗液体变为蒸气的蒸发热。

固体燃烧有两种情况:对于硫、磷等简单物质,受热时首先熔化,而后蒸发为蒸气进行燃烧,无分解过程;对于复合物质,受热时首先分解成小组成部分,生成气态和液态产物,而后气态产物和液态产物蒸气着火燃烧。

各种物质的燃烧过程如图 3-2 所示。从中可知,任何可燃物质的燃烧都经历氧化分解、着火、燃烧等阶段。

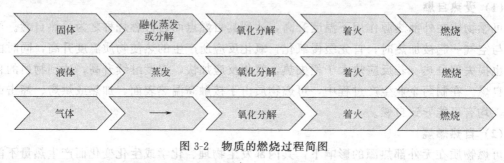

图 3-2　物质的燃烧过程简图

物质燃烧过程的温度变化如图 3-3 所示。$T_{初}$ 为可燃物质开始加热的温度。初始阶段,加热的大部分热量用于可燃物质的熔化或分解以及分子内能的增加,温度上升比较缓慢。当温度继续上升到达 $T_{氧}$,可燃物质开始氧化,此时由于温度较低,氧化速度不快,氧化产生的热量尚不足以使物质燃烧。此时若停止加热,则不会引起燃烧。如继续加热,温度上升很快,到达 $T_{自}$,即使停止加热,温度仍自行迅速升高,到达 $T'_{自}$ 就着火燃烧。这里,$T_{自}$ 是

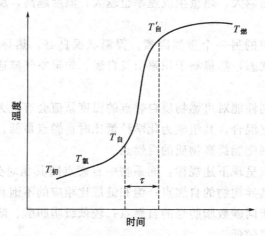

图 3-3　物质燃烧时温度随时间的变化历程

理论上的自燃点，$T'_自$是开始出现火焰的温度，为实际测得的自燃点，$T_燃$为物质的燃烧温度。$T_自$到$T'_自$间的时间间隔称为燃烧诱导期，在安全上有一定实际意义，也是争取灭火的最佳时机。

3.1.6 燃烧的特征参数

3.1.6.1 燃烧温度

可燃物质燃烧所产生的热量在火焰燃烧区域释放出来，火焰温度即燃烧温度。表3-3列出了一些常见物质的燃烧温度。

3.1.6.2 燃烧速率

(1) 气体燃烧速率

气体燃烧无需像固体、液体那样经过熔化、蒸发等过程，因此其燃烧速率很快。气体的燃烧速率随物质的成分不同而异。单质气体如氢气的燃烧只需受热、氧化等过程；而化合物气体如天然气、乙炔等的燃烧则需要经过受热、分解、氧化等过程。所以，单质气体的燃烧速率要比化合物气体的快。在气体燃烧中，扩散燃烧速率取决于气体扩散速率，而混合燃烧速率则只取决于本身的化学反应速率。因此，在通常情况下，混合燃烧速率高于扩散燃烧速率。

表3-3 常见可燃物质的燃烧温度　　　　　　　　　　　　　　　　　　单位：℃

物质	温度	物质	温度
甲烷	1800	原油	1100
乙烷	1895	汽油	1200
乙炔	2127	煤油	900
甲醇	1100	重油	1000
乙醇	1180	烟煤	1647
乙醚	2861	氢气	2130
木材	1085	液化气	2100
镁	3000	天然气	2020
钠	1400	石油气	2120
石蜡	1427	火柴火焰	800
一氧化碳	1680	燃着香烟	750
硫	1820	橡胶	1600

气体的燃烧性能常以火焰传播速率来表征，火焰传播速率有时也称为燃烧速率。燃烧速率是指燃烧表面的火焰沿垂直于表面的方向向未燃烧部分传播的速率。在多数火灾或爆炸情况下，已燃和未燃气体都在运动，燃烧速率和火焰传播速率并不相同。这时的火焰传播速率等于燃烧速率和整体运动速率的和。烃类气体在空气中的最大燃烧速率见表3-4。

(2) 液体燃烧速率

液体燃烧速率取决于液体的蒸发。其燃烧速率有两种。

① 质量速率，指每平方米可燃液体表面，每小时烧掉的液体的质量，单位为$kg/(m^2 \cdot h)$。

② 直线速率，指每小时烧掉可燃液层的高度，单位为m/h。

易燃液体在常温下蒸气压就很高，因此有火星、灼热物体等靠近时便能着火。之后，火

表 3-4　烃类气体在空气中的最大燃烧速率

气体	体积分数/%	速率/(m/s)	气体	体积分数/%	速率/(m/s)
甲烷	10	0.338	丙炔	5.9	0.699
乙烷	6.3	0.401	1-丁炔	4.4	0.581
丙烷	4.5	0.39	1-戊炔	3.5	0.529
正丁烷	3.5	0.379	1-己炔	3	0.485
正戊烷	2.9	0.385	苯	2.9	0.446
正己烷	2.5	0.368	甲苯	2.4	0.338
正庚烷	2.3	0.386	邻二甲苯	2.1	0.344
正癸烷	1.4	0.402	正丁苯	1.7	0.359
乙烯	7.4	0.683	叔丁基苯	1.6	0.366
丙烯	5	0.438	环丙烷	5	0.495
1-丁烯	3.9	0.432	环丁烷	3.9	0.566
1-戊烯	3.1	0.426	环戊烷	3.2	0.373
1-己烯	2.7	0.421	环己烷	2.7	0.387
乙炔	10.1	1.41	环己烯	2.8	0.403

焰会很快沿液体表面蔓延。另一类液体只有在火焰或灼热物体长久作用下，使其表层受强热大量蒸发才会燃烧。故在常温下生产、使用这类液体没有火灾或爆炸危险。这类液体着火后，火焰在液体表面上蔓延得也很慢。

为了维持液体燃烧，必须向液体传入大量热，使表层液体被加热并蒸发。火焰向液体传热的方式是辐射。故火焰沿液面蔓延的速率决定于液体的初温、热容、蒸发潜热以及火焰的辐射能力。表 3-5 列出了几种常见易燃液体的燃烧速率。

表 3-5　易燃液体的燃烧速率

液体	燃烧速率		液体	燃烧速率	
	直线速率/(m/h)	质量速率/[kg/(m²·h)]		直线速率/(m/h)	质量速率/[kg/(m²·h)]
甲醇	0.072	57	甲苯	0.161	138.29
乙醚	0.175	125.84	航空汽油	0.126	91.98
丙酮	0.084	66.36	车用汽油	0.105	80.85
苯	0.189	165.37	煤油	0.066	55.11

(3) 固体燃烧速率

固体燃烧速率一般要小于可燃液体和可燃气体。不同固体物质的燃烧速率有很大差异。萘及其衍生物、三硫化磷、松香等可燃固体，其燃烧过程是受热熔化、蒸发气化、分解氧化、起火燃烧，一般速率较慢。而另外一些可燃固体，如硝基化合物、含硝化纤维素的制品等，燃烧是分解式的，燃烧剧烈，速度很快。可燃固体的燃烧速率还取决于燃烧比表面积，即燃烧表面积与体积的比值越大，燃烧速率越大；反之，则燃烧速率越小。

3.1.6.3　燃烧热

可燃物质燃烧时所达到的最高温度、最高压力均与物质的燃烧热有关。物质的标准燃烧热数据一般从物性数据手册中能够查到。也可以用量热仪在常压下测得。表 3-6 给出了一些常见可燃气体的燃烧热。

表 3-6　可燃气体的燃烧热　　　　　　　　　　　　单位：kJ/kg

可燃气体	高热值	低热值	可燃气体	高热值	低热值
甲烷	55723	50082	丙烯	48953	45773
乙烷	51664	47279	丁烯	48367	45271
丙烷	50208	46233	乙炔	49848	48112
丁烷	49371	45606	氢	141955	119482
戊烷	49162	45396	硫化氢	16778	15606
乙烯	49857	46631			

3.2　火灾防治技术

3.2.1　火灾及其分类

广义而言，凡是超出有效范围的燃烧，或者说是不可控的燃烧都称为火灾。按《企业职工伤亡事故分类标准》（GB 6441—1986）分类，火灾是工伤事故类别中的一类典型事故，也是制药企业中常见的事故类型之一。

根据《火灾分类》（GB 4968—2008），火灾按物质燃烧的特征可分为以下几类。

A 类火灾：固体物质火灾。这种物质往往具有有机物的性质，一般在燃烧时能产生灼热的余烬，如木材、棉、毛、麻、纸张火灾等。

B 类火灾：液体火灾和可以熔化的固体物质火灾，如汽油、煤油、柴油、原油、甲醇、乙醇、沥青、石蜡火灾等。

C 类火灾：气体火灾，如煤气、天然气、甲烷、乙烷、丙烷、氢气火灾等。

D 类火灾：金属火灾，如钾、钠、镁、钛、锆、锂、铝镁合金火灾等。

E 类火灾：带电火灾，物体带电燃烧的火灾。

F 类火灾：烹饪器具内的烹饪物（如动植物油脂）火灾。

上述分类方法对防火和灭火，特别是对选用灭火剂具有实际指导意义。

公安部办公厅（公消[2007]234号）《关于调整火灾等级标准的通知》根据国务院493号令颁布的《生产安全事故报告和调查处理条例》（自 2007 年 6 月 1 日起施行）对火灾等级标准调整为如下四类。

特别重大火灾：造成 30 人以上死亡，或者 100 人以上重伤，或者 1 亿元以上直接财产损失的火灾。

重大火灾：造成 10 人以上 30 人以下死亡，或者 50 人以上 100 人以下重伤，或者 5000 万元以上 1 亿元以下直接财产损失的火灾。

较大火灾：造成 3 人以上 10 人以下死亡，或者 10 人以上 50 人以下重伤，或者 1000 万元以上 5000 万元以下直接财产损失的火灾。

一般火灾：造成 3 人以下死亡，或者 10 人以下重伤，或者 1000 万元以下直接财产损失的火灾。

3.2.2 火灾的特殊燃烧形式

(1) 阴燃

阴燃是多种固体物质中发生的持续、有烟、无气相火焰的缓慢燃烧现象，并伴随有局部温度升高。阴燃在一定条件下，可以转变为有焰燃烧。阴燃在建筑火灾和森林火灾初起阶段的前期常有发生。

阴燃是固体材料特有的燃烧形式，各种材料能否形成阴燃，取决于自身的物理化学性质和所处外部环境。固体材料能够发生阴燃的自身条件是材料受热分解后能够产生刚性结构的多孔炭，这种炭具备多孔蓄热并使燃烧持续下去。很多固体材料如纸张、锯末、纤维织物、纤维板、乳胶、橡胶和多孔热固性塑料等都能发生阴燃，而有些物质的粉末分散于能阴燃的固体上时，可抑制阴燃发生，如 S、$CaCl_2$、$ZnCl_2$ 等。

当固体物质处于空气不流通情况下，且具有供热强度适宜的热源时，就具备了发生阴燃的环境，如固体堆垛内部的阴燃、处于密封性较好的室内固体阴燃，若供热强度过小，固体无法着火；供热强度过大，固体则发生有焰燃烧。

引起阴燃的常见热源包括自燃热源，如固体堆垛内的阴燃大多是自燃结果，待阴燃缓慢向外传播至堆垛表面时，就转为有焰燃烧；一种阴燃引起另一种阴燃，如香烟阴燃引起地毯、被褥、木屑、植被等阴燃，并进一步引发火灾；有焰燃烧熄灭后的阴燃，如固体堆垛有焰燃烧的外部火焰被水扑灭后，内部仍处于炽热状态，而可能发生阴燃，经过一段时间，外部水分蒸发，阴燃向外发展至堆垛表面时，就会发生死灰复燃现象。

阴燃向有焰燃烧转变，有以下几种条件：阴燃从堆垛内部传播到外部时，由于不再缺氧，可转变为有焰燃烧。密闭空间内，因供氧不足，固体材料发生阴燃，并产生大量不完全燃烧产物充满空间，当突然打开空间某些部位时，新鲜空气进入，在空间内形成可燃混合气体，进而发生有焰燃烧或导致爆炸。这种由阴燃向爆燃的突发性转变十分危险。

(2) 轰燃

轰燃是室内火灾由局部燃烧瞬间向全面燃烧的转变，转变完成后，室内所有可燃物表面都开始燃烧。轰燃是火灾由初期阶段向旺盛阶段转变的最显著特征之一。在火灾初起阶段后期，如果通风条件良好，可燃物数量适当，火灾范围会迅速扩大，并引起室内相当数量的可燃物的热解和气化，一旦可燃气体达到燃烧极限下限，室内温度达到可燃气体燃点，经过较短时间（几分钟）就会出现一种全室性气相火焰现象，并迅速点燃室内绝大多数可燃物表面，燃烧十分猛烈，温度升高很快，它标志着火灾由初起阶段后期进入全盛阶段。

轰燃现象的出现是火灾燃烧释放出大量热量积累的结果。试验研究表明，引起室内轰燃的热源主要是热辐射。建筑物室内地板接收到的热通量的辐射热源主要有以下三个方面：

① 顶棚下方的热烟气层；

② 室内上部的顶与侧壁所有热表面的辐射；

③ 火焰，包括垂直上升的火羽流与沿顶棚扩散的火焰。

这些热辐射对轰燃出现的控制作用和影响取决于火灾发展过程中可燃物质的性质以及通风状况。在实际火灾中，一般都会产生大量烟气。因此，轰燃的出现主要由热烟气层的厚度和温度达到某一临界点时所决定，因此，烟气层的热辐射对确定火灾的发展十分重要。

(3) 烟气回燃

建筑火灾发生一段时间后,由于多种原因可能造成室内缺氧,烟气中逐渐积累大量可燃气体,当房屋门窗突然破裂空气大量进入时,在烟气层下表面附近发生的非均匀预混气体燃烧现象称为烟气回燃。发生烟气回燃有以下两种情况。

① 当建筑物的门窗关闭条件下发生火灾时,或者是门窗虽未关闭严密,但室内存有大量可燃气体,燃烧过程中出现氧气供应严重不足,从而形成烟气层中含有大量可燃气体组分,此时,一旦突然形成通风缺口,如门窗破裂、救灾人员闯入,使大量新鲜空气突然进入,将使可燃烟气获得充分氧气,燃烧强度显著增大,突发猛烈燃烧,室内温度迅速提高。这种燃烧还有可能使火灾转变为轰燃或爆炸。

② 当室内发生火灾后,人们总会尽力扑救,大多数情况下火灾尚未发展到轰燃就被人为扑灭,这种情况下室内可燃材料中的挥发组分并未完全析出,可燃物周围的温度在短时间内仍比环境温度高,它容易造成可燃挥发气再度析出,一旦充分供氧条件形成,被扑灭的火场又会重新发生可燃烟气的明火燃烧,即烟气回燃。

为了防止回燃的发生,控制新鲜空气的后期流入和在火灾中禁止启动无防爆措施的电器设备具有重要作用。当发现起火建筑物内生成大量黑红色浓烟时,不要轻易打开门窗以避免生成可燃性混合气。必须做好灭火准备,在房间顶棚或墙壁上部打开排烟口将可燃烟气直接排到室外,或在打开通风口时,沿开口向房间内喷入水雾,可以有效降低烟气浓度,减少烟气被点燃的可能和有利于扑灭室内明火。

3.2.3 生产及储存的火灾危险性分类

标准《建筑设计防火规范》(GB 50016—2014)对生产及储存厂房按火灾危险性进行了明确分类。

(1) 生产的火灾危险性分类

生产的火灾危险性应根据生产中使用或产生的物质性质及其数量等因素,分为甲、乙、丙、丁、戊类,并应符合表 3-7 的规定。

表 3-7 生产的火灾危险性分类

生产类别	火灾危险特性(使用或产生下列物质的生产)
甲	闪点小于 28℃ 的液体
	爆炸下限小于 10% 的气体
	常温下能自行分解或在空气中氧化能迅速导致自燃或爆炸的物质
	常温下受到水或水蒸气的作用,能产生可燃气体并引起燃烧或爆炸的物质
	遇酸、受热、撞击、摩擦、催化以及遇有机物或硫黄等易燃的无机物极易引起燃烧和爆炸的强氧化剂
	受撞击、摩擦或与氧化剂、有机物接触时能引起燃烧或爆炸的物质
	在密闭设备内操作温度大于等于物质本身自燃点的生产
乙	闪点大于等于 28℃,但小于 60℃ 的液体
	爆炸下限大于等于 10% 的气体
	不属于甲类的氧化剂
	不属于甲类的化学易燃危险固体
	助燃气体
	能与空气形成爆炸性混合物的浮游状态的粉尘、纤维、闪点大于等于 60℃ 的液体雾滴

续表

生产类别	火灾危险特性（使用或产生下列物质的生产）
丙	闪点大于等于 60℃ 的液体
	可燃固体
丁	对不燃烧物质进行加工，并在高温或熔化状态下经常产生强辐射热、火花或火焰的生产
	利用气体、液体、固体作为燃料或将气体、液体进行燃烧作其他用途的各种生产
	常温下使用或加工难燃烧物质的生产
戊	常温下使用或加工难燃烧物质的生产

同一座厂房或厂房的任一防火分区内有不同火灾危险性生产时，该厂房或防火分区内的生产火灾危险性分类应按火灾危险性较大的部分确定。当符合下述条件之一时，可按火灾危险性较小的部分确定。

① 火灾危险性较大的生产部分占本层或本防火分区面积的比例小于 5% 或丁、戊类厂房内的油漆工段小于 10%，且发生火灾事故时不足以蔓延到其他部位或火灾危险性较大的生产部分采取了有效的防火措施。

② 丁、戊类厂房内的油漆工段，当采用封闭喷漆工艺，封闭喷漆空间内保持负压、油漆工段设置可燃气体自动报警系统或自动抑爆系统，且油漆工段占其所在防火分区面积的比例小于等于 20%。

(2) 储存物品的火灾危险性

应根据储存物品的性质和储存物品中的可燃物数量等因素，分为甲、乙、丙、丁、戊类，并应符合表 3-8 的规定。

表 3-8 储存物品的火灾危险性特征

仓库类别	储存物品的火灾危险性特征
甲	闪点小于 28℃ 的液体
	爆炸下限小于 10% 的气体，以及受到水或空气中水蒸气的作用，能产生爆炸下限小于 10% 气体的固体物质
	常温下能自行分解或在空气中氧化即能导致迅速自燃或爆炸的物质
	常温下受到水或空气中水蒸气的作用，能产生可燃气体并引起燃烧或爆炸的物质
	遇酸、受热、撞击、摩擦、催化以及遇有机物或硫黄等易燃的无机物，极易引起燃烧或爆炸的强氧化剂
	受撞击、摩擦或与氧化剂、有机物接触时能引起燃烧或爆炸的物质
乙	闪点大于等于 28℃ 至小于 60℃ 的液体
	爆炸下限大于等于 10% 的气体
	不属于甲类的氧化剂
	不属于甲类的化学易燃危险固体
	助燃气体
	常温下与空气接触能缓慢氧化，积热不散引起自燃的物品
丙	闪点大于 60℃ 的液体
	可燃固体
丁	难燃烧物品
戊	不燃烧物品

同一座仓库或仓库的任一防火分区内储存不同火灾危险性物品时，该仓库或防火分区的火灾危险性应按其中火灾危险性最大的类别确定。

丁、戊类储存物品的可燃包装重量大于物品本身重量1/4的仓库,其火灾危险性应按丙类确定。

3.2.4 火灾产生的机理与发展过程

3.2.4.1 火灾发生原因

引发火灾的原因可分为以下几类。

① 放火:敌对分子放火,刑事放火,精神病和智障者放火、自焚等。

② 违反电气安装安全规定:导线选用、安装不当,变电设备安装不符合规定,安装不符合规定,滥用不合格的熔断器,未安装避雷设备或安装不当,未安装排除静电设备或安装不当等。

③ 违反电气使用安全规定:有短路、过负载、接触不良及其他。

④ 违反安全操作规程:有焊割、烘烤、熬炼、化工医药生产、储存运输及其他。

⑤ 吸烟。

⑥ 生活用火不慎。

⑦ 玩火。

⑧ 自燃。

⑨ 自然原因:如雷击、风灾、地震及其他原因。

⑩ 其他原因及原因不明的。

上述诸多原因中,②~⑤、⑧、⑨都属于制药企业生产过程中引发的火灾的常见原因。

3.2.4.2 火灾产生机理

火灾是一种失去人为控制的燃烧过程。产生火灾的基本要素是可燃物、助燃物和点火源。液体和固体是凝聚态物质,难与空气均匀混合,它们燃烧的基本过程是当外部提供一定的能量时,液体或固体先蒸发成蒸气或分解析出可燃气体(如 CO、H_2 等),较大的分子团、灰烬和未燃烧的物质颗粒悬浮在空气中,粒子直径一般在 $0.01\mu m$ 左右,这些悬浮物统称为气溶胶。几乎在产生气溶胶的同时,产生粒子直径为 $0.011\sim 10\mu m$ 的液体或固体微粒,称为烟雾。气相形式的可燃物与空气混合,在较强火源作用下产生预混燃烧。着火后,燃烧火焰产生的热量使液体或固体的表面继续释放出可燃气体,并形成扩散燃烧。同时,发出含有红外线或紫外线的火焰,散发出大量的热量。气溶胶、烟雾、火焰和热量都称为火灾参量,通过对这些参量的测定便可确定是否存在火灾。大量热量通过可燃物的直接燃烧、热传导、热辐射和热对流,使火从起火部位向周围蔓延,这就是常说的火蔓延,火蔓延导致了火势的扩大,形成火灾。

3.2.4.3 火灾的发展过程

以具有代表性的室内火灾为例来说明火灾的发生发展过程。在某防火分区或建筑物空间,可燃物在刚刚着火,火源范围很小时,由于建筑物空间相对于火源而言,一般都比较大,空气供应充足,所以,燃烧状况与开敞的空间基本相同。随着火源范围的扩大,火焰在最初着火的可燃物上燃烧,或引起附近的可燃物燃烧,当防火分区(室内)的墙壁、屋顶开始影响燃烧的继续发展时,一般就完成了一个发展阶段,即火灾的初期。火灾的发展一般经历三个时间区间,如图3-4所示。

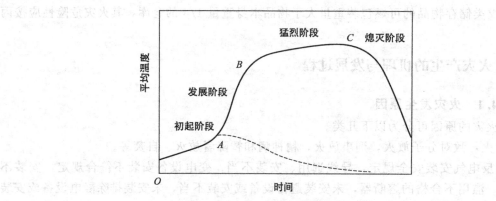

图 3-4 火灾发展温度-时间曲线

根据室内火灾温度随时间变化的特点，可以将火灾发展过程分为四个阶段，即火灾初起阶段（图中 OA 段）、火灾发展阶段（AB 段）、火灾猛烈阶段（BC 段）、火灾熄灭阶段（C 点以后）。

(1) 火灾初起阶段

室内发生火灾后，最初只是起火部位及其周围可燃物着火燃烧。这时的火灾如同在敞开的空间里进行一样。在火灾局部燃烧形成后，可能会出现下列三种情况之一。

第一种情况，最初着火的可燃物质燃烧完，而未延及其他的可燃物质。尤其是初始着火的可燃物质处在隔离的情况下。

第二种情况，如果通风不足，则火灾可能自行熄灭，或受到通风供氧条件的支配，以很慢的燃烧速度继续燃烧。

第三种情况，如果存在足够的可燃物质，而且具有良好的通风条件，则火灾迅速发展到整个房间，使房间中的可燃物（家具、衣物、可燃装修等）卷入燃烧之中，从而使室内火灾进入全面发展的猛烈燃烧阶段。

火灾初起阶段的特点是：起火点处的局部温度较高，室内各点的温度不平衡；由于可燃物燃烧性能、分布、通风、散热等条件的影响，燃烧的发展大多比较缓慢，有可能中途自行熄灭，燃烧的发展是不稳定的；火灾起初阶段的燃烧面积不大；火灾起初阶段的持续时间长短不定。

火灾初起时，燃烧释放的热量通过热交换，提高房间内各种物体的温度，使可燃物受热分解放出可燃气体和热，进入无焰燃烧的过程。在短时间内分解出的可燃气体与空气混合形成爆炸性的气体。明火点燃，是由于热分解的可燃气体流向起火点，遇火点燃；或者是起火点的热烟带来的火星，飞到堆集可燃物的部位，把已进入无焰燃烧的可燃物点燃。火灾初起，在氧气不足的条件下，燃烧呈阴燃状态，室内可燃物均处于无焰燃烧阶段，房间内积聚了温度较高、浓度较大、数量较多的可燃气体与空气的混合物。一旦开门或者窗玻璃破裂，由室外向起火房间输入大量的新鲜空气，室内的气体混合物便会迅速自燃，在整个起火房间内出现熊熊的火焰，这个火焰便可在室内全面点燃存在的一切可燃物，使初起火灾迅速发展成火灾发展的第二阶段。

初期火灾的持续时间，即火灾轰燃之前的时间，对建筑物内的人员疏散、重要物资的抢救都具有重要的意义。从防火的角度来看，建筑物耐火性能好，可燃物少，则火灾初期燃烧缓慢，甚至会出现窒息灭火，有"火警"而无火灾的结果。从灭火的角度来看，火灾初期燃烧面积小,只要用少量的水就可以把火扑灭,因而是扑救火灾的最好时机,为了早发现并及时扑灭初期火灾,对重要的建筑物最好安装自动报警和自动灭火设备。

(2) 火灾发展阶段

在火灾初起阶段后期,火灾范围迅速扩大,除室内的家具、衣物等卷入燃烧之外,建筑物的可燃装修材料由局部燃烧迅速扩大,室内温度上升很快,当达到室内固体可燃物全表面燃烧的温度时,被高温烘烤分解、挥发出的可燃气体便会使整个房间都充满火焰。

(3) 火灾猛烈阶段

室内火灾经历轰燃后,整个房间立即被火焰包围,室内可燃物的外露表面全部燃烧起来。由于轰燃之际门、窗、玻璃已经破坏,为火灾提供了比较稳定的、充分的通风条件,所以在此阶段燃烧发展到最大值,并且可产生高达1100~1200℃的高温。在此高温下,房间的顶棚及墙壁的表面抹灰层发生脱落,混凝土预制楼板、梁、柱等结构也会发生爆裂剥落的破坏现象,在高温作用下,甚至发生断裂破坏。在此阶段,铝制品的窗框被熔化,钢窗整体向内弯曲,无水幕保护的防火卷帘也向加热侧发生弯曲。火灾猛烈燃烧阶段,随着可燃物的消耗,其分解物逐渐减少,火势逐渐衰退,室内靠近顶棚处能见度渐渐提高,只有地板上堆积的残留可燃物如大截面的木材、堆放的书籍、棉织品等将持续燃烧。

为了减少火灾损失,针对火灾猛烈阶段的特点,在建筑防火设计中采取的主要措施有:在建筑物内设置防火分隔物,把火灾控制在局部区域内,防止火灾向其他区域扩散蔓延;选用耐火极限较高的建筑构件作为建筑物的承重体系,确保建筑物发生火灾时不坍塌,为火灾时人员的安全疏散、火灾扑救及火灾后建筑物的修复使用创造条件。

(4) 火灾熄灭阶段

火灾熄灭阶段,室内可供燃烧的物质减少,温度开始下降。但从火灾整个过程来看,火灾中期的后半段和末期的前半段的温度最高,火势发展最猛烈,热辐射也最强,使建筑物遭受破坏的可能性也会更大,这是火灾向周围建筑物蔓延的最危险时刻。

火灾熄灭阶段之初,在灭火时仍有注意堵塞包围,防止火势蔓延的必要,切不可疏忽大意。注意建筑结构因经受高温作用和灭火射水冷却作用而出现裂缝、下沉、倾斜或倒塌破坏的可能,注意保障灭火中的人身安全。

上述四个火灾发展阶段,是根据火灾温度曲线的拐点,即室内火灾温度变化的转折点为客观规律划分的。火灾发展的每一阶段的出现,取决于室内燃烧的面积、火灾的温度和燃烧速度的综合作用,它并不是某一单独参数的指标。

3.2.5 火灾的危害

在建筑火灾中,对人的生命和财产的主要威胁来自于燃烧过程的热能和非热能效应,如图3-5所示。

据统计,所有与建筑物火灾有关的死亡人员中,约75%与燃烧产物直接相关。燃烧仅热伤害所导致的人员伤亡约占死亡总人数的25%。

(1) 烟气对人的伤害

火灾总是伴随浓烟滚滚,产生大量对人有毒有害的烟气,如CO、CO_2、HCN、HCl、H_2S。随着近代石油化学工业的发展,合成高分子材料品种和数量的增多,这个问题变得越来越突出了。各种高分子材料作为建筑材料和装饰材料广泛应用于建筑物中,虽然它们具有

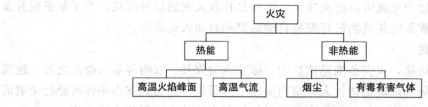

图 3-5 火灾的多重危害

质轻、美观、施工方便等许多优点，但它们绝大多数为易燃材料，一旦发生火灾会产生大量的烟和毒性气体，而这些烟和毒气对人体是有极大危害的。

烟气往往是一种被低估的危害。许多国家已进行过很多宣传教育活动来呼唤人们注意火灾的危害。这些活动往往集中在告知人们如何防火，在发生火灾时做些什么，如何逃离，如何扑灭小火而不使自己处于火灾危险之中，在大多数国家，只有比较少的人知道在火灾中烟所起的危害作用。

在建筑物火灾中，由于燃烧物质一般都是含碳的高分子化合物或有机物，这些物质在燃烧不充分的情况下，极容易产生 CO 气体。空气中含有 0.05% 的 CO，人体就有危险。CO 在肺中与血液中的血红蛋白结合从而阻碍血液向体内供氧，导致人 CO 中毒。空气中 CO 含量对人体的危害如表 3-9 所示。

表 3-9 空气中 CO 含量对人体的危害

CO 含量/%	对人体的危害	CO 含量/%	对人体的危害
0.05	轻度中毒、喘息、心脏急跳	0.2~0.3	有生命危险的中毒、失去感觉、发生痉挛
0.05~0.1	重中毒、失去自由能力	0.5~1	人体 5min 致死浓度

火灾中产生的有毒气体，除 CO 外，还有 HCl、HCN、丙烯醛以及没有燃烧的碳氢化合物（UCL）。火灾中由聚合物分解释放的 HCl 已引起广泛重视，目前在大部分模型中，HCl 通常被认为是一种随着其他燃烧产物一起扩散的不会损失的气体。但研究已经表明，HCl 在火灾中不会停留很长时间，其原因是 HCl 和大多数建筑物的材料反应十分迅速，如水泥板、石膏等，在火灾中测得的 HCl 最高浓度通常比计算得出的材料燃烧释放的 HCl 的值要小得多，并且 HCl 很快从最高值下降，直到完全消失。

(2) 火灾热辐射对人的伤害

火灾时产生的热能以热射线的方式传播，而热射线在均匀介质中是以电磁波的形式向四周传播的。辐射热量的物体，其单位表面上发射出的热量与媒介质的状态无关，而是与物体的热力学温度和面积成正比，即燃烧物体的温度越高、面积越大，辐射强度及辐射热越大。而接受辐射热的物体，其受热量和两者间距离的平方成反比，即距离越近，受热量越多；距离越远，受热越少。在火灾发生时，放射物表面（火焰）的温度通常都在 1000℃ 以上。而一般可燃物质在空气中的自燃点始终低于 800℃（如木材为 200~300℃，煤油为 240~290℃，石油沥青为 270~300℃），由于受到火焰的灼烤很可能就会燃烧起来，引发附近建筑物着火。

(3) 贫氧量对人的伤害

在发生火灾时，可燃物质燃烧要消耗空气中大量的氧。若火灾发生在室内，在火灾发展到全盛时期以后，室内空气中的氧浓度非常低，在某些时候某些特定的区域几乎接近 0%。空气中的氧浓度降低会给人体造成很大的危害。其氧浓度降低对人体的危害见表 3-10。

表 3-10 空气中氧浓度降低对人体的危害

氧浓度/%	对人体的危害	氧浓度/%	对人体的危害
12～16	呼吸和脉搏数加快	6～10	意识不清、引起痉挛、5～8min死亡
9～14	判断力下降、全身虚脱、发晕	0	人体5min致死浓度

3.2.6 防火技术

根据燃烧三角形，采取适当措施，防止可燃物、助燃物和点火源这三个基本条件的同时存在或者避免它们的相互作用，这是防火技术的基本原理和本质。具体的防火技术措施可以有数十项，但它们都是在防火技术基本理论的指导下采取的，归纳起来通常有以下几个方面。

(1) 消除点火源

研究和分析燃烧的条件说明这样一个事实：防火的基本原则主要应建立在消除火源的基础之上。火灾原因调查实际上就是查出是哪种着火源引起的火灾。

消除点火源的措施很多，如安装防爆灯具，禁止烟火，接地避雷，隔离和控温等。

(2) 控制可燃物

控制可燃物的措施主要有：在生活中和生产的可能条件下，以难燃和不燃材料代替可燃材料，如用水泥代替木材建筑房屋；降低可燃物质（可燃气体、蒸气和粉尘）在空气中的浓度，如在车间或库房采取全面通风或局部排风，使可燃物不易积聚，从而不会超过最高允许浓度；防止可燃物质的跑、冒、滴、漏；对于那些相互作用能产生可燃气体或蒸气的物品应加以隔离，分开存放，如电石与水接触会相互作用产生乙炔气，所以必须采取防潮措施，禁止自来水管道、热水管道通过电石库等。

(3) 隔绝空气

在必要时可以使生产在真空条件下进行，在设备容器中充装惰性介质保护。例如，水入电石式乙炔发生器在加料后，应采取惰性介质氮气吹扫；燃料容器在检修焊补（动火）前，用惰性介质置换等。也可将可燃物隔绝空气储存，如钠存于煤油中、磷存于水中、二硫化碳用水封存放等。

(4) 防止形成新的燃烧条件，阻止火灾范围的扩大

设置阻火装置，如在乙炔发生器上设置水封回火防止器，或水下气割时在割炬与胶管之间设置阻火器，一旦发生回火，可阻止火焰进入乙炔罐内，或阻止火焰在管道里蔓延；在车间或仓库里筑防火墙，或在建筑物之间留防火间距，一旦发生火灾，使之不能形成新的燃烧条件，从而防止扩大火灾范围。

3.2.7 灭火技术

3.2.7.1 常用灭火方法

一旦发生火灾，只要消除燃烧基本条件中的任何一条，火就会熄灭，这就是灭火技术的基本理论。在此基本理论指导下，常用的灭火方法有隔离、冷却和窒熄（隔绝空气）等。

(1) 隔离法

隔离法就是将可燃物与点火源（火场）隔离开来，燃烧会因而停止。例如，盛装可燃气体、可燃液体的容器或管道发生着火事故或容器管道周围着火时，应立即采取以下措施：

① 设法关闭容器与管道的阀门，使可燃物与火源隔离，阻止可燃物进入着火区；

② 将可燃物从着火区搬走，或在火场及其邻近的可燃物之间形成一道"水墙"加以隔离；

③ 阻拦正在流散的可燃液体进入火场，拆除与火源毗连的易燃建筑物等。

(2) 冷却法

冷却法就是将燃烧物的温度降至着火点（燃点）以下，使燃烧停止；或者将邻近着火场的可燃物温度降低，避免形成新的燃烧条件，例如常用水或干冰（二氧化碳）进行降温灭火。

(3) 窒熄法

窒熄法就是消除燃烧的条件之一——助燃物（空气、氧气或其他氧化剂），使燃烧中止。主要是采取措施，阻止助燃物进入燃烧区，或者用惰性介质和阻燃性物质冲淡稀释助燃物，使燃烧得不到足够的氧化剂而熄灭。采取窒熄法的常用措施：将灭火剂如四氯化碳、二氧化碳、泡沫灭火剂等不燃气体或液体喷洒覆盖在燃烧物表面上，使之不与助燃物接触；用惰性介质或水蒸气充满容器设备，将正在着火的容器设备封严密闭；用不燃或难燃材料捂盖燃烧物等。

3.2.7.2 常用灭火剂

(1) 水

水是应用历史最长、范围最广、价格最廉的灭火剂。水的蒸发潜热较大，与燃烧物质接触被加热汽化吸收大量的热，使燃烧物质冷却降温，从而减弱燃烧的强度。水遇到燃烧物后汽化生成大量的蒸汽，能够阻止燃烧物与空气接触，并能稀释燃烧区的氧，使火势减弱。

对于水溶性可燃、易燃液体的火灾，如果允许用水扑救，水与可燃、易燃液体混合，可降低燃烧液体浓度以及燃烧区内可燃蒸气浓度，从而减弱燃烧强度。由水枪喷射出的加压水流，其压力可达几兆帕。高压水流强烈冲击燃烧物和火焰，会使燃烧强度显著降低。

经水泵加压由直流水枪喷出的柱状水流称作直流水；由开花水枪喷出的滴状水流称作开花水；由喷雾水枪喷出，水滴直径小于 $1\mu m$ 的水流称作雾状水。直流水、开花水可用于扑救一般固体如煤炭、木制品、粮食、棉麻、橡胶、纸张等的火灾，也可用于扑救闪点高于 $120℃$、常温下呈半凝固态的重油火灾。雾状水大大提高了水与燃烧物的接触面积，降温快效率高，常用于扑救可燃粉尘、纤维状物质、谷物堆囤等固体物质的火灾，也可用于扑灭电气设备的火灾。与直流水相比，开花水和雾状水射程均较近，不适于远距离使用。

禁水性物质如碱金属和一些轻金属，以及电石、熔融状金属的火灾不能用水扑救。非水溶性，特别是密度比水小的可燃、易燃液体的火灾，原则上也不能用水扑救。直流水不能用于扑救电气设备的火灾、浓硫酸、浓硝酸场所的火灾以及可燃粉尘的火灾。原油、重油的火灾、浓硫酸、浓硝酸场所的火灾，必要时可用雾状水扑救。

(2) 泡沫灭火剂

泡沫灭火剂是重要的灭火物质。多数泡沫灭火装置都是小型手提式的，对于小面积火焰覆盖极为有效。也有少数装置配置固定的管线，在紧急火灾中提供大面积的泡沫覆盖。对于密度比水小的液体火灾，泡沫灭火剂有着明显的长处。

泡沫灭火剂由发泡剂、泡沫稳定剂和其他添加剂组成。发泡剂称为基料，稳定剂或添加剂则称为辅料。泡沫灭火剂由于基料不同有多种类型，如化学泡沫灭火剂、蛋白泡沫灭火剂、水成膜泡沫灭火剂、抗溶性泡沫灭火剂、高倍数泡沫灭火剂等。

(3) 干粉灭火剂

干粉灭火剂是一种干燥易于流动的粉末，又称粉末灭火剂。干粉灭火剂由能灭火的基料以及防潮剂、流动促进剂、结块防止剂等添加剂组成。一般借助于专用的灭火器或灭火设备中的气体压力将其喷出，以粉雾形式灭火。

(4) 其他灭火剂

其他灭火剂还包括二氧化碳、卤代烃等。手提式的二氧化碳灭火器适于扑灭小型火灾，而大规模的火灾则需要固定管输出的二氧化碳系统，释放出足够量的二氧化碳覆盖在燃烧物质之上。采用卤代烃灭火时应特别注意，这类物质加热至高温会释放出高毒性的分解产物。例如应用四氯化碳灭火时，光气是分解产物之一。灭火剂适用范围如表3-11。

表 3-11 灭火剂适用范围

灭火剂种类	灭火种类					
	木材等一般火灾	气体类火灾	可燃液体类火灾		带电设备火灾	金属类火灾
			非水溶性	水溶性		
直流水	○	×	×	×	×	×
二氧化碳泡沫	○	△	○	×	×	×
7150 灭火剂	×	△	×	×	×	○
卤代烷（如"1211"）	△	○	○	○	○	×
二氧化碳（CO_2）	△	○	○	○	○	×
（钠盐）干粉、（BC类）	△	○	○	○	○	×
碳酸盐干粉、（ABC类）	○	○	○	○	○	×
金属火灾用干粉、（D类）	×	×	×	×	×	○

注：○表示适用；△表示一般不用；×表示不适用。

3.2.8 火场疏散与自救

3.2.8.1 人员疏散

(1) 人员密集场所的安全疏散

在制药企业中，人员密集场所主要包括人员密集的车间、员工宿舍等。在火灾初期，由于浓烟阻挡视线，使受害者晕头转向；缺氧，使受害者呼吸困难、反应迟钝；燃烧产生的有毒气体，使受害者中毒或神经系统麻痹而失去理智；热气流和高温使受害者无所适从，受害者惊慌失措、争相逃命，相互挤踏，这是在人员密集场所容易造成较多人员伤亡的原因。因此为了预防在一旦发生火灾爆炸事故时，减少人员伤亡，应采取有效的安全疏散措施。

未发生火灾前的措施主要包括以下几点。

① 工业建筑物必须符合《建筑防火规范》中有关安全疏散的规定要求，设置足够的安全出口及疏散通道，并有明显的标志。在正常生产经营时，必须保证安全出口不得锁闭；通道及楼梯畅通无阻，不得堆放物资。

② 企业应制定灭火救援应急预案。并按照应急预案做好各项组织准备与物质准备；对员工进行应急预案（包括安全疏散与自救）的教育培训，做到"人人皆知"；组织人员按照各自职责进行演练，做到"人人皆会"。

发生火灾时的措施主要包括以下内容。

① 一旦发生火灾爆炸事故时，应按照应急预案组织疏散。消防队未到达之前，失火单

位的领导就是疏散的领导者及组织者；其他人员必须服从指挥；消防队到达之后，由消防队组织疏散，单位领导应协助消防队做好疏散、抢救工作。

② 及时、正确通报，防止混乱。当火势发展比较缓慢，而且人员较多、疏散条件差的情况下，失火单位领导应先通知出口附近或最危险区域内的人员，然后视情况公开通报，告知其他人员疏散。当火势较猛，且疏散条件较好时，可同时公开通报，让全体人员同时疏散。

③ 疏散掩护与引导。如果火势较大，直接威胁人员安全，影响疏散时，消防人员或单位人员，可用各种灭火器材，全力堵截火势，掩护其他人员疏散。疏散时，由于人们急于逃生，可能造成拥挤混乱。此时，应有人设法引导，为疏散人群指明疏散出口与通道。并注意用镇定的语气呼喊，尽量平息或减少人们的恐慌心理，稳定情绪，使大家能积极配合，听从指挥，有条不紊地安全疏散。为维持秩序，必要时可以采取一些强制措施。

④ 制止脱险者重返火场。受灾人员脱离危险后，随着对自己生命担心程度的减小，而对未脱离危险区域的亲友及财产的担心程度增大，因此他们可能要重新返回火场，去抢救亲友及财产。对此，必须禁止他们的危险行动，必要时应在建筑物内外的关键部位配备警戒人员。

(2) 地下建筑的安全疏散

比起地上建筑，地下建筑发生火灾时空气温度较高、能见度更差。一般出口较少，通道、楼梯较为狭小，安全疏散的难度较大，因此这种场所的安全疏散工作更需加强。

应合理制定区间（两个出入口之间的区域）疏散计划，明确规定各个区间人员疏散路线和每条路线的负责人。负责人必须熟悉计划，特别是熟悉疏散路线。

单位日常应准备事故照明设施或手电筒、电池灯等照明器具，以备在发生火灾断电时利于疏散。

有条件时，单位有关人员在人员撤离后当清理现场，以防有人在慌乱中采取躲避起来的方法而导致烧死或中毒、窒息死亡。

3.2.8.2 火场逃生自救方法

(1) 选择简捷逃生路线

① 当发现起火或得知火灾时，通常要选择最安全、最简便的疏散通道和设施。如经常使用的门、走廊、出口、楼梯、室外楼梯等。其中安全疏散楼梯与防烟楼梯更为可靠，但尽量避免使用普通电梯。

② 当经常使用的通路被烟火封锁后，应先向远离烟火的方向疏散，以先水平方向、然后向地面疏散为主，尽量避免向上疏散。

(2) 选择适当的逃生方法

① 如果人员被浓烟围困，可以用湿毛巾等捂住口鼻，无水时，使用干毛巾也可以。在穿过烟雾区时，身体应尽量贴近地面或爬行，这些都是为了避免中毒或窒息。

② 如果门窗、通道、楼梯等以被烟火封锁但未倒塌，则可以向头部、身上浇些冷水或用湿毛巾将头部包好，再用湿棉被、毯子等将身体裹好，冲出火区。

③ 如果以上通道被烟火围困，又无其他器材时，可以考虑利用建筑物的阳台、窗口、屋顶、排水管、避雷线等逃生，但应注意排水管等是否牢固，以防人攀附上去以后发生断裂造成伤亡。

④ 当各个通道均已被烟火封死时，可利用各种结实的绳索或用现场可利用的结实的布制品、塑料制品等拧成绳，拴在室内牢固的地方，然后沿绳缓慢下滑逃生。

⑤ 如果被烟火困在二楼，不得已时，可考虑跳楼逃生。跳楼前，可向地面扔一些棉被等柔软物品，作为保护。如果被困在三楼，就不要急于往下跳，尽可能转移到其他较为安全之处（最好是有水源和能够同外界联系的房间）或等待救援。

⑥ 在各种通道被烟火切断，一时又无人救援时，被困人员要开辟避难场所。当被困在房间里时，应关紧迎火的门窗，打开背火的门窗，但不能打碎玻璃，如果窗外有烟气，还要关紧窗户，同时用湿毛巾等物品将门窗缝隙或孔洞堵死，并不断向物品和门窗、近火墙壁上、地面及屋内一切可燃物浇水、降温。

⑦ 如果身上衣服着火，应立即脱下衣服，就地翻滚，将火扑灭；也可迅速地跳入附近水中。

⑧ 遇到火险时，如有可能，应利用各种手段（如打电话或用其他明显标志等）报警或发出求救信号；夜间应打开电灯或用手电筒向外报警。

3.3 爆炸基础

3.3.1 爆炸的基本概念

广义上讲，爆炸就是某一物质系统在短时间内以机械功等形式释放出大量能量的现象。相对简明的说法即爆炸是物质能量短时间内的急剧释放。"爆炸"一词并非贬义，应该客观地辩证地认识它。

"爆炸"在人们日常生产生活中常起到积极的促进作用，例如我国古代最早发明了火药，为人类文明作出了巨大贡献。采矿、修筑铁路、水库时的开山放炮，精密的爆炸成型加工技术，以及爆破拆除都是我国目前城市化进程和科技发展中不可缺少的技术手段。

爆炸的内部特征主要体现为爆炸产生的大量气体和能量在有限空间内突然释放或急剧转化，并在极短时间内在有限体积中积聚，造成高温高压。爆炸的外部特征则体现为爆炸介质在压力作用下对周围物体（容器或建筑等）形成急剧突跃压力的冲击，或者造成机械性破坏效应，以及周围介质受振动而产生的声响等多种效应。

值得注意的是，爆炸和容器、设备、建筑的破坏没有必然的联系。生产生活中，很多完全密闭的耐压容器、设备，虽然其中的可燃性混合气体发生了爆炸，但由于足够的耐压，所以没有发生破坏。因此，必须认识到，破坏不是爆炸的主要特征，压力的急剧上升才是爆炸的主要特征。

3.3.2 爆炸的分类

3.3.2.1 按爆炸能量来源分类

按照爆炸能量的来源不同，爆炸可分为物理性爆炸、化学性爆炸以及核爆炸。

(1) 物理性爆炸

物理性爆炸是一种纯粹的物理过程，只发生物态变化，不发生化学反应。这种爆炸是因为容器内的气相压力升高超过容器所能承受的极限压力，造成容器破裂所致，例如蒸汽锅炉爆炸、轮胎爆炸、高压气瓶爆炸等。

锅炉的爆炸是最为典型的物理性爆炸事故，此种事故的发生频率也相对较高，其主要原因是过热的水迅速蒸发出大量蒸汽，使蒸汽压力不断提高，当压力超过锅炉的极限强度时，就会发生爆炸。例如，某小型药厂擅自将常压锅炉非法改造为带压锅炉，炉内压力超过锅炉工作压力，发生了物理性爆炸事故，造成1死4伤，锅炉炸成两截并飞出数十米远。

(2) 化学性爆炸

化学性爆炸是指物质在短时间内完成强烈的化学变化，形成其他物质，同时产生大量气体和能量的现象。化学性爆炸有三个基本要素，即高速化学反应、大量气体产物和大量热量。化学性爆炸是制药过程中最主要的事故类型之一，近年来类似事故比比皆是。例如，2012年2月7日，巴基斯坦东部城市拉合尔的一家制药公司锅炉房发生煤气泄漏爆炸事故，造成三层楼的制药工厂全部坍塌，周围的几栋房屋也被夷为平地，致10人死亡。2013年10月23日，陕西西安某药业有限公司生产车间内部发生爆炸事故，造成5人受伤，大面积厂房受损，事故原因是车间热风循环烘箱内酒精蒸气爆炸。

(3) 核爆炸

核爆炸通常指某些物质的原子核发生裂变反应或聚变反应时释放出巨大能量而发生的爆炸，例如原子弹、氢弹的爆炸。核爆炸相关内容在本书中不做详细介绍。

需要说明的是，物理性爆炸和化学性爆炸并不是孤立的，有时也会同时存在于某一起事故中，例如油气管道破裂会首先发生喷射，即属于物理性爆炸，当油气与空气混合遇到点火源点燃后，则又发生化学性爆炸。

3.3.2.2 按爆炸反应的相分类

爆炸（化学性爆炸）按参与反应的相不同可分为气相爆炸、液相爆炸、固相爆炸及多相爆炸。

(1) 气相爆炸

气相爆炸或称气体爆炸，一般分为混合气体爆炸和气体分解爆炸。混合气体爆炸也是化工和制药领域最常见的爆炸事故类型，如可燃气体泄漏扩散并与空气预混后遇到点火源发生的爆炸（如天然气爆炸、油气爆炸等）。气体分解爆炸通常指单一气体由于分解反应产生大量的反应热而引起的爆炸，如乙炔、乙烯、氯乙烯等气体在分解时引起的爆炸。

(2) 液相爆炸

液相爆炸一般包括两种类型：一是不同液体混合发生的爆炸，如硝酸和油脂的混合爆炸；二是空气中易燃液体被喷成雾状物在剧烈燃烧时引起的爆炸，例如油压机喷出的油珠、喷气作业引起的爆炸。

(3) 固相爆炸

传统的凝聚态炸药的爆炸属于最典型的固相爆炸，也即凝聚相爆炸，如TNT炸药爆炸等。固相爆炸也包含导线爆炸，即在有过载电流流过时，导线过热，金属迅速汽化而引起的爆炸。面粉、木尘、煤尘等可燃性粉尘的爆炸从物质的相的角度也属于固相爆炸，也即离散相爆炸。然而，粉尘爆炸与气体爆炸在爆炸机理及灾害效应上存在相似性，因此也常将粉尘爆炸归类于气相爆炸中。

(4) 多相爆炸

多相爆炸一般指两种及以上相混合发生的爆炸，例如煤矿巷道内瓦斯与煤尘的混合爆炸。军事上为了提高武器性能而经常使用气/液/固多相混合物作为高能炸药的主要成分，如燃料空气炸药，其爆炸过程就属于多相爆炸。

3.3.2.3 按爆炸传播速度分类

爆炸是一个相对广义、笼统的专业名词，爆炸按照其传播速度习惯性分为爆燃与爆轰。19世纪80年代初，法国物理学家进行了管道内火焰传播实验。他们将一个充满可燃气体混合物的管子一端点燃，发现火焰通常以每秒数厘米到数米的低速传播，但是在某些特殊情况下，这种缓慢的燃烧过程能够转变为高速的特殊燃烧过程，他们称这种现象为爆轰。后来发现，固相和液相炸药也能发生爆轰。爆轰过程不仅是一个流体动力学过程，还包括复杂的化学反应动力学过程。两者互相影响、互相耦合。爆轰还伴随着热、光、电等效应。爆轰同周围介质相互作用时，周围介质中会产生激波或应力波，推动物体运动，造成物体破坏。

严格意义上区分，以预混可燃气体爆炸为例，其火焰波以低于声速传播的爆炸过程称为爆燃；火焰波以高于声速传播的爆炸过程称为爆轰。这里需要注意的是，爆燃仍然属于爆炸过程，也就是说爆燃过程中仍有显著的压力波产生，同时具有相对较高的化学反应速率和放热速率，这是爆燃区别于燃烧的根本特征。

3.3.3 气体爆炸

3.3.3.1 气体爆炸发生机理

气体爆炸包括可燃气体与空气混合物爆炸和单一气体分解爆炸两个方面，两者爆炸机理及反应过程虽有所不同，但本质上都是由于化学反应热快速释放，导致压力急剧升高而引起爆炸。

(1) 热点火理论

在热点火理论中，物质因自燃而引起着火，从阴燃到明燃直至发生爆炸的现象，称为热爆炸或热自燃。热爆炸基本理论最早由 Van't Hoff 提出，理论量化关系则最先由谢苗诺夫 (Semenov) 建立。从化学反应动力学观点看，热爆炸是一个从缓慢氧化放热反应突然变为快速燃烧反应的过程，当化学反应系统中放热速率超过热损失速率时，热积累致使反应物自动加热，反应过程不断自动加速，直至爆炸发生。判断爆炸发生与否的临界点数学描述称为临界条件，在临界条件处系统所具有的物理、化学和热力学参数称为热爆炸判据。

(2) 链式反应机理

热点火理论认为，气体混合物爆炸是由加热和温度升高所引起，但实际过程却有许多例外，如某些缓慢反应在一定条件下也会自动加速，但并不是因为加热，而是可燃气体混合物中积累了具有催化作用的活化中间产物所致，即某些可燃气体在受到外界热、光等激发时，分子链被击破而发生离解形成游离基，这些游离基与原始混合气体会发生一系列链式反应生成最终产物，并释放出反应热，这种能使活化中间产物再生的反应成为链式反应。链式反应每消耗掉一个活化中间产物的同时，便会引起下一链反应的成长。以氯、氢混合物在光照下化学反应为例，其链式反应如图3-6所示。

在上述链式反应中，最初的游离基（活化中心）在某处外界能源（热、光、氧化、还原、催化等）作用下生成，由于游离基比普遍分子具有更多的活化能，活动能力极强，一般条件下及其不稳定，极易与其他分子发生反应生成新的游离基，或自行结合生成稳定分子。也就是说，如果外界能量的作用能在反应物中产生少量游离基，这些游离基即可引发连锁反

$$Cl_2 \longrightarrow 2Cl\cdot$$
$$Cl\cdot + H_2 \longrightarrow HCl + H\cdot$$
$$H\cdot + Cl_2 \longrightarrow HCl + Cl\cdot$$
$$\cdots\cdots$$
$$Cl\cdot + Cl\cdot + M \longrightarrow Cl_2 + M$$
$$H\cdot + Cl\cdot + M \longrightarrow HCl + M$$
$$Cl\cdot + 器壁 \longrightarrow 断链$$

图 3-6 典型链式反应过程

应，使燃烧得以持续下去；一旦活化中心（游离基）消失，链式反应就会中断，燃烧反应停止。链式反应机理大致分为如下三个阶段。

① 链引发：游离基生成，链式反应开始。
② 链传递：游离基与原始反应物作用生成稳定化合物，并产生新的游离基。
③ 链终止：游离基消失，链式反应终止。

链式反应有直链反应和支链反应之分。在链传递阶段，如果一个链载体消失，只产生一个新的链载体，就称为直链反应，如氯气和氢气发生的光化学反应；如果一个链载体消失，产生两个以上新的链载体，该类反应称为支链反应，如氢、氧混合气体发生光化学反应。

3.3.3.2 气体混合爆炸

可燃气体与空气混合物爆炸，是可燃气体在空气中迅速燃烧引起压力急剧升高的过程。气体爆炸可以发生在设备、管道、建筑物或船舱内，也可以在户外敞开场所发生。当可燃气体或液体蒸气意外泄漏到大气中后，如果遇到火源则被点燃起火；如果泄漏时没有立即遇到火源作用，而是与空气混合形成预混可燃气体混合物后再遇到火源作用，则会发生气体混合物爆炸。一般而言，泄漏时间越长，形成可燃气体混合物的规模及爆炸范围就越大。

(1) 爆炸特性参数

描述可燃气体与空气混合物爆炸特性的参数分为两组：一组是气体点火特性表征参数，如闪点、引燃温度、最小点火能量、最小点燃电流、爆炸极限、最大实验安全间隙等，这组参数值越小，表明气体爆炸感度越高，越易发生爆炸；另一组是气体爆炸效应表征参数，如燃烧速度、爆炸指数等这组参数值越大，表明气体爆炸越猛烈，爆炸破坏力越大。

在标准爆炸容器及测试方法下，测得可燃气体与空气混合物每次试验的爆炸超压为 p，所测爆炸超压-时间曲线上最大斜率为 $(dp/dt)_m$，并定义 $(dp/dt)_m$ 与爆炸容器容积 V 的立方根的乘积为爆炸指数 K，即

$$K = (dp/dt)_m \cdot V^{1/3} \tag{3-1}$$

(2) 爆燃特性

气体爆燃是一个带化学反应的压缩波传播过程，爆燃波阵面两侧状态参数呈突跃变化，理论上可按间断面来处理。在波阵面结构方面，爆炸波以亚声速传播。波阵面前方有前驱冲击波扰动，由于火焰阵面是在已受扰动介质中传播，从而形成由前驱冲击波阵面和火焰阵面构成的双波三区结构。可燃气体混合物在弱点火源（火花或热表面）点燃下，形成层流火焰传播的激励是分子扩散传热与传质。热量和质量向未燃气体中扩散相当缓慢，典型碳氢化合物最大层流燃烧速率约为 0.4~0.5m/s，氢气、乙炔、乙烯等气体的燃烧速率相对大一些。另外，由于受火焰波阵面前湍流的影响，层流火焰阵面前沿会发生折叠，致使层流燃烧转变为湍流爆燃，增大了火焰与氧气的接触面积，导致燃烧速度加快，爆炸压力上升。

(3) 爆轰特性

气体爆轰是火焰加速传播的一种极端状态，不同于爆燃以亚声速传播而且火焰阵前方有前驱冲击波扰动，爆轰波以超声速传播，波阵面前沿是未受扰动的未燃混合物。

爆燃向爆轰的转变需要一定条件，如利用封闭或障碍物使用传播不断加速或火焰从封闭

空间向敞开空间喷射等手段,都可以实现爆燃向爆轰的转变。此外,爆轰在约束减弱等特定条件下也可以衰减为爆燃甚至燃烧。

3.3.3.3 分解爆炸性气体爆炸

某些气体如乙炔、乙烯、环氧乙烷等,即使在没有氧气的条件下,也能被点燃爆炸,其实质是一种分解爆炸。除上述气体外,分解爆炸性气体还有臭氧、联氨、丙二烯、甲基乙炔、乙烯基乙炔、一氧化氮、二氧化氮、氰化氢、四氟乙烯等。

分解爆炸气体在温度和压力作用下发生分解反应时,可产生相当相当数量的分解热,这为爆炸提供了能量。一般说来,分解热在80kJ/mol以上的气体,在一定条件(温度和压力)下遇火源即会发生爆炸。分解热是引起气体爆炸的内因,一定的温度和压力则是外因。

以乙炔为例,当乙炔受热或受压时,容易发生聚合、加成、取代或爆炸性分解等反应。当温度达到200~300℃时,乙炔分子扩散发生聚合反应,形成较为复杂的化合物(如苯)并放出热量,参见式(3-2)。

$$3C_2H_2 = C_6H_6 + 630J/mol \qquad (3-2)$$

放出的热量使乙炔温度升高,又加速了聚合反应,放出更多的热量……如此循环下去,当温度达到700℃时,未聚合的乙炔就会发生爆炸性分解,碳与氢元素化合为乙炔时,需要吸收大量热量,当乙炔分解时则放出这部分热量,分解时生成细微固体碳,参见式(3-3)。

$$H_2C_2 = 2C + H_2 + 226.04J/mol \qquad (3-3)$$

如果乙炔分解是在密闭容器(如乙炔储罐、乙炔发生器、乙炔瓶等)内发生的,则由于温度的升高,使压力急剧增大10~13倍而引起爆炸。由此可知,如果在此过程中能设法及时导出大量的热,则可避免分解爆炸的发生。

乙炔是常见的分解爆炸气体。因火焰、火花引起分解爆炸情况较多,也有因开关阀门所伴随的绝热压缩产生热量或其他情况下发火爆炸的案例。当乙炔压力较高时,应加入氮气等惰性气体加以稀释。此外,乙炔易与铜、银、汞等重金属反应生成爆炸性的乙炔盐,这些乙炔盐只需轻微的撞击便能发生爆炸而使乙炔着火。因此,为防止乙炔气体分解爆炸,安全规程中通常规定:不能用含铜量超过70%的铜合金制造盛乙炔的容器;在用乙炔焊接时,不能使用含银焊条。

气体分解爆炸的敏感性与初始压力有关。分解爆炸所需的能量,随压力升高而降低。高压下较小的点火能量就能引起分解爆炸,而压力较低时则需有较高的点火能量才能引起分解爆炸,当压力低于某值时,就不再产生分解爆炸,此压力值称为分解爆炸的极限压力或者临界压力。例如,因乙炔分解爆炸的临界压力约为142kPa,国际上通常将140kPa规定为焊割作业中乙炔发生装置的限定压力。

3.3.4 爆炸极限

3.3.4.1 爆炸极限的定义

可燃物质(可燃气体、蒸气和粉尘)与空气(或氧气)必须在一定的浓度范围内均匀混合,形成预混气,遇着火源才会发生爆炸,这个浓度范围称为爆炸极限,或爆炸浓度极限。可燃气体一般都具有一个爆炸下限和一个爆炸上限。国家标准《空气中可燃气体爆炸极限测定方法》(GB/T 12474—2008)中明确规定,爆炸下限指可燃气体和空气组成的混合气遇火源即能发生爆炸的可燃气体最低浓度，爆炸上限指可燃气体和空气组成的混合气遇火源即能发生爆炸的可燃气体最高浓度，例如空气中一氧化碳的爆炸下限和爆炸上限分别为12.5%和74%。在低于爆炸下限或高于爆炸上限时一般均不会发生爆炸，但会发生燃烧。这是由于前者的可燃物浓度不够，过量空气的冷却作用，阻止了火焰的蔓延；而后者则是空气不足，导致火焰不能蔓延的缘故。当可燃物的浓度大致相当于反应当量浓度时，具有最大的爆炸强度（即根据完全燃烧反应方程式计算的浓度比例），该浓度一般称为化学当量浓度或最佳爆炸浓度，例如空气中甲烷的最佳爆炸浓度约为9.5%。

可燃性混合物的爆炸极限范围越宽、爆炸下限越低和爆炸上限越高时，其爆炸危险性越大。这是因为爆炸极限越宽则出现爆炸条件的机会就多；爆炸下限越低则可燃物稍有泄漏就会形成爆炸条件；爆炸上限越高则有少量空气渗入容器，就能与容器内的可燃物混合形成爆炸条件。应当指出，可燃性混合物的浓度高于爆炸上限时，虽然不会着火和爆炸，但当它从容器或管道里逸出，重新接触空气时却能燃烧，仍有发生着火的危险。

气体或蒸汽爆炸极限是以可燃性物质在混合物中所占体积的百分比（%）来表示的，如氢与空气混合物的爆炸极限为4%~75%。可燃粉尘的爆炸极限是以可燃性物质在混合物中所占体积的质量比 g/m^3 来表示的，例如铝粉的爆炸极限为 $40g/m^3$。

3.3.4.2 爆炸极限在防火防爆工作中的实际意义

① 可用来评定可燃气体和可燃体燃爆危险性的大小，作为可燃气分级和确定其火灾危险性类别的标准。一般把爆炸下限<10%的可燃气体划分为一级可燃气体，其火灾危险性列为甲类。

② 可作为设计的依据。例如确定建筑物的耐火等级，设计厂房避风系统、防爆电器原选型等，都需要知道该场所可燃气体（蒸汽）的爆炸极限。

③ 可作为制定安全生产操作规程的依据。在生产和使用可燃气体和液体的场所，应根据其燃爆危险性及其他理化性质，采取相应的防爆措施，如通风、惰性气体稀释、置换检测报警等以保证生产场所可燃气（蒸气）浓度严格控制在爆炸下限以下。

3.3.4.3 爆炸极限数据获取的途径

为了有效预防爆炸事故的发生，确定某些物质的爆炸极限的数值是非常必要的。爆炸极限的数值一般有三个途径取得。

① 查资料，可以通过有关资料或手册等查到常用可燃物质的爆炸极限。

② 测试，通过测试可以得到得到任何可燃性单纯气体或混合气体的爆炸极限。但由于测试方法较为复杂，一般单位难以自行测试，如有需要可以委托有资质的专业易购进行测试。

③ 用经验公式估算，其中具有使用价值的两种或更多钟物质混合组成的可燃气体爆炸极限的估算。

可燃气体（蒸气）的爆炸极限不是一个固定的常数，而是受许多因数的影响而变化的。讨论影响因数有两个方面的实际意义：一是引用数据时应注明来源，因为有时不同的测试数据是用不同的测试方法或在不同的条件下测得的；二是一般资料中所列表中极限都是在标准条件测得的数据，在实际工作中使用这些数据时应根据生产过程或储存的实际条件进行适当的修正。

3.3.4.4 爆炸极限的影响因素

混合系的组分不同,爆炸极限也不同。同一混合系,由于初始温度、初始压力、惰性介质含量、混合系存在空间及器壁材质以及点火能量的大小等的都能使爆炸极限发生变化。

(1) 初始温度

混合系原始温度升高,则爆炸极限范围增大,即下限降低、上限升高,例如表3-12、表3-13中数据。因为系统温度升高,分子内能增加,使原来不燃的混合物成为可燃、可爆系统。

表3-12 初始温度对丙酮爆炸极限的影响

爆炸混合物温度/℃	爆炸下限/%	爆炸上限/%
0	4.2	8.0
50	4.0	9.8
100	3.2	10.0

表3-13 初始温度对煤气爆炸极限的影响

爆炸混合物温度/℃	爆炸下限/%	爆炸上限/%	爆炸混合物温度/℃	爆炸下限/%	爆炸上限/%
20	6.0	13.4	400	4.0	14.7
100	5.5	13.5	500	3.7	15.4
200	5.1	13.8	600	3.4	16.4
300	4.4	14.3	700	3.3	18.8

(2) 初始压力

系统初始压力增大,爆炸极限范围也扩大,这是由于系统压力增高,使分子间距离更为接近,碰撞几率增高,使燃烧反应更易进行。压力降低,则爆炸极限范围缩小;当压力降至一定值时,其上限与下限重合,此时对应的压力称为混合系的临界压力。压力降至临界压力以下,系统通常便不会构成爆炸系统。初始压力对爆炸极限的影响见表3-14、表3-15中数据。

表3-14 初始压力对甲烷爆炸极限的影响

爆炸混合物初始压力/MPa	0.1	1.0	5.0	12.5
爆炸下限/%	5.6	5.9	5.4	5.4
爆炸上限/%	14.3	17.2	29.4	45.7

表3-15 初始压力对一氧化碳爆炸极限的影响

混合气体的压力/kPa	爆炸极限/%	备注
101	15.5~68	正常爆炸极限值
80	16.0~65	
53	14.5~57.7	低于常压爆炸极限,范围缩小
40	22.5~51.5	
31	37.4	在临界压力时,上下限为一个值
27	不发生爆炸	低于临界压力,不爆炸

(3) 惰性气体含量

混合系中所含惰性气体量增加,爆炸极限范围缩小,惰性气体浓度提高到某一数值,混合系就不能爆炸，例如表 3-16 所示。

表 3-16　二氧化碳对汽油蒸汽爆炸极限的影响　　　　　　　　　　　单位：%

二氧化碳	0	10	20	27	28	>28
爆炸极限范围	1.4～7.4	1.4～5.6	1.8～4.2	2.1～3.5	2.7	不爆炸

(4) 爆炸空间大小

容器、管子直径越小，则爆炸范围就越小。当管径（火焰通道）小到一定程度时，单位体积火焰所对应的固体冷却表面散出的热量就会大于产生的热量，火焰便会中断熄灭。火焰不能传播的最大管径称为该混合系的临界直径（表 3-17）。

表 3-17　不同管径对氢气/空气爆炸极限的影响

管径/mm	爆炸下限/%	爆炸上限/%
75	4.15	75
50	4.15	74.5
25	4.15	73

(5) 点火参数

点火能量、热表面面积、点火源与混合物的接触时间等参数都会使爆炸极限发生变化。

3.3.5　粉尘爆炸

3.3.5.1　粉尘爆炸的基本定义

粉尘爆炸是指悬浮于空气中的可燃粉尘触及明火或电火花等火源时发生的爆炸现象。粉尘在爆炸极限范围内，遇到热源（明火或温度），火焰瞬间传播于整个混合粉尘空间，化学反应速度极快，同时释放大量的热，形成很高的温度和很大的压力，系统的能量转化为机械功以及光和热的辐射，具有很强的破坏力。

凡是呈细粉状态的固体物质均称为粉尘。能燃烧和爆炸的粉尘叫做可燃性粉尘；浮在空气中的粉尘叫悬浮粉尘；沉降在固体壁面上的粉尘叫沉积粉尘。

以下几类物质的粉尘均具有燃烧和爆炸性：

① 金属（如镁粉、铝粉）；
② 煤炭；
③ 粮食（如小麦、淀粉）；
④ 饲料（如血粉、鱼粉）；
⑤ 农副产品（如棉花、烟草）；
⑥ 林产品（如纸粉、木粉）；
⑦ 合成材料。

某些制药企业生产过程中产生的药物粉尘，在某些特定条件下也会发生粉尘爆炸事故。国内外研究成果表明，粉尘爆炸的基本条件如下：

① 可燃性粉尘在空气中悬浮，形成粉尘云；
② 粉尘云中粉尘的浓度处于爆炸极限范围内；
③ 粉尘云中要有充足的氧或其他氧化剂；
④ 有爆炸所需的点火源。

一般来说，一种可燃性粉尘也具有其对应的爆炸极限，即爆炸上限和爆炸下限，但由于粉尘爆炸的上限都相对较高，在一般情况下很少达到，实际意义不大。因此，在考虑粉尘爆炸极限时，主要依据其下限值。表3-18列出了常见可燃性粉尘的爆炸下限。

表3-18 常见可燃性粉尘的爆炸下限　　　　　　　　　单位：g/m³

粉体	爆炸下限	粉体	爆炸下限	粉体	爆炸下限
Zr	40	苯酚	35	木粉	40
Mg	26	聚乙烯	25	纸浆	60
Al	35	醋酚纤维	25	淀粉	45
Ti	45	木素	40	大豆	40
Si	160	尿素	70	小麦	60
Fe	120	乙烯树脂	40	砂糖	19
Mn	216	合成橡胶	30	硬质橡胶	25
Zn	500	环六亚甲基四胺	15	肥皂	45
天然树脂	15	无氮钛酸	15	硫黄	35
丙烯醛乙醇	35	烟草粉末	68	煤	35

3.3.5.2 主要危害

(1) 具有极强的破坏性

粉尘爆炸涉及的范围很广，化工、制药、煤炭、木材加工、粮食和饲料加工等部门都时有发生。如1952～1979年间，日本发生各类粉尘爆炸事故209起，伤亡共546人，其中以粉碎制粉工程和吸尘分离工程较突出，各为46起。联邦德国1965～1980年发生各类粉尘爆炸事故768起，其中较严重的是木粉及木制品粉尘和粮食饲料爆炸事故，分别占32%和25%。近几年来，我国每年发生粉尘爆炸的频率为：局部爆炸150～300次系统爆炸1～3次，且呈增长趋势。我国发生的这些粉尘爆炸尤其是系统爆炸，造成了严重损失。2010年2月24日，河北秦皇岛骊骅淀粉股份有限公司发生淀粉爆炸事故，造成19人死亡，49人受伤。

制药车间的多种药物粉尘都具有可燃性，容易发生粉尘爆炸事故。制药过程中的一些配套工艺也存在粉尘爆炸的风险。例如，2003年1月29日，位于美国北卡罗来纳州金斯敦的韦斯特制药公司内部工厂发生聚乙烯粉尘爆炸，造成6人死亡，并摧毁了整个工厂。该公司主要生产橡胶注射器活塞和其他制药装置。在橡胶混合过程中，新磨碎的橡胶条需要浸入含有聚乙烯、水和表面活性剂的悬浮液中冷却等等系列工艺。在橡胶干燥过程中，细小的聚乙烯颗粒飘浮在空气中，落在吊棚的上面。积聚在吊棚上面细小的聚乙烯颗粒为爆炸事故提供了可燃物。当可观察到的生产区域保持非常干净时，很少有雇员能够意识到隐藏在吊棚上面的粉尘积聚，从而形成事故隐患。

(2) 容易产生二次爆炸

第一次局部区域发生爆炸所产生的气浪把沉积在设备或地面上的粉尘吹扬起来，在爆炸后的短时间内爆炸中心区会形成负压，周围的新鲜空气便由外向内填补进来，形成所谓的"返回风"，与扬起的粉尘混合，在第一次爆炸的余火引燃下引起第二次爆炸。二次爆炸时，粉尘浓度一般比一次爆炸时高得多，故二次爆炸威力比第一次要大得多。例如，某硫黄粉厂，磨碎机内部发生爆炸，爆炸波沿气体管道从磨碎机扩散到旋风分离器，在旋风分离器发生了二次爆炸，爆炸波通过爆炸后在旋风分离器上产生的裂口传播到车间中，扬起了沉降在建筑物和工艺设备上的硫黄粉尘，又发生了爆炸。

(3) 能产生大量有毒有害气体

一种是一氧化碳；另一种是爆炸物（如塑料）自身分解的毒性气体。毒气的产生往往造成爆炸过后的大量人畜中毒伤亡或者阻碍人员逃生，因此必须充分重视。

3.3.5.3 粉尘爆炸发展进程

粉尘爆炸可视为由以下三步发展形成的：第一步是悬浮的粉尘在热源作用下迅速地干馏或气化而产生出可燃气体；第二步是可燃气体与空气混合而燃烧；第三步是粉尘燃烧放出的热量，以热传导和火焰辐射的方式传给附近悬浮的或被吹扬起来的粉尘，这些粉尘受热汽化后使燃烧循环地进行下去。随着每个循环的逐次进行，其反应速度逐渐加快，通过剧烈的燃烧，最后形成爆炸。这种爆炸反应以及爆炸火焰速度、爆炸波速度、爆炸压力等将持续加快和升高，并呈跳跃式的发展。粉尘爆炸发展进程如图 3-7 所示。

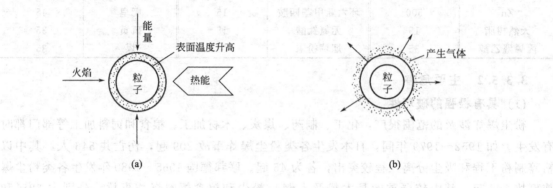

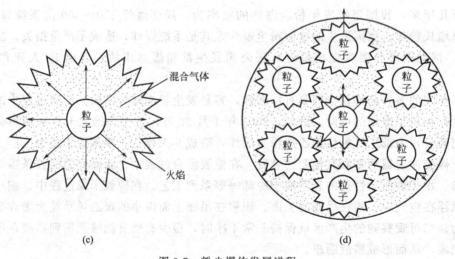

图 3-7 粉尘爆炸发展进程

3.3.5.4 粉尘爆炸的影响因素

粉尘爆炸比气体爆炸要复杂得多，影响因素也较多，通常可分为内在因素和外在因素两个方面，如表 3-19 所示。

(1) 粉尘的化学组分及性质

化学组分及性质是引起粉尘爆炸的内因。粉尘的化学结构及反应特性，对能否引起粉尘爆炸具有决定性作用。

① 燃烧热较大的粉尘，爆炸性强。

表 3-19　影响粉尘爆炸的主要因素

内在因素		外在因素
物理因素	化学因素	
粒度大小及分布	燃烧热	气流运动状态
浓度	燃烧速度	氧气浓度
粒子形状及表面状态	化学组成与性质	可燃气体浓度
粒子比热容	—	惰性气体浓度
热传导率	—	阻燃性粉尘浓度和灰分
粒子带电性	—	含水量（环境湿度）
粒子凝聚特性	—	点火源状态

② 粉尘中含有的挥发分越多，越易爆炸。
③ 粉尘中含有的灰分越多，则爆炸性减弱。
④ 粉尘自身是否易于热分解及产生烃类气体的挥发速度，对爆炸危险性也有影响。

(2) 粒度及粒度分布

粉尘粒度越细越易飞扬，且粒度细的粉尘比表面积（表面积/单位重量）大，表面活性大，爆炸性强。粒度对铝粉爆炸压力的影响如表 3-20 所示。

表 3-20　不同粒度铝粉的爆炸压力

铝粉粒径/μm	浓度/(g/m³)	压力/MPa
0.3	70	1.03
0.6	70	0.84
1.3	70	0.75

(3) 粒子形状和表面状态

即使平均粒径相同的粉尘，其形状和表面状态不同时，爆炸危险性也不一样。扁平状粒子爆炸危险性最大，针状粒子次之，球形粒子最小。粒子表面新鲜，暴露时间短，则爆炸危险性高。

(4) 氧含量

粉尘和空气混合物中，气相中氧含量的多少对其爆炸性影响很大。粉尘爆炸体系是一个缺氧的体系，所以气相中氧含量增加，粉尘的爆炸下限浓度降低，上限浓度增高，爆炸范围扩大。在纯氧中的爆炸下限浓度只为在空气中爆炸下限的 1/4～1/3，而能发生爆炸的最大颗粒尺寸则加大到空气中相应值的 5 倍。

(5) 含水量

粉尘中含水量越大，粉尘爆炸的危险性越小。水分的影响可从以下几方面解释。
① 水分使粉尘的凝聚性增强，致使粉尘浓度降低。
② 水分蒸发吸收热能，使热量不易积聚，降低粉尘升温速度。
③ 水蒸气产生导致氧含量降低。
④ 含水量增高会使最小起爆能增高。

(6) 可燃气含量

可燃气的存在使粉尘爆炸浓度下限下降，最小点燃能量也降低，增加了粉尘爆炸的危险。

(7) 点火能量

随着火源的能量强弱不同，粉尘爆炸浓度下限有 2～3 倍的变化，火源能量大时，爆炸下限较低。表 3-21 给出了几种典型可燃性粉尘的最小点火能、最低点火温度等有关爆炸参数。

表 3-21　典型可燃性粉尘的有关爆炸参数

粉尘种类	最低点火温度/℃	最小点火能量/mJ	最大爆炸压力/×9.807×10⁴ Pa
铝粉	610	10	8.89
铁粉(氢还原的)	320	80	4.47
镁	560	46	8.12
锰	460	305	8.71
锆	20	15	4.13
醋酸纤维素	420	15	5.95
尼龙	500	20	5.88
聚碳胺脂	710	25	6.72
聚氨基甲酸酯泡沫	550	15	6.72
聚乙烯	450	10	5.60
聚丙烯	420	30	5.32
虫胶	400	110	5.11
玉米粉	400	40	7.42
软木	460	35	6.72
麦乳精	400	35	6.65
面粉	440	60	6.79
锯末(松木)	470	40	7.91
阿司匹林	660	35	6.16
维生素 B	360	60	7.07
硫黄	190	15	5.46
煤粉	550		5.46

制药过程中通常也涵盖多种可燃性粉尘，表 3-22 给出了化学药品中典型可燃性粉尘的爆炸参数。

表 3-22　化学药品中典型可燃性粉尘的爆炸参数

粉尘名称	云状粉尘的引燃温度/℃	爆炸下限/(g/m³)	粉尘平均粒径/μm
硬脂酸锌	315		8～15
萘	575	28～38	80～100
蒽	505	29～30	45～50
己二酸	580	65～90	
苯二(甲)酸	650	60～83	80～100
无水苯二(甲)酸(粗制品)	605	52～71	
苯二(甲)酸腈	>700	37～50	
无水马来酸(粗制品)	500	82～113	
硫黄	235		30～50
乙酸钠酯	520	51～70	5～8
结晶紫	475	46～70	15～30
四硝基卡唑	395	92～129	
二硝基甲酚	340		40～60
阿司匹林	405	31～41	60
肥皂粉	575		80～100
青色染料	465		300～500
萘酚染料	415	133～184	

3.3.6 粉尘爆炸与混合气体爆炸的差异

(1) 爆炸起因及条件

① 必须形成一定浓度（达到爆炸下限）的悬浮粉尘云才可能发生粉尘爆炸。这就要有足够数量且直径足够小的粉尘且有外界条件（如空气扰动）才成。

② 粉尘燃烧是一种固体燃烧，其过程比气体燃烧复杂，因而粉尘爆炸的感应期长，可达数十秒，为气体的数十倍。

③ 点燃粉尘所需的初始能量较大，一般不小于 10mJ，为气体的近百倍。

(2) 爆炸后果及危害

① 虽然其燃烧速度和爆炸压力比气体爆炸小，但因粉尘密度比气体大，且燃烧时间长，因此在爆炸时能量密度也大。一般说来与可燃气体相比，粉尘爆炸造成的破坏比较严重。所产生能量以最大值进行比较，其是气体爆炸时的数倍，温度可上升至 2000~3000℃。

② 粉尘爆炸时发生二次爆炸的可能性较大。因粉尘初次爆炸的气浪会将周围沉积的粉尘扬起，在新的空间形成达到爆炸极限的混合物而产生二次爆炸，这种连续爆炸会造成严重破坏。

③ 粉尘易发生不完全燃烧，因而在产物气体中含有大量一氧化碳，造成人中毒身亡。此外还有爆炸物自身分解产生的毒性气体，也会造成人身伤害。

④ 粉尘爆炸时因粒子一面燃烧一面飞散，易使人体受到严重灼伤。

综上可知，与可燃混合气体爆炸相比，引起粉尘爆炸的条件相对苛刻一些，但一旦发生粉尘爆炸，则后果往往更加严重。

3.4 爆炸预防技术

爆炸预防是指在爆炸事故发生前采取相应措施防止事故的发生，例如防止爆炸性混合物的形成、严格控制着火源、可燃物质泄漏后的检测报警等。

3.4.1 控制工艺参数

(1) 采用火灾爆炸危险性低的工艺和物料

采用火灾爆炸危险性低的工艺和物料是防火防爆的根本性措施，如以不燃或难燃材料取代可燃材料、采用高闪点的溶剂以减少挥发、用负压低温蒸发取代加热蒸发、降低操作温度等。

(2) 工艺过程中的投料控制

在工艺过程中进行投料控制，如控制工艺投料量，防止反应失控；控制生产现场易燃易爆物品的存放量，实行按用量领料、限制领用量、分批领料、剩余退库等措施。对于放热反应的工艺，应保持适当和均衡的投料速度，加热速度不能超过设备的传热能力，以避免引起温度急剧升高进而可能导致爆炸事故的发生。应严格控制反应物料的配比，尤其是对反应速度影响很大的催化剂，如果多加就可能发生危险。此外，在投料顺序和控制原料纯度方面都应十分注意，如在聚氯乙烯生产中，采用乙炔和氯化氢作原料，氯化氢中游离氯不允许超过 0.005%，因为乙炔遇氯会立即发生燃烧爆炸反应，生成四氯乙烷。

(3) 温度控制

不同的化学反应都有其最适宜的反应温度，正确控制反应温度不但对保证产品质量、降低消耗有重要意义，而且是防爆所必须进行的控制。温度过高，可能引起剧烈的反应而发生冲料或爆炸。如1991年我国东北某化工厂发生的硝化厂二硝基甲苯车间爆炸事故，就是由于局部温度过高所引起的反应过速导致整个车间爆炸，这次事故造成伤亡124人，直接经济损失达200多万元。温度的控制可以根据不同的生产工艺采取控制反应热量、防止搅拌中断而导致的局部热量积蓄，正确选择传热介质，避免急速的直接加热方式。

(4) 防止物料漏失

在生产、输送、贮存易燃物料过程中，物料的跑、冒、滴、漏往往会导致可燃气体或液体在环境中的扩散，这是造成爆炸事故的重要原因之一，如操作不精心造成的槽满跑料、开错排污阀、设备管线和机泵结合面不紧、设备管线被腐蚀等。各种原因造成的各种停车事故，如紧急情况下的突然停电、停水、停气等，都可能导致温升发生爆炸。

3.4.2 防止形成爆炸性混合物

(1) 加强密闭

为了防止可燃气体、蒸气及粉尘与空气形成爆炸性混合物，应设法使生产设备和容器尽可能密闭，对于具有压力的设备，更应注意它的密闭性，以防止气体或粉尘逸出与空气混合形成爆炸性混合物；对真空设备，应防止空气流入设备内部达到爆炸浓度；开口的容器、破损的铁桶、容积较大没有保护的玻璃瓶不允许储存易燃液体，不耐压的容器不能储存压缩气体和加压液体。

为保证设备的密闭性，对危险设备及系统应尽量少用法兰连接；输送可燃气体、液体的管道应采用无缝钢管；盛装腐蚀性介质的容器，底部尽可能不装开关和阀门，腐蚀性液体应从顶部抽吸排出。如设备本身不能密封，可采用液封、负压操作，以防系统中可燃气体逸出厂房。

加压或减压设备，在投产前和运行过程中应定期检查密闭性和耐压程度，对所有压缩机、液泵、导管、阀门、法兰接头等容易漏油、漏气部位应经常检查，填料如有损坏应立即调换，以防渗漏，设备在运转中应经常检查其气密情况，操作压力必须严格控制，不允许超压运转。

接触氧化剂如高锰酸钾、氯酸钾、漂白粉等粉尘生产的传动装置部分的密闭性能必须良好，转动轴密封不严密会使粉尘与润滑油等油类接触氧化，要定期清洗传动装置，及时更换润滑剂，应防止粉尘漏进变速箱中与润滑油相混，避免由于涡轮、蜗杆的摩擦发热而导致爆炸事故。

(2) 通风排气

实际生产过程中，要保证设备完全密封有时是很难办到的，总会有一些可燃气体、蒸气或粉尘从设备系统中泄漏出来，生产过程中某些工艺中有时也会挥发出可燃性物质。因此，必须采取其他安全措施，使可燃物的含量降低，也就是说要保证易燃易爆物质在厂房生产环境里不超过最高容许浓度，通风排气是其中的重要措施之一。

对通风排气的要求，主要依据两点考虑：一是当泄漏物质仅是易燃易爆物质，在车间内的容许浓度根据爆炸极限而定，一般应低于爆炸下限的1/4；二是对于既易燃易爆又具有毒性的物质，应考虑到有人操作的场所，其容许浓度只能从毒性的最高容许浓度来决定，因为一般情况下毒物的最高容许浓度比爆炸下限还要低得多。

通风按动力分为机械通风和自然通风，按作用范围可分为局部通风和全面通风。对有火灾爆炸危险的厂房的通风，由于空气中含有易燃易爆气体，所以通风气体不能循环使用，送风系统应送入较纯净的空气。如通风机室设在厂房里，应有防爆隔离措施。输送温度超过80℃的空气或其他气体以及有燃烧爆炸危险的气体、粉尘的通风设备，应用非燃烧材料制成。空气中含有易燃易爆危险物质的厂房，应采用不产生火花的风机和调节设备。

对局部通风应注意气体或蒸气的密度，密度比空气大的要防止可能在低洼处积聚；密度比空气轻的要防止在高处死角上积聚，有时即使是少量也会使厂房局部空间达到爆炸极限。设备的一切排气管（放气管）都应伸出屋外，高出附近屋顶。排气管不应造成负压，也不应堵塞，如排出蒸气遇冷凝结，则放空管还应考虑有蒸气保护措施。

（3）惰化防爆

惰化防爆是一种通过控制可燃混合物中氧气的浓度来防止爆炸的技术。向可燃气体与空气混合物或可燃粉尘与空气混合物中加入一定的惰化介质，使混合物中的氧浓度低于其发生爆炸所允许的最大含量，避免发生爆炸。可燃性混合物不发生爆炸时允许氧的最大安全浓度见表 3-23。

表 3-23　可燃性混合物不发生爆炸时允许氧的最大安全浓度　　　　单位：%

可燃物质	氧的最大安全浓度		可燃物质	氧的最大安全浓度	
	CO_2 保护	N_2 保护		CO_2 保护	N_2 保护
甲烷	14.6	12.1	丁二烯	13.9	10.4
乙烷	13.4	11.0	氢气	5.9	5.0
丙烷	14.3	11.4	一氧化碳	5.9	5.6
丁烷	14.5	12.1	丙酮	15	13.5
戊烷	14.4	12.1	苯	13.9	11.2
己烷	14.5	11.9	煤粉	16	
汽油	14.4	11.6	面粉	12	
乙烯	11.7	10.6	硬橡胶粉	13	
丙烯	14.1	11.5	硫	11	

根据惰化介质的作用机理，可将其分为降温缓燃型惰化介质和化学抑制型惰化介质。

降温缓燃型惰化介质不参与燃烧反应，其主要作用是吸收燃烧反应热的一部分，从而使燃烧反应温度急剧降低，当温度降至维持燃烧所需的极限温度以下时，燃烧反应停止。降温缓燃型惰化介质主要有氩气、氦气、氮气、二氧化碳、水蒸气和矿岩粉类固体粉末等。

化学抑制型惰化介质是利用其分子或分解产物与燃烧反应活化基团（原子态氢和氧）及中间游离基团发生反应，使之转化为稳定化合物，从而导致燃烧过程连锁反应中断，使燃烧反应转播停止。化学抑制型惰化介质主要有卤代烃、卤素衍生物、碱金属盐类以及铵盐类化学干粉等。

对可燃性粉尘爆炸也可以采用类似的惰化方法。表 3-24 列出了利用 N_2 作惰化剂时部分常见可燃性粉尘与空气混合物的最高允许含氧量。

惰化防爆技术主要应用于以下过程或场所。

① 易燃固体物质的粉碎、筛选、混合以及粉状物料的输送等过程中，充入惰性气体以防止形成爆炸性混合物。

② 在可燃气体或蒸气物料中充入惰性气体，使系统保持正压，阻止空气混入，防止形

成爆炸性混合物。

表 3-24 利用 N_2 作惰化剂对部分常见可燃性粉尘与空气混合物的最高允许含氧量

单位：%

物质名称	最高允许含氧量	物质名称	最高允许含氧量
煤粉	14.0	硬脂酸钙	11.8
月桂酸镉	14.0	木粉	11.0
硬脂酸钡	13.0	松香粉	10.0
有机颜料	12.0	甲基纤维素	10.0
硬脂酸镉	11.9	轻金属粉尘	4~6

③ 将惰性气体用管路与具有爆炸危险的设备相连，当爆炸危险发生时能及时通入惰性气体进行保护。

④ 在易燃液体输送过程中，向容器中充入惰性气体进行保护，避免液体蒸气与空气形成可燃混合气。

⑤ 在爆炸危险生产场所，使用惰性气体对能够产生火花的电气、仪表实施充氮正压保护。

⑥ 在对具有爆炸危险的系统进行动火检修时，先使用惰性气体吹扫，置换系统中可燃气体和蒸气，以避免形成爆炸性环境。

⑦ 在某些生产过程中发生跑料事故时，采用惰性气体对可燃气体进行稀释处理。

表 3-25 简要说明了不同场合下惰性防爆技术的使用方法。

表 3-25 惰性防爆技术的使用场合与使用方法

使用场合	使用方法
易燃易爆固体的破碎、研磨、筛分、混合、输送	可在惰性气体覆盖下进行，如粉煤制备系统的充氧保护
易燃易爆物质的储存、运输过程	若条件允许、可加入惰性气体隔绝空气，或于周围设备固定惰性气体网点
有火灾危险的工艺装置	在装置附近设惰性气体接头
在火灾爆炸场所，可能产生火花的电气、仪表装置	向内部充惰性气体
易燃易爆物资设备、储罐和管道等检修动火前，工艺装置、设备、管道、储罐使用前	用惰性气体置换

3.4.3 隔离储存

性质相互抵触的危险化学品如果储存不当，往往会酿成严重的事故。如无机酸本身不可燃，但与可燃物质相遇能引起着火或爆炸；氯酸盐与可燃的金属相混时能使金属着火或爆炸；松节油、磷及金属粉末在卤素中能自行着火等。由于各种危险化学品的性质不同，其储存条件也不相同。为防止不同性质的物品混合储存接触而引起着火或爆炸事故，应了解各种危险化学品混存的危险性及隔离储存原则，见表 3-26～表 3-28。

表 3-26 混合接触后能引起燃烧的物质

序号	混合接触后能引起燃烧的物质	序号	混合接触后能引起燃烧的物质
1	溴与磷、锌粉、煤粉	4	高温金属磨屑与油性织物
2	浓硫酸、浓硝酸与木材、织物等	5	过氧化钠与醋酸、甲醇、丙酮、乙二醇等
3	王水与有机物	6	硝酸铵与亚硝酸钠

表 3-27 形成爆炸性混合物的物质

序号	形成爆炸性混合物的物质	序号	形成爆炸性混合物的物质
1	氯酸盐、硝酸盐与磷、硫、镁、铝、锌等易燃固体粉末以及脂类等有机物	16	氯与氮、乙炔与氯、乙炔与二倍容积的氯甲烷与氯等加上光照
2	过氯酸或其盐类与乙醇等有机物	17	重铬酸铵与有机物
3	过氯酸盐或氯酸盐与硫酸	18	联苯胺与漂白粉（135℃）
4	过氧化物与镁、锌、铝等粉末	19	松脂与碘、醚、氯化氮与氟化氮
5	过氧化二苯甲酰和氯仿等有机物	20	氟化铵与松节油、橡胶、油脂、磷、氨、硒
6	过氧化氢与丙酮	21	环戊二烯与硫酸、硝酸
7	次氯酸钙与有机物	22	虫胶（46%）与乙醇140℃时
8	氢与氟、臭氧、氧、氧化亚氮、氯	23	乙炔与铜、银、汞盐
9	氨与氯、碘	24	二氧化氮与很多有机物的蒸汽
10	液态空气、液态氧与有机物	25	氯与氢（光照时）
11	三乙基铝、钾、钠、碳化铀、氯磺酸遇水	26	硝酸铵、硝酸钾、硝酸钠与有机物
12	氯酸盐与硫化物	27	高氯酸钾与可燃物
13	硝酸钾与锆酸钠	28	黄磷与氧化剂
14	氟化钾与硝酸盐、氯酸盐、氯、高氯酸盐共热时	29	氯酸钾与有机可燃物
15	硝酸盐与氯化亚锡	30	硝酸与二硫化碳、松节油、乙醇及其他物质

表 3-28 危险物品共同储存的规则

组别	物品名称	储存规则	备注
1	爆炸物品： 苦味酸、TNT、火棉、硝酸甘油、硝酸铵炸药、雷汞等	不准与任何其他种类的物品共储，必须单独隔离储存	起爆药、如雷管等必须与炸药隔离储存
2	易燃液体及可燃液体： 汽油、苯、二硫化碳、丙酮、乙醚、甲苯、酒精、醋酸、脂类、喷漆、煤油、松节油、樟脑油等	不准与其他种类的物品共同储存	如果数量甚少，允许与固体易燃物品隔开后共同储存
3	易燃气体： 乙炔、氢、氯甲烷、硫化氢、氨等	除惰性不燃气体外，不准与其他种类物品共同储存	
3	惰性不燃气体： 氮、二氧化碳、氟利昂、二氧化硫等	除易燃气体和助燃气体、氧化剂中能形成爆炸性混合物的物品和有毒物品外，不准与其他物品共同储存	
3	助燃气体： 氧、压缩空气、氟、氯	除惰性不燃气体和有毒气物品外，不准与其他物品共同储存	氯有毒害性
4	遇水或空气能自燃的物品： 钾、钠、电石、磷化钙、锌粉、铝粉、黄磷等	不准与其他种类的物品共同储存	钾、钠须浸入煤油中，黄磷须浸入水中储存，均单独隔离储存
5	易燃固体： 赛璐珞、胶片、赤磷、萘、樟脑、硫黄、火柴等	不准与其他种类的物品共同储存	赛璐珞胶片、火柴均须单独隔离储存

续表

组别	物品名称	储存规则	备注
6	氧化剂： 能形成爆炸性混合物的物品——氯酸钾、氯酸钠、硝酸钾、硝酸钡、次氯酸钙、亚硝酸钠、过氧化钡、过氧化钠、过氧化氢（30％）等	除压缩气体和压缩气体中惰性气体外，不准与其他种类的物品共同储存	过氧化物遇水有发热爆炸危险，应单独储存；过氧化氢应储存在阴凉处所
	能引起燃烧的物品： 溴、硝酸、硫酸、铬酸、高锰酸钾、重铬酸钾等	不准与其他种类的物品共同储存	与氧化剂中能形成爆炸混合物的物品也应隔离
7	有毒物品： 光气、氰化钾、氰化钠、五氧化二砷等	除惰性气体外，不准与其他种类的物品共同储存	

3.4.4 控制点火源

在工业生产过程中，存在着多种引起火灾爆炸事故的火源，如明火、高温表面、摩擦与撞击火花、绝热压缩、自燃发热、电气火花、静电火花、雷击等，对于这些点火源，在有火灾爆炸危险的场所都应引起充分注意并采取严格的防火措施。

(1) 对明火及高温表面的控制

明火是指敞开的火焰、火星等。敞开的火焰具有很高的温度和很大的热量，是引起火灾爆炸事故的主要火源。常见的明火包括生产用火、生活用火。生产用火是指生产过程的加热用火和维修用火，如电焊和气焊、喷灯、加热炉、垃圾焚烧炉、非防爆电气设备、开关等。生活用火，如烟头、火柴、打火机、煤气灶、煤油炉等。

① 在工业生产中为了达到工艺要求经常要采用加热操作，如燃油、燃煤的直接明火加热、电加热、蒸汽、过热水或其他中间载热体加热，在这些加热方法中，对于易燃液体的加热避免采用明火，一般采用蒸汽或过热水加热。如果必须采用明火加热，设备应严格密封，燃烧室应与设备分开或隔离，并按防火规定留出防火间距。在使用油浴加热时，要有防止油蒸气起火的措施。

② 生产过程中熬炼油类、固体沥青、蜡等各种可燃物质，是容易发生事故的明火作业。熬炼设备要经常检查，防止烟道窜火和熬锅破裂。盛装油料不要过满，以防溢出。

③ 在积存有可燃气体、蒸气的管沟、深坑、下水道及其附近，没有消除危险之前，不能明火作业。

④ 在有火灾爆炸危险场所不得用蜡烛、火柴或普通照明灯具，必须采用防爆电气照明。禁止吸烟和携带火柴、打火机等。

⑤ 喷灯是一种轻便的加热工具，维修时常有使用，在有火灾爆炸危险场所使用应按动火制度进行。

⑥ 烟囱飞火，汽车、拖拉机、柴油机的排气管火星都有可能引起易燃气体或蒸气的爆炸事故。一般此类运输工具不得进入危险场所，如需进入，其排气管应安装防火罩。烟囱应有足够高度，必要时应装火星熄火器，在一定范围内不得堆放可燃物品。

⑦ 高温物料的输送管线，不应与可燃物、可燃建筑构件等接触；在高温表面防止可燃物料散落在上面，可燃物的排放口应远离高温表面，如果接近则应有隔热措施。

关于高温表面，一种情况是固体表面温度超过可燃物的燃点时，可燃物接触到该表面有可能一触即燃；另一种情况是可燃物接触高温表面长时间烘烤升温而着火。常见的高温表面有白炽灯泡、电炉及其通电的镍铬丝表面、干燥器的高温部分、由机械摩擦导致发热的传动部分、高温管道表面、烟囱、烟道的高温部分、熔炉的炉渣及熔融金属等。

(2) 对摩擦与撞击火花的控制

摩擦与撞击往往引起可燃气体、蒸气和粉尘、爆炸物品等的燃烧爆炸事故。如机器上轴承等摩擦发热起火、铁器和机件的撞击、钢铁工具的相互撞击、砂轮的摩擦、导管或容器破裂，内部物料喷出时摩擦起火等，都有可能引起可燃物质的爆炸。因此，在有火灾爆炸危险的场所，应采取防止产生摩擦与撞击火花的措施。

① 对机器上的轴承等转动部件，应保证有良好的润滑并及时加油，并经常清除附着的可燃污垢，机件摩擦部分如搅拌机和通风机上的轴承，最好采用有色金属或用塑料制造的轴瓦。

② 锤子、扳手等工具应用有色金属工具制作，如用青铜或镀铜的钢制作。

为防止金属零件等落入设备或粉碎机里，在设备进料前应装磁力离析器，不宜使用磁力离析器的如特危险的硫、碳化钙等的破碎，应采用惰性气体保护。

③ 输送气体或液体的管道，应定期进行耐压试验，防止破裂或接口松脱喷射起火。

④ 凡是撞击或摩擦的两部分都应采用不同的金属制成（如铜与钢），通风机翼应采用铜铝合金等不发生火花的材料制作。

⑤ 搬运金属容器，严禁在地上抛掷或拖拉，在容器可能碰撞部位覆盖不发生火花的材料。

⑥ 有爆炸危险的生产厂房，禁止穿带铁钉的鞋，地面应铺不发火材料。

⑦ 对吊装盛有可燃气体和液体的金属容器用吊车，应经常重点检查，以防吊绳断裂、吊钩松滑，造成坠落冲击发火。

(3) 对静电火花的控制

生产和生活中的静电现象是一种常见的带电现象。静电的危害性已被人们所认识。在炼油、化工、橡胶、造纸、印刷和粉末加工等行业的生产过程中，由于静电引发火灾爆炸事故的有很多，因此静电预防也就成为安全技术中的一个重要问题。静电产生的基本原理及预防控制措施等内容将在第四章"电气安全"中详细介绍。

(4) 对自燃发热的控制

设备检修和擦洗过程中所使用过的油抹布、油棉纱等，若不及时清理，可能导致棉布热量积聚，达到燃点后即可自燃。因此，浸有油料的棉布等物品必须及时回收，妥善处理。

(5) 对其他火源的控制

强光和热辐射等，都会导致易燃物的燃烧，如夏天强烈的日光照射会导致硝化纤维自燃，直至酿成火灾爆炸事故。大功率照明灯的长时间烘烤，也是火灾事故常见的原因。

3.4.5 监控报警

爆炸事故预防检测控制系统是预防爆炸事故的重要设施之一，包括信号报警系统、安全联锁装置和保险装置等。生产中安装信号报警装置是用以出现危险状况时发出警告，以便及时采取措施消除隐患。在信号报警系统中，发出的信号常以声、光、数字显示。当检测仪表测定的温度、压力、可燃气浓度、液位等超过控制指标时，警报系统即发出报警信号。安全联锁是将检测仪器和生产设施按照预先设定的参数和程序连接起来；当检测出的参数超过额定范围时，生产设施就自动停止作业程序，达到安全生产的目的。当信号装置指示出已经发生异常情况或故障时，保险装置自动采取措施消除不正常状况和扑救危险状态。

在爆炸事故的监控系统中，监测系统相对来说具有共性；而安全联锁装置与保险装置则与生产设施紧密相连具有个性。下面就监测系统中的监测仪表进行阐述。

3.4.5.1 爆炸预防监测系统

混合气体爆炸物的事故性爆炸，必须在具备一定的可燃气、氧气和点火源这三个要素条件下产生。因此，可以通过对这三要素的监测预报预防爆炸事故。其中，可燃气的偶然泄漏和积聚程度，是现场爆炸危险性的主要指标，相应使用的监测仪表和报警装备是监测现场爆炸性气体泄漏危险程度的重要工具。

爆炸事故的预防性监测系统是由携带式检测仪、固定式报警器及不同规模的监测网络所构成的。一个完整的监测网络通常由传感器、信号显示器、信号处理器、视听报警器、安全控制器、存贮记录仪、自检系统及电源等组成。根据监测装置中样品进样方式的不同，监测系统分为自然扩散和动力泵吸进样品两大类。前者响应速度较慢（约 10～30s），但结构简单、寿命长、轻便、价廉；后者则相反，响应速度仅 1～5s。

3.4.5.2 爆炸性气体浓度检测仪表

在爆炸性危险环境中常用的可燃气体检测仪，按工作原理可分为热催化、热导性、气敏三种。可燃气监测仪表按可测浓度区段可分为 LEL 级爆炸下限浓度段、10^{-6} 级低浓度污染段和（V）100％级全浓度段三类。

(1) 热催化可燃气体检测仪

此种检测仪在检测元件的作用下。可燃气发生氧化反应，释放出燃烧热，其大小与可燃气浓度成正比，检测元件通常用铂丝涂催化剂制成。气样进入工作室后在检测元件上放出燃烧热，由灵敏电流计 M 指示出气样的相对浓度。这种仪表的满刻度通常等于可燃气的爆炸浓度下限。催化燃烧型仪器主要用以测量 0～LEL（爆炸浓度下限）浓度范围的可燃气体，不受检测环境背景气（如二氧化碳、水蒸气）的干扰，能自动补偿环境温度的影响，测量精度较高。其缺点是催化检测元件会因催化毒害物质（如硫化氢、硅、铅、砷等）而发生中毒现象，失去检测性能，使用时应注意环境中的催化毒害物质。

(2) 气敏可燃气体检测仪

当气敏半导体检测元件吸附可燃性气体后，其电阻大大下降，与气样浓度对应的信号电流在微安表上指示出来。

气敏型仪器的优点是测量灵敏度高，适于微量（100×10^{-6} 级）检测，没有元件中毒问题，使用寿命长；缺点是检测输出与气样浓度的关系因吸附饱和效应而成非线性。因此，用在测试爆炸下限数量级上进行定量测量时误差较大。

(3) 热导性可燃气体检测仪

这类检测仪的原理是利用被测气体的导热性与纯净空气导热性的差异，把可燃气体浓度转换成加热丝温度和电阻的变化。热导性仪器主要用以测量 0～100％（体积分数）高浓度范围的可燃性气体或 LEL 以上浓度范围的气体。

3.4.5.3 固定式报警器

固定式报警器用于自动监视生产场所的气样浓度，在气样浓度达到预设报警值时，发出可视或可听报警信号。固定式报警器一般由传感器、采样泵、放大器、显示器、视听报警部件、自检控制器和供电电源等部件组成。这些部件可组装成一个整体或分开组装，但必须符合国家电器防爆要求。报警器按其功能可分为模拟量超限报警器和数字量超限报警器。模拟量超限报警器的浓度显示分为指针式及无浓度指针两种，后者仅有报警功能，结构简单，价廉。数字量超限报警器具有报警功能并可直接以数字显示可燃气浓度，因此检测量可靠精确。

3.5 爆炸控制技术

爆炸控制是指在爆炸事故发生之后采取措施控制爆炸冲击波、火焰传播等致灾因素的传播，目的是减小其危害和控制次生衍生灾害的发生，例如爆炸开始就及时泄出爆炸压力、切断爆炸传播途径、减弱爆炸压力和冲击对人员、设备和建筑的损坏等。

3.5.1 隔爆

隔爆是通过某些隔离措施防止火焰窜入装有可燃混合物的设备或装置中的防爆技术。按照作用机理，阻隔防爆可分为机械隔爆和化学隔爆两类。机械隔爆是依靠某些固体或液体物质阻隔火焰的传播，化学隔爆则主要是通过释放某些化学物质来阻挡火焰的传播。

机械隔爆装置主要有工业阻火器、主动式隔爆装置和被动式隔爆装置等。工业阻火器是装在管道中的可以阻止火焰传播的装置；主动式隔爆装置是通过某种传感器探测器探测到爆炸信号，从而使隔断机构动作以防止爆炸进一步发展；被动式防爆装置则是依靠爆炸波本身引发隔断机构动作来控制爆炸的进一步发展。其中，工业阻火器的形式最多，应用范围也最广泛，主要有机械阻火器、液封阻火器、料封阻火器。例如，比较典型的机械阻火器内装有某种孔隙（或缝隙）很小的材料，使火焰无法由材料的孔隙中传播过去，其阻火的主要机理是材料的冷却效应，由于火焰区的热损失急剧增大，以致使燃烧反应无法维持。此外，固体表面还可以破坏火焰中的可促进反应的活性基团，只有当材料的孔隙小到一定程度才具有这种效应。在实际应用中，为了加强安全，阻火材料的最大孔径应当仅为该处可能出现的预混火焰的猝熄直径的几分之一。

3.5.2 抑爆

3.5.2.1 爆炸抑制系统的组成原理

爆炸抑制是在火焰传播显著加速的初期通过喷洒抑爆剂来抑制爆炸的作用范围及猛烈程度的一种爆炸控制技术。抑爆系统主要由爆炸信号探测器、爆炸抑制器和控制器三部分组成，当高灵敏度传感器探测到爆炸发生瞬间的危险信号后，通过控制器启动爆炸抑制器，迅速把爆炸抑制器中的抑爆剂喷入被保护的设备内，将火焰扑灭，从而抑制爆炸的进一步发展。

目前用于爆炸信号探测的传感器主要有热敏传感器、光敏传感器及压力传感器等。热敏传感器主要有热电偶、热敏电阻等，其动作速度和灵敏度能满足自动抑爆系统的技术性能要求，但只有当其与火焰直接接触时才能探测到爆炸源。因此，采用热敏传感器时必须预先知道设备内发生爆炸火源的确切部位。热敏传感器多与其他类型的传感器结合使用，以组成复合的爆炸信号探测系统。光敏传感器的敏感度高、动作速度快，当将其与滞后时间很短的辐射能接收器结合使用时，就可以在爆炸的最初阶段发现危险信号。光敏传感器在可燃气体防爆中得到了广泛的应用，不过并不适用于粉尘抑爆系统，主要是当粉尘浓度很高时红外线难以穿透，另外由于粉料加工的特点会使设备的所有内表面都蒙上一层透明度很差的粉尘，而这也会严重影响光敏探测器的性能。压力传感器的类型很多，主要有膜片式、压电式、应电式以及压力继电器等类型，其触发信号可分为压力触发式和压力上升速率触发式。压力传感器广泛应用于粉尘爆炸抑制系统，不过由于其响应时间滞后于光电传感器，利用压力传感器探测初始爆炸信号，对火焰的控制难度相对有所增大。

爆炸抑制器是自动抑爆的执行机构，其功能是将抑爆剂迅速、均匀地喷撒到整个设备中去。抑爆剂储罐的内压可以是预先存储的压力，也可通过化学反应来获得。抑爆器主要有爆囊式、高速喷射式和水雾喷射等几种类型。爆囊式抑爆器又分为半球形、球形和圆筒形等几种形式，爆囊一般用于装填液体抑爆剂，丝堵用于堵塞装料孔，起爆管外部设有密封套管，外电源通过接线盒引入。为保证抑制剂能均匀分布到整个空间，起爆管爆炸时爆囊必须能完全破碎。爆囊材料可以是玻璃、金属或塑料，为使爆囊的破碎均匀、充分，其表面一般要刻出一些槽。爆囊式抑爆器一般能在 5ms 内将液态抑爆剂释放出去，初始喷射速度在 200m/s 以上，作用范围在 2m 以内。爆囊式抑爆器主要用于管道、传送带及斗式提升机等小容量设备，但不适宜在高温和腐蚀性环境下使用。高速喷射式抑爆器主要由抑爆罐、喷头电雷管启动阀门、抑爆剂以及喷射推动剂等组成。抑爆剂储罐一般安装在设备外部，通过短管与喷头将抑爆剂喷入设备内。因此，阀门必须在接到动作信号后 10ms 之内使整个横断面完全开启，并在极短时间内喷出全部抑爆剂。高速喷射抑爆器适用于体积大的设备，而且允许抑爆时间较长，抑爆剂可以是液体或粉末。喷射抑爆器的性能主要取决于 N_2 的推动压力和阀门出口直径。阀门出口直径越大，抑爆效率越高，N_2 的推动压力越大。但由此所引起的设备内超压也就越高，因此，使用前应当测定设备强度，以免在抑爆过程中对设备造成损坏。高速喷射抑爆器罐的容积一般为 3.45L，喷射剂多为 N_2，其压力可达 12MPa，喷射阀门内壁直径为 19~126mm。

3.5.2.2 常用抑爆剂

(1) 卤代烷抑爆剂

卤代烷抑爆剂对可燃气体与空气的混合物具有较强的抑爆灭火能力，也可用于抑制可燃液体及粉尘的爆炸。常用卤代烷抑爆剂主要有 1211、1301 等。使用卤代烷抑爆剂时，必须在着火后，立即快速喷入被保护容器内。由于卤代烷对大气臭氧层具有破坏作用，目前已逐渐被其他抑爆剂所取代。

(2) 粉末抑爆剂

粉末抑爆剂对于抑制粉尘爆炸具有良好的效果。常用的粉末抑爆剂有全硅化小苏打干粉抑爆剂和磷酸铵盐粉末抑爆剂。全硅化小苏打干粉抑爆剂主要由碳酸氢钠（质量分数 92%）、活性白土（质量分数 4%）、云母粉、抗结块添加剂（质量分数 4%）以及一定量的有机硅油等组成。磷酸铵盐粉末抑爆剂主要由碳酸二氢铵、硫酸铵、催化剂以及防结块添加剂等组成。在容器强度合适的条件下，磷酸铵盐粉末的动作压力选择范围较大，甚至在启动压力大于 0.01MPa 情况下仍具有很好的抑爆效果。

(3) 水系抑爆剂

对于粮食、饲料等粉尘的爆炸常用水作抑爆剂。试验表明，即使在压力较高的条件下，水抑爆剂仍可显著降低粉尘爆炸压力和压力上升速率。为了提高水的喷射和灭火能力，水抑爆剂中往往加入多种添加剂，使之具有防冻、防腐、减阻和润湿等性能。

(4) 混合抑爆剂

混合抑爆剂由粉末抑爆剂和卤代烷抑爆剂等混合而成。主要性能特点是在对被保护容器设备进行成功抑爆后，卤代烷还能进一步起到一定的惰化作用。

3.5.2.3 抑爆技术的适用范围

抑爆技术可用于在气相氧化剂中可能发生爆炸的气体、油雾或粉尘的任何密闭容器中，例如，加工设备（包括反应容器、混合器、搅拌器、研磨机、干燥器、过滤器和除尘器等）、储存设备（包括常压或低压罐、高压罐等）以及可燃粉尘的气力输送管道系统等。抑爆技术可以避免有毒或易燃易爆物料以及灼热气体、明火等窜出设备，对设备强度的要求相对较低，一般其耐压只需 0.1MPa 以上即可。抑爆技术不仅适用于那些在泄爆过程已发生二次爆炸或无法开设泄爆口的设备，而且对所处的位置不利于泄爆的设备同样适用。抑爆技术主要适用于抑制氧化剂中发生的燃烧爆炸，抑爆剂必须在充分分散条件下才能发挥抑爆作用，而且其抑爆效果与设备中发生的化学反应有关。

3.5.3 泄爆

泄爆是被广泛应用的一种爆炸防护技术，它具有成本较低和容易实现等特点。其含义是：在爆炸初始或扩展阶段，将厂房或设备内的高温高压燃烧爆炸物和未燃物，通过强度最低的部位（即泄压口），向安全方向泄出，使厂房、设备免遭破坏。

3.5.3.1 典型泄爆装置

泄爆装置按启动原理可分为从动式与监控式。从动式泄爆装置的开启靠压力冲击波打开，监控式靠电气自控系统触发开启。前者价廉简易，而后者比较精确，有利于实现生产防爆自动控制。泄爆装置按其结构分为敞开式与密闭式。敞开式可分为全敞口式、百叶窗式、屋顶天窗式泄压装置；密闭式分为爆破膜式（泄爆膜式、爆破片式）和泄爆门（重型泄爆门、轻型泄爆门）。

(1) 敞开式爆炸泄压装置

敞口式爆炸泄爆孔。标准全敞口式泄爆孔是无阻碍、无关闭物的孔口，是最有效的泄爆孔，它适用于不要求全部封闭的设备（也适用于南方部分建筑），如可以不考虑恶劣气候、环境污染和生产中物料损失等条件，最宜采用敞口泄压孔。

百叶窗式爆炸泄压装置。在泄爆口安上固定的百叶窗可看作是近似敞口泄压孔，百叶窗板的存在增加了泄爆阻力，实际上减小了净自由泄压面积，但可以适当保护建筑物或设备内置物品。

屋顶天窗式爆炸泄压装置。在有爆炸危险的建筑的屋顶上安装简易和不耐压的屋顶天窗，当发生爆炸时，这种门窗可极易被打开，提供大的无阻挡的泄压孔。

(2) 密闭式爆炸泄压装置

爆破膜（片）式泄爆装置。爆破膜式泄爆装置泄爆效率高，其开启压力误差是所有密闭式泄爆装置中最小的。其缺点是爆破膜只能一次性使用，发生爆炸后需要更新。同时，爆炸后形成孔口，空气会从泄爆口进入设备，使粉尘继续燃烧。膜片使用一定时间后容易老化腐蚀，需定期更换；否则，容易使开启压力降低，过早泄爆影响生产。爆破膜式泄爆装置的质量主要与膜片的材料有关。泄爆面积相同时，控制开启压力大小的关键是膜或片的抗拉强度和厚度。

泄爆门是一种可以反复使用的密闭式爆炸泄压装置，这种装置具有高达96%的泄爆效率，并具有自动关闭和开启以及压力误差小的功能。这类泄爆装置可分为轻型泄爆门和重型泄爆门两类，轻型门由于泄爆效率较高，在建筑、筒仓以及管道中都广泛应用。泄爆门一般由泄爆盖、固定轴、夹紧元件、密封安装部件等组成。泄爆时将门打开后，可以通过自动和手动两种方式将门重新关闭。

泄爆装置主要根据生产要求严密程度、设备压力高低、泄爆频率大小、易腐蚀或老化程度、使用年限、温度和安装位置进行选择。对于没有保温、保湿等特殊要求的建筑物，无覆盖物的敞口爆炸泄压装置泄爆效率最高；如果要求密闭，或开启压力要求很严、设备较易腐蚀、泄爆频率不高，以采用泄爆膜为宜；其他情形，则以选取泄爆门等永久性爆炸泄压装置为宜。

3.5.3.2 建筑物泄爆

对于有可燃气体、可燃粉尘爆炸危险的建筑，采用爆炸泄压结构，是避免建筑主体遭到破坏的最有效的技术措施之一。建筑厂房泄压装置可采用轻质板制成的屋顶和易于泄压的门、窗（应向外开启），也可用轻质墙体泄压。当厂房周围环境条件较差时，宜采用轻质屋顶泄压。常用材料是石棉水泥波形瓦，那些遇火可燃的木质纤维波形瓦因耐水性能差，塑料因易燃，金属网水泥因不易破碎等，都不宜使用。

建筑物泄压面积可由式（3-4）计算：

$$F = fV \tag{3-4}$$

式中，F为泄压面积；V为建筑物室内容积；f为泄压比，即泄压面积与室内容积之比。

为确保建筑结构安全，按相关规范要求，推荐泄压比为$0.05 \sim 0.22 m^2/m^3$（单位建筑体积应开口的泄压面积）；对爆炸介质威力较强或爆压上升速率较快的建筑，应尽量加大比值；对容积超过$1000 m^3$的建筑，可适当降低，但不应小于$0.003 m^2/m^3$。表3-29列出了厂房爆炸危险的等级与泄压比值。

表3-29 厂房爆炸危险的等级与泄压比值

厂房爆炸危险等级	泄压比值/(m^2/m^3)
弱级：(谷物、纸、皮革、铅、铬、铜等粉尘、醋酸蒸气)	0.0334
中级：(木屑、炭屑、奶粉、锑、锡等粉尘、乙烯树脂、尿素、合成树脂粉尘)	0.0667
强级：(充满煤气的淀粉、油漆干燥或热处理室、醋酸纤维、苯酚树脂粉尘、铅、镁、锆等粉尘)	0.2
特级：(丙酮、汽油、甲醇、乙炔、氢等)	>0.2

第4章 电气安全技术

> 制药企业通常使用易燃液体及粉尘作为原料进行生产,生产场所易形成爆炸危险环境。因此,本章以电气防火防爆为重点,讲述了危险物质分类分级、爆炸危险区域划分以及防爆电气设备选择的方法,同时还介绍了工业企业常见的触电事故及其预防和急救措施以及静电和雷电危害及其防护措施。

4.1 电气安全基础知识

4.1.1 电力系统简介

电力是现代工业的主要动力。它具有来源广泛、价格低廉、传输简单、便于自动化控制和测量等优点,因此,电力在工农业生产和整个国民经济领域中得到了广泛的应用。电力的生产、输送、分配和使用的全过程,实际上是在同一瞬间完成的。由发电厂、电力网、变电所及电力用户组成的统一整体,称为电力系统,如图4-1所示。

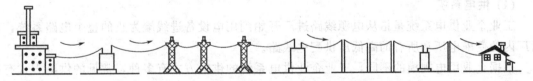

图4-1 从发电厂到用户的输配电示意

发电厂是将各种非电能转换成电能的工厂。通常根据其所转换的能源分类,例如水力发电厂、火力发电厂等。

电力网是输送、变换和分配电能的网络,由变电所和各种不同电压等级的电力线路所组成。它是联系电厂和用户的中间环节。电力网的任务是将发电厂生产的电能输送、变换和分配到电力用户。

我国习惯上将电压为800kV或1000kV以上的称为特高压,330~800kV的称为超高压,1~330kV的称为高压,1kV以下的称为低压。一般将3kV、6kV、10kV等级的电压称为配电电压。包括制药企业在内的工业企业常用的高压电压等级为35kV、10kV、6kV,低压电压等级一般为380/220V。

变电所是接受电能、变换电压和分配电能的场所。它是由电力变压器和配电装置组成。

按变压的性质和作用又可分为升压变电所和降压变电所两种。

在电力系统中，所有消耗电能的用户均称为电力用户。电力用户所拥有的用电设备可按其用途分为：动力用电设备（如电动机等）、工业用电设备（如电解、冶炼、电焊、热处理等设备）、电热用电设备（如电炉、干燥箱、空调等）、照明用电设备和实验用电设备等，它们可将电能转换为化学能、机械能、热能和光能等不同形式。

4.1.2 用电负荷分级及供电要求

(1) 一级负荷及其供电要求

中断供电时将造成人身伤亡、重大经济损失或重大政治影响的用电负荷划分为一级负荷。在一级用电负荷中，若中断供电将发生中毒、爆炸和火灾等情况的负荷，以及特别重要场所的不允许中断供电的负荷，应视为特别重要的负荷。

一级负荷应由两个独立电源供电，当一个电源发生故障时，另一个电源不应同时受到损坏。一级负荷中特别重要的负荷，除由两个电源供电外，还应增设应急电源，并不准将其他负荷接入应急供电系统。

(2) 二级负荷及其供电要求

中断供电时将在经济上造成较大损失或影响重要用电单位的正常工作的用电负荷划为二级用电负荷。例如，主要设备损坏、大量产品报废和连续生产过程被打乱需要长时间才能恢复、交通枢纽和通信枢纽不能正常工作、人员集中的重要的公共场所秩序混乱等。

二级负荷供电要求为：一般采用双回路供电，即采用两条线路供电。若条件不允许，可采用10kV及10kV以下的专用架空线路供电。是否设置备用电源应作经济技术比较，若中断供电所造成的损失大于设置备用电源费用，则应设置备用电源。否则允许采用一个独立电源。

(3) 三级负荷及其供电要求

不属于一级和二级负荷的用电负荷称为三级负荷，对供电无特殊要求。

4.1.3 工业企业供配电系统

(1) 供电系统

工业企业供电系统是指从电源线路进厂开始到用电设备进线端为止的整个电路系统，包括厂内的变配电所和所有的高低压供配电线路。

根据企业用电规模的不同，工业企业供电系统的供电方式有多种，常见的供电方式有以下四种。

① 对于大型工业企业和某些电源进线为35kV及以上的大中型工业企业，一般经过两次降压，即先经总降压变电所将35kV及以上的进线电压变为10kV的配电电压，然后通过高压配电所或直接经高压配电线路将电能分送到各车间变电所，再经车间变电所降为0.4kV低压，由低压配电线路分送到各配电箱或用电设备。

② 对于一般中型工业企业，进线电压为10kV，电能经高压配电所由高压配电线路分送到各车间变电所，或由高压配电线路直接供给高压用电设备。车间变电所将10kV的高压降为0.4kV低压，由低压配电线路分送至各配电箱或用电设备。

③ 对于一般小型工业企业，进线电压为6~10kV，经变电所将高压变为低压，由低压配电线路分送到各车间配电箱或用电设备。

④ 对于所需容量不大于160kVA的小型工业企业，直接由公共低压电网供电，进线电

压为 0.4kV，经低压配电室分送到各车间或直接送到配电箱或用电设备。

(2) 配电系统

工业企业高、低压配电均有放射式、树干式、环式三种基本方式。

放射式是由一条母线分别向各车间变电所、车间高（低）压用电设备送电。其优点是各个线路上的故障不产生相互影响，可靠性较高，而且便于装设自动装置以实现自动化。缺点是使用高（低）压开关设备较多，使投资增加。而且一旦发生故障或检修时，该线路供电的全部负荷将全部断电。为克服此缺点，可在各车间变电所的高压侧之间或低压侧之间敷设联络线，以提高可靠性。放射式配电适用于具有位置分散、大型集中负荷的企业。

树干式是由总降压变电所或车间配电所向外引出一条高（低）压配电干线，沿厂区道路架空敷设，沿途引出若干支线向各车间或各用电设备供电。其优点是线路简单，采用的高（低）压开关数量少，因此投资较少。缺点是供电可靠性较差，当高（低）压配电干线发生故障或检修时，接于干线的所有变电所或设备都要停电，且在实现自动化方面适应性也较差。要提高其供电可靠性，可采用双干线供电或两端供电的接线方式。

环式是两端供电的树干式接线，为了避免环式线路发生故障时影响整个电网，以及便于实现线路保护的选择性，大多数环式线路采用开环运行，即环行线路中有一处开关是断开的。

实际上，高、低压配电系统往往是根据具体情况由几种接线方式组合而成的。

4.1.4 制药企业常见电气事故

根据能量转移论理论，电气事故是由于电能非正常地作用于人体或系统所造成的。根据电能的不同作用形式，结合制药企业生产特点，可将制药企业常见电气事故分为触电事故、电气火灾爆炸事故、静电危害事故、雷电灾害事故和电气系统故障危害事故等。其中，触电事故是最常见的电气事故，而电气引燃源引发的火灾爆炸和静电危害是制药企业的电气事故的特点。

4.1.4.1 触电事故

触电事故广泛存在于生产生活中，分为电击和电伤事故。触电事故从根本上说是电流对人体的伤害。以下分别简述电击、电伤及电流对人体的作用。

(1) 电击

就是电流通过人体，作用于人的心脏、中枢神经系统、肺部等影响其正常工作，严重时会形成危及生命的伤害。按照人体触及带电体的方式，电击可分为以下几种情况。

① 单相触电 指人体接触到地面或其他接地导体的同时，人体某一部位触及某一相带电体所引起的电击，如图 4-2 所示。发生电击时，所触及的带电体为正常运行的带电体时，

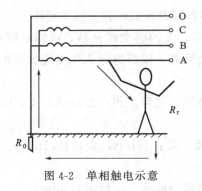

图 4-2 单相触电示意

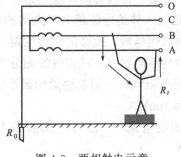

图 4-3 两相触电示意

称为直接接触电击。而当电气设备发生事故（例如绝缘损坏，造成设备外壳意外带电的情况下），人体触及意外带电体所发生的电击称为间接接触电击。根据国内外的统计资料，单相触电事故占全部触电事故的70%以上。

② 两相触电 指人体的两个部位同时触及两相带电体所引起的电击，如图4-3所示。在此情况下，人体所承受的电压为三相系统中的线电压，因电压相对较大，其危险性也较大。

③ 跨步电压触电 指站立或行走的人体，受到呈现于人体两脚之间的电压，即跨步电压作用所引起的电击。跨步电压是当带电体接地，电流自接地的带电体流入地下时，在接地点周围的土壤中产生的电压降形成的，如图4-4中U_{W1}、U_{W2}所示。$U_{W2} > U_{W1}$，表明人体离带电体越近，承受的跨步电压越高。

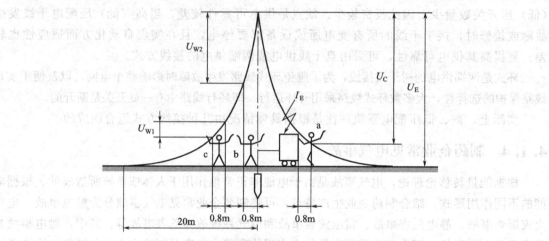

图4-4 跨步电压触电示意

(2) 电伤

这是电流的热效应、化学效应、机械效应等对人体所造成的伤害。此伤害多见于机体的外部，往往在机体表面留下伤痕。能够形成电伤的电流通常比较大。电伤属于局部伤害，其危险程度决定于受伤面积、受伤深度、受伤部位等。

电伤包括电烧伤、电烙印、皮肤金属化、机械损伤、电光性眼炎等多种伤害。电烧伤是最为常见的电伤，大部分触电事故都含有电烧伤成分。电烧伤可分为电流灼伤和电弧烧伤。

(3) 电流对人体的作用

触电事故是由电流的能量作用于人体而造成的。电流对人体的伤害程度与通过人体电流的强度、种类、持续时间、通过途径及人体状况等多种因素有关，并有以下规律。

① 通过人体的电流越大，人体的生理反应越明显，人的感觉越强烈，破坏心脏正常工作所需的时间越短，致命的危险性越大。对于工频交流电，按照通过人体电流大小的不同，人体呈现的不同状态，可将电流划分为以下3级。

a. 感知电流——引起感觉的最小电流。如轻微针刺，发麻。男：1.1mA；女：0.7mA；一般记为1mA。

b. 摆脱电流——能自主摆脱带电体的最大电流。男：16mA；女：10.5mA；一般记为10mA。

c. 室颤电流——引起心室发生心室纤维性颤动的最小电流。一般记为50mA。

② 通电时间越长，越容易引起心室颤动，电击危险越大。
③ 电流通过人体的任一途径都可能使人死亡。从左手到前胸是最危险的电流途径。
④ 直流电流，高频电流、冲击电流对人体都有伤害作用，其伤害程度一般较工频电流为轻。
⑤ 女性对于电流较男性敏感，儿童对于电流较成人敏感，体重小的对于电流较体重大的敏感；人患有心脏病等疾病时，遭受电击时的危险性较大，而健壮的人遭受电击的危险性较小等。

4.1.4.2 电气火灾爆炸事故

电气火灾爆炸是由电气引燃源引起的火灾和爆炸。电气装置在运行中产生的危险温度、电火花和电弧是电气引燃源主要形式。电气线路、开关、熔断器、插座、照明器具、电热器具、电动机等均可能引起火灾和爆炸。油浸电力变压器、多油断路器等电气设备不仅有较大的火灾危险，还有爆炸的危险。在火灾和爆炸事故中，电气火灾爆炸事故占有很大的比例。随着人民生活水平不断提高，种类繁多的家用电器陆续进入居民家庭，与此同时，电气火灾也呈现上升趋势，从我国一些大城市的火灾事故统计可知，就引起火灾的原因而言，电气原因已经稳居首位。

4.1.4.3 静电危害事故

静电危害事故是由静电电荷或静电场能量引起的。在生产工艺过程中以及操作人员的操作过程中，某些材料的相对运动、接触与分离等原因导致了相对静止的正电荷和负电荷的积累，即产生了静电。由此产生的静电其能量不大，不会直接使人致命。但是，其电压可能高达数十千伏乃至数百千伏，发生放电，产生放电火花。静电危害事故主要有以下几个方面。

① 在有爆炸和火灾危险的场所，静电放电火花会成为可燃性物质的点火源，造成爆炸和火灾事故。
② 人体因受到静电电击的刺激，可能引发二次事故，如坠落、跌伤等。此外，对静电电击的恐惧心理还对工作效率产生不利影响。
③ 某些生产过程中，静电的物理现象会对生产产生妨碍，导致产品质量不良，电子设备损坏，造成生产故障，乃至停工。

4.1.4.4 雷电灾害事故

雷电是大气中的一种放电现象。雷电放电具有电流大、电压高的特点。其能量释放出来会形成极大的破坏力。其破坏作用主要有以下几个方面。

① 直击雷放电、二次放电、雷电流的热量会引起火灾和爆炸。
② 雷电的直接击中、金属导体的二次放电、跨步电压的作用及火灾与爆炸的间接作用，均会造成人员的伤亡。
③ 强大的雷电流、高电压可导致电气设备击穿或烧毁。发电机、变压器、电力线路等遭受雷击，可导致大规模停电事故。雷击还可直接毁坏建筑物、构筑物。

4.1.4.5 电气系统故障危害事故

电气系统故障危害事故是由于电能在输送、分配、转换过程中失去控制而产生的。断线、短路、异常接地、漏电、误合闸、误掉闸、电气设备或电气元件损坏、电子设备受电磁干扰而发生误动作等均属于电气系统故障，在一定条件下，电气系统故障会引发电气系统事故。电气系统事故严重时会导致人员伤亡及重大财产损失。电气系统事故主要体现在以下几方面。

(1) 异常带电

电气系统中，原本不带电的部分因电路故障而异常带电，可导致触电事故发生。例如：电气设备因绝缘不良产生漏电，使其金属外壳带电；高压电路故障接地时，在接地处附近呈现出较高的跨步电压，形成触电的危险条件。

(2) 异常停电

在某些特定场合，异常停电会造成设备损坏和人身伤亡。如正在浇注钢水的吊车，因骤然停电而失控，导致钢水洒出，引起人身伤亡事故；医院手术室可能因异常停电而被迫停止手术，无法正常施救而危及病人生命；排放有毒气体的风机因异常停电而停转，致使有毒气体超过允许浓度而危及人身安全等；公共场所发生异常停电，会引起妨碍公共安全的事故；一旦发生大规模停电事故，危害波及面广，对工农业生产、交通运输乃至居民生活等造成极大影响，给政治、经济和社会带来严重后果。

4.2 触电事故防护与急救

4.2.1 直接接触电击及其防护措施

直接接触电击是指人体直接接触到正常带电部分而引起的电击，其防护措施主要为绝缘、屏护和间距。良好的绝缘也是保证电气系统正常运行的基本提及；屏护和间距还是防止短路、故障接地等电气事故的安全措施之一。下面依次介绍这三种直接接触电击的防护措施。

4.2.1.1 绝缘

绝缘是指利用绝缘材料对带电体进行封闭和隔离。绝缘一直作为防止触电事故的重要措施，良好的绝缘也是保证电气系统正常运行的基本条件。

绝缘材料又称为电介质，其导电能力很差，但并非绝对不导电。工程上应用的绝缘材料电阻率一般都不低于 $10^7 \Omega \cdot m$。绝缘材料一般分为以下三类：

① 气体绝缘材料，常用的有空气、氮、氢、二氧化碳和六氟化硫等；
② 液体绝缘材料，常用的有碳氢化合物绝缘矿物油、十二烷基苯、硅油等；
③ 固体绝缘材料，常用的有树脂绝缘漆、胶、纸质制品、橡胶、玻璃、电瓷等。

绝缘材料的电气性能主要表现在电场作用下材料的导电性能、介电性能及绝缘强度。它们分别以绝缘电阻率、相对介电常数、介质损耗角以及击穿场强 4 个参数来表示。温度、湿度升高，杂质含量增加，电场强度的增强都可能降低电介质的电阻率，即降低绝缘材料的绝缘性能；电源频率增加，介电常数减小，绝缘性能增加；温度升高，湿度增加，大气压力增大，介电常数增大，绝缘性能降低；随着频率、温度、湿度、电场强度和辐射的增强，介质损耗增加，绝缘强度降低。

在电气设备运行过程中，绝缘材料会由于电场、热、化学、机械、生物等因素的作用，使绝缘性能发生绝缘击穿、绝缘老化和绝缘损坏。

绝缘检测和绝缘试验的目的是检查电气设备或线路的绝缘指标是否符合要求绝缘检测和

绝缘试验主要包括绝缘电阻试验、耐压试验、泄漏电流试验和介质损耗试验。其中，绝缘电阻试验是最基本的绝缘试验。

绝缘电阻随线路和设备的不同，其指标要求也不一样。就一般而言，高压较低要求高；新设备较老设备要求高；室外设备较室内设备要求高，移动设备较设备要求高等。以下为几种主要线路和设备应达到的绝缘电阻值。

① 新装和大修后的低压线路和设备，要求绝缘电阻不低于 0.5MΩ；运行中的线路和设备，要求可降低为每伏工作电压不小于 1000Ω；安全电压下工作的设备同 220V 一样，不得低于 0.22MΩ；在潮湿环境，要求可降低为每伏工作电压 500Ω。

② 携带式电气设备的绝缘电阻不应低于 2MΩ。

③ 配电盘二次线路的绝缘子的绝缘电阻不应低于 300 MΩ；35kV 及以上的应不低于 500 MΩ。

④ 10kV 高压架空线路每个绝缘子的绝缘电阻不应低于 300 MΩ；35kV 及以上的应不低于 500 MΩ。

⑤ 运行中 6~10kV 和 35kV 电力电缆的绝缘电阻分别应不低于 400~1000 MΩ 和 600~1500 MΩ。干燥季节取较大的数值；潮湿季节取较小的数值。

⑥ 电力变压器投入运行前，绝缘电阻应不低于出厂时的 70%，运行中的绝缘电阻可适当降低。

4.2.1.2 屏护

(1) 屏护的概念、种类及其应用

屏护是一种对电击危险因素进行隔离的手段，即采用遮栏、护罩、护盖、箱匣等把危险的带电体同外界隔离开来，以防止人体触及或接近带电体所引起的触电事故。屏护还起到防止电弧伤人、防止弧光短路或便利检修工作的作用。

屏护装置的种类又有永久性屏护装置和临时性屏护装置之分，前者如配电装置的遮栏、开关的罩盖等；后者如检修工作中使用的临时屏护装置和临时设备的屏护装置等。

屏护装置还可分为固定屏护装置和移动屏护装置，如母线的护网就属于固定屏护装置；而跟随天车移动的天车滑线屏护装置就属于移动屏护装置。

屏护装置主要用于电气设备不便于绝缘或绝缘不足以保证安全的场合。如开关电器的可动部分一般不能包以绝缘，因此需要屏护。对于高压设备，由于全部绝缘往往有困难，因此，不论高压设备是否有绝缘，均要求加装屏护装置。室内、室外安装的变压器和变配电装置应装有完善的屏护装置。当作业场所邻近带电体时，在作业人员与带电体之间，过道、入口等处均应装设可移动的临时性屏护装置。

(2) 屏护装置的安全条件

尽管屏护装置是简单装置，但为了保证其有效性，须满足如下的条件。

① 屏护装置所用材料应有足够的机械强度和良好的耐火性能。为防止因意外带电而造成触电事故，对金属材料制成的屏护装置必须实行可靠的接地或接零。

② 屏护装置应有足够的尺寸，与带电体之间应保持必要的距离。

遮栏高度应不低于 1.7m，下部边缘离地不应超过 0.1m，网眼遮栏与带电体之间的距离应不小于表 4-1 所示的距离。栅栏的高度户内应不小于 1.2m、户外应不小于 1.5m，栏条间距离应不大于 0.2m；对于低压设备，遮栏与裸导体之间的距离应不小于 0.8m。户外变配电装置围墙的高度一般应不小于2.5m。
③ 遮栏、栅栏等屏护装置上，应有"止步，高压危险！"等标志。
④ 必要时应配合采用声光报警信号和联锁装置。

表4-1 网眼遮栏与带电体之间的距离

额定电压/kV	<1	10	20～35
最小距离/m	0.15	0.35	0.6

4.2.1.3 间距

间距是指带电体与地面之间、带电体与其他设备和设施之间、带电体与带电体之间必要的安全距离。间距的作用是防止人体触及或接近带电体造成触电事故；避免车辆或其他器具碰撞或过分接近带电体造成事故；防止火灾、过电压放电及各种短路事故，以及方便操作。在间距的设计选择时，既要考虑安全的要求，同时也要符合人机工效学的要求。

不同电压等级、不同设备类型、不同安装方式、不同的周围环境所要求的间距不同。工作人员与带电设备的安全距离如表4-2所示。另外，线路间距、用电设备间距及检修作用间距可参考相关的标准等技术资料。

表4-2 工作人员正常活动范围与带电设备的安全距离

电压等级/V		≤10	20～35	44	60～110
安全距离/m	无遮栏	0.70	1.00	1.20	1.50
	有遮栏	0.35	0.60	0.90	1.50

置于伸臂范围之外的防护是一种只用于防止人员无意识地触及电气装置带电部分的防护措施。图4-5所示为有人活动的场所人手臂能够达到的区域。这个范围是依照人机工程学中的人体统计尺寸并考虑一定的安全余量所规定的。图中 S 为可能有人活动的面。一般情况下，距离超出图中所给出的手臂可达到的界限，即可认为正常状态下不可触及。

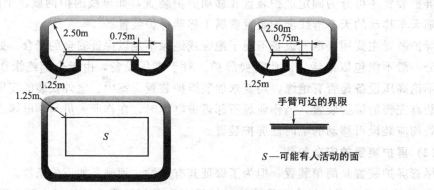

图4-5 有人活动的场所人手臂能够达到的区域

在伸臂范围以内，不允许出现可同时触及的不同电位的部分。通常如果两个部分之间的间隔不超过2.5m，则认为两个部分可同时触及。

由于伸臂范围值是指无其他帮助物（例如工具或梯子）的赤手直接接触范围，因此，在正常情况下手持大的或长的导电物体的情形，计算必要的伸臂距离时应计入那些物品的尺寸。

4.2.2 间接接触电击及其防护措施

间接接触电击是指人体与正常状态下不带电，而在故障或异常状态下变为带电的物体接触造成的触电事故。电气系统故障或异常状态下的电击。其基本防护措施是保护接地和保护接零。本节首先介绍接地及接地装置的概念，然后分别介绍保护接地和保护接零系统以及等电位联结。

4.2.2.1 接地及接地装置

(1) 接地及其分类

所谓接地，就是将电气设备的某些部位、电力系统的某点与大地紧密连接起来，提供故障电流及雷电电流的泄流通道，稳定电位，提供零电位参考点，以确保电力系统、电气设备的安全运行，同时确保运行人员及其他人员的人身安全。按照接地性质，接地可分为正常接地和故障接地。正常接地又有工作接地和安全接地之分。工作接地是指正常情况下有电流流过，利用大地代替导线的接地，以及正常情况下没有或只有很小不平衡电流流过，用以维持系统安全运行的接地。安全接地是正常情况下没有电流流过的起防止事故作用的接地，如防止触电的保护接地、防雷接地等。故障接地是指带电体与大地之间的意外连接，如接地短路等。

(2) 接地装置

接地功能是通过接地装置实现的。所谓接地装置，是接地体与接地线的统称，如图4-6。埋入土壤内并与大地直接接触的金属导体或导体组，叫做接地体，也叫接地极，它按设置结构可分为人工接地体与自然接地体两类，按具体形状可分为管形与带形等多种。连接接地体与电气设备应接地部分的金属导体，叫做接地线，通常又可分为接地干线与接地支线。运行中的接地装置应当始终保持良好状态。表征接地装置电气性能的参数为接地电阻。接地电阻的数值等于接地装置相对无穷远处零电位点的电压与通过接地装置流入地中电流的比值。

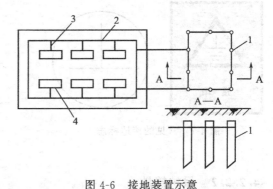

图 4-6　接地装置示意
1—接地体；2—接地干线；3—接地支线；4—设备

接地电阻反映接地装置流散电流和稳定电位能力的高低及保护性能的好坏，接地电阻越小，保护性能越好。

交流电气设备应优先利用自然导体作接地线。在非火灾、爆炸危险环境，如自然接地线有足够的截面积，可不再另行敷设人工接地线。

如果车间电气设备较多，宜敷设接地干线。各电气设备外壳分别与接地干线连接，而且接地干线要有两条连接线与接地体连接。各电气设备的接地支线应单独与接地干线或接地体相连，不应串联连接。接地线的最小尺寸亦不得小于表4-3规定的数值。低压电气设备外露接地线的截面积不得小于表4-4所列的数值。选用时，一般应比表中数值选得大一些。接地线截面应与相线载流量相适应。

表 4-3 钢质接地体和接地线的最小尺寸

材料种类		地上		地下	
		室内	室外	交流	直流
圆钢直径/mm		6	8	10	12
扁钢	截面/mm²	60	100	100	100
	厚度/mm	3	4	4	6
角钢厚度/mm		2.0	2.5	4.0	6.0
钢管管壁厚度/mm		2.5	2.5	3.5	4.5

表 4-4 低压电气设备外露铜、铝接地线截面积   单位：mm²

材料种类	铜	铝
明设的裸导线	4	6
绝缘导线	1.5	2.5
电缆接地芯或与相线包在同一保护套内的多芯导线	1.0	1.5

接地线的涂色和标志应符合国家标准。非经允许，接地线不得作其他电气回路使用。不得用蛇皮管、管道保温层的金属外皮或金属网以及电缆的金属护层作接地线。图 4-7 为常见的接地标志。

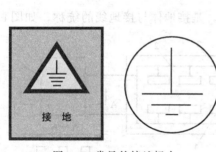

图 4-7 常见的接地标志

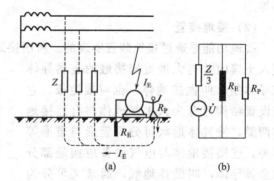

图 4-8 IT 系统保护接地原理

4.2.2.2 保护接地

IT 系统和 TT 系统是保护接地系统。

前一位字母："I"表示电力系统所有带电部分与地绝缘或一点（通常是中性点）经阻抗接地；"T"则表示电力系统一点直接接地。

后一位字母："T"表示电气装置的外露可导电部分直接接地（与电力系统的任何接地点无关）。

(1) IT 系统

如图 4-8（a）所示，在系统中性点不接地低压配电网中，如果采取保护接地措施，当发生一相碰壳并有人触及时，接地电流 I_E 通过人体和接地电阻 R_E 及配电网对地绝缘阻抗 Z 构成回路，等效电路如图 4-8（b）所示，R_E 与 R_P（人体电阻）并联，再与电网对地绝缘阻抗串联。因为 $R_E//R_P \approx R_E$，且 $R_E \ll |Z|$，则电压基本落在 Z 上，人体电压可限制在安全范围内。

IT系统应用范围:交流和直流不接地配电网,高压和低压不接地配电网。在这种配电网中,凡由于绝缘破坏或其他原因可能呈现危险电压的金属部分,除另有规定外均应接地。保护接地电阻的允许值:低压系统$R_E \leqslant 4\Omega$。另外,该系统允许带故障运行2h,利用此时间寻找故障点检修,可保证供电连续性、可靠性。

(2) TT系统

TT系统电源中性点接地,通常称为工作接地,中性点引出的导线为中性线,也称为零线,其接地电阻记为R_N,设备外壳也接地,接地电阻为R_E,如图4-9所示。该系统可提供一组线电压和一组相电压,便于动力和照明供电;具有良好的过电压抑制与防护功能,且一相故障接地时单相电击的危险性相对小,与IT系统相比较,有故障接地点比较容易检测等优点。

在TT系统中,如果一相漏电,则故障电流忽悠经接地电阻R_E和工作接地电阻R_N构成回路。漏电设备和零线均带电,而且电压超过安全电压,从而导致电击。人体电压接近相电压,其危险比不接地系统大。故障电流不够大,采用能与之适当的过流保护装置是十分有限的,因此,一般不采用TT系统;采用TT系统时必须采用有快速切除故障功能的自动保护装置或其他防止电击的措施。优先采用漏电保护器,其次是过电流保护装置。

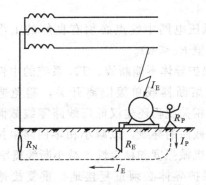
图4-9 TT系统保护接地原理

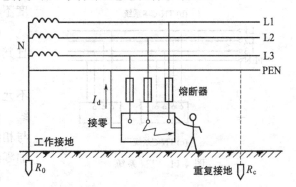
图4-10 保护接零的原理

4.2.2.3 保护接零

TN系统属于保护接零系统。TN系统的前一位字母T,表示系统为电源中性点直接接地的系统。TN系统的后一位字母N表示系统中电气装置的外露可导电部分通过保护线与系统的中性点联结,由于中性点又称为零点,保护接零由此而得名。保护接零是防止间接接触电击的又一基本措施。

(1) TN系统的安全原理及类别

保护接零的原理如图4-10所示。在中性点直接接地的三相四线制配电网中,当采用保护接零的设备发生某相带电部分碰连设备外壳(即外露导电部分)时,故障电流通过相线和零线(保护导体)构成回路。由于回路阻抗很小,短路电流I_d很大,能促使线路上的过流保护元件(如低压断路器或熔断器)迅速可靠地动作,切断故障设备供电,从而缩短接触电压持续时间,消除电击的危险。

在电源中性点直接接地的三相配电网中,应当区别工作零线和保护零线。前者即中性线,用N表示;后者即保护导体,用PE表示。如果一根线既是工作零线又是保护零线,则用PEN表示。

TN系统分为TN-S、TN-C-S、TN-C三种方式，如图4-11所示。TN-S系统的保护零线是与工作零线是完全分开的；TN-C-S系统干线部分的前一部分保护零线是与工作零线共用的；TN-C系统的干线部分保护零线是与工作零线完全共用的。

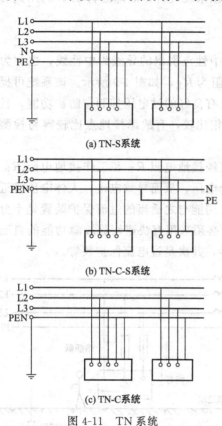

图4-11 TN系统

(2) 保护接零应满足的要求

① 保护配合元件灵敏度应达到要求。保护接零的实质是借助零相回路低阻抗形成大的短路电流，迫使继电保护装置动作切断故障设备电源。也就是说，保护接零的作用不是单独由"接零"来实现的，而是要与其他保护装置配合使用才能完成。因此单相短路电流与保护装置动作电流的匹配性是保护接零能否发挥作用的关键条件。单相短路电流取决于配电网相电压和相零线回路阻抗。

当采用低压断路器保护时，要求灵敏度应不小于1.5。当采用熔断器保护时，一般要求灵敏度不小于4。

② 低压电网中性点必须有良好的工作接地且其电阻值$R_0 < 4\Omega$。

③ 保护导体不能断线。TN系统的中性线上不允许装熔断器或单极隔离开关，避免造成断线。同时相关规程还建议低压线路零线截面采取与相线同截面的导线，以减小相零回路阻抗，增加零线的机械强度和稳定性，减小断线概率。

④ 保护导体必须重复接地。重复接地指保护导体上除工作接地以外的其他点的再次接地，如图4-10中的R_c。按照国际电工委员会的提法，重复接地是为了保护导体在故障时其电位尽量接近大地电位的在其他附加点的接地。重复接地是提高TN系统安全性能的重要措施，保护接零除了系统中性点工作接地外，必须将保护导体在一处或多处重复接地。

(3) 保护接零的应用范围

保护接零用于中性点直接接地的220/380V三相配电网。在这种系统中，凡因绝缘损坏而可能呈现危险对地电压的金属部分均应接零。要求接零和不要求接零的设备和部位与保护接地的要求大致相同。

TN-S系统可用于有爆炸危险、火灾危险性较大或安全要求较高的场所，宜用于独立附设变电站的车间。TN-C-S系统宜用于厂内设有总变电站，厂内低压配电的场所及民用楼房。TN-C系统可用于无爆炸危险、火灾危险性不大、用电设备较少、用电线路简单且安全条件较好的场所。

在电源中性点接地的配电网中，应当采取接零保护。但在现实中往往会发现接零系统中个别设备只接地、不接零的情况，即在TN系统中个别设备构成TT系统的情况。这种情况是不安全的。在这种情况下，当接地的设备漏电时，故障电流不太大，不一定能促使短路保护元件动作而切断电源，危险状态将在大范围内持续存在。因此，除非接地的设备或区段装有快速切断故障的保护装置；否则，不得在 TN 系统中混用 TT 方式。

在同一建筑物内，如有中性点接地和中性点不接地的两种配电方式，则应分别采取保护接零措施和保护接地措施。在这种情况下，允许两者共用一套接地装置。

4.2.2.4 等电位联结

等电位联结是一种以降低接触电压为目的的"场所"电击防护措施，是指保护导体与建筑物的金属结构、生产用的金属装备以及允许用作保护导体（包括保护接地线、保护接零线和等电位联结线）的金属管道等用于其他目的的正常不带电导体之间的联结（包括 IT 系统和 TT 系统中各用电设备金属外壳之间的联结），如图 4-12 所示。等电位联结分为总电位联结、辅助等电位联结和局部等电位联结。

(1) 总电位联结

总电位联结是在建筑物电源进线处采取的一种等电位连接措施，它所需要联结的导体包括：

① 进线配电箱的 PE（或 PEN）干线、设备 PE 干线；

② 公共设施的金属管道，如进水管、总煤气管、采暖和空调竖管；

③ 建筑物构筑物金属构件；

④ 如果有人工接地体，应包括接地体及其引线。

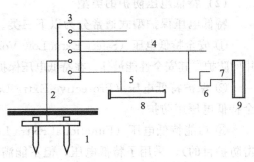

图 4-12 等电位联结示意
1—接地体；2—接地线；3—保护导体端子排；
4—保护导体；5—主等电位联结导体；
6—装置外露导电部分；7—局部等电位联结导体；
8—可连接的自然导体；9—装置以外的接零导体

若建筑物有多处电源进线，则每一电源进线处都应做总等电位联结，各个总等电位联结端子板应互相联通。

(2) 辅助等电位联结和局部等电位联结

辅助等电位联结是指将两个可能带不同电位的设备外露可导电部分和（或）装置外可导电部分用导体直接联结。

当需要在一局部场所范围内应用多个辅助等电位联结时，可将多个辅助等电位联结通过一个等电位联结端子板来实现，此种方式称为局部等电位联结，这块端子板叫局部等电位联结端子板。局部等电位联结需要联结的导体包括：

① PE 母线或 PEN 干线；

② 公共设施的公共设施的金属管道，如进水管、总煤气管、采暖和空调竖管；

③ 建筑物构筑物金属构件；

④ 装置的外露可导电部分和其他装置外可导电体。

4.2.3 其他触电防护措施

本节介绍的其他触电防护措施兼有防直接接触电击和间接接触电击的防护措施，主要有特低电压、剩余电流动作保护、双重绝缘和加强绝缘等。

4.2.3.1 特低电压

特低电压又称安全特低电压（旧称安全电压），其保护原理是：通过对系统中可能会作用于人体的电压进行限制，从而使触电时流过人体的电流受到抑制，将触电危险性控制在没有危险的范围内。

(1) 特低电压额定值

我国标准规定了特低电压的系列，将特低电压额定值（工频有效值）的等级规定为：42V、36V、24V、12V和6V。

特低电压额定值的具体选用是根据使用环境、人员和使用方式等因素确定。例如，在特别危险环境中使用的手持电动工具应采用42V特低电压；有电击危险环境中使用的手持照明灯和局部照明灯应采用36V或24V特低电压；金属容器内、特别潮湿处等特别危险环境中使用的手持照明灯应采用12V特低电压；水下作业等场所应采用6V特低电压。当电气设备采用24V以上特低电压时，必须采取防护直接接触电击的措施。

(2) 特低电压防护的类型

特低电压保护型式通常分为以下三类。

① 安全特低电压（Safety Extra Low Voltage，SELV） 只作为不接地系统的安全特低电压用的防护。其安全性能最佳，在特低电压保护中为首先考虑的类型，实际应用最为广泛。

② 保护特低电压（Protective Extra Low Voltage，PELV） 只作为保护接地系统的安全特低电压用防护。

③ 功能特低电压（Functional Extra Low Voltage，FELV） 由于功能上的原因（非电击防护目的），采用了特低电压，但不能满足或没有必要满足SELV和PELV的所有条件。

需要指出的是，不能认为仅采用了"安全"特低电压电源就能防止电击事故的发生。因为特低电压只有在采用安全电源和回路配置并满足相应的要求下才是安全的。另外，为了避免经电源插头和插座将外部电压引入，必须从结构上保证SELV、PELV及FELV回路的插头和插座不致误插入其他电压系统或被其他系统的插头插入。SELV和PELV回路的插座还不得带有接零或接地插孔，而FELV回路则根据需要决定是否带接零或接地插孔。

4.2.3.2　剩余电流动作保护

剩余电流动作保护旧称漏电保护，是利用剩余电流动作保护装置来防止电气事故的一种安全技术措施。剩余电流动作保护装置简称RCD（Residual Current Operated Protective Device）。剩余电流动作保护装置是一种低压安全保护电器，主要用于防止人身电击，防止因接地故障引起的火灾。

剩余电流动作保护装置的主要功能是提供间接接触电击保护，而额定漏电动作电流不大于30mA的剩余电流动作保护装置，在其他保护措施失效时，也可作为直接接触电击的补充保护，但不能作为基本的保护措施。

(1) 剩余电流动作保护装置的主要技术参数

关于剩余电流性能的技术参数是剩余电流动作保护装置最基本的技术参数，包括额定剩余电流动作电流（$I_{\Delta n}$）和分断时间。

额定剩余动作电流反映了剩余电流动作保护装置的灵敏度。我国标准规定的额定漏电动作电流值为：0.006A、0.01A、0.03A、0.05A、0.1A、0.3A、0.5A、1A、3A、5A、10A、20A、30A共13个等级。其中，0.03A及其以下者属高灵敏度、主要用于防止各种人身触电事故；0.03A以上至1A者属中灵敏度，用于防止触电事故和漏电火灾；1A以上者属低灵敏度，用于防止漏电火灾和监视单相接地事故。

分断时间是指从突然施加剩余动作电流的瞬间起到所有极电弧熄灭瞬间即被保护电路完

全被切断为止所经过的时间。我国有相关标准规定了直接接触电击补充保护用剩余电流动作保护装置的最大分断时间和间接接触电击保护用剩余电流动作保护装置的最大分断时间。另外，根据分断时间的不同，RCD分为一般型和延时型和两种。延时型剩余电流动作保护装置人为地设置了延时，可用于分级保护。

(2) 分级保护

为了尽量缩小停电范围，剩余电流动作保护装置应采用分级保护。所谓"分级保护"是指在电源端、负荷群首端、负荷端分别装设剩余电流动作保护装置，构成两级或以上串接保护系统，且各级剩余电流动作保护装置的主回路额定电流值、剩余电流动作值与动作时间协调配合，实现具有选择性的保护。延时型RCD可实现分级保护。

剩余电流动作保护装置的分级保护应以末端保护为基础。住宅和末端用电设备必须安装剩余电流动作保护装置。末端保护上一级保护的保护范围应根据负荷分布的具体情况确定。

配电线路可根据线路具体情况，采用分级保护，以防止发生接地故障导致人身电击事故。配电线路电源端的剩余电流动作保护装置的动作特性应与线路末端保护协调配合。

企事业单位的建筑物和住宅应采用分级保护，电源端的剩余电流动作保护装置应满足防接地故障引起电气火灾的要求。

(3) 必须安装剩余电流动作保护装置的设备和场所

① 属于Ⅰ类的移动式电气设备和手持式电动工具。
② 生产用的电气设备。
③ 施工工地的电气机械设备。
④ 安装在户外的电气装置。
⑤ 临时用电的电气设备。
⑥ 机关、学校、宾馆、饭店、企事业单位和住宅等除壁挂式空调电源插座外的其他电源插座或插座回路。
⑦ 游泳池、喷水池、浴池的电气设备。
⑧ 医院中可能直接接触人体的电气医用设备。
⑨ 其他需要安装剩余电流动作保护装置的场所。
⑩ 低压配电线路根据具体情况采用二级或三级保护时，在总电源端、分支线首端或线路末端（农村集中安装电能表箱、农业生产设备的电源配电箱）安装剩余电流动作保护装置。

对于一旦发生剩余电流引起切断电源时，将会造成严重事故或重大经济损失的电气装置或场所，应装设不切断电源的报警式剩余电流动作保护装置，例如：对于公共场所的通道照明及应急照明电源；确保公共场所安全的设备；消防设备的电源，如消防电梯、消防水泵、消防通道照明等；防盗报警装置的电源；其他不允许停电的特殊设备和场所。为了防止人身电击事故，上述场所的负荷末端保护不得采用报警式剩余电流动作保护装置。

4.2.3.3 双重绝缘和加强绝缘

(1) 双重绝缘和加强绝缘的结构

典型的双重绝缘和加强绝缘的结构示意图如图4-13所示。以下介绍各种绝缘的意义。

工作绝缘，又称基本绝缘或功能绝缘，是保证电气设备正常工作和防止触电的基本绝缘。位于带电体与不可触及金属件之间。

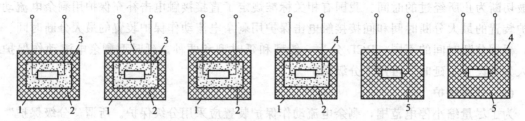

图 4-13 双重绝缘和加强绝缘的结构
1—工作绝缘；2—保护绝缘；3—不可触及的金属件；4—可触及的金属件；5—加强

保护绝缘，又称附加绝缘，是在工作绝缘因机械破损或击穿等而失效的情况绝缘下，可防止触电的独立绝缘。位于不可触及金属件与可触及金属件之间。

双重绝缘，是兼有工作绝缘和附加绝缘的绝缘。

加强绝缘，是基本绝缘经改进，在绝缘强度和机械性能上具备了与双重绝缘同等防触电能力的单一绝缘。在构成上可以包含一层或多层绝缘材料。

具有双重绝缘和加强绝缘的设备属于Ⅱ类设备。按外壳特征分为以下三类Ⅱ类设备。

① 全部绝缘外壳的Ⅱ类设备。此类设备其外壳上除了铭牌、螺钉、铆钉等小金属外，其他金属件都在连接无间断的封闭绝缘外壳内，外壳成为加强绝缘的补充或全部。

② 全部金属外壳的Ⅱ类设备。此类设备有一个金属材料制成的无间断的封闭外壳。其外壳与带电体之间应尽量采用双重绝缘；无法采用双重绝缘的部件可采用加强绝缘。

③ 兼有绝缘外壳和金属外壳两种特征的Ⅱ类设备。

(2) 双重绝缘和加强绝缘的安全条件

由于具有双重绝缘或加强绝缘，Ⅱ类设备无须再采取接地、接零等安全措施。因此，对双重绝缘和加强绝缘的设备可靠性要求较高。双重绝缘和加强绝缘的设备应满足绝缘电阻和电气强度、外壳防护和机械强度以及电源连接线应符合加强绝缘要求并具有足够的截面和机械强度。

一般场所使用的手持电动工具应优先选用Ⅱ类设备。在潮湿场所或金属构架上工作时，除选用特低电压的工具之外，也应尽量选用Ⅱ类工具。

(3) 不导电环境

利用不导电的材料制成地板、墙壁等，使人员所处的场所成为一个对地绝缘水平较高的环境，这种场所称为不导电环境或非导电场所。不导电环境应符合如下的安全要求。

① 地板和墙壁每一点对地的电阻，500V及以下者不应小于50kΩ、500V以上者不应小于100kΩ。

② 保持间距或设置屏障，使得即使在电气设备工作绝缘失效的情况下，人体也不可能同时触及不同电位的导体。

③ 为了维持不导电的特征，场所内不得设置保护零线或保护地线；并应有防止场所内高电位引出场所外和场所外低电位引入场所内的措施。

④ 场所的不导电性能应具有永久性特征。不应因受潮、设备的变动等原因使安全水平降低。

4.2.3.4 电气隔离

电气隔离防护的主要要求之一是被隔离设备或电路必须由单独的电源供电。这种单独的电源可以是一个隔离变压器，也可以是一个安全等级相当于隔离变压器的电源。通常电气隔离是指采用电压比为1∶1，即一次侧与二次侧电压相等的隔离变压器，实现工作回路与其他电气回路上的电气隔离。

电气隔离实质上是将接地的电网转换为一范围很小的不接地电网。图4-14是电气隔离的原理图。分析图中a、b两人的触电危险性可以看出，

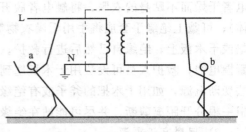

图4-14 电气隔离的原理图

正常情况下，由于N线（或PEN线）直接接地，使流经a的电流沿系统的工作接地和重复接地构成回路，a的危险性很大；而流经b的电流只能沿绝缘电阻和分布电容构成回路，电击的危险性可以得到抑制。

4.2.4 触电事故急救措施

4.2.4.1 触电症状

人体触电后，往往会出现神经麻痹、呼吸中断、心脏停止跳动等症状，呈现昏迷不醒的状态，但实际上，这时人往往处于假死的状态，触电死亡一般有以下特征：心跳、呼吸停止；瞳孔放大；心管硬化；身上出现尸斑；尸僵。如果上述特征有一个尚未出现，都认为是"假死"，必须迅速进行救护。只要救护及时、方法得当、坚持不懈，往往会令触电者"起死回生"。

触电的主要症状有以下几种。

(1) 轻型

一般轻型触电者，由于精神紧张，会在一瞬间出现脸色苍白、表情呆滞、呼吸心跳好像突然停止、对周围失去反应等症状，特别是一些敏感的人会发生休克晕倒，这些实际上都是被电击产生的恐慌所致，故大多数都很快能恢复，无特殊不适。

(2) 中型

中型触电者呼吸、心跳受到一定影响，呼吸变得急促、变浅、心跳加速，有时出现间歇性收缩，短时间处于昏迷，瞳孔不散大、对光的反应存在、血压无明显变化。

(3) 重型

重型触电者呼吸中枢受到抑制乃至麻痹，迅速出现呼吸加速且不规则，出现呼吸时慢时快、间隙长短不一、深度不等等症状时，常常在数分钟内死亡。重型触电者心脏受影响，表现为心跳不规则，严重时可致心室纤维性颤动，只需几分钟，心脏便完全停止跳动。

4.2.4.2 触电急救措施

人在触电后可能由于失去知觉或触电电流超过人的摆脱电流而不能自己脱离电源，此时抢救人员不要惊慌，要在保护自己不触电的情况下使触电者脱离电源。

(1) 摆脱电源

1) 摆脱低压电源

如果触电者触及低压带电设备，则救护人员应迅速设法切断电源，如拉开电源开关或刀闸开关、拔除电源插头等；如果碰到破损的电线而触电，附近又找不到开关，可用干燥的木棒、竹竿、手杖等绝缘工具把电线挑开，挑开的电线要放置好，不要使人再触到；可抓住触

电者干燥而不贴身的衣服,将触电者脱开电源(切忌不要碰到金属物体和触电者的裸露身体);可戴上绝缘手套或将手用干燥衣物等进行绝缘后解脱触电者;救护人员可以站在绝缘垫或干木板上,绝缘自己然后进行救护。如果电流通过触电者身体接入大地,且触电者的手紧握电线,救护人员可设法用干木板塞到触电者身体下,使其与大地绝缘后,再采取其他办法切断电源,如用干木把的斧子或有绝缘柄的钳子将电源线剪断。剪断电线时,要分相,一根一根分开距离剪断,并尽可能站在绝缘体或干木板上剪断。

2)摆脱高压电源

如果触电者触及高压电源,一般绝缘物对救护人不能保证安全,而且电源开关距离远,不易切断电源,这时立即通知有关部门停电;戴上绝缘手套,穿上绝缘靴,拉开高压断路器或用相应电压等级的绝缘工具拉开跌落式熔断器,切断电源。

3)注意事项

① 救护人员不得采用金属和其他潮湿的物体作为救护工具。
② 未采取任何绝缘措施,救护人员不得直接接触触电者的皮肤和潮湿的衣物。
③ 在使触电者脱离电源的过程中,救护人员最好一只手操作,以防自身触电。
④ 当触电者站立或位于高位时,应采取措施防止脱离电源后触电者跌摔而造成的二次受伤。
⑤ 夜晚发生触电事故时,应考虑切断电源后的临时照明,以利于救护。

(2)触电者脱离电源后的处理

触电者脱离电源后,应迅速判断其症状,根据其受电流伤害的不同程度,采取不同的急救方法。

摆脱电源后,如果触电者神志清醒,伤害并不严重,只是出现心慌、四肢发软、全身乏力等症状,应使触电者就地平躺,安静休息,并做严密观察,暂时不要站立或走动;如果触电者神志不清醒,应使其仰面平躺,且确保气道通畅,并每间隔5s时间呼叫伤者或轻拍其肩部,以判定是否丧失意志,切忌摇动伤员的头部呼叫。

如果触电者丧失意志,则应在10s内,判定伤者呼吸心跳情况。
① 看伤者的胸部、腹部有无起伏动作。
② 用耳贴近伤者的口鼻处,听是否有呼吸声音。
③ 测试口鼻有无呼吸气流,再用两手指轻试颈动脉有无搏动。
④ 若看、听、试均无结果,既无呼吸也无颈动脉搏动,可判定该伤者呼吸心跳停止。

(3)心肺复苏方法

触电伤者呼吸停止时,应立即按心肺复苏方法支持生命的三项基本措施,正确地进行就地抢救,即通畅气道、口对口(或口对鼻)人工呼吸以及胸外挤压(人工循环)。

1)通畅气道

触电伤者呼吸停止,重要的是始终确保其气道通畅。如发现伤者口内有异物,可将其身体及头部同时侧翻,迅速用一根手指或两根手指交叉从口角处插入,取出异物,操作中要注意防止将异物推向咽喉更深部。

通畅气道可采用仰头抬颌法。用一只手放在触电伤者前额,另一只手的手指将其下颌向上抬起,两手协同将头部推向后仰,舌根随之抬起,气道即可通畅。注意,严禁用枕头或其他物品垫在伤者头下,头部抬高前倾,会加重气道阻塞,且会使胸外挤压时流向脑部的血流减少,甚至消失。

2) 口对口人工呼吸

人的生命的维持,主要靠心脏跳动产生血液循环,通过呼吸形成氧气与废气的交换。如果触电伤者伤害较严重,失去知觉,停止呼吸,但心脏微有跳动,就应采用口对口的人工呼吸法。在保持伤者气道通畅条件下,救护人员用放在伤者额头上的手指捏住伤者鼻翼,救护人员深呼吸,与伤者口对口紧合,在不漏气的情况下,先连续大口吹气两次,每次时间1～1.5s。如两次吹气后测试颈动脉仍无搏动,可判断心跳已经停止,要立即进行胸外挤压。除开始时大口吹气两次外,正常口对口人工呼吸的吹气量不需要过大,以免引起胃膨胀。吹气和放松时要注意观察触电伤者胸部是否有起伏的呼吸动作,具体做法如下。

① 迅速解开触电伤者的衣服、裤带,松开上身的衣服、护胸罩和围巾等,使其胸部能自由扩张,不妨碍呼吸。

② 使触电伤者仰卧,不垫枕头,头先侧向一边清除其口腔内的血块、义齿及其他异物等,如图4-15(a)所示。

③ 救护人员位于触电伤者头部的左边或右边,用一只手捏紧其鼻孔,不使漏气,另一只手将其下巴拉向前下方,使其嘴巴张开,嘴上可盖上一层纱布,准备接受吹气,如图4-15(b)所示。

④ 救护人员做深呼吸后,紧贴触电伤者的嘴巴,向他大口吹气。同时观察触电伤者胸部起伏的程度,一般应以胸部略有起伏为宜,如图4-15(c)所示。

⑤ 救护人员吹气至需换气时,应立即离开触电伤者的嘴巴,并放松触电伤者的鼻子,让其自由排气。这时应注意观察触电伤者胸部的复原情况,倾听口鼻处有无呼吸声,从而检查呼吸是否阻塞,如图4-15(d)所示。

口对口人工呼吸的常用口诀为:张口捏鼻手抬颌,深吸缓吹口对紧,张口困难吹鼻孔,5秒一次坚持吹。

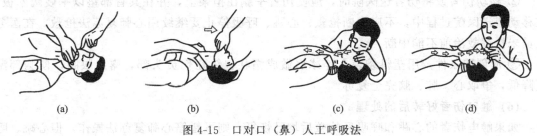

图4-15 口对口(鼻)人工呼吸法

3) 胸外挤压

若触电伤者伤害得相当严重,心脏和呼吸都已停止,人完全失去知觉,则需同时采用口对口人工呼吸和人工胸外挤压两种方法。如果现场仅有一个人抢救,可交替使用这两种方法,先胸外挤压心脏4～6次,然后口对口呼吸2～3次,再挤压心脏,反复循环进行操作。人工胸外挤压心脏的具体操作步骤如下。

① 解开触电伤者的衣裤,清除口腔内异物,使其胸部能自由扩张。

② 使触电伤者仰卧,姿势与口对口吹气法相同,但背部着地处的地面必须牢固。

③ 救护人员位于触电伤者一边,最好是跨跪在触电伤者的腰部,将一只手的掌根放在心窝稍高一点的地方(掌根放在胸骨的下三分之一部位),中指指尖对准锁骨间凹陷处边缘,如图4-16(a)、(b)所示,另一只手压在那只手上,呈两手交叠状(对儿童可用一只手)。

4) 救护人员找到触电伤者的正确压点,自上而下,垂直均衡地用力挤压,如图4-16

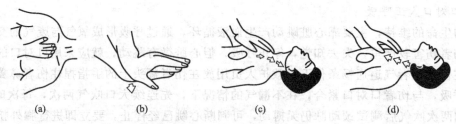

图 4-16 心脏挤压法

(c)、(d) 所示,压出心脏里面的血液,注意用力适当。

5) 挤压后,掌根迅速放松(但手掌不要离开胸部),使触电伤者胸部自动复原,心脏扩张,血液又回到心脏。

胸外挤压法常用的口诀为:掌根下压不冲击,突然放松手不离,手腕略弯压一寸,一秒一次较适宜。

(4) 抢救过程中的再判定

① 胸外挤压和口对口人工呼吸 1min 后,应再用看、听、试方法在 5~7s 时间内完成对触电伤者呼吸及心跳是否恢复的判定。

② 若判定颈动脉已有搏动但尚无呼吸,则暂停胸外挤压,再进行 2 次口对口人工呼吸,接着每隔 5s 吹气一次;如果脉搏和呼吸均未恢复,则继续坚持心肺复苏法抢救。

③ 在抢救过程中,要每隔数分钟再判定一次,每次判定时间均不得超过 5~7s。在医务人员未接替抢救前,现场救护人员不得放弃现场抢救。

(5) 触电伤者的转移

① 心肺复苏应在现场就地坚持进行,不要为了方便而随意移动伤员,如果确实需要移动,抢救中断时间不应超过 30s。

② 移动伤者或将伤者送医院时,应使伤者平躺在担架上,并在其背部垫以平硬阔木板。在移动或送医院过程中,不应中断抢救;心跳、呼吸停止要继续用心肺复苏法抢救,在医务人员未接替救治前不能中断。

③ 应创造条件,用塑料袋装入碎冰屑做成帽状包绕在伤员头部,露出眼睛,使胸部温度降低,争取心、肺、脑完全复苏。

(6) 触电伤者好转后的处理

如果触电伤者的心跳和呼吸经抢救后均已恢复,则可暂停心肺复苏法操作,但心跳、呼吸恢复的早期有可能再次骤停,应严密监护,不能麻痹,要随时准备再次抢救。初期恢复后,甚至不清醒或精神恍惚、躁动,应设法确保伤者安静。

(7) 杆上或高处触电急救

① 发现杆上或高处有人触电,应争取时间及早在杆上或高处开始抢救。救护人员登高时,应随身携带必要的工具和绝缘工具及牢固的绳索,并紧急呼救。

② 救护人员应在确认触电伤者已与电源隔离,且救护人员本身所涉及的环境安全距离内无危险电源时,方可接触触电伤者进行抢救,并应注意防止发生高空坠落。

③ 在高处发生触电,为了抢救更加有效,应及早设法将伤者送至地面。

④ 触电伤者送至地面后,应立即按心肺复苏法坚持抢救。

(8) 触电外伤的处理

对于电伤和摔跌造成的人体局部外伤,在现场救护中也不能忽视,必须做适当处理,防止细菌侵入感染，防止摔跌骨折刺破皮肤及周围组织、刺破神经和血管，避免引起损伤扩大。然后迅速送医院治疗。

一般性的外伤表面，可用无菌盐水或清洁的温开水冲洗，之后用消毒纱布、防腐绷带或干净的布片包扎。

伤口出血严重时应采用压迫止血法止血，然后迅速送医院治疗。如果伤口出血不严重，可用消毒纱布叠起多层盖住伤口，压紧止血。

高压触电时，可能会造成大面积严重的电弧灼伤，往往深入骨骼，处理很复杂，现场可用无菌生理盐水或清洁的温开水冲洗，再用酒精全面消毒，然后用消毒被单或干净的布片包裹送医院治疗。

对于因触电摔跌四肢骨折的触电伤者，应首先止血、包扎，然后用木板、竹竿等物品临时将骨折四肢固定，然后立即送医院治疗。

4.3 电气防火防爆

电气火灾爆炸在火灾和爆炸事故中占有较大的比例。统计资料显示，我国发生的电气火灾占全部火灾的30%左右，居于各种火灾原因的首位。据有关资料，化学工业约有80%以上的车间是爆炸性危险环境；石油开采现场和精炼厂约有60%～80%的场所属于爆炸性危险环境；制药企业也存在较多的火灾爆炸危险场所。如果爆炸危险场所未采用防爆电气或防爆电气设备选型不正确、安装不规范等，那么将会产生电气引燃源，从而引发火灾爆炸，造成人身伤亡和财产损失。本章重点讲述电气引燃源引发的火灾爆炸事故及其对策措施。

4.3.1 电气引燃源

电气装置在运行中产生的危险温度和电火花（及电弧）是引发可燃物火灾和爆炸的两种基本引燃源，称为电气引燃源。

4.3.1.1 危险温度

电气设备异常运行时，发热量增加，温度升高，出现危险温度，在一定条件下即可引起火灾。危险温度产生的示意图如图4-17所示。

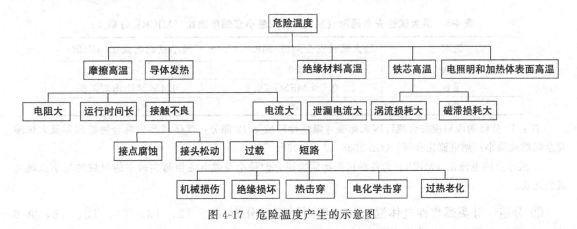

图4-17 危险温度产生的示意图

4.3.1.2 电火花（及电弧）

电火花是电极之间的击穿放电。大量电火花将汇集成电弧，电弧高温可达8000℃，能使金属熔化、飞溅，构成火源。电火花一般分为工作火花、事故火花和其他火花。

工作火花，即电气设备正常工作或正常操作过程中产生的电火花，正常时应无引燃危险，但异常时有引燃危险，如三相刀开关不同时闭合等。

事故火花包括线路或设备发生故障时出现的火花。如绝缘损坏、导线断线或连接松动导致短路或接地时产生的火花；电路发生故障、熔丝熔断时产生的火花；沿绝缘表面发生的闪络等。

其他火花包括雷电直接放电机二次放电火花、静电火花、电磁感应火花等。

4.3.2 危险物质

在大气条件下，气体、蒸气、薄雾、粉尘、纤维或飞絮的形式与空气形成的混合物，引燃后，能够保持燃烧自行传播的环境称为爆炸性环境。爆炸性环境分为爆炸性气体环境和爆炸性粉尘环境。能形成爆炸性环境的物质称为危险物质。

4.3.2.1 危险物质的分类及其性能参数

按爆炸性物质种类分类，爆炸性物质分为以下三类。

Ⅰ类：矿井甲烷（CH_4）。

Ⅱ类：爆炸性气体、蒸气或薄雾。

Ⅲ类：爆炸性粉尘、纤维、飞絮。

危险物质的主要性能参数有闪点、燃点、引燃温度、爆炸极限、最小点燃电流比、最大试验安全间隙、蒸气密度等。

4.3.2.2 危险物质的分级分组

按照危险物质的性能参数对其进行分级分组。

(1) 爆炸性气体混合物的分级、分组

① 分级　Ⅰ类爆炸性气体仅有矿井甲烷一种气体，不分级。

Ⅱ类按爆炸性气体混合物的最大试验安全间隙（MESG）或最小点燃电流比（MICR）分级（见表4-5），共分为A、B、C三级，即ⅡA、ⅡB、ⅡC，依次更危险。

表4-5　最大试验安全间隙（MESG）或最小点燃电流比（MICR）分级

级别	最大试验安全间隙(MESG)/mm	最小点燃电流比(MICR)
ⅡA	≥0.9	>0.8
ⅡB	0.5<MESG<0.9	0.45≤MICR≤0.8
ⅡC	≤0.5	<0.45

注：1. 分级的级别应符合现行国家标准《爆炸性环境第12部分：气体或蒸气混合物按照其最大试验安全间隙或最小点燃电流比分级》（GB 3836.12—2008）。

2. 最小点燃电流比（MICR）为各种可燃物质按照它们最小点燃电流值与实验室的甲烷的最小点燃电流值之比。

② 分组　Ⅱ类爆炸性气体混合物按照引燃温度分为T1、T2、T3、T4、T5、T6，共6组，各组相应的危险物质依次更危险，见表4-6。

表4-6 引燃温度分组

组别	引燃温度 t/℃	组别	引燃温度 t/℃
T1	$450<t$	T4	$135<t\leqslant 200$
T2	$300<t\leqslant 450$	T5	$100<t\leqslant 135$
T3	$200<t\leqslant 300$	T6	$85<t\leqslant 100$

爆炸性气体、蒸气、薄雾的分类、分级和分组的举例见表4-7。

表4-7 爆炸性气体、蒸气、薄雾的分类、分级和分组

类和级	最大试验安全间隙/mm	最小点燃电流比	引燃温度(℃)及组别					
			T1	T2	T3	T4	T5	T6
			$T>450$	$300<T\leqslant 450$	$200<T\leqslant 300$	$135<T\leqslant 200$	$100<T\leqslant 135$	$85<T\leqslant 100$
Ⅰ	1.14	1.0	甲烷	—	—	—	—	—
ⅡA	0.9~1.14	0.8~1.0	乙烷、丙烷、丙酮、氯苯、苯乙烯、氯乙烯、甲苯、苯胺、甲醇、一氧化碳、乙酸乙酯、乙酸、丙烯腈	丁烷、乙醇、丙烯、丁醇、乙酸丁酯、乙酸戊酯、乙酸酐	戊烷、己烷、庚烷、癸烷、辛烷、汽油、硫化氢、环己烷	乙醚、乙醛	—	亚硝酸乙酯
ⅡB	0.5~0.9	0.45~0.8	二甲醚、民用煤气、环丙烷	环氧乙烷、环氧丙烷、丁二烯、乙烯	异戊二烯	—	—	—
ⅡC	≤0.5	≤0.45	水煤气、氢、焦炉煤气	乙炔	—	—	二硫化碳	硝酸乙酯

(2) 爆炸性粉尘、纤维、飞絮的分级

根据《爆炸危险环境电力装置设计规范》(GB 50058—2014),爆炸性粉尘只根据粉尘种类进行分级,不再分级引燃温度进行分组。在爆炸性粉尘环境中粉尘分为以下三级,依次更危险。

ⅢA级:可燃性飞絮,如棉花纤维、麻纤维、丝纤维、毛纤维、木质纤维、人造纤维等。

ⅢB级:非导电性粉尘,如聚乙烯、苯酚树脂、小麦、玉米、砂糖、染料、可可、木质、米糠、硫黄等粉尘。

ⅢC级:导电性粉尘,如石墨、炭黑、焦炭、煤、铁、锌、钛等粉尘。

爆炸性粉尘的特性举例见表4-8。

4.3.3 爆炸危险区域划分

由于爆炸性气体、蒸气、薄雾、粉尘、纤维或飞絮的物理性质、出现形式、释放速度、存在的频繁程度和持续时间等均不同,发生爆炸的可能性及危害程度是不同的。同时,上述因素也直接影响着爆炸危险环境的区域范围。因此应根据爆炸性混合物出现的频繁程度和持

续时间，对爆炸性气体或粉尘环境进行区域划分。正确的爆炸危险区域划分的目的是正确选择和安装电气设备，实现爆炸危险环境中电气设备的安全使用。

表 4-8 爆炸性粉尘的特性举例

粉尘种类	粉尘名称	高温表面堆积粉尘层(5mm)的引燃温度/℃	粉尘云引燃温度/℃	爆炸下限浓度/(g/m³)	粉尘平均粒径/μm	危险性质	粉尘分级
金属	铝	320	590	37~50	10~15	导	ⅢC
	铁	240	430	153~204	100~150	导	ⅢC
	镁	340	470	44~59	5~10	导	ⅢC
	红磷	305	360	48~64	30~50	非	ⅢB

4.3.3.1 爆炸性气体环境

(1) 爆炸性气体环境的危险等级

爆炸性气体环境是在大气条件下，气体或蒸气可燃物质与空气的混合物，引燃后，能够保持燃烧自行传播的环境。根据爆炸性气体混合物出现的频繁程度和持续时间，爆炸性气体环境分为三个级别：0区、1区、2区。

0区：连续出现或长期出现爆炸性气体混合物的环境。

1区：在正常运行时可能出现爆炸性气体混合物的环境。

2区：在正常运行时不太可能出现爆炸性气体混合物的环境，或即使出现也仅是短时存在的爆炸性气体混合物的环境。

符合下列条件之一时，可划为非爆炸危险区域：

① 没有释放源并不可能有可燃物质侵入的区域；

② 可燃物质可能出现的最高浓度不超过爆炸下限值（LEL）的10%；

③ 在生产过程中使用明火的设备附近，或炽热部件的表面温度超过区域内可燃物质引燃温度的设备附近；

④ 在生产装置区外，露天或开敞设置的输送可燃物质的架空管道地带，但其阀门处按具体情况定。

需要指出的是，正常运行是指正常的开车、运转、停车，可燃物质产品的装卸，密闭容器盖的开闭，安全阀、排放阀以及所有工厂设备都在其设计参数范围内工作的状态。

上述三个分区区域中，0区是最危险的环境，但除了封闭的空间，如密闭的容器、油罐等内部液面上部空间外，很少存在0区。虽然高于爆炸上限的混合物不会形成爆炸性环境，但是没有可能进入空气而使其达到爆炸极限的环境，仍应划分为0区。例如固定顶盖的可燃性物质贮罐，当液面以上空间未充惰性气体时应划分为0区。

在生产中0区是极个别的，大多数情况属于2区。在设计时应采取合理措施尽量减少1区。

(2) 释放源和通风条件的影响

确定爆炸性气体环境区域等级的根本依据是鉴别释放源和确定释放源的等级。释放按其可燃物质的释放频繁程度和持续时间长短分为三个等级，即连续级、一级和二级，具体如下所述。

1）连续级释放源

连续释放或预计长期释放的释放源。类似下列情况的，可划为连续级释放源。

① 没有用惰性气体覆盖的固定顶盖贮罐中的可燃液体的表面。

② 油、水分离器等直接与空间接触的可燃液体的表面。

③ 经常或长期向空间释放可燃气体或可燃液体的蒸气的排气孔和其他孔口。

2）一级释放源

在正常运行时，预计可能周期性或偶尔释放的释放源。类似下列情况的，可划为一级释放源。

① 在正常运行时，会释放可燃物质的泵、压缩机和阀门等的密封处。

② 贮有可燃液体的容器上的排水口处，在正常运行中，当水排掉时，该处可能会向空间释放可燃物质。

③ 正常运行时，会向空间释放可燃物质的取样点。

④ 正常运行时，会向空间释放可燃物质的泄压阀、排气口和其他孔口。

3）二级释放源

在正常运行时，预计不可能释放，如果释放也仅是偶尔和短期释放的释放源。类似下列情况的，可划为二级释放源。

① 正常运行时不能出现释放可燃物质的泵、压缩机和阀门的密封处。

② 正常运行时不能释放可燃物质的法兰、连接件和管道接头。

③ 正常运行时不能向空间释放可燃物质的安全阀、排气孔和其他孔口处。

④ 正常运行时不能向空间释放可燃物质的取样点。

爆炸危险区域内的通风，其空气流量能使可燃物质很快稀释到爆炸下限值的 25% 以下时，可定为通风良好。以下场所可定为通风良好场所。

① 露天场所。

② 敞开式建筑物，在建筑物的壁和/或屋顶开口，其尺寸和位置保证建筑物内部通风效果等效于露天场所。

③ 非敞开建筑物，建有永久性的开口，使其具有自然通风的条件。

④ 对于封闭区域、每平方米地板面积每分钟至少提供 $0.3m^3$ 的空气或至少 1h 换气 6 次，则可认为是良好通风场所。这种通风速率可由自然通风或机械通风来实现。

(3) 爆炸危险区域的划分

划分爆炸危险区域时，应按释放源级别和通风条件确定，并应符合下列规定。

1）首先应按下列释放源的级别划分区域

① 存在连续级释放源的区域可划为 0 区。

② 存在一级释放源的区域可划为 1 区。

③ 存在二级释放源的区域可划为 2 区。

2）其次应根据通风条件调整区域划分

① 当通风良好时，可降低爆炸危险区域等级；当通风不良时应提高爆炸危险区域等级。

② 局部机械通风在降低爆炸性气体混合物浓度方面比自然通风和一般机械通风更为有效时，可采用局部机械通风降低爆炸危险区域等级。

③ 在障碍物、凹坑和死角处，应局部提高爆炸危险区域等级。

④ 利用堤或墙等障碍物，限制比空气重的爆炸性气体混合物的扩散，可缩小爆炸危险区域的范围。

(4) 爆炸危险区域范围的确定

爆炸性气体环境危险区域的范围应按下列要求确定。

① 爆炸危险区域的范围应根据释放源的级别和位置、可燃物质的性质、通风条件、障碍物及生产条件、运行经验，经技术经济比较综合确定。

② 建筑物内部，宜以厂房为单位划定爆炸危险区域的范围。但也应根据生产的具体情况，当厂房内空间大，释放源释放的可燃物质量少时，可按厂房内部分空间划定爆炸危险的区域范围，并应符合下列规定。

a. 当厂房内具有比空气重的可燃物质时，厂房内通风换气次数不应少于每小时两次，且换气不受阻碍，厂房地面上高度1m以内容积的空气与释放至厂房内的可燃物质所形成的爆炸性气体混合浓度应小于爆炸下限。

b. 当厂房内具有比空气轻的可燃物质时，厂房平屋顶平面以下1m高度内，或圆顶、斜顶的最高点以下2m高度内的容积的空气与释放至厂房内的可燃物质所形成的爆炸性气体混合物的浓度应小于爆炸下限。

注：释放至厂房内的可燃物质的最大量应按一小时释放量的3倍计算，但不包括由于灾难性事故引起破裂时的释放量。

c. 当高挥发性液体可能大量释放并扩散到15m以外时，爆炸危险区域的范围应划分附加2区。

d. 当可燃液体闪点高于或等于60℃时，在物料操作温度高于可燃液体闪点的情况下，可燃液体可能泄漏时，其爆炸危险区域的范围宜适当缩小，但不宜小于4.5m。

e. 爆炸性气体环境内的车间采用正压或连续通风稀释措施后，不能形成爆炸性气体环境时，车间可降为非爆炸危险环境。通风引入的气源应安全可靠，且必须是没有可燃物质、腐蚀介质及机械杂质，进气口应设在高出所划爆炸性危险区域范围的1.5m以上处。

确定爆炸性气体危险区域的等级和范围可参见《爆炸危险环境电力装置设计规范》（GB 50058—2014）中附录A和附录B，并应根据可燃物质的释放量、释放速率、沸点、温度、闪点、相对密度、爆炸下限、障碍等条件，结合实践经验确定。具体可参考以下经验规律。

a. 易燃物质的泄出量：随着释放量的增大，其范围可能增大。

b. 释放速度：当释放量恒定不变，释放速度增高到引起湍流的速度时，将使释放的易燃物质在空气中的浓度进一步稀释，因此其范围将缩小。

c. 释放的爆炸性气体混合物的浓度：随着释放处易燃物质浓度的增加，爆炸危险区域的范围可能扩大。

d. 可燃性物质的沸点：可燃性物质释放的蒸气浓度是与对应的最高液体温度下的蒸气压力有关。为了比较，此浓度可以用可燃性物质的沸点来表示。沸点越低，爆炸危险区域的范围越大。

e. 爆炸下限：爆炸下限越低，爆炸危险区域的范围就越大。

f. 闪点：如果闪点明显高于可燃性物质的最高操作温度，就不会形成爆炸性气体混合物。闪点越低，爆炸危险区域的范围可能越大。某些液体（如卤代碳氢化合物）。虽然它们形成爆炸性气体混合物，却没有闪点。在这种情况下，应将在对于爆炸下限的饱和浓度时的平衡液体温度，代替闪点与相应的液体最高温度进行比较。

g. 相对密度：相对密度（以空气为1）大，爆炸危险区域的水平范围也将增大。（相对密度＞1.2，比空气重的物质；相对密度＜0.8，比空气轻的物质；相对密度为0.8～1.2，比空气重的物质。）

h. 通风量：通风量的增加，爆炸危险区域的范围就缩小，爆炸危险区域的范围也可通过改善通风系统的布置而缩小。

i. 障碍：障碍物能阻碍通风，因此有可能扩大爆炸危险区域的范围；阻碍物也可能限制爆炸性气体混合物的扩散，因此也有可能缩小爆炸危险区域的范围。

j. 液体温度：若温度在闪点以上，所加工的液体的温度上升，爆炸危险区域的范围将扩大。但应考虑，由于环境温度或其他因素（如热表面），释放的液体或蒸气的温度有可能下降。

另外，需要指出的是，《氢气站设计规范》(GB 50177)、《城镇燃气设计规范》(GB 50028)、《汽车加油加气站设计与施工规范》(GB 50156)、《石油设施电气装置场所分类》(SY 0025)、《乙炔站设计规范》(GB 50031)等分别细化了氢气、天然气、液化石油气、乙炔等易燃易爆危险场所的爆炸危险区域划分，给出了氢气、天然气、液化石油气、乙炔等使用和储存设备设施的爆炸危险区域划分图，可直接并优先采用这些爆炸危险区域划分图。

4.3.3.2 爆炸性粉尘环境

(1) 爆炸性粉尘环境的分区

爆炸性粉尘环境是在大气环境条件下，可燃性粉尘与空气形成的混合物，被点燃后，能够保持燃烧自行传播的环境。爆炸危险区域应根据爆炸性粉尘环境出现的频繁程度和持续时间，按下列规定划分为三个区域，如下所述。

20 区　空气中的可燃性粉尘云持续地或长期地或频繁地出现于爆炸性环境中的区域。

21 区　在正常运行时，空气中的可燃性粉尘云很可能偶尔出现于爆炸性环境中的区域。

22 区　在正常运行时，空气中的可燃粉尘云一般不可能出现于爆炸性粉尘环境中的区域，即使出现，持续时间也是短暂的。

符合下列条件之一时，可划为非爆炸危险区域。

① 装有良好除尘效果的除尘装置，当该除尘装置停车时，工艺机组能联锁停车。

② 设有为爆炸性粉尘环境服务，并用墙隔绝的送风机室，其通向爆炸性粉尘环境的风道设有能防止爆炸性粉尘混合物侵入的安全装置，如单向流通风道及能阻火的安全装置。

③ 区域内使用爆炸性粉尘的量不大，且在排风柜内或风罩下进行操作。

需要注意的是，为爆炸性粉尘环境服务的排风机室，应与被排风区域的爆炸危险区域等级相同。

(2) 释放源级别

爆炸性粉尘环境由粉尘释放源而形成。粉尘释放源应按爆炸性粉尘释放频繁程度和持续时间长短分级，并应符合下列规定。

① 连续级释放源　粉尘云持续存在或预计长期或短期经常出现的部位。

② 一级释放源　在正常运行时预计可能周期性地或偶尔释放的释放源。

③ 二级释放源　在正常运行时，预计不可能释放，如果释放也仅是不经常地并且是短期地释放。

④ 下列各项不应该被视为释放源：

压力容器外壳主体结构，包括它的封闭的管口和人孔；

全部焊接的输送管和溜槽；

在设计和结构方面对防粉尘泄漏进行了适当考虑的阀门压盖和法兰接合面。

(3) 爆炸性粉尘环境危险区域范围

在大多数情况下，区域的范围应通过评价涉及该环境的释放源的级别引起爆炸性粉尘环境的可能来规定。

20区范围包括粉尘云连续生成的管道、生产和处理设备的内部区域。如果粉尘容器外部持续存在爆炸性粉尘环境，则划分为20区。

21区的范围通常与一级释放源相关联，宜按下列规定确定。

① 含有一级释放源的粉尘处理设备的内部。

② 由一级释放源形成的设备外部场所，其区域的范围应受到一些粉尘参数的限制，如粉尘量、释放速率、颗粒大小和物料湿度，同时需要考虑引起释放的条件。对于建筑物外部场所（露天）、21区范围会由于气候，例如风、雨等的影响而改变。在考虑21区的范围时，通常释放源周围1m的距离（垂直向下延至地面或楼板水平面）。

③ 如果粉尘的扩散受到实体结构（墙壁等等）的限制，它们的表面可作为该区域的边界。

④ 一个位于内部不受限制的21区（不被实体结构所限制，如一个有敞开入口的容器）通常被一个22区包围。

⑤ 可以结合同类企业相似厂房的实践经验和实际的因素，适当的考虑可将整个厂房划为21区。

22区的范围宜按下列规定确定。

① 由二级释放源形成的场所，其区域的范围应受到一些粉尘参数的限制，如粉尘量、释放速率、颗粒大小和物料湿度，同时需要考虑引起释放的条件。对于建筑物外部场所（露天）、22区范围由于气候，例如风、雨等的影响可以减小。在考虑22区的范围时，通常超出21区3m及二级释放源周围3m的距离（垂直向下延至地面或楼板水平面）。

② 如果粉尘的扩散受到实体结构（墙壁等等）的限制，它们的表面可作为该区域的边界。

③ 可以结合同类企业相似厂房的实践经验和实际的因素，适当的考虑可将整个厂房划为22区。

确定爆炸性粉尘危险区域的等级和范围可参见《爆炸危险环境电力装置设计规范》（GB 50058—2014）中附录C，并结合爆炸性粉尘的量、爆炸极限和通风条件来确定。

4.3.4 防爆电气设备选型

爆炸性环境的电力装置设计，宜将设备和线路，特别是正常运行时能发生火花的设备，布置在爆炸性环境以外。但在实践中，许多工业生产现场的实际情况和具体应用要求，决定了相当一部分电气设备必须安装在爆炸危险区域内。此时需要采用防爆电气设备来防止电气引燃源的形成，爆炸生产现场的安全，避免灾难性爆炸事故的发生。

4.3.4.1 防爆电气设备简介

防爆电气设备保护级别、类型和标志如下。

(1) 保护级别

EPL（Equipment protection levels）是国内外有关防爆电气的标准新引入的一个概念。气体/蒸气环境中设备的保护级别为Ga、Gb、Gc，粉尘环境中设备的保护级别要达到Da、Db、Dc。

"EPL Ga"为爆炸性气体环境用设备，具有"很高"的保护等级，在正常运行过程中、在预期的故障条件下或者在罕见的故障条件下不会成为点燃源。

"EPL Gb"爆炸性气体环境用设备。具有"高"的保护等级，在正常运行过程中、在预期的故障条件下不会成为点燃源。

"EPL Gc"爆炸性气体环境用设备。具有"加强"的保护等级，在正常运行过程中不会成为点燃源，也可采取附加保护，保证在点燃源有规律预期出现的情况下（例如灯具的故障），不会点燃。

"EPL Da"爆炸性粉尘环境用设备。具有"很高"的保护等级，在正常运行过程中、在预期的故障条件下或者在罕见的故障条件下不会成为点燃源。

"EPL Db"爆炸性粉尘环境用设备。具有"高"的保护等级，在正常运行过程中、在预期的故障条件下不会成为点燃源。

"EPL Dc"爆炸性粉尘环境用设备。具有"加强"的保护等级，在正常运行过程中不会成为点燃源，也可采取附加保护，保证在点燃源有规律预期出现的情况下（例如灯具的故障），不会点燃。

(2) 分类

防爆电气设备分为三类。

Ⅰ类 Ⅰ类电气设备用于煤矿瓦斯气体环境

Ⅱ类 电气设备用于除煤矿甲烷气体之外的其他爆炸性气体环境。Ⅱ类电气设备按照其拟使用的爆炸性环境的种类可进一步再分类。

ⅡA类：代表性气体是丙烷；ⅡB类：代表性气体是乙烯；ⅡC类：代表性气体是氢气。

Ⅲ类 电气设备用于除煤矿以外的爆炸性粉尘环境。Ⅲ类电气设备按照其拟使用的爆炸性粉尘环境的特性可进一步再分类。

ⅢA类：可燃性飞絮；ⅢB类：非导电性粉尘；ⅢC类：导电性粉尘。

(3) 防爆电气设备标志

防爆型电气设备外壳的明显处，须设置清晰的永久性凸纹标志。设备铭牌的右上方应有明显的"Ex"标志。

防爆标志表示法：防爆型式　类别　级别　组别　EPL　保护级别

对只允许使用一种爆炸性气体或蒸气环境中的电气设备，其标志可用该气体或蒸气的化学分子式或名称表示，这时可不必注明级别与温度组别。例如，Ⅱ类用于氨气环境的隔爆型：Ex dⅡ（NH_3）Gb 或 Ex dbⅡ（NH_3）。

对于Ⅱ类电气设备的标志，可以标温度组别，也可以标最高表面温度，或两者都标出，例如，最高表面温度为125℃的工厂用增安型电气设备：Ex eⅡ T5 Gb 或 Ex eⅡ（125℃）Gb 或 Ex eⅡ（125℃）T5 Gb。

应用于爆炸性粉尘环境的电气设备，将直接标出设备的最高表面温度，不再划分温度组别。例如，用于具有导电性粉尘的爆炸性粉尘环境ⅢC等级"ia"（EPL Da）的电气设备，最高表面温度低于120℃的表示方法：Ex iaⅢC T120℃ Da 或 Ex iaⅢC T120℃ IP20。

(4) 复合型防爆电气设备

复合型防爆电气设备是指由几种相同的防爆型式或不同种类的防爆型式的防爆电气单元组合在一起的防爆电气设备。构成复合型电气设备的每个单元的防爆型式应满足表4-10的要求，其整体的表面温度和最小点燃电流应满足所在危险区域中存在的可燃气体或蒸气的温度组别和级别的要求。例如，一个电气设备所在危险场所存在的可燃性气体是硫化氢，则组成复合型电气设备的每个单元只能选择 T3、T4、T5 以及 B 或 C 的防爆电气设备。

复合型电气设备的整机以及组成复合型电气设备的每个单元都应该取得防爆检验机构颁发的防爆合格证才能使用。

4.3.4.2 爆炸性环境电气设备的选择

(1) 防爆电气设备的选型程序

爆炸性环境内电气设备应根据下列条件进行选择，选型程序可参照图 4-18。

① 爆炸危险区域的分区。
② 可燃性物质和可燃性粉尘的分级。
③ 可燃性物质的引燃温度。
④ 可燃性粉尘云、可燃性粉尘层的最低引燃温度。

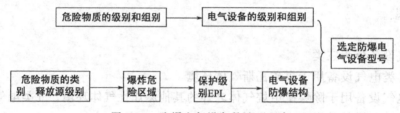

图 4-18　防爆电气设备的选型程序

(2) 防爆电气设备的选择

防爆电气设备的选择一般原则如下。

① 爆炸性环境的电力装置设计，宜将设备和线路，特别是正常运行时能发生火花的设备，布置在爆炸性环境以外。当需设在爆炸性环境内时，应布置在爆炸危险性较小的地点。
② 在满足工艺生产及安全的前提下，应减少防爆电气设备的数量。
③ 爆炸性环境内的电气设备和线路，应符合周围环境内化学的、机械的、热的、霉菌以及风沙等不同环境条件对电气设备的要求。
④ 在爆炸性粉尘环境内，不宜采用携带式电气设备。
⑤ 爆炸性粉尘环境内的事故排风用电动机，应在生产发生事故情况下便于操作的地方设置事故启动按钮等控制设备。
⑥ 在爆炸性粉尘环境内，应尽量减少插座和局部照明灯具的数量。如必须采用时，插座宜布置在爆炸性粉尘不易积聚的地点，局部照明灯宜布置在事故时气流不易冲击的位置。
⑦ 爆炸性环境内设置的防爆电气设备，必须是符合现行国家相关标准的产品。
⑧ 对于爆炸性气体、粉尘同时存在的区域，其防爆电气设备的选择应该既满足爆炸性气体的防爆要求，又要满足爆炸性粉尘的防爆要求，其防爆标志同时包括气体和粉尘的防爆标志。

爆炸性环境内电气设备保护级别的选择应符合表 4-9 的规定。电气设备保护级别（EPL）与电气设备防爆结构的关系应符合表 4-10 的规定。

表 4-9　爆炸性环境内电气设备保护级别的选择

危险区域	设备保护级别（EPL）	危险区域	设备保护级别（EPL）
0 区	Ga	20 区	Da
1 区	Ga 或 Gb	21 区	Da 或 Db
2 区	Ga、Gb 或 Gc	22 区	Da、Db 或 Dc

表4-10 电气设备保护级别（EPL）与电气设备防爆结构的对应关系

设备保护级别(EPL)	电气设备防爆结构	防爆型式
Ga	本质安全型	"ia"
	浇封型	"ma"
	由两种独立的防爆类型组成的设备,每一种类型达到保护等级别"Gb"的要求	—
	光辐射式设备和传输系统的保护	"op is"
Gb	隔爆型	"d"
	增安型	"e"
	本质安全型	"ib"
	浇封型	"mb"
	油浸型	"o"
	正压型	"px""py"
	充砂型	"q"
	本质安全现场总线概念(FISCO)	—
	光辐射式设备和传输系统的保护	"op pr"
Gc	本质安全型	"ic"
	浇封型	"mc"
	无火花	"n""nA"
	限制呼吸	"nR"
	限能	"nL"
	火花保护	"nC"
	正压型	"pz"
	非可燃现场总线概念(FNICO)	—
	光辐射式设备和传输系统的保护	"op sh"
Da	本质安全型	"iD"
	浇封型	"mD"
	外壳保护型	"tD"
Db	本质安全型	"iD"
	浇封型	"mD"
	外壳保护型	"tD"
	正压型	"pD"
Dc	本质安全型	"iD"
	浇封型	"mD"
	外壳保护型	"tD"
	正压型	"pD"

注：在1区中使用的增安型"e"电气设备仅限于下列电气设备。

1. 在正常运行中不产生火花、电弧或危险温度的接线盒和接线箱，包括主体为"d"或"m"型，接线部分为"e"的电气产品。

2. 配置有合适热保护装置（GB 3836.3—2010 附录 D）的"e"型低压异步电动机（启动频繁和环境条件恶劣者除外）。

3. "e"型荧光灯。

4. "e"型测量仪表和仪表用电流互感器。

选用的防爆电气设备的级别和组别，不应低于该爆炸性气体环境内爆炸性气体混合物的级别和组别。气体/蒸气或粉尘分级与电气设备类别的关系应符合表4-11的规定。当存在有两种以上可燃性物质形成的爆炸性混合物时,应按照混合后的爆炸性混合物的级别和组别选用防爆设备,无据可查又不可能进行试验时,可按危险程度较高的级别和组别选用防爆电气设备。

表 4-11　气体/蒸气或粉尘分级与电气设备类别的关系

气体/蒸气、粉尘分级	电气设备类别	气体/蒸气、粉尘分级	电气设备类别
ⅡA	ⅡA、ⅡB 或 ⅡC	ⅢA	ⅢA、ⅢB 或 ⅢC
ⅡB	ⅡB 或 ⅡC	ⅢB	ⅢB 或 ⅢC
ⅡC	ⅡC	ⅢC	ⅢC

对于标有适用于特定的气体、蒸气的环境的防爆设备,没有经过鉴定,将不允许使用于其他的气体环境内。

Ⅱ类电气设备的温度组别、最高表面温度和气体/蒸气引燃温度之间的关系符合表 4-12 的规定。

表 4-12　Ⅱ类电气设备的温度组别、最高表面温度和气体/蒸气引燃温度之间的关系

电气设备温度组别	电气设备允许最高表面温度/℃	气体/蒸气的引燃温度/℃	适用的设备温度级别
T1	450	>450	T1~T6
T2	300	>300	T2~T6
T3	200	>200	T3~T6
T4	135	>135	T4~T6
T5	100	>100	T5~T6
T6	85	>85	T6

安装在爆炸性粉尘环境中的电气设备应采取措施防止热表面点可燃性粉尘层引起的火灾危险。Ⅲ类电气设备的最高表面温度按现行的相关国家标准的规定进行选择。

电气设备结构应满足电气设备在规定的运行条件下不降低防爆性能的要求。

当选用正压型电气设备及通风系统时,应符合下列要求。

① 通风系统必须用非燃性材料制成,其结构应坚固,连接应严密,并不得有产生气体滞留的死角。

② 电气设备应与通风系统联锁。运行前必须先通风,并应在通风量大于电气设备及其通风系统管道容积的 5 倍时,才能接通设备的主电源。

③ 在运行中,进入电气设备及其通风系统内的气体,不应含有可燃物质或其他有害物质。

④ 在电气设备及其通风系统运行中,对于 px、py 或 pD 型设备,其风压不应低于 50Pa;对于 pz 型设备,其风压不应低于 25Pa。当风压低于上述值时,应自动断开设备的主电源或发出信号。

⑤ 通风过程排出的气体,不宜排入爆炸危险环境;当采取有效地防止火花和炽热颗粒从设备及其通风系统吹出的措施时,可排入 2 区空间。

⑥ 对于闭路通风的正压型设备及其通风系统,应供给清洁气体。

⑦ 电气设备外壳及通风系统的门或盖子应采取联锁装置或加警告标志等安全措施。

4.3.5　火灾危险区域

火灾危险环境是指在生产、加工、处理、转运或储存过程中出现或可能出现下列火灾危

险物质之一,且在其数量和配置上能引起火灾危险的环境。

① 闪点高于环境温度的可燃液体;在物料操作温度高于可燃液体闪点的情况下,有可能泄漏但不能形成爆炸性气体混合物的可燃液体。

② 不可能形成爆炸性粉尘混合物的悬浮状、堆积状可燃粉尘或可燃纤维以及其他固体状可燃物质。

(1) 火灾危险物质

火灾危险环境中可燃物质种类

在火灾危险环境中能引起火灾危险的可燃物质可分为下列 4 种。

① 可燃液体:如柴油、润滑油、变压器油等。

② 可燃粉尘:如铝粉、焦炭粉、煤粉、面粉、合成树脂粉等。

③ 固体状可燃物质:如煤、焦炭、木材等。

④ 可燃纤维:如棉花纤维、麻纤维、丝纤维、毛纤维、木质纤维、合成纤维等。

(2) 火灾危险区域划分

参考旧版《爆炸和火灾危险环境电力装置设计规范》(GB 50058—92),火灾危险环境根据火灾事故发生的可能性和后果,以及危险程度及物质状态的不同,按下列规定进行分区。

① 21 区　具有闪点高于环境温度的可燃液体,在数量和配置上能引起火灾危险的环境。

② 22 区　具有悬浮状、堆积状的可燃粉尘或可燃纤维,虽不可能形成爆炸混合物,但在数量和配置上能引起火灾危险的环境。

③ 23 区　具有固体状可燃物质,在数量和配置上能引起火灾危险的环境。

(3) 灾危险环境的电气设备选择

① 火灾危险环境的电气设备应符合周围环境内化学的、机械的、热的、霉菌及风沙等环境条件对电气设备的要求。

② 在火灾危险环境内,正常运行时有火花的和外壳表面温度较高的电气设备,应远离可燃物质。

③ 在火灾危险环境内,应根据区域等级和使用条件,按表 4-13 选择相应类型的电气设备。

④ 在火灾危险环境内,不宜使用电热器。当生产要求必须使用电热器时,应将其安装在非燃材料的底板上。

⑤ 电压为 10kV 及以下的变电所、配电所,不宜设在有火灾危险区域的正上面或正下面。若与火灾危险区域的建筑物毗连时,应符合下列要求。

• 电压为 1~10kV 配电所,可通过走廊或套间与火灾危险环境的建筑物相通,通向走廊或套间的门应为难燃烧体的。

• 变电所与火灾危险环境建筑物共用的隔墙应是密实的非燃烧体。管道和沟道穿过墙和楼板处,应采用非燃烧性材料严密堵塞。

• 变压器室的门窗应通向非火灾危险环境。

⑥ 在易沉积可燃粉尘或可燃纤维的露天环境,设置变压器或配电装置时应采用密闭型的。

⑦ 露天安装的变压器或配电装置的外廓距火灾危险环境建筑物的外墙在 10m 以内时,应符合下列要求。

• 火灾危险环境靠变压器或配电装置一侧的墙应为非燃烧体的。

表 4-13　火灾危险环境电气设备防护结构的选型

电气设备	防护结构 \ 火灾危险区域	21 区	22 区	23 区
电动机	固定安装	IP44	IP54	IP21
	移动式、携带式	IP54		IP54
电器和仪表	固定安装	充油型、IP54、IP44		IP44
	移动式、携带式	IP54		
照明灯具	固定安装	IP2X	IP5X	IP2X
	移动式、携带式			
配电装置		IP5X		
接线盒				

注：1. 在火灾危险环境 21 区内固定安装的正常运行时有滑环等火花部件的电动机，不宜采用 IP44 结构。

2. 在火灾危险环境 23 区内固定安装的正常运行时有滑环等火花部件的电动机，不应采用 IR1 型结构，而应采用 IP44 型。

3. 在火灾危险环境 21 区内固定安装的正常运行时有火花部件的电器和仪表，不宜采用 IP44 型。

4. 移动式和携带式照明灯具的玻璃罩，应有金属网保护。

5. 表中防护等级的标志应符合现行国家标准《外壳防护等级的分类》的规定。

- 在变压器或配电装置高度加 3m 的水平线以上，其宽度为变压器或配电装置外廓两侧各加 3m 的墙上，可安装非燃烧体的装有铁丝玻璃的固定窗。

⑧ 火灾危险环境接地设计应符合下列要求。

- 在火灾危险环境内的电气设备的金属外壳应可靠接地。
- 接地干线应有不少于两处与接地体连接。

4.4　静电与雷电危害及其安全措施

制药企业往往使用易燃易爆的液体及粉尘作为原料进行生产，工艺过程及管道输送过程中都很容易产生静电。雷电是一种自然现象，同样会对制药企业的建构筑物产生危害。可以说，静电危害和事故在制药企业中是较为突出的。因此，本节首先介绍静电危害及其防护措施，再介绍雷电危害及防雷全措施。

4.4.1　静电危害及其防护措施

处于相对稳定状态的电荷被称为静电。静电现象广泛存在于自然界、工业生产和人们日常生产中。通常将由于静电现象的作用或影响而存在着人员伤亡、财产损失或环境受到破坏的状态与条件统称为静电危害。静电危害是制药企业引发火灾爆炸的主要危险因素之一。

所谓静电防护（Electrostatic Protection）是指为防止静电积累所引起的人身电击、火灾和爆炸、电子器件失效和损坏以及对生产的不良影响而采取的防范措施。其防范原则主要是抑制静电的产生、加速静电的泄漏、进行静电中和等。本节的静电防护以防止爆炸和火灾为重点。

4.4.1.1 静电的产生及危害

(1) 静电的产生

物质产生静电,与物质本身的特性有关。物体所带的静电能否积聚,关键在于物质的电阻率。物质带静电能力同时和它的介电常数(也称电容率)有关,它同电阻率一起决定着静电产生的结果和状态。尤其是液体,介电常数大的物质,其电阻率均低。如果液体的相对介电常数超过20,并有连续相存在,且有接地装置,不论是储运还是管道输送,一般都不会产生静电。

物质产生静电除与上述物质本身特性有关外,还需要一定的外界条件。不同物质间紧密接触、带电体对物质附着或感应以及物质在电场中被极化,均能产生静电,如接触起电、附着起电、感应起电和极化起电。其中以接触起电和极化起电比较常见,如生产过程中物料的粉碎、筛分、滚压、搅拌、喷涂、过滤等操作,均存在摩擦接触起电;另外,工业生产中,由于极化作用而使物体产生静电的情况很多。如带电胶片吸附灰尘,带静电粉料黏附在料斗或管道中不易脱落,以及带静电的印刷纸张排不整齐等。制药企业生产过程中存在较多的粉碎、搅拌、过滤等操作,同时存在接触起电和极化起电现象。

(2) 静电的危害

积聚在液体或固体上的电荷,对其他物质或接地导体放电时可能引起灾害。静电引燃一般分为导体放电引燃、非导体放电引燃、空间电荷放电引燃三种类型。下面为几种常见物质的带电过程及危害。

1) 人体静电的产生及危害

人体的体积电阻率很低,可视为导体。当人体穿着绝缘鞋或站在绝缘地板上时,人体能够通过接触起电而带电。人体也能通过感应而带电,还能与其他带电体接触而被传导带电。

人体带静电会引发一些事故及危害。在现代工业中,在一些喷漆加工车间,不乏人体静电引发燃烧爆炸的事故案例。对一些电子产品生产工厂,可能由于人体静电导致整个电子设备或系统工作失误、失灵,也可能使敏感电子元器件发生静电击穿,更严重的危害在于它可造成毫无规律可循的潜在性失效,使电子产品工作的可靠性下降。同样,静电也会给放电人员带来电击的痛苦感觉。

2) 液体静电的产生及危害

液体的带电可以用双电层起电的概念解释。液态物料刚进入管道,处于静止状态,液体与管道之间,按其固有性质在接触界面上形成双电层,此时液体的电子转移到管道内壁。液体流动时,在湍动冲击和热运动作用下,部分带电荷的液体分子进入到液体内部。当这些带电液体分子离去时,管道内壁被双电层束缚的电子,将成为自由状态。由于同性相斥,这些电子将聚集到管道外侧,内壁留出中性位置,可让后来补充的中性液体建立新的双电层。液体除了管道流动带电外,还有沉降起电、溅泼起电、喷射起电三种其他带电形式。

液体带电的危害主要表现在,当液体带电时,其内部和周围空间会有电场存在。当场强足够高时,就会发生放电。在一般情况下,液体内部的放电没有引燃的危险,但可以引起化学变化。这些变化能改变液体的性能或引起有关设备的腐蚀。液体在空气中的放电则有引燃的危险。油罐内液面与接地罐壁或其他金属构件之间的场强超过击穿强度时,即发生放电。放电能量的大小及引燃的可能性很难估计。另外,放置在带电液体周围的孤立物体可以带电,而且十分危险。

3) 粉体静电的产生及危害

制药企业中大量存在粉体，而粉体大量产生接触静电。只要粉体与不同的表面接触，例如在搅拌、研磨、筛分、倒入过程中，以及在气流输送过程中，都可能起电。

当粉尘云中带电粒子产生的场强足够高时，就会发生粉尘云内部放电或粉尘云对大地的放电。粉尘云放电引燃危险较小。粉尘云放电可引燃非常敏感的混合物，如悬浮的微细粉尘或可燃混合气体。随着粉体结块的形成，电荷密度和场强增大，发生静电放电的概率增加。对于中电阻率的粉体，只要粉体处于接地金属容器内，绝大多数静电会被泄漏掉。在这种情况下，粉体表面放电引燃的危险性较小。但在非导体容器内，电荷泄漏缓慢得多，对大地放电引燃的危险性较大。

无论容器是否导电，高电阻率粉体的电荷都不会通过容器传导泄漏掉。在粉粒和容器壁之间，常发生低能空气放电。在大容器中，可能出现长距离放电，有较大的引燃能力。

粉体处理系统中的绝缘导体很容易通过接触而起电。如输送粉体流的绝缘金属管道，可以达到很高的电位，能够对地产生大能量的火花放电。将粉体倒入一个没有接地的容器，可导致容器的火花放电，放出的电量与容器内积累的电荷总量相当。

在有些粉体操作中，如取样等，人体与粉体需紧密接触。如果操作人员处于非接地状态，由于感应或电荷传递，人体能带上数量可观的电荷。

4) 气体静电的产生及危害

纯净气体或气体混合物的运动产生的静电量是很小的。但是悬浮在气体中的液滴或固体颗粒能够产生和携带较多的静电电荷。这些粒子可能是外部物质，也可能是气体本身的凝聚物。因此，在压缩、排放、喷射气体时，在阀门、喷嘴、放空管或缝隙，易产生静电。

不论是大型工业吸尘器管嘴的带电，还是细小物品气动输运系统中管道带电，除非设备由金属制成并保持接地，否则可能会导致可燃气的引燃和人体的强电击。粉体的气动输送作为气体携带电荷的特例，还具有前述粉体静电的特点。

任何含有颗粒物质的压缩气体的逸出和排放都具有潜在危险。例如，从进出气口、阀门或法兰漏缝处喷出带有水珠或锈末的压缩气体时，均可产生危险的静电。所以，装放最小引燃能量很低的气体如氢或乙炔与空气的混合气体时，只要这些气体含有颗粒物杂质，装放时就应格外谨慎。

液化二氧化碳的释放，会产生气体和二氧化碳干冰的混合物。这种混合物高度带电，在喷嘴上及气体撞击的绝缘金属导体上，曾测得高达几千伏的静电电压。因此，当把二氧化碳用作惰性气体时，如果不采取适当的防范措施，就可能产生灾害。

5) 固体静电的产生及危害

在设备、机械、管道和构件等的生产和加工作业中，越来越多地使用绝缘材料。这些绝缘材料的体积电阻率或表面电阻率一般都超过 $10^{12}\Omega \cdot m$ 或 $10^{12}\Omega$，电荷在其上能保持相当长的时间。这些绝缘材料很容易通过接触起电而带电。例如，流经塑料管道的粉体流或液体流，以及薄膜材料在金属滚筒上的传送等，接触表面由于摩擦而产生大量电荷。此外，当带电的粉体或液体流入绝缘容器时，使容器也带上静电。绝缘体电阻率很高，以至其能保持的最大电荷量不是由传导性决定，而是由带电表面附近大气的击穿强度决定。不接地的金属导体和不接地的人体靠近带电绝缘材料时，都能被感应而带电。

固体静电对工业生产带来很多危害。绝缘材料在进行加工和各种生产时极易带电，如薄膜往卷轴上卷绕时，绝缘材料管道内输送粉体、液体物料时，都会使绝缘材料带电。绝缘材料的带电使生产不能顺利进行,它可使印刷业的纸张相吸、纺织业纺丝的不整齐等。更为严重的是,在有可燃气体的场合,静电放电可成为引燃或引爆的点火源。

4.4.1.2 静电危害的防护

对于静电危害的防护,首先要切断静电引发火灾或爆炸形成的条件。通常静电引发火灾或爆炸的条件包括:要有产生静电荷的条件;具备产生火花放电的电压;有能引起火花放电的合适间隙;电火花要有足够的能量;在放电间隙及周围环境中有易燃易爆混合物等。对静电危害的防护,只要消除上述几个条件中的一个,就可达到防止静电引发燃烧或爆炸危害的目的,以下将讲述各种静电防护措施。

(1) 改进工艺控制静电产生

改进工艺是指从工艺过程、材料选择、设备结构、操作管理等诸方面采取措施,控制静电的产生,使其不致达到危险程度。在原料配方和结构材质方面应该进行优选,尽量选取不易摩擦或接触起电的物质,减少静电的产生。在有爆炸、火灾危险的场所,传动部分为金属材料时,尽量不采用皮带传动;设备、管道应光滑平整、无棱角,管径不宜有突变部分;物料输送时,应放缓速度,并且应控制物料中杂质、水分的含量,以免静电的产生。

对于输送固体物料所用的皮带、托辊、料斗、倒运车辆和容器等,都应采用导电材料制造并接地。使用中要保持清洁,但不得用刷子清扫。输送中要平稳,速度应适中,不能使物、料滑动或振动。输送液体物料,主要是通过控制流速限制静电的产生。当输油管线很长不适于限制流速时,可在油品进入贮罐前经过一段管径较大的缓冲区,以消除油品中的静电。输送气体物料,应先通过干燥器和过滤器把其中的水雾、尘粒除去。在液体喷出过程中,喷出量要小、压力要低,管路应经常清扫。

液体装罐前,应清除罐中积水和不接地的金属浮体。装液时,不应混入空气、水分和各种杂物。直接从上方倾入液体时,应沿器壁缓慢倾入。液体流经过滤器,其静电量会增加10~100倍,因此应尽量少用过滤器。对于输送氢、乙炔、丙烷、城市煤气和氯等气体物料,不宜使用胶皮管,应采用接地金属管。

(2) 静电的泄放消散

静电的泄放消散是在生产过程中,采用空气增湿、加抗静电添加剂、静电接地和保证静止时间的方法,将带电体上的电荷向大地泄放消散,以期达到静电安全的目的。一般认为,带电体任何一处对地电阻小于 $10^6\Omega$ 时,则该带电体的静电接地是良好的。所以,降低带电体对地电阻是排除静电的重要方法。

空气增湿可以降低静电非导体的绝缘性,湿空气可在物体表面覆盖一层导电的液膜,提高静电荷经物体表面泄放的能力,即降低物体的泄漏电阻,把所产生的静电导入大地。增湿的具体方法可采用通风调湿、地面洒水、喷放水蒸气等方法。空气增湿不仅有利于静电的导出,而且还能提高爆炸性混合物的最小引燃能量,有利于防爆。

抗静电添加剂可使非导体材料增加吸湿性或离子性,使其电阻率降低至 $10^4 \sim 10^6 \Omega \cdot m$ 以下。有些添加剂本身就具有良好的导电性,能将非导体上的静电荷导出。抗静电添加剂种类繁多,如无机盐表面活性剂、无机半导体、有机半导体、高聚物、电解质高分子成膜物等。抗静电添加剂应根据使用对象、目的、物料工艺状况以及成本、毒性、腐蚀性和使用场合等具体情况进行选择。

(3) 静电接地连接

静电接地连接是为静电荷提供一条导入大地的通路。接地只能消除带电导体表面的自由电荷，对于非导体静电荷的消除是无效的。凡加工、储存、运输能产生静电物料的金属设备和管道，如各种贮罐、反应器、混合器、物料输送设备、过滤器、吸附器、粉碎机械等金属体，应连成一个连续的导电整体并加以接地。不允许设备内部有与地绝缘的金属体。

输送能产生静电物料的绝缘管道，其金属屏蔽层应该接地。各种静电消除器的接地端、高绝缘物料的注料口、加油站台、油品车辆、浮动罐体等应连成导电通路并接地。在有火灾、爆炸危险的场所，以及静电对产品质量、人身安全有影响的地方，所使用的金属用具、门窗把手和插销、移动式金属车辆、金属梯子、家具、有金属丝的地毯等，都应该接地。

管道系统的末端、分叉、变径、主控阀门、过滤器，以及直线管道每隔 $200\sim300m$ 处，均应设接地点。车间内管道系统的接地点应不少于两个，接地点、跨接点的具体位置可与管道固定托架位置一致。

罐车、油槽汽车、油船、手推车以及移动式容器的停留、停泊处，要在安全场所装设专用接地接头，以便移动设备接地用。当罐车、油槽汽车到位后，在关闭电路、打开罐盖之前，要进行接地。注液完毕，拆掉软管，经一定时间静止后，再将接地线拆除。

(4) 静电的中和与屏蔽

静电的中和是用极性相反的离子或电荷中和危险的静电，从而减少带电体上的静电量。静电屏蔽是把静电对外的影响局限在屏蔽层内，从而消除静电对外的危害。属于静电中和法的有静电消除器消电、物质匹配消电等几种类型。

静电消除器有自感应式、外接电源式、放射线式和离子流式四种。

自感应式静电消除器是用一根或多根接地金属针作为离子极，将针尖对准带电体并距其表面 $1\sim2cm$。由于带电体的静电感应，针尖会出现相反电荷，在附近形成强电场，并将气体电离。所产生的正、负离子在电场作用下，分别向带电体和针尖移动。与带电体电性相反的离子抵达带电体表面时，即与静电中和；而移到针尖的离子通过接地线把电荷导入大地。

外接电源式静电消除器是利用外接电源的高电压，在消除器针尖与接地极之间形成强电场，使空气电离。外接电源是直流的消除器，将产生与带电体电性相反的离子，直接中和带电体的静电。如果外接电源是交流装置，则在带电体周围由等量的正、负离子形成导电层，使带电体表面电荷传导出去。

放射线式静电消除器是利用放射性同位素使空气电离，从而中和带电体上的静电。

离子流式静电消除器就工作原理属于外接电源式静电消除器。所不同的是利用干净的压缩空气通过离子极喷向带电体，把离子极产生的离子不断带到带电体表面，达到消除静电的效果。从适用性出发，自感应式、放射线式静电消除器原则上适于任何级别的场合。但放射线式静电消除器，在有良好的放射性防护时，方能使用。

利用摩擦起电的带电规律，把相应的物质匹配，使生产过程中产生极性相反的电荷，并互相中和。这就是所谓物质匹配消电的方法。如在橡胶制品生产中，辊轴用塑料、钢铁两种不同的材料制成，交叉安装，胶片先与钢辊接触分离得负电，然后胶片又与塑料辊摩擦带正电，正、负电互相抵消保证了安全。

把带电体用接地的金属板、网包围或用接地导线匝缠绕，将电荷对外的影响局限于屏蔽层内，同时屏蔽层内的物质也不会受到外电场的影响。这种静电封闭方法可保证系统静电的安全。

(5) 人体静电的消除

可以通过接地、穿防静电鞋、穿防静电工作服等具体措施，减少静电在人体上的积累。

在静电产生严重的场所，不得穿化纤工作服，穿着以棉织品为宜。在人体必须接地的场所，应设金属接地棒，赤手接触即可导出人体静电。

产生静电的工作地面应是导电性的，其泄漏电阻既要小到防止人体静电积累，又要防止人体误触静电而导致人体伤害。此外，用洒水的方法使混凝土地面、嵌木胶合板湿润，使橡皮、树脂、石板的黏合面或涂刷地面能够形成水膜，增加其导电性。

在工作中，尽量不做与人体带电有关的事情，如在工作场所不要穿、脱工作服。在有静电危险场所操作、检查、巡视，不得携带与工作无关的金属物品，如钥匙、硬币、手表、戒指等。

4.4.2 雷电危害与安全措施

雷击会产生极高的过电压（数千千伏～数万千伏）和极大的过电流（数十千安～数百千安），造成设施或设备的毁坏，可能造成大规模停电，可能造成火灾或爆炸，还可能直接伤及人身。有关资料表明，全球平均每年因雷电灾害死亡人数超过 3000 人，直接损失 80 亿元。

4.4.2.1 雷电的种类

(1) 直击雷

带电积云与地面目标之间的强烈放电称为直击雷。

(2) 感应雷

感应雷也称为雷电感应或感应过电压。它分为静电感应雷和电磁感应雷。

静电感应雷是由于带电积云接近地面，在架空线路导线或其他导电凸出物顶部感应出大量电荷引起的。在带电积云与其他客体放电后，架空线路导线或导电凸出物顶部的电荷失去束缚，以大电流、高电压冲击波——雷电波的形式，沿线路导线或导电凸出物极快地传播。又称为感应过电压（感应雷）。感应过电压一般为 200～300kV。最高可达 400～500kV。雷电侵入波的传播速度在架空线路中约为 300m/μs，在电缆中约为 150m/μs。

电磁感应雷是雷电放电时，巨大的冲击雷电流在周围空间产生迅速变化的强磁场在邻近的导体上感应出很高的电动势。

(3) 球雷

球雷是雷电放电时形成的发红光、橙光、白光或其他颜色光的火球。是一团处在特殊状态下的带电气体。其直径多为 20cm 左右，运动速度约为 2m/s，存在时间为数秒钟到数分钟。出现概率约为雷电放电次数的 2%。在雷雨季节，球雷可能从门、窗、烟囱等通道侵入室内。

4.4.2.2 雷电参数及雷电危害

(1) 雷电参数

雷电参数主要包括雷暴日、雷电流幅值、雷电流陡度、冲击过电压等，雷暴日是建筑物防雷设计的重要依据。

雷暴日的概念是只要一天之内能听到雷声的就算一个雷暴日。用年平均雷暴日数来衡量雷电活动的频繁程度。单位：d/a，雷暴日数越大，雷电活动越频繁。我国把年平均雷暴日不超过 15d/a 的地区划为少雷区，超过 40d/a 划为多雷区。

(2) 雷电危害

雷电具有电流大、电压高、冲击性强等特点。雷电所产生的高电压及闪电的静电感应效应、电磁感应效应、热效应、机械效应、冲击波效应和电动力效应等可产生各种破坏作用。雷电可造成设备和设施的损坏，引起大规模停电，造成人身事故。就其破坏因素来看，雷电具有电性质、热性质和机械性质三方面的破坏作用。

4.4.2.3 防雷措施

(1) 建筑物防雷措施

建筑物按其重要性、生产性质、遭受雷击的可能性和后果的严重性分为三类：第一类防雷建筑物、第二类防雷建筑物、第三类防雷建筑物，具体划分和相应的防雷措施可参见《建筑物防雷设计规范》(GB 50057—2010)。

(2) 防雷装置

一套完整的防雷装置包括：接闪器、引下线和防雷接地装置。避雷器是一专门的防雷装置，一般用于保护电力设备和电力线路。

① 接闪器　避雷针、避雷线、避雷网、避雷带、避雷器都是经常采用的防雷接闪器。接闪器利用其高出被保护物的突出地位，把雷电引向自身，然后通过引下线和接地装置，把雷电流泄入大地，以此保护被保护物免受雷击。接闪器的保护范围一般只要求保护范围内被击中的概率在0.1%以内即可。

② 引下线　防雷装置的引下线应满足机械强度、耐腐蚀和热稳定的要求。引下线一般采用圆钢或扁钢，其尺寸和防腐蚀要求与避雷网、避雷带相同。如用钢绞线作引下线，其截面积不得小于25mm^2。用有色金属导线做引下线时，应采用截面积不小于16mm^{2}的铜导线。

③ 防雷接地装置　接地装置是防雷装置的重要组成部分。接地装置向大地泄放雷电流，限制防雷装置对地电压不致过高。除独立避雷针外，在接地电阻满足要求的前提下，防雷接地装置可以和其他接地装置共用。

④ 避雷器　避雷器主要用来保护电力设备和电力线路，也用作防止高电压侵入室内的安全措施。避雷器并联在被保护设备或设施上，正常时处在不通的状态。出现雷击过电压时，击穿放电，切断过电压，发挥保护作用。过电压终止后，避雷器迅速恢复不通状态，恢复正常工作。图4-19所示为电子式避雷器。压敏阀型避雷器是一种新型的阀型避雷器，这种避雷器没有火花间隙，只有压敏电阻阀片。

图4-19　电子式避雷器

第 5 章 压力容器安全技术

> 制药企业生产过程不可避免地使用各类压力容器。从近年我国制药企业发生的生产安全事故来看，相当大比例的事故与压力容器的使用存在直接关联，如由于反应釜失控导致物料外泄并引发火灾爆炸事故。基于此，本章首先介绍了压力容器安全的基础理论，并重点讲解了反应釜和气瓶等压力容器在使用、检修、维护等环节中的安全基本常识。

5.1 压力容器安全基础

5.1.1 压力容器及其结构

压力容器是一种能够承受压力载荷的密闭容器。一般说来，承受气态或液态介质压力的密闭容器都属于压力容器。可以毫不夸张地说，化学工业的生产离不开压力容器，仅在石油、化学工业中应用的压力容器就占全部压力容器总数的一半左右。所有化工设备的壳体如塔、储罐、换热器等都是一种压力容器，而某些化工机器的部件如压缩机的汽缸等，也是一种压力容器。压力容器的应用遍及各行各业，而石化工业用压力容器又有其自身的特点，它们不仅要适应化学工艺过程所要求的不同压力和温度条件，而且还要适应化学介质的作用，要能保证长期安全地工作和可靠地密封。

压力容器承受最主要的载荷是压力载荷。大多数容器承受的压力是内压，即使是存储液体的常压容器，在尺寸较大时也有流体静压力的作用。除内压容器外还有承受外压载荷的容器。通常，当容器承受的内压不小于 0.1MPa 时，称为压力容器；当内压小于 0.1MPa 时，称为常压容器；当内压小于零时，称为外压容器。

压力容器的结构一般都比较简单。压力容器的主要作用是储存气体、液体、液化气体等介质或为这些介质的传热、传质、化学反应提供一个密闭的空间，其主要结构部件是一个能承受压力的壳体以及其他必要的连接件和密封件等。除盛装容器外，其他工艺用途的容器还根据需要设置各种工艺附件装置。压力容器的常见结构形式有两种：球形容器和圆筒形容器。对于圆筒形容器，容器本体由筒体和封头两部分组成。常见的压力封头有：球形封头、椭圆形封头、碟形封头、球冠形封头、锥形封头和平盖。容器附件通常包括支座、法兰、接管、人孔、手孔、视镜和安全附件等。

5.1.2 压力容器分类

5.1.2.1 按容器径比分类

按容器径比,即外径与内径的比值 K 的大小,将容器分为薄壁容器($K \leqslant 1.2$)和厚壁容器($K > 1.2$)。薄壁容器为两向应力状态,厚壁容器为三向应力状态。

5.1.2.2 从安全管理与技术监督的角度分类

从安全管理和技术监督的角度来考查,压力容器一般分为固定式和移动式两大类。

(1) 固定式容器

指除了用作运输中储存气体、液化气体的盛装容器之外的所有容器,它们都有固定的安装和使用地点,工艺条件和操作人员也比较固定,容器一般不是单独装设,而是位居一定的工艺流程中,用管道与其他设备相连。

(2) 移动式容器

是一种盛装容器,亦属于储运容器。它的用途主要是盛装并运输压缩气体、液化气体和溶解气体。这种容器的特点是流动范围大和环境变化大,同时在使用操作上往往又没有固定的熟练操作人员,管理也比较复杂,比较容易发生安全事故。移动式容器按其容积大小和结构不同可分为气瓶、气桶和槽车三种。

① 气瓶 是应用最为普遍的一种移动式容器,容积较小,一般在200L以下,常用的为40L左右。气瓶的两端不对称,分头部和底部,头部用缩颈收口,安装阀门,整体形状如瓶。气瓶按盛装气体的特征可分为压缩气体气瓶、液化气体气瓶和溶解气体气瓶。

② 气桶 是一种容积比气瓶稍大的移动式容器,其常见的容积一般为200~1000L。气桶两端封头对称,形状像桶。气桶充装的都是低压液化气体,最常见的是液氯气桶。气桶除结构形状和尺寸与气瓶稍有不同外,其使用条件、管理要求等与气瓶基本相同。

③ 槽车 是固定在流动车架上的一种卧式储罐,容积较大,通常为数十立方米。槽车分为铁路槽车和汽车槽车,槽车充装的也都是低压液化气体,使用较普遍的是液化石油气槽车和液氯槽车。

5.1.2.3 按设计压力分类

按设计压力等级,压力容器可分为以下4种。

① 低压容器(代号 L) $0.1\text{MPa} \leqslant p < 1.6\text{MPa}$。
② 中压容器(代号 M) $1.6\text{MPa} \leqslant p < 10\text{MPa}$。
③ 高压容器(代号 H) $10\text{MPa} \leqslant p < 100\text{MPa}$。
④ 超高压容器(代号 U) $p \geqslant 100\text{MPa}$。

一般情况下,中、低压容器大都是薄壁容器,高压、超高压容器往往是厚壁容器。

5.1.2.4 按工艺原理分类

按在生产工艺过程中的作用原理分类,压力容器包括以下4种。

① 反应容器(代号 R) 主要用来完成介质的物理、化学反应的容器,如反应器、合成塔等。

② 换热容器(代号 E) 主要用来完成介质的热量交换的容器,如热交换器、废热锅炉等。

③ 分离容器(代号 S) 主要用来完成介质的流体压力平衡和气体净化分离等的容器,

如缓冲器、储能器、分离器、洗涤器等。

④ 储存容器（代号 C，球罐代号为 B） 主要用来盛装生产用的原料气体、液体、液化气体等的容器，如各种形式的储槽、储罐等。

5.1.2.5 按壁温分类

按压力容器的壁面温度分类可分为常温、中温、高温和低温容器4种。

① 常温容器 壁温在 $-20\sim200℃$ 条件下工作的容器。

② 高温容器 壁温达到或超过材料蠕变温度条件下工作的容器。对碳素钢或低合金钢壁温超过 $420℃$，合金钢壁温超过 $450℃$，奥氏体不锈钢壁温超过 $550℃$，均属高温容器。

③ 中温容器 壁温介于常温和高温之间的容器。

④ 低温容器 壁温低于 $-20℃$ 条件下工作的容器。其中低于 $-40\sim-20℃$ 者为浅冷容器，低于 $-40℃$ 者为深冷容器。

5.1.2.6 综合分类

此外，劳动部门为了利于安全技术管理和监督检查，根据容器的压力高低、介质的危害程度以及在生产过程中的重要作用，综合地将容器分为三类。

(1) 第三类压力容器

符合下列情况之一者，为第三类压力容器：①高压容器；②中压容器（仅限毒性程度为极高和高度危害的介质）；③中压储存容器（仅限易燃或毒性程度为中度危害的介质，且容器的设计压力 p 与其容积 y 的乘积 $py\geqslant10MPa\cdot m^3$）；④中压反应容器（仅限易燃或毒性程度为中度危害的介质，且 $py>0.5MPa\cdot m^3$）；⑤低压容器（仅限毒性程度为极高和高度危害的介质，且 $py>0.2MPa\cdot m^3$）；⑥高压、中压管式余热锅炉；⑦中压搪瓷玻璃压力容器；⑧使用强度级别较高（指相应标准中抗拉强度规定值下限大于等于 $540MPa$）的材料制造的压力容器；⑨球形储罐（容积 $y\geqslant50m^3$）；⑩低温液体储存容器（容积 $y>5m^3$）；⑪移动式压力容器，包括铁路罐车、罐式汽车和罐式集装箱等。

(2) 第二类压力容器

除已划为第三类压力容器的情况外，符合下列情况之一者，为第二类压力容器：①中压容器；②低压容器（仅限于毒性程度为极毒和高度危害的介质）；③低压反应容器和低压储存容器（仅限于易燃介质或毒性程度为中度危害的介质）；④低压管壳式余热锅炉；⑤低压搪瓷玻璃压力容器。

(3) 第一类压力容器

除已划归为第二类和第三类压力容器的情况外，所有的低压容器为第一类压力容器。

上述分类中介质毒性程度的分级和易燃介质的划分参照《压力容器中化学介质毒性危害和爆炸危险程度分类》（HG 20660—2000）的规定，按下列原则确定介质的毒性程度：①极度危害（Ⅰ级）最高容许浓度 $<0.1mg/m^3$；②高度危害（Ⅱ级）最高容许浓度 $0.1\sim1.0mg/m^3$；③中度危害（Ⅲ级）最高容许浓度 $1.0\sim10mg/m^3$；④轻度危害（Ⅳ级）最高容许浓度 $\geqslant10mg/m^3$。

当压力容器中介质为混合物时，应以介质的组分并按上述毒性程度或易燃介质的划分原则，由设计单位的工艺部门或使用单位的生产技术部门提供介质毒性程度和是否属于易燃介质的依据，无法提供依据时，按毒性危害程度或爆炸危险程度最高的介质确定。

剧毒介质是指进入人体量<50g即会引起机体严重损伤或致死作用的介质,如氟、氢氟酸、氢氰酸、光气、氟化氢等;有毒介质是指进入人体量≥50g即会引起人体正常功能损伤的介质,如二氧化硫、氨、一氧化碳等;易燃物质是指与空气混合的爆炸下限<10%或爆炸上限和下限之差值≥20%的气体,如一甲胺、乙烷、乙烯、环氧乙烷、氢等。

5.1.3 压力容器设计要求

设计是每台压力容器产生的第一步,也是安全保证的第一个环节。因此,在设计时应当周密地考虑到以后各环节中可能出现的问题和为保证质量应采取的措施。设计者应首先仔细分析设计要求和有关的技术资料,据此全面确定压力容器所承受的各种载荷和工作条件。载荷可能是以静载荷为主,也可能是交变载荷(例如几小时一次开、停车操作循环的反应器);工作温度可能是恒定的,也可能是变动的,而这种变动可能在容器部件中引起交变的温度应力;介质可能对钢材有腐蚀性,也可能没有腐蚀性;介质还可能是有毒、易燃易爆的,也可能是没有危险的。还要明确定出容器的正常工况与非正常工况,从而确定容器设计时应符合的最苛刻条件。

因此,对于压力容器设计的基本要求是,保证它的安全性、经济性和合理性,其中安全是核心。在保证安全的前提下,尽量做到经济、合理。保证安全,绝不是盲目增加壁厚、提高材料的品质,而应从合理的结构设计、精确的强度计算、适宜的材料选用以及正确的技术要求等方面着手。通常,应使所设计的压力容器满足如下基本要求。

(1) 有足够的强度

压力容器本体及附件应有足够的强度来承受工作载荷。设计时应尽可能地使零部件达到等强度,以降低材料消耗。强度设计是压力容器设计中的重要内容。

(2) 有足够的刚度

内压容器的法兰连接系统如果刚度不够,变形过大,就会引起密封失效。容器(特别是化工压力容器)所盛装的介质往往易燃、易爆或有毒,这些介质泄漏后,不仅会对生产造成损失,更重要的是会引起火灾、爆炸或中毒事故,后果非常严重。因此,密封设计也是压力容器设计的重要内容。

外压容器如果没有足够的刚度,就会丧失稳定性(无法保持原来的形状)而被压瘪,从而无法完成预定功能。稳定性设计也是压力容器设计的重要内容。

(3) 有一定的使用寿命

压力容器的使用寿命通常决定于介质对于材料的腐蚀性。如果承受波动载荷或工作温度在材料蠕变温度以上的压力容器使用寿命还取决于疲劳强度和蠕变强度。选材及在特殊情况下的疲劳分析和蠕变分析也是压力容器设计的重要内容。

(4) 有合理的结构

压力容器的结构不仅要满足工艺要求,而且要有良好的受力特性,同时还要方便制造、检验、运输、安装、操作及维修。结构设计也是压力容器设计的重要内容。

5.1.4 操作条件

(1) 压力

压力容器的压力可以来自两个方面:一是压力是容器外产生的;二是压力是容器内产

生的。

最高工作压力，多指在正常操作情况下，容器顶部可能出现的最高压力。

设计压力，系指在相应设计温度下用以确定容器壳体厚度的压力，亦即标注在铭牌上的容器设计压力，压力容器的设计压力值不得低于最高工作压力；当容器各部位或受压元件所承受的液柱静压力达到5%设计压力时，则应取设计压力和液柱静压力之和进行该部位或元件的设计计算；装有安全阀的压力容器，其设计压力不得低于安全阀的开启压力或爆破压力。容器的设计压力确定应按GB 150的相应规定。

(2) 温度

金属温度，系指容器受压元件沿截面厚度的平均温度。任何情况下，元件金属的表面温度不得超过钢材的允许使用温度。

设计温度，系指容器在正常操作情况下，在相应设计压力下，壳壁或元件金属可能达到的最高或最低温度。当壳壁或元件金属的温度低于$-20℃$，按最低温度确定设计温度；除此之外，设计温度一律按最高温度选取。设计温度值不得低于元件金属可能达到的最高金属温度；对于0℃以下的金属温度，则设计温度不得高于元件金属可能达到的最低金属温度。容器设计温度（即标注在容器铭牌上的设计介质温度）是指壳体的设计温度。

(3) 介质

生产过程所涉及的介质品种繁多，分类方法也有多种。按物质状态分类，有气体、液体、液化气体、单质和混合物等；按化学特性分类，则有可燃、易燃、惰性和助燃四种；按它们对人类毒害程度，又可分为极度危害（Ⅰ）、高度危害（Ⅱ）、中度危害（Ⅲ）、轻度危害（Ⅳ）四级。

易燃介质：是指与空气混合的爆炸下限小于10%，或爆炸上限和下限之差值大于等于20%的气体，如一甲胺、乙烷、乙烯等。

毒性介质：《压力容器安全技术监察规程》（以下简称《容规》）对介质毒性程度的划分参照GB 5044《职业性接触毒物危害程度分级》分为四级。其最高容许浓度分别为：极度危害（Ⅰ级）$<0.1mg/m^3$；高度危害（Ⅱ级）$0.1\sim1.0mg/m^3$；中度危害（Ⅲ级）$1.0\sim10mg/m^3$；轻度危害（Ⅳ级）$\geqslant10mg/m^3$。

压力容器中的介质为混合物质时，应以介质的组成并按毒性程度或易燃介质的划分原则，由设计单位的工艺设计部门或使用单位的生产技术部门决定介质毒性程度或是否属于易燃介质。

腐蚀性介质，石油化工介质对压力容器用材具有耐腐蚀性要求。有时是因介质中有杂质，使腐蚀性加剧。腐蚀介质的种类和性质各不相同，加上工艺条件不同，介质的腐蚀性也不相同。这就要求压力容器在选用材料时，除了应满足使用条件下的力学性能要求外，还要具备足够的耐腐蚀性，必要时还要采取一定的防腐措施。

5.1.5 压力容器的破坏形式

5.1.5.1 延性破坏

延性破坏是材料承受过高的压力，以至超过了它的屈服点和强度极限，因而使它产生较大的塑性变形，最后发生破坏的一种形式，一般事故多属于这一类型。

由于圆筒形容器受力后的周向应力比轴向应力要大一倍，并且容器端部受到封头约束，所以一般总是压力容器的压力变大，周向发生较大的残余变形，呈两头小、中间大的鼓形，其周长伸长率通常可达10%~20%，容积增长率也可以超过10%。

容器断口多与轴向平行，呈撕断状态，一般呈暗灰色的纤维状，断口不平齐与主应力方向成45度角，将破坏部分拼接时，沿断口线有间隙。

容器破坏时不发生碎片或者仅有少量碎块，爆破口的大小视容器爆破的膨胀能量而定。气体的膨胀能量越大，则断口越宽，特别是液化气体容器，破坏后容器内的压力下降，液体迅速汽化，体积膨胀，促使裂口进一步扩大，其实际爆破压力与计算爆破压力十分接近。

5.1.5.2 脆性破坏

破坏发生在低应力状态，绝大多数发生在材料的屈服点以下，破坏时没有或者有很少塑性变形，有些压力容器在脆裂以后，如将碎片拼接起来，测量其周长与原来相比没有明显的变化。破裂的端口齐平并与主应力方向垂直，断面呈晶粒状的光亮，一般称为解离型断口。在较厚的断面中，还常出现人字形纹路（辐射状），其尖端指向始裂点，而始裂点往往是缺陷或形状突变处。当加压介质为气体、液化气体时，压力容器一般都裂成碎块，且常有碎块飞出。破坏大多发生在温度较低的情况下，而且往往在室温低于容器的使用温度时或进行水压试验时发生。

脆性破坏的容器往往在一瞬间发生断裂，并以较快的速度扩展。

5.1.5.3 疲劳破坏

(1) 破坏特征

疲劳破坏是材料经过长期的交变载荷后，在比较低的应力状态下，没有明显的塑性变形而突然发生的损坏。疲劳破坏一般是从应力集中的地方开始，即在容易产生峰值应力的开孔、接管、转角以及支承部位处。受交变压力作用的高应力区，当材料所受的应力超过屈服极限时，能逐渐产生微小裂纹，裂纹两端在交变应力作用下不断扩展，最后导致容器的破坏，疲劳破坏时的应力一般都低于材料的抗拉极限。疲劳破坏不产生脆性破坏那样的脆断碎片。

(2) 有关防止疲劳破坏的设计问题

容器疲劳破坏的发生，是由于交变载荷以及局部应力过高所引起的，为防止这类事故，除了在运行中尽量避免不必要的频繁加压，卸压和悬殊的温度变化等不利因素外，更重要的是还在于设计压力容器时应采取适当的措施。尽可能降低局部峰值应力并使其不超过材料的持久值，对于某些压力容器，要求使用寿命超过10^6以上的循环次数，此时应以材料的持久极限作为设计依据。但对绝大多数压力容器来说，即使压力温度波动比较频繁，其循环次数也不会超过10^5，所以要合理选用这些压力容器的使用应力，就必须知道材料在循环次数为10^2~10^5时不发生疲劳破坏的最大应力值，即所谓有限的持久极限。为防止压力容器发生疲劳破坏，有关方面做了不少实验研究工作，包括材料的低循环疲劳破坏应力、不同的交变载荷对它的影响、压力容器存在缺陷的影响、器壁开孔和接管的疲劳试验、循环次数的计算方法等。这些研究工作，对于频繁间歇操作、压力波动的幅度和频率都较大或器壁厚度相差较大的压力容器来说，是很有价值的。大多数的压力容器，因为它们的载荷变化次数较少（一般不超过1000次），没有必要进行疲劳破坏分析。如有裂纹，可通过断裂力学作探讨研究，估计压力容器的使用寿命。

5.1.5.4 蠕变破坏
(1) 破坏特征

材料在高于一定温度下受到外力作用，即使内部的应力小于屈服强度，也会随时间的增长而缓慢产生塑性变形，即蠕变。产生蠕变的材料，其金相组织有明显的变化，如晶粒粗大珠光体的球化等，有时还会出现蠕变的晶界裂纹。碳钢温度超过 300~400℃ 这个阶段时发生蠕变。蠕变破坏的发生，需经过较长一段时间的高温下的外力载荷，破坏应力低于材料在使用温度下的强度极限压力容器发生蠕变破坏时，具有比较明显的塑性变形，变形量的大小视材料的塑性而定。

(2) 防止蠕变破坏的措施

设计时，根据压力容器的使用温度，选用合适的材料。制造中进行焊接及冷作加工时，为不影响材料的抗蠕变性能，应防止材料产生晶间裂缝。运行中必须防止容器局部过热。

5.1.6 压力容器的安全装置

安全装置是压力容器的安全附件之一。为了便于管理，一般将安全附件分为通用性和专用性两大类。通用性安全附件是指为满足一般机械设备的使用要求而设计和制造的装置，在压力容器上使用时无特殊要求，如一般供参数测量、控制用的压力表、温度计、液面计、水位表、警报器、紧急切断阀、减压阀、回火防止器等。专用性安全附件是指专门为防止压力容器超压、超温而设计和制造的装置，如安全阀、爆破片（帽）、易熔塞等，当压力容器中的压力超过允许值时，这些装置能自动形成泄压口，使超压或超温的操作介质及时泄放出去，以保护容器免于超压变形或爆破，这些装置称为压力容器的安全防护装置。制造专用性安全装置的单位应经国务院特种设备安全监督管理部门许可方可制造。

爆破片是高压密闭装置（压力容器、设备及管道）防超压的安全附件之一。其作用犹如电器设备上的保险丝，本身的破坏保护了设备整体的安全。爆破片在设备处于正常操作时是密闭的。一旦超压，膜片本身立即爆破，超压介质迅速泄放，直至与环境压力相等，从而保护装置本身免受损伤。

安全阀是压力容器安全装置中一种应用最广泛的形式。当压力容器中介质压力由于某种原因而升高超过规定值时，阀门自动开启，继而全量排放，以防止压力继续升高；当介质压力由于安全阀的排放而降低，达到另一规定值时，阀门又自动关闭，阻止介质继续排出。当介质压力处于正常工作压力时，阀门保持关闭和密封状态。

爆破片和安全阀的特点对比如表 5-1 所示。

5.1.7 压力容器的安全使用与管理

正确和合理地使用压力容器，是提高压力容器安全可靠性，保证压力容器安全运行的重要条件。为了实现压力容器管理工作的制度化、规范化，有效地防止或减少事故的发生，国务院颁布了《锅炉压力容器安全监察暂行条例》，原劳动部颁发了《压力容器安全技术监察规程》、《在用压力容器检验规程》等一系列法规，对压力容器安全使用管理提出了明确的内容和严格的要求。

(1) 使用登记的规定

① 使用压力容器的个人应按规定办理压力容器使用登记手续。未办理登记的不得擅自

使用。所有压力容器必须办理特种设备使用登记证,压力容器的使用登记证仅在压力容器定期检验合格期间有效。

表 5-1 爆破片和安全阀的特点对比

	对比项	爆破片	安全阀
结构形式	品种	多	较少
	基本结构	简单	复杂
适用范围	口径范围	$\phi 3 \sim 1000mm$	大口径或小口径均困难
	压力范围	几十毫米汞柱至几千大气压力	很低压力或高压均困难
	温度范围	$-250 \sim 500℃$	低温或高温均困难
	介质腐蚀性	可选用各种耐腐蚀材料或可做简单防护	选用耐腐蚀材料有限防腐蚀结构复杂
	介子黏稠、有沉淀、有结晶等	不影响动作	明显影响动作
	对温度敏感性	高温动作时压力降低、低温下动作时压力升高均较明显	不很敏感
	工作压力与动作压力差值	较大	较小
	经常超压的场合	不适用	适用
防超压动作	动作特点	一次性爆破	泄压后可以复位,多次用
	灵敏性	惯性小,急剧超压时反应迅速	不很及时
	正确性	一般为±5%	波动幅度大
	可靠性	一旦受损伤,爆破压力降低	甚至不起跳,或不闭合
	密闭性	无泄漏	可能泄漏
	动作后造成的损失	较大,必须更换后恢复生产	较小,复位后生产正常进行
维护与更换		简单	较复杂

② 有压力容器的实验室必须建立《压力容器技术档案》及使用登记本,每年应将压力容器数量和使用情况进行统计。

(2) 培训和维护

① 使用压力容器的实验室的技术负责人必须对压力容器的安全技术管理负责,并根据设备的数量和对安全性能的要求。负责组织对使用压力容器的学生进行培训。

② 压力容器使用单位应做好压力容器运行、维修和安全附件校验情况的检查,做好压力容器检验、维修改造和报废等技术审查工作。压力容器的重大修理、改造方案应报上级安全监察机构审查批准。

(3) 压力容器管理责任制

使用压力容器实验室除由主要技术负责人对压力容器的安全技术管理负责外,还应根据实验室所使用容器的具体情况,设专职或兼职人员,负责压力容器的安全技术管理工作。压力容器的专职管理人员应在技术总负责人的领导下认真履行下列的职责。

① 具体负责压力容器的安全技术管理工作,贯彻执行国家有关压力容器的管理规范和安全技术规定。

② 参加新进压力容器的验收和试运行工作。

③ 编制压力容器的安全管理制度和安全操作规程。

④ 负责压力容器的登记、建档及技术资料的管理和统计上报工作。

⑤ 监督检查压力容器的操作、维修和检验情况。
⑥ 负责组织对压力容器操作人员进行安全技术培训和技术考核及仪器使用证的发放工作。

(4) 压力容器操作责任制

每台压力容器都应有专职的操作人员。压力容器专职操作人员应具有保证压力容器安全运行所必需的知识和技能。并通过技术考试达到合格。压力容器操作人员应履行以下职责。
① 按照安全操作规程的规定，正确操作使用压力容器。
② 认真填写操作记录。
③ 做好压力容器的维护保养工作，使压力容器经常保持良好的工作状态。
④ 经常对压力容器的运行情况进行检查，发现操作条件不正常时及时向上级报告。
⑤ 对任何有害压力容器安全运行的违章指挥，应拒绝执行。
⑥ 努力学习业务知识，不断提高操作技能。

(5) 压力容器安全操作规程

为了保证压力容器的正确使用，防止因盲目操作而发生事故，教师在指导学生使用时，要先按实验要求和压力容器的技术性能制定压力容器安全操作规程。安全操作规程至少应包括以下的内容。
① 压力容器的操作工艺控制指标，包括最高工作压力、最高或最低工作温度、压力及温度波动幅度的控制值等。
② 压力容器的岗位操作法，开、停机的操作程序和注意事项。
③ 压力容器运行中日常检查的部位和内容要求。
④ 对压力容器运行中可能出现的异常现象的判断和处理方法以及防范措施。
⑤ 压力容器的防腐措施和停用时的维护保养方法。

(6) 注意事项

① 压力容器应平稳操作。压力容器开始加压时，速度不宜过快，要防止压力的突然上升。高温容器或工作温度低于 0℃ 的容器，加热或冷却都应缓慢进行，尽量避免操作中压力的频繁和大幅度波动。避免运行中容器温度的突然变化。
② 压力容器严禁超温、超压下运行。工作中液化瓶严禁超量装载，并防止意外受热。随时检查安全附件的运行情况，保证其灵敏可靠。
③ 严禁带压拆卸压紧螺栓。
④ 坚持压力容器运行期间的巡回检查及时发现操作中或设备上出现的不正常状态，并采取相应的措施进行调整以消除这种不正常状态。检查内容应包括工艺条件、设备状况及安全装置等方面。
⑤ 正确处理紧急情况。

5.2 反应釜安全

5.2.1 反应釜及其分类

反应釜的广义理解即有物理或化学反应的容器，通过对容器的结构设计与参数配置，实现工艺要求的加热、蒸发、冷却及低高速的混配功能。

反应釜广泛应用于医药生产过程，用来完成硫化、硝化、氢化、烃化、聚合、缩合等工艺过程，例如反应器、反应锅、分解锅、聚合釜等；反应釜的材质一般有碳锰钢、不锈钢、锆、镍基（哈氏、蒙乃尔、因康镍）合金及其他复合材料。

反应釜的广义理解即有物理或化学反应的不锈钢容器，根据不同的工艺条件需求进行容器的结构设计与参数配置，设计条件、过程、检验及制造、验收需依据相关技术标准，以实现工艺要求的加热、蒸发、冷却及低高速的混配反应功能。压力容器必须遵循《钢制压力容器》（GB 150），常压容器必须遵循《钢制焊接常压容器》（NB/T 47003.1—2009）。随之反应过程中的压力要求对容器的设计要求也不尽相同。生产必须严格按照相应的标准加工、检测并试运行。不锈钢反应釜根据不同的生产工艺、操作条件等不尽相同，反应釜的设计结构及参数不同，即反应釜的结构样式不同，属于非标的容器设备。

反应釜是综合反应容器，根据反应条件对反应釜结构功能及配置附件的设计。从开始的进料-反应-出料均能够以较高的自动化程度完成预先设定好的反应步骤，对反应过程中的温度、压力、力学控制（搅拌、鼓风等）、反应物/产物浓度等重要参数进行严格的调控。其结构一般由釜体、传动装置、搅拌装置、加热装置、冷却装置、密封装置组成。相应配套的辅助设备为分馏柱、冷凝器、分水器、收集罐、过滤器等。

反应釜材质一般有碳锰钢、不锈钢、锆、镍基（哈氏、蒙乃尔）合金及其他复合材料。反应釜可采用 SUS304、SUS316L 等不锈钢材料制造。搅拌器有锚式、框式、桨式、涡轮式、刮板式，组合式，转动机构可采用摆线针轮减速机、无级变速减速机或变频调速等，可满足各种物料的特殊反应要求。密封装置可采用机械密封、填料密封等密封结构。加热、冷却可采用夹套、半管、盘管、米勒板等结构，加热方式有蒸汽、电加热、导热油，以满足耐酸、耐高温、耐磨损、抗腐蚀等不同工作环境的工艺需要。而且可根据用户工艺要求进行设计、制造。

反应釜的分类方式如下。

① 按照加热/冷却方式，反应釜可分为电加热、热水加热、导热油循环加热、远红外加热、外（内）盘管加热等，夹套冷却和釜内盘管冷却等。加热方式的选择主要跟化学反应所需的加热/冷却温度，以及所需热量大小有关。

② 根据釜体材质可分为碳钢反应釜、不锈钢反应釜及搪玻璃反应釜（搪瓷反应釜）、钢衬反应釜。

- 碳钢反应釜

适用范围：不含腐蚀性液体的环境，比如某些油品加工。

- 不锈钢反应釜（KCFD 系列高压反应釜）

适用的范围：适用于石油、化工、医药、冶金、科研、大专院校等部门进行高温、高压的化学反应试验，用来完成水解、中和、结晶、蒸馏、蒸发、储存、氢化、烃化、聚合、缩合、加热混配、恒温反应等工艺过程，对黏稠和颗粒的物质均能达到高搅拌的效果。

- 搪玻璃反应釜

适用的范围：广泛地应用在石油、化工、食品、医药、农药、科研等行业。

- 钢衬 PE 反应釜

适用的范围：适用酸、碱、盐及大部分醇类。适用液态的食品以及药品的提炼。是衬胶、玻璃钢、不锈钢、钛钢、搪瓷、塑焊板的理想换代品。

- 钢衬 ETFE 反应釜

适用的范围：防腐性能极其优良，能抗各种浓度的酸、碱、盐、强氧化剂、有机化合物及其他所有强腐蚀性化学介质。

③ 按照工作时内压可分为常压反应釜、正压反应釜，副压反应釜。

④ 按照搅拌形式，可分为桨叶式、锚桨式、框式、螺带式、涡轮式、分散盘式、组合式等。

⑤ 按照传热结构，可分为夹套式、外半管式、内盘管式及组合式。

反应釜由釜体、釜盖、夹套、搅拌器、传动装置、轴封装置、支承等组成。搅拌装置在高径比较大时，可用多层搅拌桨叶，也可根据用户的要求任意选配。釜壁外设置夹套，或在器内设置换热面，也可通过外循环进行换热。支承座有支承式或耳式支座等。转速超过160转以上宜使用齿轮减速机。开孔数量、规格或其他要求可根据用户要求设计、制作。

5.2.2 反应釜安全使用注意事项

反应釜是一种反应设备，在操作的时候一定要注意，否则会因为很多原因造成损坏，导致生产被迫停止。反应釜的操作要注意以下很多方面。

① 一定要严格地按照规章制度去操作反应釜。

② 在操作前，应仔细检查有无异常，在正常运行中，不得打开上盖和触及板上之接线端子，以免触电；严禁带压操作；用氮气试压的过程中，仔细观察压力表的变化，达到试压压力，立即关闭氮气阀门开关；升温速度不宜太快，加压亦应缓慢进行，尤其是搅拌速度，只允许缓慢升速。

③ 釜体加热到较高温度时，不要和釜体接触，以免烫伤；实验完应该先降温，不得速冷，以防过大的温差压力造成损坏。同时要及时地拔掉电源。

④ 反应釜使用后要注意维修保养，这样高压釜才能有更好的使用寿命。

5.2.3 反应釜安装、操作规范

① 高压釜应放置在室内。在装备多台高压釜时，应分开放置。每间操作室均应有直接通向室外或通道的出口，应保证设备地点通风良好。

② 在装釜盖时，应防止釜体釜盖之间密封面相互磕碰。将釜盖按固定位置小心地放在釜体上，拧紧主螺母时，必须按对角、对称地分多次逐步拧紧。用力要均匀，不允许釜盖向一边倾斜，以达到良好的密封效果。

③ 正反螺母联接处，只准旋动正反螺母，两圆弧密封面不得相对旋动，所有螺母纹联接件有装配时，应涂润滑油。

④ 针型阀系线密封，仅需轻轻转动阀针，压紧密封面，即可达到良好的密封效果。

⑤ 用手盘动釜上的回转体，检查运转是否灵活。

⑥ 控制器应平放于操作台上，其工作环境温度为 10~40℃，相对湿度小于 85%，周围介质中不含有导电尘埃及腐蚀性气体。

⑦ 检查面板和后板上的可动部件和固定接点是否正常，抽开上盖，检查接插件接触是否松动，是否有因运输和保管不善而造成的损坏或锈蚀。

⑧ 控制器应可靠接地。

⑨ 连接好所有导线，包括电源线、控制器与釜间的电炉线、电机线及温度传感器和测

速器导线。

⑩ 将面板上"电源"空气总开关合上，数显表应有显示。

⑪ 在数显表上设定好各种参数（如上限报警温度、工作温度等），然后按下"加热"开关，电炉接通，同时"加热"开关上的指示灯亮。调节"调压"旋钮，即可调节电炉加热功率。

⑫ 按下"搅拌"开关，搅拌电机通电，同时"搅拌"开关上的指示灯亮，缓慢旋动"调速"旋钮，使电机缓慢转动，观察电机是否为正转，无误时，停机挂上皮带，再重新启动。

⑬ 操作结束后，可自然冷却、通水冷却或置于支架上空冷。待温降后，再放出釜内带压气体，使压力降至常压（压力表显示零），再将主螺母对称均等旋松，再卸下主螺母，然后小心地取下釜盖，置于支架上。

⑭ 每次操作完毕，应清除釜体、釜盖上残留物。主密封口应经常清洗，并保持干净，不允许用硬物或表面粗糙物进行擦拭。

5.2.4 反应釜维护安全事项

① 装置接地：反应釜应安装在符合防爆要求的高压操作室内，在装备多台反应釜时，应分开放置，每两台之间应用安全的防爆墙隔开，每间操作室均应有通向室外的通道和出口，当存在易爆介质时应保证设备地通风良好。

② 打开包装后检查设备有无损坏，根据设备型号按结构图将设备安装起来，所配备件按照装箱单查清。加热方式如果是导热油电加热，请按照使用温度购买相应型号的导热油（注意：导热油绝对不允许含有水分）加入，加入时将夹套上部的加油口打开并将夹套中上部的油位口打开。通过加油口往里加油，待油位口流油时即可；后将油位口拧死，勿将加油口拧死以免产生压力。

③ 釜体、釜盖的安装及密封：釜体和釜盖采用垫片或锥面与圆弧面的线接触，通过拧紧主螺母使它们相互压紧，达到良好的密封效果。拧紧螺母时，必须对角对称，多次逐步加力拧紧，用力均匀，不允许釜盖向一边倾斜，以达到良好的密封效果。在拧紧主螺母时，不得超过规定的拧紧力矩 40～120N·m 范围，以防密封面挤坏或超负荷磨损。对密封面应特别加以爱护，每次安装之前用比较柔软的纸或布将上下密封面擦拭干净，特别注意不要将釜体、釜盖密封面碰出疤痕。若合理操作，可使用上万次以上。密封面破坏后，需重新加工修复方可达到良好的密封性能。拆卸釜盖时应将釜盖上下缓慢抬起，防止釜体与釜盖之间的密封面相互碰撞。如果密封是采用垫片（四氟、铝垫、铜垫、石棉垫等）密封，通过拧紧主螺母便能达到良好的密封效果。

④ 阀门、压力表、安全阀的安装通过拧紧正反螺母，即达到密封的效果，连接两头的圆弧密封面不得相对旋转，对所有螺丝连接件在装配时，均须涂抹润滑剂或油料调和的石墨，以免咬死。阀门的使用：针形阀系线密封，仅需轻轻转动阀针，压紧密封面即能达到良好的密封性能，禁止用力过大，以免损坏密封面。

⑤ 设备安装好后，通入一定量的氮气保压 30min，检查有无泄漏，如发现有泄漏请用肥皂沫查找管路、管口泄漏点，找出后放掉气体拧紧，再次通入氮气保压试验，确保无泄漏后开始正常工作。

⑥ 当降温冷却时，可用水经冷却盘管进行内冷却，禁止速冷，以防过大的温差应力，

造成冷却盘管、釜体产生裂纹。工作时当釜内温度超过100℃时，磁力搅拌器与釜盖间的水套应通冷却水，保证水温小于35℃，以免磁钢退磁。

⑦ 安全装置：采用正拱型金属爆破片，材质为不锈钢，按国家标准《拱形金属爆破片技术条件》（GB 567—89）制造，出厂时已试验好，不得随意调整。如果已爆破，需重新更换，更换期限由使用单位根据本单位的实际情况确定，对于超过爆破片标定爆破压力而未爆破的应更换，经常使用最好不超过爆破片的下限压力的80%，更换时应注意爆破片凸面向上。

⑧ 反应完毕后，先进行冷却降温，再将釜内的气体通过管路泄放到室外，使釜内压力降至常压，严禁带压拆卸，再将主螺栓、螺母对称地松开卸下，然后小心地取下釜盖（或升起釜盖）置于支架上，卸盖过程中应特别注意保护密封面。

⑨ 釜内的清洗：每次操作完毕用清洗液（使用清洗液应注意避免对主体材料产生腐蚀）清除釜体及密封面的残留物，应经常清洗并保持干净，不允许用硬物质或表面粗糙的物品进行清洗。

5.2.5 反应釜典型危害及事故特点

反应釜的危险性主要有以下几个方面。

(1) 物料问题

反应釜中的物料大多属于危险化学品。如果物料属于自燃点和闪点较低的物质，一旦泄漏后，会与空气形成爆炸性混合物，遇到点火源（明火、火花、静电等），可能引起火灾爆炸；如果物料属于毒害品，一旦泄漏，可能造成人员中毒窒息。

(2) 设备装置的制造问题

反应釜设计不合理、设备结构形状不连续、焊缝布置不当等，可能引起应力集中；材质选择不当，制造容器时焊接质量达不到要求，以及热处理不当等，可能使材料韧性降低；容器壳体受到腐蚀性介质的侵蚀，强度降低或安全附件缺失等，均有可能使容器在使用过程中发生爆炸。

(3) 反应失控引起火灾爆炸

许多化学反应，如氧化、氯化、硝化、聚合等均为强放热反应，若反应失控或突遇停电、停水，造成反应热蓄积，反应釜内温度急剧升高、压力增大，超过其耐压能力，会导致容器破裂。物料从破裂处喷出，可能引起火灾爆炸事故；反应釜爆裂导致物料蒸气压的平衡状态被破坏，不稳定的过热液体会引起二次爆炸（蒸气爆炸）；喷出的物料再迅速扩散，反应釜周围空间被可燃液体的雾滴或蒸气笼罩，遇点火源还会发生三次爆炸（混合气体爆炸）。导致反应失控的主要原因有：反应热未能及时移出，反应物料没有均匀分散和操作失误等。

(4) 反应容器中高压物料窜入低压系统引起爆炸

与反应容器相连的常压或低压设备，由于高压物料窜入，超过反应容器承压极限，从而发生物理性容器爆炸。

(5) 水蒸气或水漏入反应容器发生事故

如果加热用的水蒸气、导热油，或冷却用的水漏入反应釜、蒸馏釜，可能与釜内的物料发生反应，分解放热，造成温度压力急剧上升，物料冲出，发生火灾事故。

(6) 容器受热引起爆炸事故

反应容器由于外部可燃物起火，或受到高温热源热辐射，引起容器内温度急剧上升，压力增大发生冲料或爆炸事故。

(7) 物料进出容器操作不当引发事故

很多低闪点的甲类易燃液体通过液泵或抽真空的办法从管道进入反应釜,这些物料大多数属绝缘物质,导电性较差,如果物料流速过快,会造成积聚的静电不能及时导除,发生燃烧爆炸事故。

以上事故和爆炸原因,充分说明了反应釜安全操作的重要性,因为绝大部分的事故都是由于反应釜的操作和使用不当造成的事故。

5.3 气瓶安全

5.3.1 气瓶的定期检验

气瓶使用单位应主动积极地配合充装单位对气瓶进行定期检验,以防止气瓶在运输和使用中发生事故。

(1) 钢质无缝气瓶

钢质无缝气瓶定期检验的周期为:盛装惰性气体的气瓶,每5年检验一次;盛装腐蚀性气体的气瓶、潜水气瓶以及常与海水接触的气瓶,每2年检验1次;盛装一般性气体的气瓶,每3年检验1次。使用年限超过30年的应予报废处理。

(2) 钢质焊接气瓶

盛装一般气体的气瓶,每3年检验1次,使用年限超过30年应报废;盛装腐蚀性气体的气瓶,每2年检验1次,使用年限超过12年应予报废。

(3) 铝合金无缝气瓶

盛装惰性气体的气瓶,每5年检验一次;盛装腐蚀性气体的气瓶或在腐蚀性介质(如海水等)环境中使用的,每2年检验1次;盛装其他气体的气瓶,每3年检验1次。

5.3.2 气瓶的颜色标志

气瓶的颜色标记系指气瓶外表面的瓶色、字样、字色和色环,具有识别气瓶种类和防止气瓶锈蚀的作用,色环、字样、防震圈之间,均应保持适当距离。常用气瓶的颜色标志如表5-2所示。

5.3.3 气瓶的储存

① 应置于专用仓库储存,气瓶仓库应符合《建筑设计防火规范》的有关规定。

② 仓库内不得有地沟、暗道,严禁明火和其他热源,仓库内应通风、干燥避免阳光直射、雨水淋湿,尤其是夏季雨水较多,谨防仓库内积水,腐蚀钢瓶。

③ 空瓶与实瓶应分开放置,并有明显的标志,毒性气体气瓶应分室存放并在附近设置防毒用具。

④ 气瓶放置应整齐,佩戴好瓶帽,立放时应妥善固定,横放时头部朝同一方向。

⑤ 盛装发生聚合反应或分解反应气体的气瓶,必须根据气体的性质控制仓库内的最高温度,规定储存期限,并应避开放射线源。

表 5-2 常用气瓶颜色标志一览

序号	充装气体	体色	字样	字色	色环(p 为公称工作压力,MPa)
1	乙炔	白	乙炔不可近火	大红	
2	氢	淡绿	氢	大红	$p=20$,大红单环 $p \geqslant 30$,大红双环
3	氧	淡(酞)蓝	氧	黑	$p=20$,白色单环 $p \geqslant 30$,白色双环
4	氮	黑	氮	淡黄	
5	空气	黑	空气	白	
6	二氧化碳	铝白	液化二氧化碳	黑	$p=20$,黑色单环
7	氨	淡黄	液氨	黑	
8	氯	深绿	液氯	白	
9	氩	银灰	氩	深绿	$p=20$,白色单环
10	氦	银灰	氦	深绿	$p \geqslant 30$,白色双环
11	甲烷	棕	甲烷	白	$p=20$,淡黄色单环 $p \geqslant 30$,淡黄色双环

5.3.4 气瓶的安全使用

① 采购和使用有制造许可证的企业的合格产品,不使用超期未检验的气瓶。

② 用户应到已办理充装注册的单位或经销注册的单位购气,自备瓶应由充装注册单位委托管理,实行固定充装。

③ 气瓶使用前应进行安全状况检查,对盛装气体进行确认,不符合安全技术要求的气瓶严禁入库和使用,使用时必须严格按照使用说明书的要求使用气瓶。

④ 气瓶的放置点,不得靠近热源和明火,应保证气瓶瓶体干燥,可燃、助燃气体瓶与明火的距离一般不小于10m。

⑤ 气瓶立放时,应采取防倾倒的措施。

⑥ 夏季应防止暴晒。

⑦ 严禁敲击、碰撞。

⑧ 严禁在气瓶上进行电焊引弧。

⑨ 严禁用温度超过40℃的热源对气瓶加热,瓶阀发生冻结时严禁用火烤。

⑩ 瓶内气体不得用尽,必须留有剩余压力或重量,永久气体气瓶的剩余压力应不小于0.5MPa;液化气体气瓶应留有不少于0.5%～1.0%规定充装量的剩余气体。

⑪ 在可能造成回流的使用场合,使用设备上必须配置防止倒灌的装置,如单向阀、止回阀、缓冲罐等;气瓶在工地使用或其他场合使用时,应把气瓶放置于专用的车辆上或竖立于平整的地面用铁链等物将其固定牢靠,以避免因气瓶放气倾倒坠地而发生事故。

⑫ 使用中若出现气瓶故障,例如:阀门严重漏气、阀门开关失灵等故障,应将瓶阀的手轮开关转到关闭的位置,再送气体充装单位或专业气瓶检验单位处理。未经专业训练、不了解其瓶阀结构及修理方法的人员不得修理。

⑬ 严禁擅自更改气瓶的钢印和颜色标记。

⑭ 为了避免气瓶在使用中发生气瓶爆炸、气体燃烧、中毒等事故。所有瓶装气体的使用单位,应根据不同气体的性质和国家有关规范标准,制定瓶装气体的使用管理制度以及安全操作规程。

⑮ 使用单位应做到专瓶专用。严禁用户私自改装、擅自改变气瓶外表颜色标志、混装气体，造成事故的，必须追究改装者责任。

⑯ 使用氧气或其他氧化性气体时，凡接触气瓶及瓶阀（尤其是出口接头）的手、手套、减压器、工具等，不得沾染油脂。因为油脂与一定压力的压缩氧或强氧化剂接触后能产生自燃和爆炸。

⑰ 盛装易起聚合反应的气体气瓶，不得置于有放射线的场所。

⑱ 当开启气瓶阀门时，操作者应特别注意缓慢，如果操之过急，有可能引起因气瓶排气而倾倒坠地（卧放时起跳）及可燃、助燃气体气瓶出现燃烧甚至爆炸的事故。

由于瓶阀开启过急过猛，压力高达 15MPa 的气体瞬间内从瓶内排至有限的胶质气带内，因速度快，形成了"绝热压缩"，导致高温、引燃胶质气带的燃烧甚至爆炸。此外，由于猛开瓶阀，气流速度快，因摩擦静电能引发可燃物及助燃物的燃烧（助燃气体的燃烧往往是因有可燃物的存在而发生的）。

5.3.5 短途搬运气瓶的注意事项

① 气瓶搬运以前，操作人员必须了解瓶内气体的名称、性质和安全搬运注意事项，并备齐相应的工具和防护用品。

② 三凹心底气瓶在车间、仓库、工地、装卸场地内搬运时，可用徒手滚动，即用一手托住瓶帽，使瓶身倾斜，另一手推动瓶身沿地面旋转，用瓶底边走边滚，但不准拖拽，随地平滚，顺坡竖滑或用脚蹬踢。

③ 气瓶最好是使用稳妥、省力的专用小车（衬有软垫的手推车），单瓶或双瓶放置，并用铁链固牢。严禁用肩扛、背驮、怀抱、臂挟、托举或二人抬运的方式搬运，以避免损伤身体和摔坏气瓶酿成事故。

④ 气瓶应戴瓶帽，最好是戴固定式瓶帽，以避免在搬运距离较远或搬运过程中瓶阀因受力而损坏，甚至瓶阀飞出等事故的发生。

⑤ 气瓶运到目的地后，放置气瓶的地面必须平整，放置时将气瓶竖直放稳并固定牢，方可松手脱身，以防止气瓶摔倒酿成事故。

⑥ 当需要用人工将气瓶向高处举放或需把气瓶从高处放回地面时，必须两人同时操作，并要求提升与降落的动作协调一致，姿势正确，轻举轻放，严禁在举放时抛、扔，在放落时滑摔。

⑦ 装卸气瓶应轻装轻卸，严禁用抛、滑、摔、滚、碰等方式装卸气瓶，以避免因野蛮装卸而发生爆炸事故。

⑧ 气瓶搬运中如需吊装时，严禁使用电磁起重设备。用机械起重设备吊运散装气瓶时，必须将气瓶装入集装箱、坚固的吊笼或吊筐内，并妥善加以固定。严禁使用链绳、钢丝绳捆绑或钩吊瓶帽等方式吊运气瓶，以避免吊运过程中气瓶脱落而造成事故。

⑨ 严禁使用叉车、翻斗车或铲车搬运气瓶。

第 6 章 工业毒物与防毒技术

中毒和窒息是我国制药企业生产过程中最主要的事故类型之一。当前我国制药企业中毒和窒息事故的发生具有其自身特点。从毒源分析可知,一类属于药品生产过程中的原材料,一类则属于药品生产的辅助材料。对于工艺过程日益精细的制药企业来说,具有毒性的原材料、中间体或产品泄漏扩散引发中毒和窒息的事故逐渐减少,但因一些辅助工艺、设施设备故障或操作失误所引发急性中毒和窒息事故的发生频率则不断上升。因此,制药工程专业的学生有必要掌握工业毒物的相关基本概念、常识,并了解一些主要的工业防毒技术和典型的急救措施。在制药过程中,有些工业毒物会引发慢性职业中毒,属于职业危害的范围,相关内容将在本书第 8 章中详细讲解。

6.1 工业毒物的分类及毒性

6.1.1 毒物概述

当有些物质进入机体并积累到一定量时,就会与机体组织和体液发生生物化学或生物物理学作用,扰乱或破坏机体的正常生理功能,进而引起暂时性或永久性的病变,甚至危及生命,这些物质称为毒性物质。工业生产过程中接触到的毒物主要是化学物质,称为工业毒物或生产性毒物。

毒物侵入人体后与人体组织发生化学或物理化学作用,并在一定条件下破坏人体的正常生理机能,引起某些器官和系统发生暂时性或永久性的病变,这种病变叫中毒。而在劳动过程中工业毒物引起的中毒叫职业中毒。

毒物的含义是相对的。一方面,物质只有在特定条件下作用于人体才具有毒性;另一方面,任何物质只要具备了一定的条件,也就可能出现毒害作用。至于职业中毒的发生,则与毒物本身的性质、毒物侵入人体的途径及数量、接触时间及身体状况、防护条件等多种因素有关。

通常,一种物质只有达到中毒剂量时才算是毒物。实际上,任何物质当服用达到中毒剂量时,都可成为有毒物质。如氯化钠日常可作为食用,但一次服用 200~250g 就会致死。此外,毒物的作用条件也很重要,当条件改变时,甚至一般非毒物的物质也会具有毒性,如氮在 900MPa 左右的压力下就会产生显著的麻醉作用。

6.1.2 工业毒物的分类与毒性指标

6.1.2.1 工业毒物分类

(1) 按物理形态分类

① 气体，指在常温常压下呈气态的物质，如氮氧化物、氯气、硫化氢等。

② 液体，包括薄雾和蒸气两方面。薄雾通常为混悬于空气中的液体微滴，如酸雾、喷涂作业中的含溶剂的漆雾等。蒸气一般由液体蒸发和固体升华时所形成，如甲苯、酒精等挥发产生的蒸气。

③ 固体，包括粉尘和烟尘。粉尘一般指直径大于 $0.1\mu m$ 的固体微粒，多为固体物质在机械粉碎、研磨、打砂时形成。烟尘通常指悬浮于空气中直径小于 $0.1\mu m$ 的固体微粒，是某些金属在高温下熔化时产生的。

(2) 按化学类属分类

① 无机毒物，如汞、铬、铍、锰、铅、砷等，氯气、硫化氢、光气等。

② 有机毒物，如苯、四氯化碳、硝基苯、有机磷、有机氯等。

(3) 按毒作用性质分类

按照毒物作用性质分类，工业毒物可分为刺激性毒物、窒息性毒物、麻醉性毒物、全身性毒物。

(4) 综合性分类

在工业防毒技术中，为使用方便，多采用综合性分类，即按毒物的存在形态、作用特点、理化性质等多种因素划分。

① 金属、类金属毒物，如汞、铬、铍、锰、铅、砷等。

② 刺激性或窒息性气体，如氯气、硫化氢、光气等。

③ 有机溶剂类，如苯、四氯化碳等。

④ 苯的氨基、硝基化合物类，如硝基苯、氨基苯、三硝基甲苯等。

⑤ 农药类毒物，如有机磷、有机氯等。

⑥ 高分子化合物类，如塑料、橡胶及树脂类产品等。

6.1.2.2 毒性指标及评价标准

(1) 常用的毒性指标

在毒理学研究中，通常是以动物实验外推应用到人体进行毒性评价，并用以下指标表示毒性程度。

① 剂量，某种物质引起一定毒作用效应的量，以每单位体重摄入的毒物量来表示（mg/kg）。

② 浓度，单位体积空气中含有毒物的量，常用 mg/L 表示。

(2) 毒性物质评价指标

① 绝对致死浓度（剂量），使全部实验动物死亡的毒性物质最低浓度（剂量），记为 LC_{100}（LD_{100}）。

② 50%致死浓度（致死中量），使半数实验动物死亡的毒性物质浓度（剂量），记为 LC_{50}（LD_{50}）。

③ 最小致死浓度（剂量），使染毒动物中个别动物死亡的毒性物质浓度（剂量），记为 MLC（MLD）。

④ 最大耐受浓度（剂量），实验动物全部存活的毒性物质的最大浓度（剂量），记为 LC_0（LD_0）。

⑤ 急性阈剂量或浓度（LMTac），指一次染毒后引起试验动物某种有害作用的毒性物质的最小剂量或浓度。

⑥ 慢性阈剂量或浓度（LMTcb），指长期多次染毒后引起试验动物某种有害作用的毒性物质的最小剂量或浓度。

⑦ 慢性无作用剂量或浓度，指在慢性染毒后试验动物未出现任何有害作用的毒性物质的最大剂量或浓度。

⑧ 极限阈值，一个健康成人在一天内能反复经受的毒物浓度的上限，记为 TLV。

致死浓度和急性阈浓度之间的浓度差距，能够反映出急性中毒的危险性，差距越大，急性中毒的危险性就越小。

急性阈浓度和慢性阈浓度之间的浓度差距，能够反映出慢性中毒的危险性，差距越大，慢性中毒的危险性就越大。

根据嗅觉阈或刺激阈，可估计工人能否及时发现生产环境中毒性物质的存在。

(3) 最高容许浓度

毒物对人体的作用都有一个量的问题，如果进入人体内的毒物剂量不足，则毒性高也不至于引起中毒，所以存在一个阈值浓度（即极限阈值 TLV），只有当毒物的量值超过该浓度时，才会对人产生毒性反应。毒物的量比阈值越低，对人体的作用就越小，人也就越安全。

6.1.3 工业毒性物质的毒性及分级

6.1.3.1 毒物急性毒性分级

工业毒物的毒性大小通常按致死中量 LD_{50}（吸附 2h 的结果）进行分级。据此可将毒物毒性分为：剧毒、高毒、中等毒、低毒和微毒（表 6-1）。

表 6-1 化学物质的急性毒性分级

毒性分级	小鼠一次经口 LD_{50}/(mg/kg)	小鼠吸入染毒 2h 的 LC_{50}/(mg/m^3)	兔经皮的 LD_{50}/(mg/kg)
剧毒	<10	<50	<10
高毒	11~100	51~500	11~50
中等毒	101~1000	501~5000	51~500
低毒	1001~10000	5001~50000	501~5000
微毒	>10000	>50000	>5000

依据毒物对人的可能致死剂量，毒物的毒性分级如下。

① 剧毒：对人的可能致死量为 0.06g。
② 高毒：对人的可能致死量为 4g。
③ 中等毒：对人的可能致死量为 30g。
④ 低毒：对人的可能致死量为 250g。
⑤ 实际无害：对人的可能致死量为 1200g。
⑥ 基本无害：对人的可能致死量 >1200g。

6.1.3.2 职业性接触毒物危害程度分级

职业性接触毒物系指工人在生产中接触以原料、产品、半产品、中间体、反应副产物和杂质等形式存在，并在操作时可经呼吸道、皮肤或经口腔进入人体而对健康产生危害的物质。我国常见的工业毒物按危害程度共分为四级，如表6-2所示。表6-3为职业性接触毒物危害程度分级。

表6-2 我国常见的工业毒物毒性危害程度分级

级别及危害程度	半致死量 LD_{50}/(mg/kg)			毒物名称
	呼吸	口摄	皮肤	
极度危害	$LC_{50}<500$	$LD_{50}<100$	$LD_{50}<25$	汞及其化合物、苯、砷及其无机化合物（非致癌物除外）、氯乙烯、铬酸盐和重铬酸盐、黄磷、铍及其化合物、对硫磷、羰基镍、八氟异丁烯、氯甲醚、锰及其无机化合物、氰化物 13种
高度危害	$LC_{50}\geqslant 500$	$LD_{50}\geqslant 100$	$LD_{50}\geqslant 25$	三硝基甲苯、铅及其化合物、二硫化碳、氯、丙烯腈、四氯化碳、硫化氢、甲醛、苯胺、氟化氢、五氯酚及其钠盐、镉及其化合物、敌百虫、氯丙烯、钒及其化合物、溴甲烷、硫酸二甲酯、金属镍、甲苯二异氰酸酯、环氧氯丙烷、砷化氢、敌敌畏、光气、氯丁二烯、一氧化碳、硝基苯 26种
中度危害	$LC_{50}<2000$	$LD_{50}<500$	$LD_{50}<500$	苯乙烯、甲醇、硝酸、硫酸、盐酸、甲苯、二甲苯、三氯乙烯、二甲基甲酰胺、六氟丙烯、苯酚、氮氧化物 12种
轻度危害	$LC_{50}\geqslant 2000$	$LD_{50}\geqslant 500$	$LD_{50}\geqslant 500$	溶剂汽油、丙酮、氢氧化钠、四氟乙烯、氨 5种

表6-3 职业性接触毒物危害程度分级

指标		Ⅰ（极度危害）	Ⅱ（高度危害）	Ⅲ（中度危害）	Ⅳ（轻度危害）
急性毒性	吸入 LC_{50}/(mg/m³)	<200	200 以上	2000~20000	≥20000
	经皮 LD_{50}/(mg/kg)	<100	100 以上	500~2500	≥2500
	经口 LD_{50}/(mg/kg)	<25	25~100	500~5000	≥5000
急性中毒发病状况		生产中易发生中毒，后果严重	生产中可发生中毒，愈后良好	偶可发生中毒	迄今未见急性中毒，但有急性影响
慢性中毒患病状况		患病率高（≥5%）	患病率较高（<5%）或症状发生率较高（≥20%）	偶有中毒病例发生或症状发生率较高（≥10%）	无慢性中毒而有慢性影响
慢性中毒后果		脱离接触后，继续进展或不能治愈	脱离接触后，可基本治愈	脱离接触后，可恢复，不致严重后果	脱离接触后，自行恢复，无不良后果
致癌性		人体致癌物	可疑人体致癌物	实验动物致癌物	无致癌性
最高容许浓度 c/(mg/m³)		<0.1	0.1 以上	1.0 以上	>10

6.1.4 生产及环境中有毒物质的存在状态

毒物在生产过程中能以多种形式出现，而且同一化学物质在不同行业或不同生产环节呈现的形式也各有不同。

(1) 毒物在生产过程中的存在形式

毒物在生产过程中的主要存在形式包括：原料、中间产品（中间体）、辅助材料、成品、副产品或废弃物、夹杂物。

此外，生产过程中的毒物也可以以分解产物或"反应产物"的形式出现。例如，磷化铝遇湿自然分解产生磷化氢；用四氯化碳灭火器消防时，四氯化碳与明火或灼热金属物体接触时氧化生成光气。

(2) 毒物在生产环境中的存在形态

在生产环境中,生产性毒物可以以固体、液体、气体或气溶胶的形态存在,但就其对人体的危害来说,则以空气污染具有特别重要的意义;当以固体、液体两种形态存在时,如果不挥发,又不经皮肤进入,则问题较小。

6.2 工业毒物的危害

6.2.1 有毒物质进入人体的途径

毒物可经呼吸道、消化道和皮肤进入体内(图 6-1)。在工业生产中,毒物主要经呼吸道和皮肤进入体内,亦可经消化道进入,但比较次要。

(1) 经呼吸道进入人体

呼吸道是工业生产中毒物进入体内的最重要的途径。经研究证明,在全部职业中毒病例中,有 95% 是由于工矿企业空气中的蒸气、烟雾、粉尘等各种有毒物质,经呼吸道侵入引起的。人体肺泡表面积约 90~160m^2,每天吸入空气约 12m^3(约 15kg)。空气在肺泡内流速慢,接触时间长,肺泡上有大量的毛细血管且壁薄,这些都有利于有毒气体、蒸气以及液体和粉尘的迅速吸入,而后由血液分布到全身各个器官而造成中毒。吸入的毒物越多,中毒就越厉害。

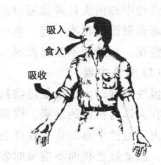

图 6-1 有毒物质进入人体的途径

从鼻腔至肺泡整个呼吸道各部分的结构是不同的,因此,对毒物的吸收程度就不一样,越入深部,表面积越大,停留时间越长,吸收量越大。劳动强度、环境温度、湿度、接触毒物的条件和毒物的性能等因素,都将对吸收量有影响。肺泡内的二氧化碳,也能增加某些物质的溶解度,从而促进毒物的吸收。

(2) 经皮肤进入人体

有些毒物可透过无损皮肤和经毛囊的皮脂腺被吸收。经表皮进入体内的毒物要经三种屏障:第一道是皮肤的角质层,一般相对分子质量大于 300 的物质,不易透过无损的皮肤;第二道是位于表角质层下面的连接角质层,其表皮细胞,富有固醇磷脂,它能阻碍水溶性毒物的通过,而让脂溶性毒物透过,并扩散,经乳头毛细血管而进入血液;第三道是表皮与真皮连接处的基膜。脂溶性毒物经表皮吸收后,还需有水溶性才能进一步扩散和吸收。因此,水、脂都溶的物质(如苯胺)易被皮肤吸收。仅仅脂溶而水溶极微的苯,经皮肤吸收量较少。

毒物经皮肤进入毛囊后,可绕过表皮的屏障直接透过皮脂腺细胞和毛囊壁而进入真皮,再从下面向表皮扩散。但这个途径不如表皮吸收重要。

如果表皮屏障的完整性被破坏,如外伤、灼伤等,可促进毒物的吸收。黏膜吸收毒物的能力远较皮肤强,部分粉尘可以通过黏膜吸收。

(3) 经消化道进入人体

许多毒物可通过口腔进入消化道被吸收。胃肠道的酸碱度是影响毒物吸收的重要因素。

胃内食物能促进或阻止毒物通过胃壁的吸收。胃液是酸性的，则具有阻止电离作用，因而增加其吸收。胃内的食物、蛋白质和黏液蛋白类等，则可减少毒物的吸收。

小肠吸收毒物的重要原因是肠内碱性环境和较大的吸收面积。弱碱性毒物在胃内不易被吸收，当到小肠后，就转化为非电离物质被吸收。

小肠内分布不少酶系统，可使与毒物结合的蛋白质或脂肪的分解，从而释放出游离的毒物而促进其吸收。在小肠内，物质可经细胞壁直接透入细胞。此种吸收方式，对毒物的吸收起重要作用，特别是对大分子的吸收。

6.2.2 有毒物质对人体的危害

毒物对人体产生的损害主要有急性中毒、慢性中毒、致癌作用、致突变作用和致畸胎作用。

(1) 急性中毒

急性中毒由大量毒物短时间侵入人体所造成，大多因毒物泄漏事故、无防护进入有毒环境或者误服误用毒物引起。急性中毒往往发病突然，主要有呕吐、呼吸困难、头晕头痛、昏迷等症状，如抢救不及时极易造成死亡。

(2) 慢性中毒

慢性中毒是由于少量毒物持续或经常地侵入人体内而逐渐发生。慢性中毒的发生是由于毒物在人体内积蓄的结果，因此凡具有积蓄性的毒物，都可能引起慢性中毒，如汞、铅、砷等。由于慢性中毒的症状往往在几个月、几年、甚至多年后才出现，而且早期症状往往都很轻微，故常被忽视而不能及时发觉。因此，在工业生产中预防慢性职业中毒问题也是至关重要的。

(3) 致癌作用

随着科学技术和工业生产的发展，进入到环境中的致癌物也越来越多。据报道，人类的癌 80% 以上是由于环境因素引起的，目前已知的化学致癌毒物约有 1100 种之多。这些致癌物质作用于机体的方式有直接作用和间接作用两种。多数化学致癌毒物属于间接作用。它们进入人体后，经过一系列代谢，一部分被排出体外；另一部分则变为具有致癌作用的中间产物，与细胞内的大分子（如核糖、核酸、蛋白质等）结合，从而构成致癌物。

(4) 致突变作用

毒物可导致生物遗传基因的突变，导致长远的遗传影响。突变作用的潜在危害并不一定马上表现出来，有可能在隐性状态经历几代后才出现。突变作用可以发生在生殖细胞，也可以发生在体细胞。生殖细胞发生突变可导致不育，胚胎死亡、流产、出现畸形或引起其他遗传性疾病；体细胞的突变，一般认为就是癌症。最新研究表明，很多致突变物质能引起癌症，同时很多致癌物质又可致突变。

(5) 致畸胎作用

受精卵在发育过程中，主要是在胚胎的器官分化发育的敏感时期，由于接触了某种化学毒物或受物理因素的刺激，影响器官的分化发育，导致形成程度轻重不同的畸形胎儿。

6.2.3 有毒物质作用于有机体的方式及中毒机理

6.2.3.1 作用方式

毒物在未被吸收以前，首先在接触的部位出现作用，由于直接刺激了周围末梢神经感受器，便引起了不同的毒性反应，如毒物刺激了消化道，便引起恶心、呕吐；毒物刺激了眼睛，便引起了流泪；腐蚀性毒物对局部表现刺激及腐蚀现象。

毒物被吸收后，便对机体的组织或器官产生毒性作用。由于机体的各种组织和细胞，不仅具有形态上的不同，而且其生化过程也各有其特点，这些特点便使毒物对机体的组织或器官发生选择性侵害作用。

6.2.3.2 毒物引起机体中毒的机理

(1) 缺氧

毒物引起缺氧的原因如下。

① 破坏了呼吸机能。如抑制或麻痹了呼吸中枢，或由于毒物引起喉头水肿等。

② 引起血液成分的改变。如发生变性血红蛋白血症以及溶血等。

③ 使机体组织的呼吸抑制。如氰化物、硫化氢中毒等。

④ 引起心血管机能的破坏。如对毛细血管及心肌的影响导致休克等。

(2) 对酶的影响

大部分毒物是通过对酶系统的作用而引起中毒的，其作用如下。

① 破坏酶的蛋白质部分的金属或活性中心，例如氰化物抑制细胞色素氧化酶 Fe^{2+}，而一氧化碳抑制细胞色素氧化酶 Fe^{3+}，从而破坏酶蛋白质分子中的金属，使细胞发生窒息。

② 毒物与基质竞争同一种酶而产生抑制作用，例如在三羧酸循环中，由于丙二酸结构与琥珀酸相似，因而可以抑制琥珀酸脱氢酶。

③ 与酶的激活剂作用，例如氟化物可与 Mg^{2+} 形成复合物，结果使 Mg^{2+} 失去激活磷酸葡萄糖变位酶的作用。

④ 去除辅酶，例如铅中毒时，造成烟酸的消耗增多，结果使辅酶Ⅰ和辅酶Ⅱ均减少，从而抑制了脱氢酶的作用。

⑤ 与基质直接作用例如氟乙酸可直接与柠檬酸结合形成氟柠檬酸，从而阻断三羧酸循环的继续进行。

(3) 对传导介质的影响

有的毒物，特别是有机磷化合物，可抑制体内的胆碱酯酶，使组织中乙酰胆碱过量蓄积，使一系列以乙酰胆碱为传导介质的神经处于过度兴奋状态，最后转为抑制和衰竭。例如四氯化碳中毒时，首先作用于中枢神经系统，使之产生交感神经冲动，引起体内大量释放儿茶酚胺（一种神经类物质）、肾上腺素、去甲肾上腺素等，导致内脏血管收缩引起供血不足，中毒数小时后即可出现肝、肾损害。

(4) 毒物通过竞争作用引起中毒

比较典型的例如一氧化碳进入人体后，可与氧竞争血红蛋白，而形成碳氧血红蛋白，破坏了正常的输氧功能。

(5) 毒物通过破坏核糖核酸的代谢引起中毒

比较典型的例如芥子气即是通过破坏核糖核酸的代谢而引起机体中毒的。

6.2.4 职业中毒对人体系统及器官的损害

(1) 神经系统

毒物可损伤运动神经、感觉神经，引起周围神经病，常见于砷、铅等中毒。震颤常为锰中毒及一氧化碳中毒后损伤锥体外系出现的症状。慢性中毒早期常见神经衰弱综合征，脱离毒物接触后可逐渐恢复。重症中毒时可发生中毒性脑病及脑水肿。

(2) 呼吸系统

一次大量吸入某些气体可突然引起窒息。

吸入刺激性气体可引起鼻炎、咽炎、喉炎、气管炎、支气管炎等呼吸道炎症。吸入大量刺激性气体可引起严重的呼吸道病变、化学性肺水肿和化学性肺炎。

某些毒物可导致哮喘发作，如二异氰酸甲苯酯。

长期接触某些刺激性气体可引起肺纤维化、肺气肿，导致气体交换障碍、呼吸功能衰竭。

(3) 血液系统

很多毒物能够对血液系统造成损害，通常表现为贫血、出血、溶血、高铁血红蛋白血症等，例如以下几点。

铅可影响血红素的合成，临床上常表现为低血色素性贫血。

苯可抑制骨髓造血功能，表现为白细胞和血小板减少，甚至全血减少，成为再生障碍性贫血；苯还可导致白血病。

砷化氢可引起急性溶血，出现血红蛋白尿。

亚硝酸盐类及苯的氨基、硝基化合物可引起高铁血红蛋白血症；一氧化碳中毒可产生碳氧血红蛋白血症，导致组织缺氧。

(4) 消化系统

经消化系统进入人体的毒物可直接刺激、腐蚀胃黏膜产生绞痛、恶心、呕吐、食欲不振等症状。

由于毒物作用特点不同，表现也不同。汞盐、三氧化二砷等经口急性中毒引起急性胃肠炎；铅及铊中毒引起腹绞痛；一些毒物可引起牙龈炎、牙龈色素沉着、牙酸蚀症、氟斑牙。许多亲肝性毒物，如四氯化碳、三硝基甲苯等，可引起急性或慢性肝病。

(5) 泌尿系统

汞、镉、铀、铅、四氯化碳、砷化氢等可引起肾损害，常见的临床类型有：急性肾功能衰竭、肾小管综合征、肾病综合征等。

(6) 循环系统

例如毒物会导致急性心肌损害、心律失常、肺源性心脏病等。

(7) 其他

生产性毒物还可引起皮肤、眼损害、骨骼病变及烟尘热等。如有毒物质接触到皮肤后，会导致皮肤瘙痒、皮炎、湿症等；接触到眼睛后易造成接触性眼部损伤、中毒性眼部损伤等。

6.2.5 有毒物质对机体作用的影响因素

(1) 毒物自身特性

1) 化学结构

毒物的毒性与其化学结构有密切关系。

① 在碳水化合物的某些同系物中，其毒性随着碳原子数的增加而增大，如丁醇、戊醇的毒性比酒精（乙醇）和丙醇要大。

② 在不饱和的碳氢化合物中，其毒性与不饱和的程度有一定关系，不饱和的程度越大，其毒性也就越大，如乙炔的毒性比乙烯和乙烷要大。

③ 在卤代烃化合物中，卤族元素取代的氢越多，其毒性越大，如四氯化碳的毒性比三氯甲烷、二氯甲烷和一氯甲烷都大。

2) 理化特性

化学毒物的理化特性如溶解度、分散度和挥发性等与毒物的吸收及其毒性有很大的关系。

① 溶解度大，毒性相对强。如砒霜（As_2O_3）与雌黄（As_2S_3），前者的溶解度大，毒性也剧烈得多。

② 分散度高的毒物，其化学活性大，毒性也强。

③ 化学物质的挥发性常与沸点平行，挥发性大的毒物吸入中毒的危险性大。

毒物进入机体的途径不同，引起中毒的程度和结果就不同。例如，金属汞口服时，其毒性很小，但汞的蒸气由呼吸道吸入时，其毒性作用就很大。

(2) 剂量、浓度及作用时间

毒物毒性再高，进入体内的毒物剂量不足也不会引起中毒。空气中毒物浓度高，接触的时间长，则进入体内的剂量大。

(3) 毒物的联合作用

生产环境中常有数种毒物同时存在而作用于人体，这种联合作用可表现为独立作用、相加作用、增强作用或拮抗作用。如一氧化碳可增强硫化氢的毒性；而曼陀罗与有机磷同时存在时，曼陀罗可抗有机磷的毒性作用。

(4) 生产环境与劳动强度

物理因素与毒物的联合作用日益受到重视。在高温环境下，毒物作用一般比常温条件下大。体力劳动强度大时，毒物吸收多，耗氧量大，使机体对导致缺氧的毒物更敏感。

(5) 机体的机能状态与个体感受性

毒物对机体的作用与神经系统的机能状态有关，当神经系统处于抑制、深睡或麻醉状态时，机体对毒物的敏感性降低。接触同一剂量的毒物，不同个体所出现的反应可迥然不同。

6.3 工业毒物防治技术

人体中毒涵盖的环节主要有毒物源、毒物传播、侵入人体、产生作用、中毒等。如果把整个中毒过程作为如图 6-2 所示的一个整体系统来考虑，中毒过程则可以看成是由几个链环组成的中毒作用链。只要将其中的任何一环破坏，就不会发生中毒。

图 6-2 人体中毒作用链

由此可见，预防工业毒物中毒，需要从消除毒源、切断毒物传播途径和强化个人防护等几个环节入手，以有效的技术防范措施为依托，依法加强管理，杜绝中毒事故的发生。

6.3.1 消除毒源

在整个中毒系统中，消除毒源最为重要，是防止中毒事故发生的最根本措施。在生产过程中不使用毒物为最好，但是这往往办不到，一般采取的措施有以下两种。

6.3.1.1 以无毒低毒代替有毒高毒

以无毒低毒的物料或工艺来代替有毒、高毒的物料或工艺是从根本上解决毒物危害的最好办法，也是今后在防毒工作方面的一个重要科研方向。在各种生产中所使用的物料，只要不是利用其毒性，而是利用其毒性以外的属性，那么就有可能找出新的物料或工艺，以无毒、低毒来代替有毒、高毒。

① 许多化工生产过程是将固体化工原料溶解在有毒的溶剂中，在液体中进行化学反应，反应完成后再把溶剂蒸馏出，得到粗制的化学产品。通过改良工艺，实现"固-固"反应，则可消除有毒溶剂的影响。

② 在油漆喷涂中，经常以苯作为稀释剂稀释油漆，导致喷涂过程的高毒性。无苯稀料是以低毒代替高毒在喷漆方面的应用，通常以醇类（如乙醇）、甲醛酯、丙酮作为苯的代用品。

③ 工业生产中所用的热工仪表，有很大一部分是汞仪表。在其制造、使用和维修时，容易产生中毒。用无汞仪表代替汞仪表是根除汞害的一项重要防毒措施。

④ 传统的电镀工艺在镀 Zn、Cr、Cu、Ag、Au 等金属时，都要用氰化物作络合剂，用量大又是剧毒，槽面还极易散发出剧毒的氢化氰气体。实行无氰电镀，以无毒代替有毒是电镀工艺改革的主要方向，近年来已在镀 Zn、Cu、Ag 等方面已取得一些重要成果。

6.3.1.2 有毒物质的净化

在一些生产过程中，不可避免地会使用一些有毒物质。这就需要采取通风排毒、净化回收等方法消除毒源，以防发生中毒。

(1) 有毒气体的净化回收

毒物侵入人体的三条途径中，以气体通过呼吸道侵入引起的中毒最严重，职业中毒多是由于有毒气体造成的。有毒气体的净化回收，一般有燃烧净化回收、冷凝净化回收、吸收净化回收、吸附净化回收等方法。

(2) 有毒废水的净化处理

化工生产中经常有有毒废水的排出，这些有毒废水需经净化处理后方能排出。常用的有毒废水净化方法有：化学法（化学中和法、化学沉淀法、氧化还原法、分解法等）、物理化学法（吸附法、离子交换法、膜分离法、电解法、浮选法等）以及物理法（重力分离、离心分离、过滤等）。

含铬废水的净化方法有：药剂还原-沉淀法、电解-沉淀法、钡盐法-沉淀法以及离子交换树脂法，泡沫分离（浮选）法、蒸发法和反渗透法等。

含氰废水的净化方法有：碱性氢化法、次氯酸钠法、电解氧化法以及化学络合法、微生物氧化等。

含汞废水的净化方法目前国内应用的有四种：化学沉淀法、离子交换法、活性炭吸附法和电解法。

(3) 消除二次毒源

所谓二次毒源即生产中由挥发性有毒物质或有毒粉料从生产设备中逸出形成的有毒粉尘、蒸气等,如工业中最常见的苯、汞、铅等毒物的逸散。以下是几种常见二次毒源的控制措施。

① 苯类有机物的控制,主要是采取两个措施。

a. 坚持车间清扫制度,及时清除车间里散落的溶剂及含有溶剂的物料。

b. 生产中使用含有溶剂的物料时,要在容器上加盖,并随用随盖。

② 铅烟、铅尘的控制

a. 及时清除二次尘源。

b. 注重铅烟、铅尘的净化处理。

③ 流散汞、吸附汞的捕集消除

a. 颗粒直径大于1mm的流散汞,可用机械方法收集。

b. 直径小于1mm的汞粒,采用化学方法消除。

c. 附在墙壁、天花板和设备表面的吸附汞,用碘熏蒸的方法来消除。

d. 压力计、集汞瓶等敞开容器汞液面的蒸发,可用合适的化学溶液来阻挡。

6.3.2 切断毒物的传播途径

6.3.2.1 设备密闭

密闭就是把设备罩起来上盖,罩严盖实,勿使尘毒处逸。从结构原理上说比较简单,但要求封的严实才能起到密闭效果,在生产条件允许时尽可能使密闭设备内保持负压状态,以提高密闭效果。

(1) 密闭投料出料

密闭的生产设备,投料、出料往往比较困难。在化工生产中常用的方法如下。

① 高位槽、管道输送

用于液体物料,固体物料要化为溶液才能使用高位槽和管道。输送动力使用泵,还可使用计量槽来定量配料。

② 固体使用机械投料

实行机械投料主要是便于使用锁气装置,使设备中的有毒气体会发生外逸。如果不是连续加料,一般在加料后还是用盖封实较好。

③ 粉料真空投料

五硫化二磷、硫黄粉、碱面等投入反应釜,采用软管抽吸入釜的真空投料法,对防止有毒粉尘的飞扬和减轻劳动强度有很好的效果。

④ 密闭出料

最好是管道输送出料,如果用桶接料,则应当将桶放入密闭箱中接料,放完料后将桶加盖,再从密闭箱提出来。

(2) 转动轴的密封

转动轴如果密封不好,设备内的工作介质就会沿转动轴伸出设备之处外泄,造成物料流失,腐蚀厂房,危害工人健康,甚至使设备不能运转,或发生事故。

① 填料函

是最常用的密封装置之一。填料函的密封方法是用填料把转动中的轴抱紧以防泄漏。这种方法不仅摩擦耗损轴功率,而且也往往不能适应温度、压力、转动速度、腐蚀介质等不同的使用要求。

② 机械密封

又称端面密封。是指两块密封元件在垂直于轴线的光洁而平直的表面上相互贴合，并做相对转动而构成密封的装置。

6.3.2.2 自动化隔离操作

隔离操作，就是把操作点与生产设备隔离开来。隔离，可以是把生产设备放在隔离室内，而用排风使隔离室保持负压状态；也可以是把操作地点放在隔离室内，而用送风使隔离室处于正压状态。化工生产中，往往是将生产设备放在隔离室内，而在隔离边上或周围做成操作走廊。

解决既要隔离又要操作或操纵、控制生产设备的问题，最简单的方法是把生产设备的管线阀门、电器开关等安设到隔离室外的操作地点。也可在隔离室开一个可启闭的小窗，伸手进去操作；或用仪表来控制生产，实行自动调节-隔离操作。

自动化系统按其功能分为四类。

① 自动检测系统，是对机器设备及过程自动进行连续检查，把操作的进行情况指示或记录下来的自动化系统。

② 自动操作系统，是对机器设备及过程的启动、停止及交换接通等工序，由自动装置进行操作的自动化系统；

③ 自动调节系统，是通过自动装置的作用，使工艺参数保持在给定数值的自动化系统。

④ 自动信号联锁和保护系统，是机器、设备及过程出现不正常情况时会发出警报或自动采取措施，以防止事故发生，保证安全生产的自动化系统。

上述四种系统都可以用作隔离操作。

自动检测系统和自动操纵系统，主要是使用仪表和操纵机构，调节还需人工，但已是隔离操作或"遥控"，因而用于防毒时常称为"仪表控制"。

自动调节系统，不仅包括检测和操纵，还包括通过参数与给定值的比较和运算而发出的调节作用，因而也称为"自动控制"，通常所称自动化主要是指这一部分。

采用这种仪表控制或隔离操作的防毒措施时，需注意以下几点。

① 应当在生产设备密闭通风的基础上采取隔离操作或仪表控制的措施。否则，敞露操作将使有毒气体弥漫，隔离操作或仪表控制也不起作用。

② 操作中要对生产设备的密闭通风情况及机器动作情况进行巡视或巡回检查，及时检修或消除可能发生的故障。

③ 检修设备时要注意采取临时性的防毒及安全措施，在巡视检查设备时也要注意防毒及安全。

6.3.2.3 加强设备维护管理，消除"跑、冒、滴、漏"现象

有毒物料的"跑、冒、滴、漏"，会造成有毒气体及液体到处污染，以致毒害严重，设备密闭失效。造成"跑、冒、滴、漏"的原因有：设备失修、腐蚀严重、管理不善、清洁卫生不好等。杜绝"跑、冒、滴、漏"，除了加强防腐工作以外，主要是加强设备维修和管理工作。

6.3.3 个体防护与保健措施

从毒物侵入人体三种途径的角度来说，呼吸防护是防止毒物从呼吸道侵入人体；皮肤防护是防止毒物从皮肤侵入人体；个人卫生则是防止毒物从消化道侵入人体。由此可见，个人

防护是综合防毒措施的一个重要方面,是防止有毒气体或粉尘侵入人体的重要防线。

6.3.3.1 皮肤防护

皮肤防护主要是使用皮肤防护用品(防护服、面罩、防护手套等),以免外露皮肤受损。皮肤防护器材是用于保护皮肤,使之免受有毒物质、放射性物质等有害物质沾染和损伤的一种个人防护器材。皮肤防护主要分为以下几种。

(1) 透气式防护服

是在专门制作的布服装上添加化学防护剂,或者用特殊的化学材料制成服装,用于吸附和中和毒剂蒸气。这种透气式防护服对毒剂蒸气有较好的防护作用,但对液态毒剂防护效果不佳。

(2) 隔绝式皮肤防护器材

大体上可分为全身皮肤防护器材和局部防护器材。全身防护器材主要有连身式和两截式的。

连身式防护服专门供进入染毒区工作人员、抢救人员以及洗消人员使用。

两截式防毒衣专供进入染毒区执行任务的人员使用。

皮肤防护不好,长期与有毒、有害物质接触,就会产生皮肤病。比如长期接触沥青,其蒸气和粉尘可通过呼吸道吸入人体而引起病变;通过接触,皮肤也可直接受到沥青的刺激。由于沥青的成分复杂,除沥青外,还含有苯类、萘、蒽、吡啶、酚等物质,均对人体有一定危害。随着社会的发展和对人的不断重视,劳动生产条件也在不断改善。加强劳动保护,减少职业性皮肤病的发生也日益受到重视。

6.3.3.2 呼吸防护

(1) 送风面盔

工作原理是将压缩空气送入工作面盔内以供呼吸,使有毒气体和粉尘不能侵入。使用时要注意的是压缩空气须经清洁过滤和减压,并使面盔内保持正压状态。

另有一种靠本人自吸清洁空气的自吸式软管面具,因是自吸,因此需使用气密良好的面具,而不能用面盔或头罩。

(2) 过滤式防毒面具或口罩

工作原理是面具或口罩安配一个滤毒罐,使含毒空气经滤毒罐过滤后再供呼吸。使用时要注意以下几点。

① 使用前要先检查滤毒罐,型号是否对应,是否已失时效。

② 有毒气体浓度可能超过万分之一时,或者空气中含氧量可能低于16%时,不能使用。

③ 佩戴时要检查面具气密性是否良好,呼吸是否通畅。

(3) 氧气呼吸器

工作原理是以背负式的小氧气瓶供给呼吸,使呼吸与外界含毒空气完全隔绝。

这种呼吸器在有毒气体、特别是有急性中毒危险的气体环境中使用最为安全,因而对于紧急抢修生产设备和中毒事故特别有用。缺点是比较笨重,携带不方便,平日维护保养也较费事。

以过氧化物发生氧气的方法来代替氧气瓶储氧,可使氧气呼吸器的质量降低至 2kg 左右。其作用原理是靠人呼出的二氧化碳和水汽与器内的生氧剂反应,生成氧气供人呼吸。

几种呼吸防护装置如图 6-3~图 6-5 所示。

图 6-3 活性炭吸附式防毒面罩

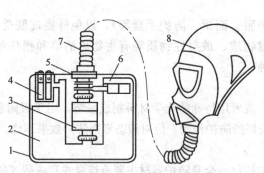
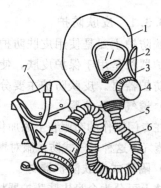

图 6-4　国产 HSG-79 型生氧机

1—外壳；2—气囊；3—生氧罐；4—快速供养盒；
5—散热器；6—排气阀；7—导气管；8—面罩

图 6-5　滤毒罐式防毒面具

1—罩体；2—口鼻罩及吸气阀；3—眼窗；
4—吸气阀及通话器；5—导气管；6—滤毒
罐；7—面具袋

6.3.3.3　卫生保健措施

卫生保健措施是从医学卫生方面直接保护从事有毒作业工人的健康。主要措施如下。

(1) 个人卫生

讲究个人卫生，饭前洗脸、洗手，车间内禁止吃饭、饮水和吸烟，班后淋浴，工作衣帽与便服隔开存放和定期清洗等。

(2) 注意加强营养

从事有毒作业的工人必须注意加强营养，增强体质。这是增强职工抵抗职业性毒害能力的一项劳动保护辅助措施。

(3) 定期健康检查

对从事有毒作业工人进行定期健康检查，以便对职业中毒能够早期发现，早期治疗。同时，健康检查发现患有禁忌证的，应及时调离相关的有毒作业岗位。

6.4　职业中毒诊断及现场救护

6.4.1　职业中毒的诊断

职业中毒诊断应着眼于弄清所接触毒物的种类和导致中毒的条件，细致分析临床资料，排除非职业性疾病的可能性。一般从以下几个方面考虑。

(1) 职业史

详尽了解患者接触毒物有关的情况，从而判断该患者在生产劳动中是否接触毒物，其程度如何，此为诊断的前提。

(2) 劳动卫生条件调查

深入生产现场弄清患者所在岗位的生产工艺过程、可能接触的职业性有害因素、空气中毒物浓度、个体防护与个人卫生情况等，从而判断患者在该作业环境中是否有中毒的可能性，此为诊断的基本依据。

(3) 症状与体征

根据临床表现来判断符合哪类毒物中毒，出现的症状与所接触毒物的毒作用是否相符；特别要了解临床症状的出现在时间上是否与接触毒物有密切关系；要注意与非职业性疾病相鉴别。

(4) 实验室检查

检查范围有三方面，即反映毒物吸收的指标（如血铅、尿酚、发汞等），反映毒作用的指标（如铅对卟啉代谢的影响导致氨基-酮戊酸等指标的改变），以及反映毒物所致病损害的指标。所测定的各项指标常是互相联系的，需结合起来判断。

6.4.2 清除未被吸收的有毒物质

(1) 吸入的毒物

应尽快使患者脱离中毒环境，呼吸新鲜空气，解开衣服，必要时给予氧气吸入及进行人工呼吸。

(2) 由皮肤和黏膜吸收的毒物

除去污染毒物的衣服，一般用清水清洗体表、毛发及甲缝内毒物（不可用热水，因其可使血管扩张，增加毒物吸收），冲洗必须彻底。皮肤处理得好坏，特别对能从皮肤吸收的毒物是个关键，但往往不被重视，因而导致发生严重中毒。

(3) 由伤口进入的毒物

由伤口进入的毒物，应在伤口的近心端扎止血带（每隔15～30min放松1min，以免肢体坏死），局部用冰敷。未被吸收的毒物可用吸引器或局部引流排毒。

(4) 眼内溅入的毒物

眼内溅入毒物时，应立即用清水彻底冲洗，特别对腐蚀性毒物更须反复冲洗，至少不短于15min。对固体的腐蚀性毒物颗粒，要立即用机械方法取出。

(5) 由消化道进入的毒物

对于一切由消化道进入的毒物，除非有禁忌的情况，均应采取催吐、洗胃和导泻的方法以排除毒物。

6.4.3 现场急救

6.4.3.1 抑制毒物的作用

毒物进入人体达到一定的量，就会发生中毒。但在同样条件下，有的发生中毒，有的却不发生中毒，这主要是取决于各人的体质及抵抗力的不同。因此在就业前，就要对从事有毒作业的工人进行健康检查，发现有禁忌证的，不应从事相应的有毒作业。同时要进行定期的健康检查，以便对中毒能够早发现、早治疗，抑制住或消除毒物在人体中发生作用。

对于从事有毒作业的人员，供给保健食品以增加营养，增强体质，提高抵抗力。

对于从事剧毒物作业的人员，应配备急救药品，以便能迅速抑制毒物的作用，挽救中毒人员的生命。

6.4.3.2 中毒急救

① 当发生急性中毒时，应立即对现场中毒人员进行救护。立即抢救和清点中毒人员。

② 救护者本身要特别作好个人防护，根据具体毒物选用适当的防毒面具，以防止救护者中毒。近年来，因救护人员未佩戴防护用品盲目施救而造成伤亡扩大的情况频繁发生。

③ 保持呼吸道通畅，注意保暖。

④ 中毒者应迅速移离，防止毒物继续侵入作用。将伤员移离中毒环境至空气新鲜场所，并脱掉或剪去毒物污染的衣服，用流动清水进行及时有效的冲洗，时间不得少于 15min。如呼吸困难应立即进行人工呼吸；备有急救药品的应立即给予解毒治疗。在急救时，应分清中毒的种类和解毒药的适用范围，若使用不当，有时会加重中毒症状。在条件许可的情况下应尽快送医院急救，越迅速，中毒者获救的希望越大。

⑤ 群体中毒时，必须对伤员受伤性质和严重程度做好"检伤分类"，做到轻重缓急、分门别类进行分级治疗和管理。

⑥ 应迅速查清毒物的种类、性质及地点，迅速采取一切措施切断毒源，从而使中毒人数不再增加。

⑦ 应及时切断毒源，可以采取如下措施：全厂停产、局部停车，关闭漏气管道的阀门，堵塞泄漏的设备，转移装有毒物的钢瓶等。

⑧ 已经逸散在环境中的毒物应尽快采取抽毒、强风吹散、中和处理，回收等办法消除。

6.4.3.3 心肺复苏

心肺复苏术是针对呼吸、心搏停止所采取的抢救措施，包括基础生命支持、进一步生命支持和延续生命支持三部分。

基础生命支持 (Basic Life Support，BLS) 又称初期复苏处理或现场急救。其主要目标是向心、脑及全身重要器官供氧，延长机体耐受临床死亡时间（临床死亡指心搏、呼吸停止，机体完全缺血，但尚存在心肺复苏及脑复苏机会的一段时间，通常约 4min）。BLS 包括心搏、呼吸骤停的判定，呼吸道通畅 (A)，人工呼吸 (B)，人工循环 (C) 和转运等环节，即心肺复苏的 ABC 步骤，或称为"一清二吹三压"。

(1) 判定心搏、呼吸骤停

BLS 的适应证为心搏骤停。实施前必须迅速判定。

① 有无头颈部外伤，对伤者应尽量避免移动，以防脊髓进一步损伤。

② 检查者轻拍并呼叫病人，若无反应即可判断为意识丧失；同时以手指触摸患者喉结再滑向一侧，颈动脉搏动触点即在此平面的胸锁乳突肌前缘的凹陷处。若意识丧失同时颈动脉搏动消失，即可判定为心搏骤停，应立即开始抢救，并及时呼救以取得他人帮助。

(2) A (Airway，呼吸道通畅)

开放气道以保持呼吸道通畅是进行人工呼吸前的首要步骤。病人仰卧，解松衣领及腰带，挖出口中污物、义齿及呕吐物等，然后按以下手法开放气道。

① 仰面抬颈法：使病人平卧，术者一手抬起病人颈部，另一手以小鱼际侧下按病人前额，使病人头后仰，颈部抬起。

② 仰面举颌法：病人平卧，术者一手置于病人前额，手掌用力向后压以使其头后仰，另一手的手指放在靠近颏部的下颌骨的下方，将颏部向前抬起，使病人牙齿几乎闭合。

③ 托下颌法：病人平卧，术者用两手同时将左右下颌角托起，一面使其头后仰，一面将下颌骨前移。

注意：对疑有头、颈部外伤者，不应抬颈，以避免进一步损伤脊髓。

(3) B（Breathing，人工呼吸）

人工呼吸是用人工方法（手法或机械）借外力来推动肺、膈肌或胸廓的活动，使气体被动进入或排出肺脏，以保证机体氧的供给和二氧化碳的排除。

① 病人仰卧，松开衣领、腰带。

② 术者用仰面抬颈手法保持患者气道通畅，同时用压前额的那只手的拇指、食指捏紧病人的鼻孔，防止吹气时气体从鼻孔逸出。

③ 术者深吸一口气后，双唇紧贴病人口部，然后用力吹气，使胸廓扩张。

④ 吹气毕，术者头稍抬起并侧转换气，松开捏鼻孔的手，让病人的胸廓及肺依靠其弹性自动回缩，排出肺内的二氧化碳。

⑤ 按以上步骤反复进行。吹气频率，成人 14~16 次/min，儿童 18~20 次/min。

如有特殊面罩或通气管，则可通过口对面罩或通气管吹气。前者可保护术者不受感染；后者还可较好地保持病人口咽部的气道通畅，避免舌后坠所致的气道受阻，在一定程度上减少了口腔部的呼吸道死腔。"S"形管吹气人工呼吸如图所示。

人工呼吸注意事项如下。

① 吹气应有足够的气量，以使胸廓抬起，但一般不超过 1200mL。

② 吹气时间宜短，以约占 1 次呼吸周期的 1/3 为宜。

③ 若病人口腔及咽喉部有分泌物或堵塞物如痰液、血块、泥土等，应在操作前清除。

④ 有义齿者应取下义齿。

⑤ 如遇牙关紧闭者，可行口对鼻人工呼吸。操作方法大体同上。

⑥ 若病人尚有微弱呼吸，人口呼吸应与病人的自主呼吸同步进行。

⑦ 为防止交叉感染，操作时可取一块纱布单层覆盖在病人口或鼻上，有条件时用面罩及通气管则更理想。

⑧ 通气适当的指征是看到病人胸部起伏并于呼气时听到及感到有气体逸出。

(4) C（Circulation，人工循环）

① 心前区捶击方法　在心搏骤停 1min30s 内心脏应激性最高，此时拳击心前区所产生的电能可使心肌兴奋并产生心电综合波，促使心脏复跳。

具体做法：右手松握空心拳，小鱼际肌侧朝向病人胸壁，以距离胸壁 20~25cm 高度，垂直向下捶击心前区，即胸骨下段。捶击一两次，每次 1~2s，力量中等。观察心电图变化，如无变化，应立即行胸外心脏按压和人工呼吸。

注意事项：捶击不宜反复进行，最多不超过两次；捶击时用力不宜过猛，婴幼儿禁用。

② 胸外心脏按压方法　此方法是通过外力按压胸廓，使胸腔内压力发生变化，如此反复，建立有效的人工循环。具体做法如下。

如果病人睡在软床上，应备与床等宽的硬板一块，即心脏按压板。另备脚踏凳一个。

使病人仰卧于硬板床或地上，头后仰 10°左右，解开上衣。救护者紧靠患者一侧。为确保按压力垂直作用于患者胸骨，救护者应根据个人身高及患者位置高低，采用踏脚凳或跪式等不同体位。

确定按压部位：胸骨中、下 1/3 交界处，即正确的按压部位。

按压操作：操作者两臂位于患者胸骨正上方，双肘关节伸直，利用上身重量垂直下压，对中等体重的成人下压深度约 3~4cm，而后迅即放松，解除压力，让胸廓自行复位。如此有节奏地反复进行，按压与放松时间大致相等，频率每分钟 60～80 次。

注意：不要屈肘或用臂力进行按压。这样不但效果不好，还有可能造成内脏破裂或肋骨骨折。

呼吸与脉搏均消失时，必须交替进行人工呼吸与胸外心脏按压。一人单独操作时，可先行口对口人工呼吸两次，再做胸外心脏按压 15 次。如系两人操作，则一人先做口对口人工呼吸 1 次，另一人做胸外心脏按压 5 次，如此反复进行。

第 7 章　企业安全生产管理

制药企业生产过程中不仅要保证药品的质量及安全性，更要确保企业职工的生命安全与身心健康。制药企业安全生产管理则是针对药品生产过程中的安全问题进行有关决策、计划、组织和控制等活动，实现生产过程中人与机器设备、物料、环境的共同和谐，达到药品安全生产的目标。

任何一家制药企业的生产都离开科学、先进的安全生产管理。基于此，本章从常态下的企业安全生产管理入手，系统讲述了安全生产规章制度、安全生产管理的组织保障、安全生产投入、安全生产教育培训、安全生产检查与隐患排查治理、安全生产标准化、企业安全文化等内容，并从非常态下的企业安全管理，即应急管理入手，讲述了企业应对突发事故（件）时的应急救援和应急预案编制、应急演练等相关知识。

7.1　安全生产管理及其基本原理

7.1.1　安全生产管理基本概念

安全生产管理是管理的重要组成部分，是安全科学的一个分支。所谓安全生产管理，就是针对人们在生产过程中的安全问题，运用有效的资源，发挥人们的智慧，通过人们的努力，进行有关决策、计划、组织和控制等活动，实现生产过程中人与机器设备、物料、环境的和谐，达到安全生产的目标。

安全生产管理的目标是，减少和控制危害，减少和控制事故，尽量避免生产过程中由于事故所造成的人身伤害、财产损失、环境污染以及其他损失。安全生产管理包括安全生产法制管理、行政管理、监督检查、工艺技术管理、设备设施管理、作业环境和条件管理等方面。

安全生产管理的基本对象是企业的员工，涉及企业中的所有人员、设备设施、物料、环境、财务、信息等各个方面。安全生产管理的内容包括：安全生产管理机构和安全生产管理人员、安全生产责任制、安全生产管理规章制度、安全生产策划、安全培训教育、安全生产档案等。

7.1.2 安全生产管理原理与原则

安全生产管理作为管理的主要组成部分,遵循管理的普遍规律,既服从管理的基本原理与原则,又有其特殊的原理与原则。安全生产管理原理是从生产管理的共性出发,对生产管理中安全工作的实质内容进行科学分析、综合、抽象与概括所得出的安全生产管理规律。安全生产原则是指在生产管理原理的基础上,指导安全生产活动的通用规则。

7.1.2.1 系统原理

(1) 系统原理的含义

系统原理是现代管理学的一个最基本原理。它是指人们在从事管理工作时,运用系统理论、观点和方法,对管理活动进行充分的系统分析,以达到管理的优化目标,即用系统论的观点、理论和方法来认识和处理管理中出现的问题。

所谓系统是由相互作用和相互依赖的若干部分组成的有机整体。任何管理对象都可以作为一个系统。系统可以分为若干个子系统,子系统可以分为若干个要素,即系统是由要素组成的。按照系统的观点,管理系统具有 6 个特征,即集合性、相关性、目的性、整体性、层次性和适应性。

安全生产管理系统是生产管理的一个子系统,包括各级安全管理人员、安全防护设备与设施、安全管理规章制度、安全生产操作规范和规程以及安全生产管理信息等。安全贯穿于生产活动的方方面面,安全生产管理是全方位、全天候且涉及全体人员的管理。

(2) 运用系统原理的原则

1) 动态相关性原则

动态相关性原则告诉我们,构成管理系统的各要素是运动和发展的,它们相互联系又相互制约。显然,如果管理系统的各要素都处于静止状态,就不会发生事故。

2) 整分合原则

高效的现代安全生产管理必须在整体规划下明确分工,在分工基础上有效综合,这就是整分合原则。运用该原则,要求企业管理者在制定整体目标和进行宏观决策时,必须将安全生产纳入其中,在考虑资金、人员和体系时,都必须将安全生产作为一项重要内容考虑。

3) 反馈原则

反馈是控制过程中对控制机构的反作用。成功、高效的管理,离不开灵活、准确、快速的反馈。企业生产的内部条件和外部环境在不断变化,所以必须及时捕获、反馈各种安全生产信息,以便及时采取行动。

4) 封闭原则

在任何一个管理系统内部,管理手段、管理过程等必须构成一个连续封闭的回路,才能形成有效的管理活动,这就是封闭原则。封闭原则告诉我们,在企业安全生产中,各管理机构之间、各种管理制度和方法之间,必须具有紧密的联系,形成相互制约的回路,才能有效。

7.1.2.2 人本原理

(1) 人本原理的含义

在管理中必须把人的因素放在首位,体现以人为本的指导思想,这就是人本原理。以人为本有两层含义:一是一切管理活动都是以人为本展开的,人既是管理的主体,又是管理的客体，每个人都处在一定的管理层面上，离开人就无所谓管理；二是管理活动中，作为管理对象的要素和管理系统各环节，都是需要人掌管、运作、推动和实施。

(2) 运用人本原理的原则

1) 动力原则

推动管理活动的基本力量是人，管理必须有能够激发人的工作能力的动力，这就是动力原则。对于管理系统，有3种动力，即物质动力、精神动力和信息动力。

2) 能级原则

现代管理认为，单位和个人都具有一定的能量，并且可以按照能量的大小顺序排列，形成管理的能级，就像原子中电子的能级一样。在管理系统中，建立一套合理能级，根据单位和个人能量的大小安排其工作，发挥不同能级的能量，保证结构的稳定性和管理的有效性，这就是能级原则。

3) 激励原则

管理中的激励就是利用某种外部诱因的刺激，调动人的积极性和创造性。以科学的手段，激发人的内在潜力，使其充分发挥积极性、主动性和创造性，这就是激励原则。人的工作动力来源于内在动力、外部压力和工作吸引力。

4) 行为原则

需要与动机是人的行为的基础，人类的行为规律是需要决定动机，动机产生行为，行为指向目标，目标完成需要得到满足，于是又产生新的需要、动机、行为，以实现新的目标。安全生产工作重点是防治人的不安全行为。

7.1.2.3 预防原理

(1) 预防原理的含义

安全生产管理工作应该做到预防为主，通过有效的管理和技术手段，减少和防止人的不安全行为和物的不安全状态，从而使事故发生的概率降到最低，这就是预防原理。在可能发生人身伤害、设备或设施损坏以及环境破坏的场合，事先采取措施，防止事故发生。

(2) 运用预防原理的原则

1) 偶然损失原则

事故后果以及后果的严重程度，都是随机的、难以预测的。反复发生的同类事故，并不一定产生完全相同的后果，这就是事故损失的偶然性。偶然损失原则告诉我们，无论事故损失的大小，都必须做好预防工作。

2) 因果关系原则

事故的发生是许多因素互为因果连续发生的最终结果，只要诱发事故的因素存在，发生事故是必然的，只是时间或迟或早而已，这就是因果关系原则。

3) 3E原则

造成人的不安全行为和物的不安全状态的原因可归结为技术原因、教育原因、身体和态度原因以及管理原因四个方面。针对这四方面的原因，可以采取3种防止对策，即工程技术对策（Engineering）、教育对策（Education）和强制对策（Enforcement），即所谓的3E原则。

4) 本质安全化原则

本质安全化原则是指从一开始和从本质上实现安全化，从根本上消除事故发生的可能性，从而达到预防事故发生的目的。本质安全化原则不仅可以应用于设备、设施，还可以应用于建设项目。

7.1.2.4 强制原理

(1) 强制原理的含义

强制原理是指采取强制管理的手段控制人的意愿和行为，使个人的活动、行为等受到安全生产管理要求的约束，从而实现有效的安全生产管理。所谓强制就是绝对服从，不必经被管理者同意便可采取控制行动。

(2) 运用强制原理的原则

① 安全第一原则就是要求在进行生产和其他工作时把安全工作放在一切工作的首要位置。当生产和其他工作与安全发生矛盾时，要以安全为主，生产和其他工作要服从于安全，这就是安全第一原则。

② 监督原则是指在安全工作中，为了使安全生产法律法规得到落实，必须明确安全生产监督职责，对企业生产中的守法和执法情况进行监督。

7.2 安全生产规章制度

7.2.1 安全生产规章制度及重要意义

安全生产规章制度是指生产经营单位依据国家有关法律法规、国家和行业标准，结合生产经营的安全生产实际，以生产经营单位名义颁发的有关安全生产的规范性文件。安全生产规章制度一般包括规程、标准、规定、措施、办法、制度、指导意见等。

建立健全安全生产规章制度是生产经营单位的法定责任。生产经营单位是安全生产的责任主体，《安全生产法》第四条规定"生产经营单位必须遵守本法和其他有关安全生产的法律、法规，加强安全生产管理，建立、健全安全生产责任制度，完善安全生产条件，确保安全生产"；《劳动法》第五十二条规定"用人单位必须建立、健全劳动安全卫生制度，严格执行国家劳动安全卫生规程和标准，对劳动者进行劳动安全卫生教育，防止劳动过程中的事故，减少职业危害"；《突发事件应对法》第二十二条规定"所有单位应当建立健全安全管理制度，定期检查本单位各项安全防范措施的落实情况，及时消除事故隐患……"。所以，建立健全安全生产规章制度是国家有关安全生产法律法规明确的生产经营单位的法定责任。

建立健全安全生产规章制度是生产经营单位安全生产的重要保障。安全风险来自于生产、经营过程之中，只要生产、经营活动在进行，安全风险就客观存在。客观上需要企业对生产工艺过程、机械设备、人员操作进行系统分析、评价，制定出一系列的操作规程和安全控制措施，以保障生产经营单位生产、经营工作合法、有序、安全地运行，将安全风险降到最低。在长期的生产经营活动过程中积累的大量风险辨识、评价、控制技术，以及生产安全事故教训的积累，是探索和驾驭安全生产客观规律的重要基础，只有形成生产经营单位的规章制度才能够得到不断积累，有效继承和发扬。

建立健全安全生产规章制度是生产经营单位保护从业人员安全与健康的重要手段。国家有关保护从业人员安全与健康的法律法规、国家和行业标准在一个生产经营单位的具体实施，只有通过企业的安全生产规章制度体现出来，才能使从业人员明确自己的权利和义务。同时，也为从业人员遵章守纪提供标准和依据。建立健全安全生产规章制度可以防止生产经营单位管理的随意性，有效地保障从业人员的合法权益。

7.2.2 安全生产规章制度的建设依据及原则

7.2.2.1 建设依据

安全生产规章制度是以安全生产法律法规、国家和行业标准、地方政府的法规和标准为依据。生产经营单位安全生产规章制度首先必须符合国家法律法规、国家和行业标准的要求，以及生产经营单位所在地地方政府的相关法规、标准的要求。生产经营单位安全生产规章制度是一系列法律法规在生产经营单位生产、经营过程具体贯彻落实的体现。

安全生产规章制度的建设，其核心就是危险有害因素的辨识和控制。通过对危险有害因素的辨识，才能提高规章制度建设的目的性和针对性，保障安全生产。同时，生产经营单位要积极借鉴相关事故教训，及时修订和完善规章制度，防范类似事故的重复发生。以国际、国内先进的安全管理方法为依据。随着安全科学、技术的迅猛发展，安全生产风险防范的方法和手段不断完善。尤其是安全系统工程理论研究的不断深化，安全管理的方法和手段也日益丰富，如职业安全健康管理体系、风险评估和安全评价体系的建立，也为生产经营单位安全生产规章制度的建设提供了重要依据。

7.2.2.2 建设原则

(1) "安全第一，预防为主，综合治理"的原则

安全生产规章制度建设必须坚持"安全第一，预防为主，综合治理"的原则。这十二个字也是我国的安全生产方针，是我国经济社会发展现阶段安全生产客观规律的具体要求。

① 安全第一，就是要求必须把安全生产放在各项工作的首位，正确处理好安全生产与工程进度、经济效益的关系。

② 预防为主，就是要求生产经营单位的安全生产管理工作，要以危险有害因素的辨识、评价和控制为基础，建立安全生产规章制度。通过制度的实施达到规范人员行为，消除物的不安全状态，实现安全生产的目标。

③ 综合治理，就是要求在管理上综合采取组织措施、技术措施，落实生产经营单位的各级主要负责人、专业技术人员、管理人员、从业人员等各级人员，以及党政工团有关管理部门的责任，各负其责，齐抓共管。

(2) 主要负责人负责的原则

我国安全生产法律法规对生产经营单位安全生产规章制度建设有明确的规定，如《安全生产法》规定"建立、健全本单位安全生产责任制，组织制定本单位安全生产规章制度和操作规程，是生产经营单位的主要负责人的职责"。安全生产规章制度的建设和实施，涉及生产经营单位的各个环节和全体人员，只有主要负责人负责，才能有效调动和使用生产经营单位的所有资源，才能协调好各方面的关系，规章制度的落实才能够得到保证。

(3) 系统性原则

安全风险来自于生产、经营活动过程之中。因此，生产经营单位安全生产规章制度的建设，应按照安全系统工程的原理，涵盖生产经营的全过程、全员、全方位。主要包括规划设计、建设安装、生产调试、生产运行、技术改造的全过程；生产经营活动的每个环节、每个岗位、每个人；事故预防、应急处置、调查处理全过程。

(4) 规范化和标准化原则

生产经营单位安全生产规章制度的建设应实现规范化和标准化管理，以确保安全生产规章制度建设的严密、完整、有序。即按照系统性原则的要求，建立完整的安全生产规章制度体系；建立安全生产规章制度起草、审核、发布、教育培训、执行、反馈、持续改进的组织管理程序；每一个安全生产规章制度编制，都要做到目的明确，流程清晰，标准准确，具有可操作性。

7.2.2.3 安全生产规章制度体系的建立

目前我国还没有明确的安全生产规章制度分类标准。从广义上讲，安全生产规章制度应包括安全管理和安全技术两个方面的内容。在长期的安全生产实践过程中，生产经营单位按照自身的习惯和传统，形成了各具特色的安全生产规章制度体系。按照安全系统工程和人机工程原理建立的安全生产规章制度体系，一般把安全生产规章制度分为四类，即综合安全管理、人员安全管理、设备设施安全管理、环境安全管理；按照标准化工作体系建立的安全生产规章制度体系一般把安全规章规章制度分为技术标准、工作标准和管理标准，通常称为"三大标准体系"；按职业安全健康管理体系建立的安全生产规章制度，一般包括手册、程序文件、作业指导书。

一般生产经营单位安全生产规章制度体系应主要包括以下内容，高危行业的生产经营单位还应根据相关法律法规进行补充和完善。

(1) 综合安全管理制度

① 安全生产管理目标、指标和总体原则，应包括生产经营单位安全生产的具体目标、指标，明确安全生产的管理原则、责任，明确安全生产管理的体制、机制、组织机构、安全生产风险防范和控制的主要措施，日常安全生产监督管理的重点工作等内容。

② 安全生产责任制，应明确生产经营单位各级领导、各职能部门、管理人员及各生产岗位的安全生产责任、权利和义务等内容。

安全生产责任制属于安全生产规章制度范畴。通常把"安全生产责任制"与"安全生产规章制度"并列来提，主要是为了突出安全生产责任制的重要性。安全生产责任制的核心是清晰安全管理的责任界面，解决"谁来管，管什么，怎么管，承担什么责任"的问题，安全生产责任制是生产经营单位安全生产规章制度建立的基础。其他的安全生产规章制度，重点是解决"干什么、怎么干"的问题。

建立安全生产责任制，一是增强生产经营单位各级主要负责人、各管理部门管理人员及各岗人员对安全生产的责任感；二是明确责任，充分调动各级人员和各管理部门安全生产的积极性和主观能动性，加强自主管理，落实责任；三是责任追究的依据。

建立安全生产责任制，应体现安全生产法律法规和政策、方针的要求；应与生产经营单位安全生产管理体制、机制协调一致；应做到与岗位工作性质、管理职责协调一致，做到明确、具体、有可操作性；应有明确的监督、检查标准或指标，确保责任制切实落实到位；应根据生产经营单位管理体制变化及安全生产新的法规、政策及安全生产形势的变化及时修订完善。

③ 安全管理定期例行工作制度，应包括生产经营单位定期安全分析会议，定期安全学习制度，定期安全活动，定期安全检查等内容。

④ 承包与发包工程安全管理制度，应明确生产经营单位承包与发包工程的条件、相关资质审查、各方的安全责任、安全生产管理协议、施工安全的组织措施和技术措施、现场的安全检查与协调等内容。

⑤ 安全设施和费用管理制度，应明确生产经营单位安全设施的日常维护、管理；安全生产费用保障；根据国家、行业新的安全生产管理要求或季节特点，以及生产、经营情况等发生变化后，生产经营单位临时采取的安全措施及费用来源等。

⑥ 重大危险源管理制度，应明确重大危险源登记建档，定期检测、评估、监控，相应的应急预案管理；上报有关地方人民政府负责安全生产监督管理的部门和有关部门备案内容及管理。

⑦ 危险物品使用管理制度，应明确生产经营单位存在的危险物品名称、种类、危险性；使用和管理的程序、手续；安全操作注意事项；存放的条件及日常监督检查；针对各类危险物品的性质，在相应的区域设置人员紧急救护、处置的设施等。

⑧ 消防安全管理制度，应明确生产经营单位消防安全管理的原则、组织机构、日常管理、现场应急处置原则和程序；消防设施、器材的配置、维护保养、定期试验；定期防火检查、防火演练等。

⑨ 隐患排查和治理制度，应明确应排查的设备、设施、场所的名称，排查周期、排查人员、排查标准；发现问题的处置程序、跟踪管理等。

⑩ 交通安全管理制度，应明确车辆调度、检查维护保养、检验标准，驾驶员学习、培训、考核的相关内容。

⑪ 防灾减灾管理制度，应明确生产经营单位根据地区的地理环境、气候特点以及生产经营性质，针对在防范台风、洪水、泥石流、地质滑坡、地震等自然灾害相关工作的组织管理、技术措施、日常工作等内容和标准。

⑫ 事故调查报告处理制度，应明确生产经营单位内部事故标准，报告程序、现场应急处置、现场保护、资料收集、相关当事人调查、技术分析、调查报告编制等。还应明确向上级主管部门报告事故的流程、内容等。

⑬ 应急管理制度，应明确生产经营单位的应急管理部门，预案的制定、发布、演练、修订和培训等；总体预案、专项预案、现场处置方案等。制定应急管理制度及应急预案过程中，除考虑生产经营单位自身可能对环境和公众的影响外，还应重点考虑生产经营单位周边环境的特点，针对周边环境可能给生产、经营过程中的安全所带来的影响。如生产经营单位附近存在化工厂，就应调查了解可能会发生何种有毒、有害物质泄漏，可能泄漏物质的特性、防范方法，以便与生产经营单位自身的应急预案相衔接。

⑭ 安全奖惩制度，应明确生产经营单位安全奖惩的原则；奖励或处分的种类、额度等。

(2) 人员安全管理制度

① 安全教育培训制度，应明确生产经营单位各级管理人员安全管理知识培训、新员工三级教育培训、转岗培训；新材料、新工艺、新设备的使用培训；特种作业人员培训；岗位安全操作规程培训；应急培训等。还应明确各项培训的对象、内容、时间及考核标准等。

② 劳动防护用品发放使用和管理制度，应明确生产经营单位劳动防护用品的种类、适用范围、领取程序、使用前检查标准和用品寿命周期等内容。

③ 安全工器具的使用管理制度，应明确生产经营单位安全工器具的种类、使用前检查标准、定期检验和器具寿命周期等内容。

④ 特种作业及特殊危险作业管理制度，应明确生产经营单位特种作业的岗位、人员，作业的一般安全措施要求等。特殊危险作业是指危险性较大的作业，应明确作业的组织程序，保障安全的组织措施、技术措施的制定及执行等内容。

⑤ 岗位安全规范，应明确生产经营单位除特种作业岗位外，其他作业岗位保障人身安全、健康，预防火灾、爆炸等事故的一般安全要求。

⑥ 职业健康检查制度，应明确生产经营单位职业禁忌的岗位名称、职业禁忌证、定期健康检查的内容和标准、女工保护，以及按照《职业病防治法》要求的相关内容等。

⑦ 现场作业安全管理制度，应明确现场作业的组织管理制度，如工作联系单、工作票、操作票制度，以及作业现场的风险分析与控制制度、反违章管理制度等内容。

(3) 设备设施安全管理制度

① "三同时"制度，应明确生产经营单位新建、改建、扩建工程"三同时"的组织审查、验收、上报、备案的执行程序等。

《安全生产法》第二十四条规定："生产经营单位新建、改建、扩建工程项目（以下统称建设项目）的安全设施，必须与主体工程同时设计、同时施工、同时投入生产和使用。安全设施投资应当纳入建设项目概算。"

《职业病防治法》第十六条规定："建设项目的职业病防护设施所需费用应当纳入建设项目工程预算，并与主体工程同时设计、同时施工、同时投入生产和使用。"

《建设项目安全设施"三同时"监督管理暂行办法》（总局令第 36 号），自 2011 年 2 月 1 日起施行。其中明确提出，建设项目安全设施是指生产经营单位在生产经营活动中用于预防生产安全事故的设备、设施、装置、构（建）筑物和其他技术措施的总称。建设项目安全设施必须与主体工程同时设计、同时施工、同时投入生产和使用。安全设施投资应当纳入建设项目概算。

② 定期巡视检查制度，应明确生产经营单位日常检查的责任人员，检查的周期、标准、线路，发现问题的处置等内容。

③ 定期维护检修制度，应明确生产经营单位所有设备、设施的维护周期、维护范围、维护标准等内容。

④ 定期检测、检验制度，应明确生产经营单位须进行定期检测的设备种类、名称、数量；有权进行检测的部门或人员；检测的标准及检测结果管理；安全使用证、检验合格证或者安全标志的管理等。

⑤ 安全操作规程，应明确为保证国家、企业、员工的生命财产安全，根据物料性质、工艺流程、设备使用要求而制定的符合安全生产法律法规的操作程序。对涉及人身安全健康、生产工艺流程及周围环境有较大影响的设备、装置，如电气、起重设备、锅炉压力容器、内部机动车辆、建筑施工维护、机加工等，生产经营单位应制定安全操作规程。

(4) 环境安全管理制度

① 安全标志管理制度，应明确生产经营单位现场安全标志的种类、名称、数量、地点和位置；安全标志的定期检查、维护等。

② 作业环境管理制度，应明确生产经营单位生产经营场所的通道、照明、通风等管理标准；人员紧急疏散方向、标志的管理等。

③ 职业卫生管理制度，应明确生产经营单位尘、毒、噪声、高低温、辐射等涉及职业健康有害因素的种类、场所；定期检查、检测及控制等管理内容。

7.2.2.4 安全生产规章制度的管理

(1) 起草

根据生产经营单位安全生产责任制，由负责安全生产管理部门或相关职能部门负责起草。起草前应对目的、适用范围、主管部门、解释部门及实施日期等给予明确，同时还应做好相关资料的准备和收集工作。规章制度的编制，应做到目的明确、条理清楚、结构严谨、用词准确、文字简明、标点符号正确。

(2) 会签或公开征求意见

起草的规章制度，应通过正式渠道征得相关职能部门或员工的意见和建议，以利于规章制度颁布后的贯彻落实。当意见不能取得一致时，应由分管领导组织讨论，统一认识，达成一致。

(3) 审核

制度签发前，应进行审核。一是由生产经营单位负责法律事务的部门进行合规性审查；二是专业技术性较强的规章制度应邀请相关专家进行审核；三是安全奖惩等涉及全员性的制度，应经过职工代表大会或职工代表进行审核。

(4) 签发

技术规程、安全操作规程等技术性较强的安全生产规章制度，一般由生产经营单位主管生产的领导或总工程师签发，涉及全局性的综合管理制度应由生产经营单位的主要负责人签发。

(5) 发布

生产经营单位的规章制度，应采用固定的方式进行发布，如红头文件形式、内部办公网络等。发布的范围应涵盖应执行的部门、人员。有些特殊的制度还正式送达相关人员，并由接收人员签字。

(6) 培训

新颁布的安全生产规章制度、修订的安全生产规章制度，应组织进行培训，安全操作规程类规章制度还应组织相关人员进行考试。

(7) 反馈

应定期检查安全生产规章制度执行中存在的问题，或建立信息反馈渠道，及时掌握安全生产规章制度的执行效果。

(8) 持续改进

生产经营单位应每年制定规章制度制定、修订计划，并应公布现行有效的安全生产规章制度清单。对安全操作规程类规章制度，除每年进行审查和修订外，每3~5年应进行一次全面修订，并重新发布，确保规章制度的建设和管理有序进行。

7.3 组织保障

安全生产管理的组织保障主要包括机构的保障和人员的保障。

7.3.1 机构要求

安全生产管理机构是指生产经营单位中专门负责安全生产监督管理的内设机构。

根据《安全生产法》第十九条规定，生产经营单位安全生产管理机构的设置应满足如下要求。

① 矿山、建筑施工单位和危险物品的生产、经营、储存单位，以及从业人员超过300人的其他生产经营单位，应当设置安全生产管理机构。具体是否设置安全生产管理机构应根据生产经营单位危险性的大小、从业人员的多少、生产经营规模的大小等因素确定。

② 除上述以外，从业人员在300人以下的生产经营单位，安全生产管理机构的设置由生产经营单位根据实际情况自行确定。

7.3.2 人员要求

安全生产管理人员是指在生产经营单位从事安全生产管理工作的专职或兼职人员。在生产经营单位专门从事安全生产管理工作的人员则是专职安全生产管理人员。在生产经营单位既承担其他工作职责，同时又承担安全生产管理职责的人员则为兼职安全生产管理人员。

《安全生产法》第十九条规定，生产经营单位安全生产管理人员的配备应满足如下要求。

① 矿山、建筑施工单位和危险物品的生产、经营、储存单位，以及从业人员超过300人的其他生产经营单位，必须配备专职的安全生产管理人员。

② 除上述三类高风险单位以外且从业人员在300人以下的生产经营单位，可以配备专职的安全生产管理人员，也可以只配备兼职的安全生产管理人员，还可以委托具有国家规定的相关专业技术资格的工程技术人员提供安全生产管理服务。

③ 当生产经营单位依据法律规定和本单位实际情况，委托工程技术人员提供安全生产管理服务时，保证安全生产的责任仍由本单位负责。

7.4 安全生产投入

7.4.1 基本要求

《安全生产法》第十八条规定："生产经营单位应当具备的安全生产条件所必需的资金投入，由生产经营单位的决策机构、主要负责人或者个人经营的投资人予以保证，并对由于安全生产所必需的资金投入不足导致的后果承担责任。"

《国务院关于进一步加强安全生产工作的决定》（国发〔2004〕2号）明确："建立企业提取安全费用制度。为保证安全生产所需资金投入，形成企业安全生产投入的长效机制，借鉴煤矿提取安全费用的经验，在条件成熟后，逐步建立对高危行业生产企业提取安全费用制度。企业安全费用的提取，要根据地区和行业的特点，分别确定提取标准，由企业自行提取，专户储存，专项用于安全生产。"

近年来，财政部、国家安全生产监督管理总局联合下发了一系列文件、制度，相继建立了煤矿、非煤矿山、危险化学品、烟花爆竹、建筑施工、道路交通等行业生产经营单位安全生产费用提取、使用、监督制度，对保证安全生产费用的投入发挥了重要作用。

生产经营单位是安全生产的责任主体，也是安全生产费用提取、使用和管理的主体。安全生产投入的决策程序，因生产经营单位的性质不同而异。但其项目计划、费用预测大体相同，即生产经营单位主管安全生产的部门牵头，工会、职业危害管理部门参加，共同制定安全技术措施计划（或安全技术劳动保护措施计划），经财务或生产费用主管部门审核，经分管领导审查后提交主要负责人或安全生产委员会审定。股份制生产经营单位一般在提交董事会讨论批准前，应经过董事会下属的财务管理委员会审查。个体经营的生产经营单位则由投资人决定。

7.4.2 费用使用和管理

(1) 法律依据与责任主体

《安全生产法》第十八条规定，生产经营单位应当具备安全生产条件所必需的资金投入。生产经营单位必须安排适当的资金，用于改善安全设施，进行安全教育培训，更新安全技术装备、器材、仪器、仪表以及其他安全生产设备设施，以保证生产经营单位达到法律、法规、标准规定的安全生产条件，并对由于安全生产所必需的资金投入不足导致的后果承担责任。

安全生产投入资金具体由谁来保证，应根据企业的性质而定。一般说来，股份制企业、合资企业等安全生产投入资金由董事会予以保证；一般国有企业由厂长或者经理予以保证；个体工商户等个体经济组织由投资人予以保证。上述保证人承担由于安全生产所必需的资金投入不足而导致事故后果的法律责任。

企业安全生产投入是一项长期性的工作，安全生产设施的投入必须有一个治本的总体规划，有计划、有步骤、有重点地进行，要克服盲目无序投入的现象。因此，企业切实加强安全生产投入资金的管理，要制定安全生产费用提取和使用计划，并纳入企业全面预算。

(2) 安全生产费用的使用

《高危行业企业安全生产费用财务管理暂行办法》（财企〔2006〕478号）第十三条，进一步明确了安全费用的使用范围。一般来讲，安全生产费用的使用应编制年度（或半年）安全技术措施计划，费用支出按计划执行。

① 完善、改造和维护安全防护设备、设施的支出。

- 矿山企业安全设备设施是指矿山综合防尘、地质监控、防灭火、防治水、危险气体监测、通风系统，支护及防治片帮滑坡设备、机电设备、供配电系统、运输（提升）系统以及尾矿库（坝）等。
- 危险品生产企业安全设备设施是指车间、库房等作业场所的监控、监测、通风、防晒、调温、防火、灭火、防爆、泄压、防毒、消毒、中和、防潮、防雷、防静电、防腐、防渗漏、防护围堤或者隔离操作等设施设备。
- 道路交通运输企业安全设备设施是指运输工具安全状况检测及维护系统、运输工具附属安全设备等。

② 配备必要的应急救援器材、设备和现场作业人员安全防护物品支出。

③ 安全生产检查与评价支出。

④ 重大危险源、重大事故隐患的评估、整改、监控支出。

⑤ 安全技能培训及进行应急救援演练支出。

⑥ 其他与安全生产直接相关的支出。

(3) 安全生产费用的管理

生产经营单位应制定安全生产投入的管理制度，明确具体的使用范围、管理程序、监督程序，每年完成后应及时总结项目和费用的完成情况。在年度财务会计报告中，生产经营单位应当披露安全费用提取和使用的具体情况,接受安全生产监督管理部门和财政部门的监督。生产经营单位违规提取和使用安全费用的,政府安全生产监督管理部门应当会同财政部门责令其限期改正,予以警告。逾期不改正的,由安全生产监督管理部门按照相关法规进行处理。

7.5 安全生产教育培训

7.5.1 基本要求

加强对从业人员的安全教育培训,提高从业人员对作业风险的辨识、控制、应急处置和避险自救能力,提高从业人员安全意识和综合素质,是防止产生不安全行为,减少人为失误的重要途径。

《安全生产法》第二十条规定:"生产经营单位的主要负责人和安全生产管理人员必须具备与本单位所从事的生产经营活动相应的安全生产知识和管理能力。危险物品的生产、经营、储存单位以及矿山、建筑施工单位的主要负责人和安全生产管理人员,应当由有关主管部门对其安全生产知识和管理能力考核合格后方可任职。"第二十一条规定:"生产经营单位应当对从业人员进行安全生产教育和培训,保证从业人员具备必要的安全生产知识,熟悉有关的安全生产规章制度和安全操作规程,掌握本岗位的安全操作技能。未经安全生产教育和培训合格的从业人员,不得上岗作业。"第二十二条规定:"生产经营单位采用新工艺、新技术、新材料或者使用新设备,必须了解、掌握其安全技术特性,采取有效的安全防护措施,并对从业人员进行专门的安全教育和培训。"第二十三条规定:"生产经营单位的特种作业人员必须按照国家有关规定经专门的安全作业培训,取得特种作业操作资格证书,方可上岗作业。特种作业人员的范围由国务院负责安全生产监督管理的部门会同国务院有关部门确定。"第三十六条规定:"生产经营单位应当教育和督促从业人员严格执行本单位的安全生产规章制度和安全操作规程;并向从业人员如实告知作业场所和工作岗位存在的危险因素、防范措施以及事故应急措施。"第五十条规定:"从业人员应当接受安全生产教育和培训,掌握本职工作所需的安全生产知识,提高安全生产技能,增强事故预防和应急处理能力。"

为确保《安全生产法》关于安全生产教育培训的要求得到有效贯彻,原国家安全生产监督管理总局(国家煤矿安全监察局)陆续颁布了一系列政策、规章。如《关于生产经营单位主要负责人、安全生产管理人员及其他从业人员安全生产培训考核工作的意见》(安监管人字〔2002〕123号)、《关于特种作业人员安全技术培训考核工作的意见》(〔2002〕124号)、《安全生产培训管理办法》(国家安全监管总局令第20号)。2006年国家安全监管总局发布了《生产经营单位安全培训规定》(国家安全监管总局令第3号),对各类人员的安全培训内容、培训时间、考核以及安全培训机构的资质管理等做出了具体规定。

为确保国家有关生产经营单位从业人员安全教育培训政策、法规、要求的贯彻实施,必须首先从强化生产经营单位领导人员安全生产法制化教育入手,强化生产经营单位领导人员的安全意识。各级政府安全生产监督管理部门、负有安全生产监督管理责任的有关部门,应结合生产经营单位的用工形式,安全教育培训投入,安全教育培训的内容、方法、时间,以及安全教育培训的效果验证等方面实施综合监管。

7.5.2 培训的组织

《生产经营单位安全培训规定》对贯彻《安全生产法》的要求，从培训的人员、方式、内容等方面，做了具体、明确的规定。

① 国家安全生产监督管理总局组织、指导和监督中央管理的生产经营单位的总公司（集团公司、总厂）的主要负责人和安全生产管理人员的安全培训工作。

② 国家煤矿安全监察局组织、指导和监督中央管理的煤矿企业集团公司（总公司）的主要负责人和安全生产管理人员的安全培训工作。

③ 省级安全生产监督管理部门组织、指导和监督省属生产经营单位及所辖区域内中央管理的工矿商贸生产经营单位的分公司、子公司主要负责人和安全生产管理人员的培训工作；组织、指导和监督特种作业人员的培训工作。

④ 省级煤矿安全监察机构组织、指导和监督所辖区域内煤矿企业的主要负责人、安全生产管理人员和特种作业人员（含煤矿矿井使用的特种设备作业人员）的安全培训工作。

⑤ 市级、县级安全生产监督管理部门组织、指导和监督本行政区域内除中央企业、省属生产经营单位以外的其他生产经营单位的主要负责人和安全生产管理人员的安全培训工作。

⑥ 生产经营单位除主要负责人、安全生产管理人员、特种作业人员以外的从业人员的安全培训工作，由生产经营单位组织实施。

7.5.3 各类人员的培训

7.5.3.1 对主要负责人的培训内容和时间

(1) 初次培训的主要内容

① 国家安全生产方针、政策和有关安全生产的法律、法规、规章及标准。

② 安全生产管理基本知识、安全生产技术、安全生产专业知识。

③ 重大危险源管理、重大事故防范、应急管理和救援组织以及事故调查处理的有关规定。

④ 职业危害及其预防措施。

⑤ 国内外先进的安全生产管理经验。

⑥ 典型事故和应急救援案例分析。

⑦ 其他需要培训的内容。

(2) 再培训内容

对已经取得上岗资格证书的有关领导，应定期进行再培训，再培训的主要内容是新知识、新技术和新颁布的政策、法规；有关安全生产的法律、法规、规章、规程、标准和政策；安全生产的新技术、新知识；安全生产管理经验；典型事故案例。

(3) 培训时间

① 危险物品的生产、经营、储存单位以及矿山、烟花爆竹、建筑施工单位主要负责人安全资格培训时间不得少于48学时；每年再培训时间不得少于16学时。

② 其他单位主要负责人安全生产管理培训时间不得少于32学时；每年再培训时间不得少于12学时。

7.5.3.2 对安全生产管理人员培训的主要内容和时间
(1) 初次培训的主要内容
① 国家安全生产方针、政策和有关安全生产的法律、法规、规章及标准。
② 安全生产管理、安全生产技术、职业卫生等知识。
③ 伤亡事故统计、报告及职业危害的调查处理方法。
④ 应急管理、应急预案编制以及应急处置的内容和要求。
⑤ 国内外先进的安全生产管理经验。
⑥ 典型事故和应急救援案例分析。
⑦ 其他需要培训的内容。

(2) 再培训内容
对已经取得上岗资格证书的有关领导，应定期进行再培训，再培训的主要内容是新知识、新技术和新颁布的政策、法规；有关安全生产的法律、法规、规章、规程、标准和政策；安全生产的新技术、新知识；安全生产管理经验；典型事故案例。

(3) 培训时间
① 危险物品的生产、经营、储存单位以及矿山、烟花爆竹、建筑施工单位安全生产管理人员安全资格培训时间不得少于48学时；每年再培训时间不得少于16学时。
② 其他单位安全生产管理人员安全生产管理培训时间不得少于32学时；每年再培训时间不得少于12学时。

7.5.3.3 特种作业人员培训
特种作业是指容易发生事故，对操作者本人、他人的安全健康及设备、设施的安全可能造成重大危害的作业。直接从事特种作业的从业人员称为特种作业人员。特种作业的范围包括：电工作业、焊接与热切割作业、高处作业、制冷与空调作业、煤矿安全作业、金属非金属矿山安全作业、石油天然气安全作业、冶金（有色）生产安全作业、危险化学品安全作业、烟花爆竹安全作业、安全监管总局认定的其他作业。

特种作业人员必须经专门的安全技术培训并考核合格，取得《中华人民共和国特种作业操作证》（以下简称特种作业操作证）后，方可上岗作业。特种作业人员的安全技术培训、考核、发证、复审工作实行统一监管、分级实施、教考分离的原则。特种作业人员应当接受与其所从事的特种作业相应的安全技术理论培训和实际操作培训。跨省、自治区、直辖市从业的特种作业人员，可以在户籍所在地或者从业所在地参加培训。

从事特种作业人员安全技术培训的机构（以下统称培训机构），必须按照有关规定取得安全生产培训资质证书后，方可从事特种作业人员的安全技术培训。培训机构应当按照安全监管总局、煤矿安监局制定的特种作业人员培训大纲和煤矿特种作业人员培训大纲进行特种作业人员的安全技术培训。

特种作业操作证有效期为6年，在全国范围内有效。特种作业操作证由安全监管总局统一式样、标准及编号。特种作业操作证每3年复审1次。特种作业人员在特种作业操作证有效期内，连续从事本工种10年以上，严格遵守有关安全生产法律法规的，经原考核发证机关或者从业所在地考核发证机关同意，特种作业操作证的复审时间可以延长至每6年1次。

特种作业操作证申请复审或者延期复审前，特种作业人员应当参加必要的安全培训并考试合格。安全培训时间不少于8个学时，主要培训法律、法规、标准、事故案例和有关新工艺、新技术、新装备等知识。再复审、延期复审仍不合格，或者未按期复审的，特种作业操作证失效。

7.5.3.4 其他从业人员的教育培训

生产经营单位其他从业人员是指除主要负责人、安全生产管理人员以外，生产经营单位从事生产经营活动的所有人员（包括临时聘用人员）。由于特种作业人员作业岗位对安全生产影响较大，需要经过特殊培训和考核，所以制定了特殊要求，但对从业人员的其他安全教育培训、考核工作，同样适用于特种作业人员。

(1) 三级安全教育培训

三级安全教育是指厂、车间、班组的安全教育。三级安全教育是我国多年积累、总结并形成的一套行之有效的安全教育培训方法。三级教育培训的形式、方法以及考核标准各有侧重。

① 厂级安全生产教育培训是入厂教育的一个重要内容，其重点是生产经营单位安全风险辨识、安全生产管理目标、规章制度、劳动纪律、安全考核奖惩、从业人员的安全生产权利和义务、有关事故案例等。

② 车间级安全生产教育培训是在从业人员工作岗位、工作内容基本确定后进行，由车间一级组织。培训内容重点是：本岗位工作及作业环境范围内的安全风险辨识、评价和控制措施；典型事故案例；岗位安全职责、操作技能及强制性标准；自救互救、急救方法、疏散和现场紧急情况的处理；安全设施、个人防护用品的使用和维护。

③ 班组级安全生产教育培训是在从业人员工作岗位确定后，由班组组织，除班组长、班组技术员、安全员对其进行安全教育培训外，自我学习是重点。我国传统的师傅带徒弟的方式，也是搞好班组安全教育培训的一种重要方法。进入班组的新从业人员，都应有具体的跟班学习、实习期，实习期间不得安排单独上岗作业。由于生产经营单位的性质不同，学习、实习期，国家没有统一规定，应按照行业的规定或生产经营单位自行确定。实习期满，通过安全规程、业务技能考试合格方可独立上岗作业。班组安全教育培训的重点是岗位安全操作规程、岗位之间工作衔接配合、作业过程的安全风险分析方法和控制对策、事故案例等等。

④ 新从业人员安全生产教育培训时间不得少于24学时。煤矿、非煤矿山、危险化学品、烟花爆竹等生产经营单位新上岗的从业人员安全培训时间不得少于72学时，每年接受再培训的时间不得少于20学时。

(2) 调整工作岗位或离岗后重新上岗安全教育培训

从业人员调整工作岗位后，由于岗位工作特点、要求不同，应重新进行新岗位安全教育培训，并经考试合格后方可上岗作业。

由于工作需要或其他原因离开岗位后，重新上岗作业应重新进行安全教育培训，经考试合格后，方可上岗作业。由于工作性质不同，离开岗位时间，国家不能作出统一规定，应按照行业规定或生产经营单位自行制定。原则上，作业岗位安全风险较大，技能要求较高的岗位，时间间隔应短一些。例如，电力行业规定为3个月。

调整工作岗位和离岗后重新上岗的安全教育培训工作，原则上应由车间级组织。

(3) 岗位安全教育培训

岗位安全教育培训，是指连续在岗位工作的安全教育培训工作，主要包括日常安全教育培训、定期安全考试和专题安全教育培训三个方面。

① 日常安全教育培训，主要以车间、班组为单位组织开展，重点是安全操作规程的学习培训，安全生产规章制度的学习培训，作业岗位安全风险辨识培训，事故案例教育等。日常安全教育培训工作形式多样，内容丰富，根据行业或生产经营单位的特点不同而各具特色。我国电力行业有班前会、班后会制度，安全日活动制度。班前会，在布置当天工作任务的同时，开展作业前安全风险分析，制定预控措施，明确工作的监护人等。工作结束后，对当天作业的安全情况进行总结分析、点评等。"安全日活动"，即每周必须安排半天的时间统一由班组或车间组织安全学习培训，企业的领导、职能部门的领导及专职安全监督人员深入班组参加活动。

② 定期安全考试，是指生产经营单位组织的定期安全工作规程、规章制度、事故案例的学习和培训，学习培训的方式较为灵活，但考试统一组织。定期安全考试不合格者，应下岗接受培训，考试合格后方可上岗作业。

③ 专题安全教育培训，是指针对某一具体问题进行专门的培训工作。专题安全教育培训工作，针对性强，效果比较突出。通常开展的内容有：三新安全教育培训、法律法规及规章制度培训、事故案例培训、安全生产知识竞赛、技术比武等。

三新安全教育培训是生产经营单位实施新工艺、新技术、新设备（新材料）时，组织相关岗位对从业人员进行有针对性的安全生产教育培训；法律法规及规章制度培训是指国家颁布的有关安全生产法律法规，或生产经营单位制定新的有关安全生产规章制度后，组织开展的培训活动；事故案例培训是指在生产经营单位发生生产安全事故或获得与本单位生产经营活动相关的事故案例信息后，开展的安全教育培训活动；有条件的生产经营单位还应该举办经常性的安全生产知识竞赛、技术比武等活动，提高从业人员对安全教育培训的兴趣，推动岗位学习和练兵活动。

在安全生产的具体实践过程中，生产经营单位还可以采取其他许多宣传教育培训的方式方法，如班组安全管理制度，警句、格言上墙活动，利用闭路电视、报纸、黑板报、橱窗等进行安全宣传教育，利用漫画等形式解释安全规程制度，在生产现场曾经发生过生产安全事故地点设置警示牌，组织事故回顾展览等。

7.6 安全生产检查与隐患排查治理

7.6.1 安全生产检查

安全生产检查是生产经营单位安全生产管理的重要内容，其工作重点是辨识安全生产管理工作存在的漏洞和死角，检查生产现场安全防护设施、作业环境是否存在不安全状态，现场作业人员的行为是否符合安全规范，以及设备、系统运行状况是否符合现场规程的要求等。通过安全检查，不断堵塞管理漏洞，改善劳动作业环境，规范作业人员的行为，保证设备系统的安全、可靠运行，实现安全生产的目的。

7.6.1.1 安全生产检查的类型

(1) 定期检查

定期安全生产检查一般是通过有计划、有组织、有目的的形式来实现，一般由生产经营单位统一组织实施。检查周期的确定，应根据生产经营单位的规模、性质以及地区气候、地理环境等确定。定期安全检查一般具有组织规模大、检查范围广、有深度，能及时发现并解决问题等特点。定期安全检查一般和重大危险源评估、现状安全评价等工作结合开展。

(2) 经常性检查

经常性安全生产检查是由生产经营单位的安全生产管理部门、车间、班组或岗位组织进行的日常检查。一般来讲，包括交接班检查、班中检查、特殊检查等几种形式。

① 交接班检查是指在交接班前，岗位人员对岗位作业环境、管辖的设备及系统安全运行状况进行检查，交班人员要向接班人员说清楚，接班人员根据自己检查的情况和交班人员的交代，做好工作中可能发生问题及应急处置措施的预想。

② 班中检查包括岗位作业人员在工作过程中的安全检查，以及生产经营单位领导、安全生产管理部门和车间班组的领导或安全监督人员对作业情况的巡视或抽查等。

③ 特殊检查是针对设备、系统存在的异常情况，所采取的加强监视运行的措施。一般来讲，措施由工程技术人员制定，岗位作业人员执行。

交接班检查和班中岗位的自行检查，一般应制定检查路线、检查项目、检查标准，并设置专用的检查记录本。

岗位经常性检查发现的问题记录在记录本上，并及时通过信息系统和电话逐级上报。一般来讲，对危及人身和设备安全的情况，岗位作业人员应根据操作规程、应急处置措施的规定，及时采取紧急处置措施，不需请示，处置后则立即汇报。有些生产经营单位如化工单位等习惯做法是，岗位作业人员发现危及人身、设备安全的情况，只需紧急报告，而不要求就地处置。

(3) 季节性及节假日前后检查

由生产经营单位统一组织，检查内容和范围则根据季节变化，按事故发生的规律对易发的潜在危险，突出重点进行检查，如冬季防冻保温、防火、防煤气中毒，夏季防暑降温、防汛、防雷电等检查。

由于节假日（特别是重大节日，如元旦、春节、劳动节、国庆节）前后容易发生事故，因而应在节假日前后进行有针对性的安全检查。

(4) 专项检查

专项安全生产检查是对某个专项问题或在施工（生产）中存在的普遍性安全问题进行的单项定性或定量检查。例如，对危险性较大的在用设备、设施，作业场所环境条件的管理性或监督性定量检测检验则属专业（项）安全检查。专业（项）检查具有较强的针对性和专业要求，用于检查难度较大的项目。

(5) 综合性检查

综合性安全生产检查一般是由上级主管部门或地方政府负有安全生产监督管理职责的部门，组织对生产单位进行的安全检查。

(6) 职工代表不定期巡查

根据《工会法》及《安全生产法》的有关规定，生产经营单位的工会应定期或不定期组织职工代表进行安全检查。重点查国家安全生产方针、法规的贯彻执行情况，各级人员安全生产责任制和规章制度的落实情况，从业人员安全生产权利的保障情况，生产现场的安全状况等。

7.6.1.2 安全生产检查的内容

安全生产检查的内容包括：软件系统和硬件系统。软件系统主要是查思想、查意识、查制度、查管理、查事故处理、查隐患、查整改。硬件系统主要是查生产设备、查辅助设施、查安全设施、查作业环境。

安全生产检查具体内容应本着突出重点的原则进行确定。对于危险性大、易发事故、事故危害大的生产系统、部位、装置、设备等应加强检查。一般应重点检查：易造成重大损失的易燃易爆危险物品、剧毒品、锅炉、压力容器、起重设备、运输设备、冶炼设备、电气设备、冲压机械、高处作业和本企业易发生工伤、火灾、爆炸等事故的设备、工种、场所及其作业人员；易造成职业中毒或职业病的尘毒产生点及其岗位作业人员；直接管理的重要危险点和有害点的部门及其负责人。

对非矿山企业，目前国家有关规定要求强制性检查的项目有：锅炉、压力容器、压力管道、高压医用氧舱、起重机、电梯、自动扶梯、施工升降机、简易升降机、防爆电器、厂内机动车辆、客运索道、游艺机及游乐设施等；作业场所的粉尘、噪声、振动、辐射、高温低温和有毒物质的浓度等。

7.6.1.3 安全生产检查的方法

（1）常规检查

常规检查是常见的一种检查方法。通常是由安全管理人员作为检查工作的主体，到作业场所现场，通过感观或辅助一定的简单工具、仪表等，对作业人员的行为、作业场所的环境条件、生产设备设施等进行的定性检查。安全检查人员通过这一手段，及时发现现场存在的安全隐患并采取措施予以消除，纠正施工人员的不安全行为。常规检查主要依靠安全检查人员的经验和能力，检查的结果直接受安全检查人员个人素质的影响。

（2）安全检查表法

为使安全检查工作更加规范，将个人的行为对检查结果的影响减少到最小，常采用安全检查表法。安全检查表一般由工作小组讨论制定。安全检查表一般包括检查项目、检查内容、检查标准、检查结果及评价等内容。

编制安全检查表应依据国家有关法律法规，生产经营单位现行有效的有关标准、规程、管理制度，有关事故教训，生产经营单位安全管理文化、理念，反事故技术措施和安全措施计划，季节性、地理、气候特点等。我国许多行业都编制并实施了适合行业特点的安全检查标准，如建筑、电力、机械、煤炭等。

（3）仪器检查及数据分析法

有些生产经营单位的设备、系统运行数据具有在线监视和记录的系统设计，对设备、系统的运行状况可通过对数据的变化趋势进行分析得出结论。对没有在线数据检测系统的机器、设备、系统，只能通过仪器检查法来进行定量化的检验与测量。

7.6.1.4 安全生产检查的工作程序

（1）准备

① 确定检查对象、目的、任务。
② 查阅、掌握有关法规、标准、规程的要求。
③ 了解检查对象的工艺流程、生产情况、可能出现危险和危害的情况。

④ 制定检查计划，安排检查内容、方法、步骤。
⑤ 编写安全检查表或检查提纲。
⑥ 准备必要的检测工具、仪器、书写表格或记录本。
⑦ 挑选和训练检查人员并进行必要的分工等。

(2) 实施

实施安全检查就是通过访谈、查阅文件和记录、现场观察、仪器测量的方式获取信息。

① 访谈。通过与有关人员谈话来检查安全意识和规章制度执行情况等。

② 查阅文件和记录。检查设计文件、作业规程、安全措施、责任制度、操作规程等是否齐全，是否有效；查阅相应记录，判断上述文件是否被执行。

③ 现场观察。对作业现场的生产设备、安全防护设施、作业环境、人员操作等进行观察，寻找不安全因素、事故隐患、事故征兆等。

④ 仪器测量。利用一定的检测检验仪器设备，对在用的设施、设备、器材状况及作业环境条件等进行测量，以发现隐患。

(3) 综合分析

经现场检查和数据分析后，检查人员应对检查情况进行综合分析，提出检查的结论和意见。一般来讲，生产经营单位自行组织的各类安全检查，应有安全管理部门会同有关部门对检查结果进行综合分析；上级主管部门或地方政府负有安全生产监督管理职责的部门组织的安全检查，统一研究得出检查意见或结论。

7.6.1.5 提出整改要求

针对检查发现的问题，应根据问题性质的不同，提出立即整改、限期整改等措施要求。生产经营单位自行组织的安全检查，由安全管理部门会同有关部门，共同制定整改措施计划并组织实施。上级主管部门或地方政府负有安全生产监督管理职责的部门组织的安全检查，检查组应提出书面的整改要求，生产经营单位制定整改措施计划。

7.6.1.6 整改落实

对安全检查发现的问题和隐患，生产经营单位应从管理的高度，举一反三，制定整改计划并积极落实整改。

7.6.1.7 信息反馈及持续改进

生产经营单位自行组织的安全检查，在整改措施计划完成后，安全管理部门应组织有关人员进行验收。对于上级主管部门或地方政府负有安全生产监督管理职责的部门组织的安全检查，在整改措施完成后，应及时上报整改完成情况，申请复查或验收。

对安全检查中经常发现的问题或反复发现的问题，生产经营单位应从规章制度的健全和完善、从业人员的安全教育培训、设备系统的更新改造、加强现场检查和监督等环节入手，做到持续改进，不断提高安全生产管理水平，防范生产安全事故的发生。

7.6.2 隐患排查治理

(1) 安全生产事故隐患的定义

国家安全生产监督管理总局颁布的第 16 号令《安全生产事故隐患排查治理暂行规定》，将"安全生产事故隐患"定义为"生产经营单位违反安全生产法律、法规、规章、标准、规程和安全生产管理制度的规定,或者因其他因素在生产经营活动中存在可能导致事故发生的物的危险状态、人的不安全行为和管理上的缺陷"。

事故隐患分为一般事故隐患和重大事故隐患。一般事故隐患是指危害和整改难度较小,发现后能够立即整改排除的隐患。重大事故隐患是指危害和整改难度较大,应当全部或者局部停产停业,并经过一定时间整改治理方能排除的隐患,或者因外部因素影响致使生产经营单位自身难以排除的隐患。企业、政府和公众等多方综合性地开展隐患辨识、评价、消除、整改、监控等活动和措施,使生产安全系统的事故风险处于可接受水平的过程就是隐患治理。

(2) 生产经营单位的主要职责

① 生产经营单位应当依照法律、法规、规章、标准和规程的要求从事生产经营活动。严禁非法从事生产经营活动。

② 生产经营单位是事故隐患排查、治理和防控的责任主体。

③ 生产经营单位应当建立健全事故隐患排查治理和建档监控等制度,逐级建立并落实从主要负责人到每个从业人员的隐患排查治理和监控责任制。

④ 生产经营单位应当保证事故隐患排查治理所需的资金,建立资金使用专项制度。

⑤ 生产经营单位应当定期组织安全生产管理人员、工程技术人员和其他相关人员排查本单位的事故隐患。对排查出的事故隐患,应当按照事故隐患的等级进行登记,建立事故隐患信息档案,并按照职责分工实施监控治理。

⑥ 生产经营单位应当建立事故隐患报告和举报奖励制度,鼓励、发动职工发现和排除事故隐患,鼓励社会公众举报。对发现、排除和举报事故隐患的有功人员,应当给予物质奖励和表彰。

⑦ 生产经营单位将生产经营项目、场所、设备发包、出租的,应当与承包、承租单位签订安全生产管理协议,并在协议中明确各方对事故隐患排查、治理和防控的管理职责。生产经营单位对承包、承租单位的事故隐患排查治理负有统一协调和监督管理的职责。

⑧ 安全监管监察部门和有关部门的监督检查人员依法履行事故隐患监督检查职责时,生产经营单位应当积极配合,不得拒绝和阻挠。

⑨ 生产经营单位应当每季、每年对本单位事故隐患排查治理情况进行统计分析,并分别于下一季度 15 日前和下一年度 1 月 31 日前向安全监管监察部门和有关部门报送书面统计分析表。统计分析表应当由生产经营单位主要负责人签字。

对于重大事故隐患,生产经营单位除依照上述要求报送外,还应当及时向安全监管监察部门和有关部门报告。

重大事故隐患报告内容应当包括以下内容:

隐患的现状及其产生原因;

隐患的危害程度和整改难易程度分析;

隐患的治理方案。

⑩ 对于一般事故隐患,由生产经营单位(车间、分厂、区队等)负责人或者有关人员立即组织整改。对于重大事故隐患,由生产经营单位主要负责人组织制定并实施事故隐患治理方案。重大事故隐患治理方案应当包括以下内容:治理的目标和任务;采取的方法和措施;经费和物资的落实;负责治理的机构和人员;治理的时限和要求;安全措施和应急预案。

⑪ 生产经营单位在事故隐患治理过程中，应当采取相应的安全防范措施，防止事故发生。事故隐患排除前或者排除过程中无法保证安全的，应当从危险区域内撤出作业人员，并疏散可能危及的其他人员，设置警戒标志，暂时停产停业或者停止使用；对暂时难以停产或者停止使用的相关生产储存装置、设施、设备，应当加强维护和保养，防止事故发生。

⑫ 生产经营单位应当加强对自然灾害的预防。对于因自然灾害可能导致事故灾难的隐患，应当按照有关法律、法规、标准和《安全生产事故隐患排查治理暂行规定》的要求排查治理，采取可靠的预防措施，制订应急预案。在接到有关自然灾害预报时，应当及时向下属单位发出预警通知；发生自然灾害可能危及生产经营单位和人员安全的情况时，应当采取撤离人员、停止作业、加强监测等安全措施，并及时向当地人民政府及其有关部门报告。

⑬ 地方人民政府或者安全监管监察部门及有关部门挂牌督办并责令全部或者局部停产停业治理的重大事故隐患，治理工作结束后，有条件的生产经营单位应当组织本单位的技术人员和专家对重大事故隐患的治理情况进行评估；其他生产经营单位应当委托具备相应资质的安全评价机构对重大事故隐患的治理情况进行评估。

经治理后符合安全生产条件的，生产经营单位应当向安全监管监察部门和有关部门提出恢复生产的书面申请，经安全监管监察部门和有关部门审查同意后，方可恢复生产经营。申请报告应当包括治理方案的内容、项目和安全评价机构出具的评价报告等。

7.6.3 监督管理

各级安全监管监察部门按照职责对所辖区域内生产经营单位排查治理事故隐患工作依法实施综合监督管理；各级人民政府有关部门在各自职责范围内对生产经营单位排查治理事故隐患工作依法实施监督管理。任何单位和个人发现事故隐患，均有权向安全监管监察部门和有关部门报告。安全监管监察部门接到事故隐患报告后，应当按照职责分工立即组织核实并予以查处；发现所报告事故隐患应当由其他有关部门处理的，应当立即移送有关部门并记录备查。

安全监管监察部门应当指导、监督生产经营单位按照有关法律、法规、规章、标准和规程的要求，建立健全事故隐患排查治理等各项制度，定期组织对生产经营单位事故隐患排查治理情况开展监督检查。对检查过程中发现的重大事故隐患，应当下达整改指令书，并建立信息管理台账。必要时，报告同级人民政府并对重大事故隐患实行挂牌督办。

安全监管监察部门应当配合有关部门做好对生产经营单位事故隐患排查治理情况开展的监督检查，依法查处事故隐患排查治理的非法和违法行为及其责任者。

安全监管监察部门发现属于其他有关部门职责范围内的重大事故隐患的，应该及时将有关资料移送有管辖权的有关部门，并记录备查。

已经取得安全生产许可证的生产经营单位，在其被挂牌督办的重大事故隐患治理结束前，安全监管监察部门应当加强监督检查。必要时，可以提请原许可证颁发机关依法暂扣其安全生产许可证。

对挂牌督办并采取全部或者局部停产停业治理的重大事故隐患，安全监管监察部门收到生产经营单位恢复生产的申请报告后，应当在10日内进行现场审查。审查合格的，对事故隐患进行核销，同意恢复生产经营；审查不合格的，依法责令改正或者下达停产整改指令。对整改无望或者生产经营单位拒不执行整改指令的，依法实施行政处罚；不具备安全生产条件的，依法提请县级以上人民政府按照国务院规定的权限予以关闭。

7.7 企业安全生产标准化

7.7.1 安全生产标准化概述

7.7.1.1 安全生产标准化基本概念

安全生产标准化,是指通过建立安全生产责任制,制定安全管理制度和操作规程,排查治理隐患和监控重大危险源,建立预防机制,规范生产行为,使各生产环节符合有关安全生产法律法规和标准规范的要求,人、机、物、环处于良好的生产状态,并持续改进,不断加强企业安全生产规范化建设。

安全生产标准化体现了"安全第一、预防为主、综合治理"的方针和"以人为本"的科学发展观。强调企业安全生产工作的规范化、科学化、系统化和法制化,强化风险管理和过程控制,注重绩效管理和持续改进,符合安全管理的基本规律,代表了现代安全管理的发展方向,是先进安全管理思想与我国传统安全管理方法、企业具体实际的有机结合,有效提高企业安全生产水平,从而推动我国安全生产状况的根本好转。

7.7.1.2 安全生产标准化建设的重要意义

① 是落实企业安全生产主体责任的必要途径。国家有关安全生产法律法规和规定明确要求,要严格企业安全管理,全面开展安全达标。企业是安全生产的责任主体,也是安全生产标准化建设的主体,要通过加强企业每个岗位和环节的安全生产标准化建设,不断提高安全管理水平,促进企业安全生产主体责任落实到位。

② 是强化企业安全生产基础工作的长效制度。安全生产标准化建设涵盖了增强人员安全素质、提高装备设施水平、改善作业环境、强化岗位责任落实等各个方面,是一项长期的、基础性的系统工程,有利于全面促进企业提高安全生产保障水平。

③ 是政府实施安全生产分类指导、分级监管的重要依据。实施安全生产标准化建设考评,将企业划分为不同等级,能够客观真实地反映出各地区企业安全生产状况和不同安全生产水平的企业数量,为加强安全监管提供有效的基础数据。

④ 是有效防范事故发生的重要手段。深入开展安全生产标准化建设,能够进一步规范从业人员的安全行为,提高机械化和信息化水平,促进现场各类隐患的排查治理,推进安全生产长效机制建设,有效防范和坚决遏制事故发生,促进全国安全生产状况持续稳定好转。

7.7.1.3 安全生产标准化的工作原理和工作目标

(1) 工作原理

安全生产标准化的基本原理是系统化的"戴明模型",即"PDCA模型",如图7-1所示,分为"计划(plan)、实施(do)、检查(check)、改进(act)"4个相互关联的环节,强调的是系统管理,为企业建立一个动态循环的管理模式,持续改进企业的安全管理绩效,实现既定目标。

(2) 工作目标

① 全面实现安全达标。工贸企业全面开展安全生产标准化建设工作,实现企业安全管理标准化、作业现场标准化和操作过程标准化。2013年底前,规模以上工贸企业实现安全

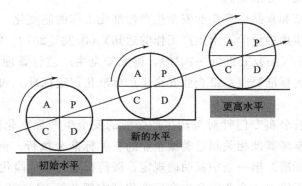

图 7-1 安全生产标准化持续改进的理念

达标；2015 年底前，所有工贸企业实现安全达标。

② 安全状况明显改善。一般事故隐患能够及时排查治理，重大事故隐患得到整治或监控，职工安全意识和操作技能得到提高，"三违"现象得到有效禁止，企业本质安全水平明显提高，防范事故能力明显加强。

③ 各类事故明显下降。较大以上事故明显下降，各类伤亡事故不断下降，2015 年工贸企业事故总死亡人数比 2010 年下降 12.5% 以上，为全国安全生产形势根本好转创造条件、奠定基础。

7.7.1.4 安全生产标准化的建设流程

建设安全生产标准化的过程，绝不是简单地只编写一些文件。标准化的创建是一项系统工程，会涉及企业所有部门、所有生产流程、所有人员，必须做好创建过程的每一项工作才能保证安全生产标准化工作的质量。

企业安全生产标准化建设流程包括以下八个阶段。

① 策划准备及制定目标：建立领导小组、执行小组，确立目标。
② 教育培训：全员参与，领导层、执行部门、人员操作。
③ 现状梳理：安全管理情况、现场设备设施状况现状摸底。
④ 管理文件制修订：安全管理制度、操作规程。
⑤ 实施运行及整改。
⑥ 企业自评。
⑦ 评审申请。
⑧ 外部评审。

7.7.2 企业安全生产标准化基本规范

《企业安全生产标准化基本规范》（AQ/T 9006—2010）由国家安全生产监督管理总局批准实施，于 2010 年 6 月 1 日起正式施行，表明我国广大企业的安全生产标准化工作将得到规范。为进一步推进冶金、有色、建材、机械、轻工、纺织、烟草、商贸等行业（以下统称冶金等工贸行业）安全生产标准化工作制度化、规范化和科学化，依据《国务院关于进一步加强企业安全生产工作的通知》（国发 [2010] 23 号）和《企业安全生产标准化基本规范（AQ/T 9006—2010）》，国家安全生产监督管理总局又进一步制定了《冶金等工贸企业安全生产标准化基本规范评分细则》。

为推进纺织、造纸和食品生产企业安全生产标准化工作的制度化、规范化和科学化，依据《国务院关于进一步加强企业安全生产工作的通知》（国发［2010］23号）和《企业安全生产标准化基本规范》（AQ/T 9006—2010），国家安全生产监督管理总局制定了《纺织企业安全生产标准化评定标准》、《造纸企业安全生产标准化评定标准》和《食品生产企业安全生产标准化评定标准》。

目前，我国还没有公布专门针对医药生产企业的安全生产标准化建设及评定标准。因此，医药生产企业可参考其他相关相近类型企业的有关标准来执行。例如，《食品生产企业安全生产标准化评定标准》第一条中就明确规定，医药行业的非危险化学品企业以及保健品企业可参照执行。以下给出《企业安全生产标准化基本规范》（AQ/T 9006—2010）的主要内容。

7.7.2.1 一般要求

(1) 原则

企业开展安全生产标准化工作，遵循"安全第一、预防为主、综合治理"的方针，以隐患排查治理为基础，提高安全生产水平，减少事故发生，保障人身安全健康，保证生产经营活动的顺利进行。

(2) 建立和保持

企业安全生产标准化工作采用"策划、实施、检查、改进"动态循环的模式，依据本标准的要求，结合自身特点，建立并保持安全生产标准化系统；通过自我检查、自我纠正和自我完善，建立安全绩效持续改进的安全生产长效机制。

(3) 评定和监督

企业安全生产标准化工作实行企业自主评定、外部评审的方式。

企业应当根据本标准和有关评分细则，对本企业开展安全生产标准化工作情况进行评定；自主评定后申请外部评审定级。

安全生产标准化评审分为一级、二级、三级，一级为最高。

安全生产监督管理部门对评审定级进行监督管理。

7.7.2.2 核心要求

(1) 目标

企业根据自身安全生产实际，制定总体和年度安全生产目标。

按照所属基层单位和部门在生产经营中的职能，制定安全生产指标和考核办法。

(2) 组织机构和职责

1) 组织机构

企业应按规定设置安全生产管理机构，配备安全生产管理人员。

2) 职责

企业主要负责人应按照安全生产法律法规赋予的职责，全面负责安全生产工作，并履行安全生产义务。

企业应建立安全生产责任制，明确各级单位、部门和人员的安全生产职责。

(3) 安全生产投入

企业应建立安全生产投入保障制度，完善和改进安全生产条件，按规定提取安全费用，专项用于安全生产，并建立安全费用台账。

(4) 法律法规与安全管理制度

1）法律法规、标准规范

企业应建立识别和获取适用的安全生产法律法规、标准规范的制度，明确主管部门，确定获取的渠道、方式，及时识别和获取适用的安全生产法律法规、标准规范。

企业各职能部门应及时识别和获取本部门适用的安全生产法律法规、标准规范，并跟踪、掌握有关法律法规、标准规范的修订情况，及时提供给企业内负责识别和获取适用的安全生产法律法规的主管部门汇总。

企业应将适用的安全生产法律法规、标准规范及其他要求及时传达给从业人员。

企业应遵守安全生产法律法规、标准规范，并将相关要求及时转化为本单位的规章制度，贯彻到各项工作中。

2）规章制度

企业应建立健全安全生产规章制度，并发放到相关工作岗位，规范从业人员的生产作业行为。

安全生产规章制度至少应包含下列内容：安全生产职责、安全生产投入、文件和档案管理、隐患排查与治理、安全教育培训、特种作业人员管理、设备设施安全管理、建设项目安全设施"三同时"管理、生产设备设施验收管理、生产设备设施报废管理、施工和检维修安全管理、危险物品及重大危险源管理、作业安全管理、相关方及外用工管理，职业健康管理、防护用品管理，应急管理，事故管理等。

3）操作规程

企业应根据生产特点，编制岗位安全操作规程，并发放到相关岗位。

4）评估

企业应每年至少一次对安全生产法律法规、标准规范、规章制度、操作规程的执行情况进行检查评估。

5）修订

企业应根据评估情况、安全检查反馈的问题、生产安全事故案例、绩效评定结果等，对安全生产管理规章制度和操作规程进行修订，确保其有效和适用，保证每个岗位所使用的为最新有效版本。

6）文件和档案管理

企业应严格执行文件和档案管理制度，确保安全规章制度和操作规程编制、使用、评审、修订的效力。

企业应建立主要安全生产过程、事件、活动、检查的安全记录档案，并加强对安全记录的有效管理。

(5) 教育培训

1）教育培训管理

企业应确定安全教育培训主管部门，按规定及岗位需要，定期识别安全教育培训需求，制定、实施安全教育培训计划，提供相应的资源保证。

应做好安全教育培训记录，建立安全教育培训档案，实施分级管理，并对培训效果进行评估和改进。

2) 安全生产管理人员教育培训

企业的主要负责人和安全生产管理人员,必须具备与本单位所从事的生产经营活动相适应的安全生产知识和管理能力。法律法规要求必须对其安全生产知识和管理能力进行考核的,须经考核合格后方可任职。

3) 操作岗位人员教育培训

企业应对操作岗位人员进行安全教育和生产技能培训,使其熟悉有关的安全生产规章制度和安全操作规程,并确认其能力符合岗位要求。未经安全教育培训,或培训考核不合格的从业人员,不得上岗作业。

新入厂(矿)人员在上岗前必须经过厂(矿)、车间(工段、区、队)、班组三级安全教育培训。

在新工艺、新技术、新材料、新设备设施投入使用前,应对有关操作岗位人员进行专门的安全教育和培训。

操作岗位人员转岗、离岗一年以上重新上岗者,应进行车间(工段)、班组安全教育培训,经考核合格后,方可上岗工作。

从事特种作业的人员应取得特种作业操作资格证书,方可上岗作业。

4) 其他人员教育培训

企业应对相关方的作业人员进行安全教育培训。作业人员进入作业现场前,应由作业现场所在单位对其进行进入现场前的安全教育培训。

企业应对外来参观、学习等人员进行有关安全规定、可能接触到的危害及应急知识的教育和告知。

5) 安全文化建设

企业应通过安全文化建设,促进安全生产工作。

企业应采取多种形式的安全文化活动,引导全体从业人员的安全态度和安全行为,逐步形成为全体员工所认同、共同遵守、带有本单位特点的安全价值观,实现法律和政府监管要求之上的安全自我约束,保障企业安全生产水平持续提高。

(6) 生产设备设施

1) 生产设备设施建设

企业建设项目的所有设备设施应符合有关法律法规、标准规范要求;安全设备设施应与建设项目主体工程同时设计、同时施工、同时投入生产和使用。

企业应按规定对项目建议书、可行性研究、初步设计、总体开工方案、开工前安全条件确认和竣工验收等阶段进行规范管理。

生产设备设施变更应执行变更管理制度,履行变更程序,并对变更的全过程进行隐患控制。

2) 设备设施运行管理

企业应对生产设备设施进行规范化管理,保证其安全运行。

企业应有专人负责管理各种安全设备设施,建立台账,定期检维修。对安全设备设施应制定检维修计划。

设备设施检维修前应制订方案。检维修方案应包含作业行为分析和控制措施。检维修过程中应执行隐患控制措施并进行监督检查。

安全设备设施不得随意拆除、挪用或弃置不用;确因检维修拆除的,应采取临时安全措施，检维修完毕后立即复原。

3）新设备设施验收及旧设备拆除、报废

设备的设计、制造、安装、使用、检测、维修、改造、拆除和报废，应符合有关法律法规、标准规范的要求。

企业应执行生产设备设施到货验收和报废管理制度，应使用质量合格、设计符合要求的生产设备设施。

拆除的生产设备设施应按规定进行处置。拆除的生产设备设施涉及危险物品的，须制定危险物品处置方案和应急措施，并严格按规定组织实施。

(7) 作业安全

1）生产现场管理和生产过程控制

企业应加强生产现场安全管理和生产过程的控制。对生产过程及物料、设备设施、器材、通道、作业环境等存在的隐患，应进行分析和控制。对动火作业、受限空间内作业、临时用电作业、高处作业等危险性较高的作业活动实施作业许可管理，严格履行审批手续。作业许可证应包含危害因素分析和安全措施等内容。

企业进行爆破、吊装等危险作业时，应当安排专人进行现场安全管理，确保安全规程的遵守和安全措施的落实。

2）作业行为管理

企业应加强生产作业行为的安全管理。对作业行为隐患、设备设施使用隐患、工艺技术隐患等进行分析，采取控制措施。

3）警示标志

企业应根据作业场所的实际情况，按照 GB 2894 及企业内部规定，在有较大危险因素的作业场所和设备设施上，设置明显的安全警示标志，进行危险提示、警示，告知危险的种类、后果及应急措施等。

企业应在设备设施检维修、施工、吊装等作业现场设置警戒区域和警示标志，在检维修现场的坑、井、洼、沟、陡坡等场所设置围栏和警示标志。

4）相关方管理

企业应执行承包商、供应商等相关方管理制度，对其资格预审、选择、服务前准备、作业过程、提供的产品、技术服务、表现评估、续用等进行管理。

企业应建立合格相关方的名录和档案，根据服务作业行为定期识别服务行为风险，并采取行之有效的控制措施。

企业应对进入同一作业区的相关方进行统一安全管理。

不得将项目委托给不具备相应资质或条件的相关方。企业和相关方的项目协议应明确规定双方的安全生产责任和义务。

5）变更

企业应执行变更管理制度，对机构、人员、工艺、技术、设备设施、作业过程及环境等永久性或暂时性的变化进行有计划的控制。变更的实施应履行审批及验收程序，并对变更过程及变更所产生的隐患进行分析和控制。

(8) 隐患排查和治理

1）隐患排查

企业应组织事故隐患排查工作，对隐患进行分析评估，确定隐患等级，登记建档，及时采取有效的治理措施。

法律法规、标准规范发生变更或有新的公布,以及企业操作条件或工艺改变,新建、改建、扩建项目建设,相关方进入、撤出或改变,对事故、事件或其他信息有新的认识,组织机构发生大的调整的,应及时组织隐患排查。

隐患排查前应制定排查方案,明确排查的目的、范围,选择合适的排查方法。排查方案应依据:有关安全生产法律、法规要求;设计规范、管理标准、技术标准;企业的安全生产目标等。

2)排查范围与方法

企业隐患排查的范围应包括所有与生产经营相关的场所、环境、人员、设备设施和活动。

企业应根据安全生产的需要和特点,采用综合检查、专业检查、季节性检查、节假日检查、日常检查等方式进行隐患排查。

3)隐患治理

企业应根据隐患排查的结果,制定隐患治理方案,对隐患及时进行治理。

隐患治理方案应包括目标和任务、方法和措施、经费和物资、机构和人员、时限和要求。重大事故隐患在治理前应采取临时控制措施并制订应急预案。

隐患治理措施包括:工程技术措施、管理措施、教育措施、防护措施和应急措施。

治理完成后,应对治理情况进行验证和效果评估。

4)预测预警

企业应根据生产经营状况及隐患排查治理情况,运用定量的安全生产预测预警技术,建立体现企业安全生产状况及发展趋势的预警指数系统。

(9)重大危险源监控

1)辨识与评估

企业应依据有关标准对本单位的危险设施或场所进行重大危险源辨识与安全评估。

2)登记建档与备案

企业应当对确认的重大危险源及时登记建档,并按规定备案。

3)监控与管理

企业应建立健全重大危险源安全管理制度,制定重大危险源安全管理技术措施。

(10)职业健康

1)职业健康管理

企业应按照法律法规、标准规范的要求,为从业人员提供符合职业健康要求的工作环境和条件,配备与职业健康保护相适应的设施、工具。

企业应定期对作业场所职业危害进行检测,在检测点设置标识牌予以告知,并将检测结果存入职业健康档案。

对可能发生急性职业危害的有毒、有害工作场所,应设置报警装置,制订应急预案,配置现场急救用品、设备,设置应急撤离通道和必要的泄险区。

各种防护器具应定点存放在安全、便于取用的地方,并有专人负责保管,定期校验和维护。

企业应对现场急救用品、设备和防护用品进行经常性的检维修,定期检测其性能,确保其处于正常状态。

2）职业危害告知和警示

企业与从业人员订立劳动合同时，应将工作过程中可能产生的职业危害及其后果和防护措施如实告知从业人员，并在劳动合同中写明。

企业应采用有效的方式对从业人员及相关方进行宣传，使其了解生产过程中的职业危害、预防和应急处理措施，降低或消除危害后果。

对存在严重职业危害的作业岗位，应按照 GBZ 158 要求设置警示标识和警示说明。警示说明应载明职业危害的种类、后果、预防和应急救治措施。

3）职业危害申报

企业应按规定，及时、如实向当地主管部门申报生产过程存在的职业危害因素，并依法接受其监督。

(11) 应急救援

1）应急机构和队伍

企业应按规定建立安全生产应急管理机构或指定专人负责安全生产应急管理工作。

企业应建立与本单位安全生产特点相适应的专兼职应急救援队伍，或指定专兼职应急救援人员，并组织训练；无需建立应急救援队伍的，可与附近具备专业资质的应急救援队伍签订服务协议。

2）应急预案

企业应按规定制定生产安全事故应急预案，并针对重点作业岗位制定应急处置方案或措施，形成安全生产应急预案体系。

应急预案应根据有关规定报当地主管部门备案，并通报有关应急协作单位。

应急预案应定期评审，并根据评审结果或实际情况的变化进行修订和完善。

3）应急设施、装备、物资

企业应按规定建立应急设施，配备应急装备，储备应急物资，并进行经常性的检查、维护、保养，确保其完好、可靠。

4）应急演练

企业应组织生产安全事故应急演练，并对演练效果进行评估。根据评估结果，修订、完善应急预案，改进应急管理工作。

5）事故救援

企业发生事故后，应立即启动相关应急预案，积极开展事故救援。

(12) 事故报告、调查和处理

1）事故报告

企业发生事故后，应按规定及时向上级单位、政府有关部门报告，并妥善保护事故现场及有关证据。必要时向相关单位和人员通报。

2）事故调查和处理

企业发生事故后，应按规定成立事故调查组，明确其职责与权限，进行事故调查或配合上级部门的事故调查。

事故调查应查明事故发生的时间、经过、原因、人员伤亡情况及直接经济损失等。

事故调查组应根据有关证据、资料，分析事故的直接、间接原因和事故责任，提出整改措施和处理建议，编制事故调查报告。

(13) 绩效评定和持续改进

1) 绩效评定

企业应每年至少一次对本单位安全生产标准化的实施情况进行评定,验证各项安全生产制度措施的适宜性、充分性和有效性,检查安全生产工作目标、指标的完成情况。

企业主要负责人应对绩效评定工作全面负责。评定工作应形成正式文件,并将结果向所有部门、所属单位和从业人员通报,作为年度考评的重要依据。

企业发生死亡事故后应重新进行评定。

2) 持续改进

企业应根据安全生产标准化的评定结果和安全生产预警指数系统所反映的趋势,对安全生产目标、指标、规章制度、操作规程等进行修改完善,持续改进,不断提高安全绩效。

7.7.3 企业安全生产标准化评定

根据《安全生产法》、《国务院关于进一步加强企业安全生产工作的通知》(国发[2010]23号),为有效实施《企业安全生产标准化基本规范》(AQ/T 9006—2010),规范和加强企业安全生产标准化评审工作,推动和指导企业落实安全生产主体责任,国家安全生产监督管理总局于2014年6月专门制定了《企业安全生产标准化评审工作管理办法(试行)》。该办法中提出,企业应通过安全生产标准化建设,建立以安全生产标准化为基础的企业安全生产管理体系,保持有效运行,及时发现和解决安全生产问题,持续改进,不断提高安全生产水平。该办法适用于非煤矿山、危险化学品、化工、医药、烟花爆竹、冶金、有色、建材、机械、轻工、纺织、烟草、商贸企业安全生产标准化评审管理工作。该办法同时指出,企业安全生产标准化评定标准由国家安全监管总局按照行业制定,企业依照相关行业评定标准进行创建;企业安全生产标准化达标等级分为一级企业、二级企业、三级企业,其中一级为最高;达标等级具体要求由国家安全监管总局按照行业分别确定;企业安全生产标准化建设以企业自主创建为主,程序包括自评、申请、评审、公告、颁发证书和牌匾。企业在完成自评后,实行自愿申请评审。

由于医药行业的非危险化学品企业可参照国家安全生产监督管理总局制定的《食品生产企业安全生产标准化评定标准》来执行,所以在此以《食品生产企业安全生产标准化评定标准》为例进行简述:

该评定标准共13项考评类目、47项考评项目和146条考评内容。在本评定标准的"自评/评审描述"列中,企业及评审单位应根据"考评内容"和"考评办法"的有关要求,针对企业实际情况,如实进行扣分点说明、描述,并在规定的《自评扣分点及原因说明汇总表》中逐条列出。该评定标准中累计扣分的,直到该考评内容分数扣完为止,不得出现负分。有需要追加扣分的,在该考评类目内进行扣分,也不得出现负分。

该评定标准共计1000分,最终评审评分换算成百分制,换算公式如式(7-1)所示,最后得分采用四舍五入,取小数点后一位数。

$$评审评分 = \frac{评定标准实际得分总计}{1000 - 空项考评内容分数之和} \times 100 \qquad (7-1)$$

标准化等级分为一级、二级和三级,一级为最高。评定所对应的等级须同时满足评审评分和安全绩效等要求,取最低的等级来确定标准化等级,见表7-1。企业安全生产标准化评定的具体标准可参见表7-2、表7-3中列出的部分内容。

表 7-1 不同等级安全生产标准化达标要求

评定等级	评审评分	安全绩效
一级	≥90	申请评审前一年内未发生重伤及以上的生产安全事故
二级	≥75	申请评审前一年内未发生人员死亡的生产安全事故
三级	≥60	申请评审前一年内发生生产安全事故死亡不超过1人

表 7-2 针对第二部分内容"组织机构和职责"的安全生产标准化评定标准

考评类目	考评项目	考评内容	标准分值	考评办法	自评/评审描述	空项	实际得分
组织机构和职责	组织机构和人员	按规定设置安全管理机构或配备安全管理人员	4	未设置或配备的,不得分;未以文件形式进行设置或任命的,不得分;设置或配备不符合规定的,每处扣1分;扣满4分的,追加扣除10分			
		根据有关规定和企业实际,设立安全生产领导机构	3	未设立的,不得分;未以文件形式任命的,扣1分;成员未包括主要负责人、部门负责人等相关人员的,扣1分			
		安全生产领导机构每季度应至少召开一次安全专题会,协调解决安全生产问题。会议纪要中应有工作要求并保存	3	未定期召开安全专题会的,不得分;无会议记录的,扣2分;未跟踪上次会议工作要求的落实情况的或未制订新的工作要求的,不得分;有未完成项目无整改措施的,每一项扣1分			
	职责	建立、健全安全生产责任制,并对落实情况进行考核	4	未建立安全生产责任制的,不得分;未以文件形式发布生效的,不得分;每缺一个部门、岗位的责任制的,扣1分;责任制内容与岗位工作实际不相符的,每处扣1分;没有对安全生产责任制落实情况进行考核的,扣1分			
		企业主要负责人应按照安全生产法律法规赋予的职责,全面负责安全生产工作,并履行安全生产义务	3	主要负责人的安全生产职责不明确的,不得分;未按规定履行职责的,不得分,并追加扣除10分			
		各级人员应掌握本岗位的安全生产职责	3	未掌握岗位安全生产职责的,每人扣1分			
小计			20	得分小计			

表 7-3　针对第十三部分内容"绩效评定和持续改进"的安全生产标准化评定标准

考评类目	考评项目	考评内容	标准分值	考评办法	自评/评审描述	空项	实际得分
绩效评定和持续改进	绩效评定	企业应每年至少一次对本单位安全生产标准化的实施情况进行评定，验证各项安全生产制度措施的适宜性、充分性和有效性，检查安全生产工作目标、指标的完成情况	10	未进行评定的，不得分；少于每年一次的，扣5分；评定中缺少类目、项目和内容或其支撑性材料不全的，每个扣2分；未对前次评定中提出的纠正措施的落实效果进行评价的，扣2分			
		主要负责人应对绩效评定工作全面负责。评定工作应形成正式文件，并将结果向所有部门、所属单位和从业人员通报，作为年度考评的重要依据	10	主要负责人未组织和参与的，不得分；评定未形成正式文件的，扣5分；结果未通报的，扣5分；未纳入年度考评的，不得分			
		发生死亡事故后应重新进行评定	10	未重新评定的，不得分			
	持续改进	企业应根据安全生产标准的评定结果和安全生产预警指数系统所反映的趋势，对安全生产目标、指标、规章制度、操作规程等进行修改完善，持续改进，不断提高安全绩效	10	未进行安全标准化系统持续改进的，不得分；未制定完善安全标准化工作计划和措施的，扣5分；修订完善的记录与安全生产标准化系统评定结果不一致的，每处扣1分			
		小计	40	得分小计			

7.7.4　企业安全生产标准化与职业健康安全管理体系的区别

企业安全生产标准化与职业健康安全管理体系的运行模式和基础相同。二者都是现代化安全管理方法研究的产物，也都是强调预防为主和 PDCA 动态管理的现代安全管理理念。

职业健康安全管理体系相对于企业安全生产标准化来说适用面更广，侧重于管理方法的系统化、结构化、程序化、文件化；安全生产标准化适用于工矿企业实施、保持和持续改进安全管理绩效，针对性更强，行业特点更加突出，侧重于现场的人为安全作业标准化和现场设备设施及作业环境的本质安全标准化。

在安全管理制度等软件方面可以在职业健康安全管理体系的原有管理体系文件的基础上，进行查缺补漏，做到管理标准化；在现场运行方面，对照相应专业评定标准等，进一步达到操作标准化和作业现场标准化的要求，使安全生产标准化建设与职业健康安全管理体系有效融合，成为一套企业安全生产管理行之有效的方法和系统。

7.7.5　企业安全生产标准化与药品 GMP 认证的区别

药品 GMP 认证即《药品生产质量管理规范》认证。"GMP"是英文"Good Manufacturing Practice"的缩写，中文意思即"良好作业规范"或"优良制造标准"，是一种特别注重在生产过程中实施对产品质量与卫生安全的自主性管理制度。GMP 要求生产企业应具备良好的生产设备、合理的生产过程、完善的质量管理和严格的检测系统，确保最终产品的质量符合法规要求。药品 GMP 认证主要包括质量管理、机构与人员、厂房与设施、设备、物料与产品、确认与验证、文件管理、生产管理、质量控制与质量保证、委托生产与委托检验、产品发运与召回、自检十二项内容。相比较而言，GMP 认证侧重产品的质量问题，而企业安全生产标准化则侧重的是产品生产过程的安全问题，二者侧重的对象存在根本性差异，不能混为一谈。

7.8 企业安全文化

7.8.1 安全文化的内涵

安全是从人身心需要的角度提出的，是针对人以及与人的身心直接或间接的相关事物而言的。然而，安全不能被人直接感知，能被人直接感知的是危险、风险、事故、灾害、损失、伤害等。安全文化就是安全理念、安全意识以及在其指导下的各项行为的总称，主要包括安全观念、行为安全、系统安全、工艺安全等。安全文化主要适用于高技术含量、高风险操作型企业，在能源、电力、化工等行业内重要性尤为突出。安全文化的核心是以人为本，这就需要将安全责任落实到企业全员的具体工作中，通过培育员工共同认可的安全价值观和安全行为规范，在企业内部营造自我约束、自主管理和团队管理的安全文化氛围，最终实现持续改善安全业绩和建立安全生产长效机制的目标。

安全文化有广义和狭义之别，但从其产生和发展的历程来看，安全文化的深层次内涵，仍属于"安全教养"、"安全修养"或"安全素质"的范畴。也就是说，安全文化主要是通过"文之教化"的作用，将人培养成具有现代社会所要求的安全情感、安全价值观和安全行为表现的人。

倡导安全文化的目的是在现有的技术和管理条件下，使人类生活、工作地更加安全和健康。而安全和健康的实现离不开人们对安全健康的珍惜与重视，并使自己的一举一动，符合安全健康的行为规范要求。人们通过生产、生活实践中的安全文化的教养和熏陶，不断提高自身的安全素质，预防事故发生、保障生活质量，这就是被一部分人认为的安全文化的本质。

7.8.2 企业安全文化的基本功能

(1) 导向功能

企业安全文化提倡、崇尚什么将通过潜移默化作用，接受共同的价值观念，职工的注意力必然转向所提倡、崇尚的内容，将职工个人目标引导到企业目标上来。

(2) 凝聚功能

当一种企业安全文化的价值观被该企业成员认同之后，它就会成为一种胶黏剂，从各方面把其成员团结起来，形成巨大的向心力和凝聚力，这就是文化力的凝聚功能。

(3) 激励功能

文化力的激励功能，指的是文化力能使企业成员从内心产生一种情绪高昂、奋发进取的效应。通过发挥人的主动性、创造性、积极性、智慧能力，使人产生激励作用。

(4) 约束功能

约束功能是指文化力对企业每个成员的思想和行为具有约束和规范作用。文化力的约束功能，与传统的管理理论单纯强调制度的硬约束不同，它虽也有成文的硬制度约束，但更强调的是不成文的软约束。

7.8.3 企业安全文化建设

企业要建立安全文化，必须从本单位实际情况出发，全面、客观地分析职工的安全价值观，分析安全生产的科技、管理状况，因势利导地推进。既要大力发展物质基础，莫让"安全文化"成为空中楼阁，无本之木，更要大力提炼基于物质基础之上的安全文化理念。应以大力发展安全物质建设为基础，以建章立制、发展科技为纽带，最终在企业职工中培育强烈的安全法制意识、安全科技意识、安全责任意识、安全投入意识，建立具有鲜明时代特色的安全文化理念。

《企业安全文化建设导则》（AQ/T 9004—2008）中对企业安全文化建设的总体要求、基本要素及推进保障等方面进行了如下规定。

7.8.3.1 总体要求

企业在安全文化建设过程中，应充分考虑自身内部的和外部的文化特征，引导全体员工的安全态度和安全行为，实现在法律和政府监管要求之上的安全自我约束，通过全员参与实现企业安全生产水平持续进步。企业安全文化建设的总体模式如图7-2所示。

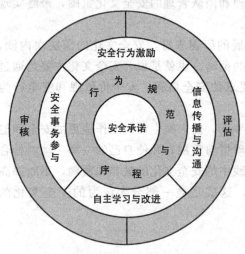

图7-2 企业安全文化建设的总体模式

7.8.3.2 企业安全文化建设基本要素

(1) 安全承诺

① 企业应建立包括安全价值观、安全愿景、安全使命和安全目标等在内的安全承诺。安全承诺应：

a. 切合企业特点和实际，反映共同安全志向；

b. 明确安全问题在组织内部具有最高优先权；

c. 声明所有与企业安全有关的重要活动都追求卓越；

d. 含义清晰明了，并被全体员工和相关方所知晓和理解。

② 企业的领导者应对安全承诺做出有形的表率，应让各级管理者和员工切身感受到领导者对安全承诺的实践。领导者应：

a. 提供安全工作的领导力，坚持保守决策，以有形的方式表达对安全的关注；

b. 在安全生产上真正投入时间和资源；

c. 制定安全发展的战略规划以推动安全承诺的实施；

d. 接受培训，在与企业相关的安全事务上具有必要的能力；

e. 授权组织的各级管理者和员工参与安全生产工作，积极质疑安全问题；

f. 安排对安全实践或实施过程的定期审查；

g. 与相关方进行沟通和合作。

③ 企业的各级管理者应对安全承诺的实施起到示范和推进作用，形成严谨的制度化工作方法，营造有益于安全的工作氛围，培育重视安全的工作态度。各级管理者应：

a. 清晰界定全体员工的岗位安全责任；
b. 确保所有与安全相关的活动均采用了安全的工作方法；
c. 确保全体员工充分理解并胜任所承担的工作；
d. 鼓励和肯定在安全方面的良好态度，注重从差错中学习和获益；
e. 在追求卓越的安全绩效、质疑安全问题方面以身作则；
f. 接受培训，在推进和辅导员工改进安全绩效上具有必要的能力；
g. 保持与相关方的交流合作，促进组织部门之间的沟通与协作。

④ 企业的员工应充分理解和接受企业的安全承诺，并结合岗位工作任务实践这种安全承诺。每个员工应：
a. 在本职工作上始终采取安全的方法；
b. 对任何与安全相关的工作保持质疑的态度；
c. 对任何安全异常和事件保持警觉并主动报告；
d. 接受培训，在岗位工作中具有改进安全绩效的能力；
e. 与管理者和其他员工进行必要的沟通。

⑤ 企业应将自己的安全承诺传达到相关方。必要时应要求供应商、承包商等相关方提供相应的安全承诺。

(2) 行为规范与程序

① 企业内部的行为规范是企业安全承诺的具体体现和安全文化建设的基础要求。企业应确保拥有能够达到和维持安全绩效的管理系统，建立清晰界定的组织结构和安全职责体系，有效控制全体员工的行为。行为规范的建立和执行应：
a. 体现企业的安全承诺；
b. 明确各级各岗位人员在安全生产工作中的职责与权限；
c. 细化有关安全生产的各项规章制度和操作程序；
d. 行为规范的执行者参与规范系统的建立，熟知自己在组织中的安全角色和责任；
e. 由正式文件予以发布；
f. 引导员工理解和接受建立行为规范的必要性，知晓由于不遵守规范所引发的潜在不利后果；
g. 通过各级管理者或被授权者观测员工行为，实施有效监控和缺陷纠正；
h. 广泛听取员工意见，建立持续改进机制。

② 程序是行为规范的重要组成部分。企业应建立必要的程序，以实现对与安全相关的所有活动进行有效控制的目的。程序的建立和执行应：
a. 识别并说明主要的风险，简单易懂，便于实际操作；
b. 程序的使用者（必要时包括承包商）参与程序的制定和改进过程，并应清楚理解不遵守程序可导致的潜在不利后果；
c. 由正式文件予以发布；
d. 通过强化培训，向员工阐明在程序中给出特殊要求的原因；
e. 对程序的有效执行保持警觉，即使在生产经营压力很大时，也不能容忍走捷径和违反程序；
f. 鼓励员工对程序的执行保持质疑的安全态度，必要时采取更加保守的行动并寻求帮助。

(3) 安全行为激励

① 企业在审查和评估自身安全绩效时,除使用事故发生率等消极指标外,还应使用旨在对安全绩效给予直接认可的积极指标。

② 员工应该受到鼓励,在任何时间和地点,挑战所遇到的潜在不安全实践,并识别所存在的安全缺陷。

对员工所识别的安全缺陷,企业应给予及时处理和反馈。

③ 企业宜建立员工安全绩效评估系统,应建立将安全绩效与工作业绩相结合的奖励制度。

审慎对待员工的差错,应避免过多关注错误本身,而应以吸取经验教训为目的。

应仔细权衡惩罚措施,避免因处罚而导致员工隐瞒错误。

④ 企业宜在组织内部树立安全榜样或典范,发挥安全行为和安全态度的示范作用。

(4) 安全信息传播与沟通

① 企业应建立安全信息传播系统,综合利用各种传播途径和方式,提高传播效果。

② 企业应优化安全信息的传播内容,将组织内部有关安全的经验、实践和概念作为传播内容的组成部分。

③ 企业应就安全事项建立良好的沟通程序,确保企业与政府监管机构和相关方、各级管理者与员工、员工相互之间的沟通。沟通应满足:

a. 确认有关安全事项的信息已经发送,并被接受方所接收和理解;

b. 涉及安全事件的沟通信息应真实、开放;

c. 每个员工都应认识到沟通对安全的重要性,从他人处获取信息和向他人传递信息。

(5) 自主学习与改进

① 企业应建立有效的安全学习模式,实现动态发展的安全学习过程,保证安全绩效的持续改进。安全自主学习过程的模式如图 7-3 所示。

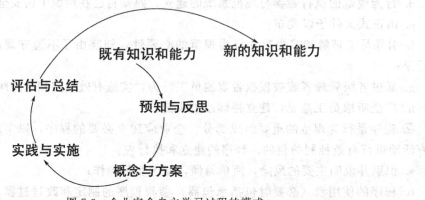

图 7-3 企业安全自主学习过程的模式

② 企业应建立正式的岗位适任资格评估和培训系统,确保全体员工充分胜任所承担的工作,应:

a. 制定人员聘任和选拔程序,保证员工具有岗位适任要求的初始条件;

b. 安排必要的培训及定期复训,评估培训效果;

c. 培训内容除有关安全知识和技能外,还应包括对严格遵守安全规范的理解,以及个人安全职责的重要意义和因理解偏差或缺乏严谨而产生失误的后果;

d. 除借助外部培训机构外，应选拔、训练和聘任内部培训教师，使其成为企业安全文化建设过程的知识和信息传播者。

③ 企业应将与安全相关的任何事件，尤其是人员失误或组织错误事件，当作能够从中汲取经验教训的宝贵机会与信息资源，从而改进行为规范和程序，获得新的知识和能力。

④ 应鼓励员工对安全问题予以关注，进行团队协作，利用既有知识和能力，辨识和分析可供改进的机会，对改进措施提出建议，并在可控条件下授权员工自主改进。

⑤ 经验教训、改进机会和改进过程的信息宜编写到企业内部培训课程或宣传教育活动的内容中，使员工广泛知晓。

(6) 安全事务参与

① 全体员工都应认识到自己负有对自身和同事安全做出贡献的重要责任。员工对安全事务的参与是落实这种责任的最佳途径。

② 员工参与的方式可包括但不局限于以下类型：

a. 建立在信任和免责备基础上的微小差错员工报告机制；

b. 成立员工安全改进小组，给予必要的授权、辅导和交流；

c. 定期召开有员工代表参加的安全会议，讨论安全绩效和改进行动；

d. 开展岗位风险预见性分析和不安全行为或不安全状态的自查自评活动。

企业组织应根据自身的特点和需要确定员工参与的形式。

③ 所有承包商对企业的安全绩效改进均可做出贡献。企业应建立让承包商参与安全事务和改进过程的机制，包括：

a. 应将与承包商有关的政策纳入安全文化建设的范畴；

b. 应加强与承包商的沟通和交流，必要时给予培训，使承包商清楚企业的要求和标准；

c. 应让承包商参与工作准备、风险分析和经验反馈等活动；

d. 倾听承包商对企业生产经营过程中所存在的安全改进机会的意见。

(7) 审核与评估

① 企业应对自身安全文化建设情况进行定期的全面审核，包括：

a. 领导者应定期组织各级管理者评审企业安全文化建设过程的有效性和安全绩效结果；

b. 领导者应根据审核结果确定并落实整改不符合、不安全实践和安全缺陷的优先次序，并识别新的改进机会；

c. 必要时，应鼓励相关方实施这些优先次序和改进机会，以确保其安全绩效与企业协调一致。

② 在安全文化建设过程中及审核时，应采用有效的安全文化评估方法，关注安全绩效下滑的前兆，给予及时的控制和改进。

7.8.3.3 推进与保障

(1) 规划与计划

企业应充分认识安全文化建设的阶段性、复杂性和持续改进性，由最高领导人组织制定推动本企业安全文化建设的长期规划和阶段性计划。规划和计划应在实施过程中不断完善。

(2) 保障条件

企业应充分提供安全文化建设的保障条件，包括：

① 明确安全文化建设的领导职能，建立领导机制；

② 确定负责推动安全文化建设的组织机构与人员，落实其职能；
③ 保证必需的建设资金投入；
④ 配置适用的安全文化信息传播系统。

(3) 推动骨干的选拔和培养

企业宜在管理者和普通员工中选拔和培养一批能够有效推动安全文化发展的骨干。这些骨干扮演员工、团队和各级管理者指导老师的角色，承担辅导和鼓励全体员工向良好的安全态度和行为转变的职责。

7.9 事故应急救援

7.9.1 事故应急救援的基本任务

事故应急救援的总目标是通过有效的应急救援行动，尽可能地降低事故的后果，包括人员伤亡、财产损失和环境破坏等。事故应急救援的基本任务包括下述几个方面。

① 立即组织营救受害人员，组织撤离或者采取其他措施保护危害区域内的其他人员。

抢救受害人员是应急救援的首要任务。在应急救援行动中，快速、有序、有效地实施现场急救与安全转送伤员，是降低伤亡率、减少事故损失的关键。由于重大事故发生突然、扩散迅速、涉及范围广、危害大，应及时指导和组织群众采取各种措施进行自身防护，必要时迅速撤离出危险区或可能受到危害的区域。在撤离过程中，应积极组织群众开展自救和互救工作。

② 迅速控制事态，并对事故造成的危害进行检测、监测，测定事故的危害区域、危害性质及危害程度。及时控制住造成事故的危险源是应急救援工作的重要任务。只有及时地控制住危险源，防止事故的继续扩展，才能及时有效地进行救援。特别对发生在城市或人口稠密地区的化学事故，应尽快组织工程抢险队与事故单位技术人员一起及时控制事故继续扩展。

③ 消除危害后果，做好现场恢复。针对事故对人体、动植物、土壤、空气等造成的现实危害和可能的危害，迅速采取封闭、隔离、洗消、监测等措施，防止对人的继续危害和对环境的污染。及时清理废墟和恢复基本设施，将事故现场恢复至相对稳定的状态。

④ 查清事故原因，评估危害程度。事故发生后应及时调查事故的发生原因和事故性质，评估出事故的危害范围和危险程度，查明人员伤亡情况，做好事故原因调查，并总结救援工作中的经验和教训。

7.9.2 事故应急救援的特点

(1) 不确定性和突发性

不确定性和突发性是各类公共安全事故、灾害与事件的共同特征，大部分事故都是突然爆发，爆发前基本没有明显征兆，而且一旦发生，发展蔓延迅速，甚至失控。因此，要求应急行动必须在极短的时间内在事故的第一现场作出有效反应，在事故产生重大灾难后果之前采取各种有效的防护、救助、疏散和控制事态等措施。

为保证迅速对事故作出有效的初始响应，并及时控制住事态，应急救援工作应坚持"属地化为主"的原则，强调地方的应急准备工作，包括建立全天候的昼夜值班制度，确保报警、指挥通信系统始终保持完好状态，明确各部门的职责，确保各种应急救援的装备、技术器材、有关物资随时处于完好可用状态，制定科学有效的突发事件应急预案等措施。

(2) 应急活动的复杂性

应急活动的复杂性主要表现在：事故、灾害或事件影响因素与演变规律的不确定性和不可预见的多变性；众多来自不同部门参与应急救援活动的单位，在信息沟通、行动协调与指挥、授权与职责、通信等方面的有效组织和管理；应急响应过程中公众的反应和恐慌心理、公众过激等突发行为的复杂性等。这些复杂因素的影响，给现场应急救援工作带来了严峻的挑战，应对应急救援工作中各种复杂的情况作出足够的估计，制定随时应对各种复杂变化的相应方案。

应急活动的复杂性另一个重要特点是现场处置措施的复杂性。重大事故的处置措施往往涉及较强的专业技术支持，包括易燃、有毒危险物质、复杂危险工艺以及矿山井下事故处置等，对每一行动方案、监测以及应急人员防护等都需要在专业人员的支持下进行决策。因此，针对生产安全事故应急救援的专业化要求，必须高度重视建立和完善重大事故的专业应急救援力量、专业检测力量和专业应急技术与信息支持等的建设。

(3) 后果和影响易猝变、激化、放大

公共安全事故、灾害与事件虽然是小概率事件，但后果一般比较严重，能造成广泛的公众影响，应急处理稍有不慎，就可能改变事故、灾害与事件的性质，使平稳、有序、和平状态向动态、混乱和冲突方面发展，引起事故、灾害与事件波及范围扩展，卷入人群数量增加和人员伤亡与财产损失后果加大，猝变、激化与放大造成的失控状态，不但迫使应急呼应升级，甚至可导致社会性危机出现，使公众立即陷入巨大的动荡与恐慌之中。因此，重大事故（件）的处置必须坚决果断，而且越早越好，防止事态扩大。

因此，为尽可能降低重大事故的后果及影响，减少重大事故所导致的损失，要求应急救援行动必须做到迅速、准确和有效。所谓迅速，就是要求建立快速的应急响应机制，能迅速准确地传递事故信息，迅速地调集所需的大规模应急力量和设备、物资等资源，迅速地建立起统一指挥与协调系统，开展救援活动。所谓准确，要求有相应的应急决策机制，能基于事故的规模、性质、特点、现场环境等信息，正确地预测事故的发展趋势，准确地对应急救援行动和战术进行决策。所谓有效，主要指应急救援行动的有效性，很大程度它取决于应急准备的充分性与否，包括应急队伍的建设与训练、应急设备（施）、物资的配备与维护、预案的制定与落实以及有效的外部增援机制等。

7.9.3 事故应急管理四阶段

传统的突发事件应急管理注重发生后的即时响应、指挥和控制，具有较大的被动性和局限性。从20世纪70年代后期起，更加全面更具综合性的现代应急管理理论逐步形成，并在许多国家的实践中取得了重大成功。无论在理论上还是实践上，现代应急管理主张对突发事件实施综合性应急管理。

突发事件应急管理应强调全过程的管理。突发事件应急管理工作涵盖了突发事件发生前、中、后的各个阶段，包括为应对突发事件而采取的预先防范措施、事发时采取的应对行动、事发后采取的各种善后措施及减少损害的行为，包括预防、准备、响应和恢复等各个阶段，并充分体现"预防为主、常备不懈"的应急理念。

应急管理是一个动态的过程，包括预防、准备、响应和恢复四个阶段。尽管在实际情况中这些阶段往往是交叉的，但每一阶段都有其明确的目标，而且每一阶段又是构筑在前一阶段的基础之上，因而预防、准备、响应和恢复的相互关联，构成了重大事故应急管理的循环过程。

(1) 预防

在应急管理中预防有两层含义：一是事故的预防工作，即通过安全管理和安全技术等手段，尽可能地防止事故的发生，实现本质安全；二是在假定事故必然发生的前提下，通过预先采取的预防措施，达到降低或减缓事故的影响或后果的严重程度，如加大建筑物的安全距离、工厂选址的安全规划、减少危险物品的存量、设置防护墙以及开展公众教育等。从长远看，低成本、高效率的预防措施是减少事故损失的关键。

(2) 准备

应急准备是应急管理工作中的一个关键环节。应急准备是指为有效应对突发事件而事先采取的各种措施的总称，包括意识、组织、机制、预案、队伍、资源、培训演练等各种准备。在《突发事件应对法》中专设了"预防与应急准备"一章，其中包含了应急预案体系、风险评估与防范、救援队伍、应急物资储备、应急通信保障、培训、演练、捐赠、保险、科技等内容。

应急准备工作涵盖了应急管理工作的全过程。应急准备并不仅仅针对应急响应，它为预防、监测预警、应急响应和恢复等各项应急管理工作提供支撑，贯穿应急管理工作的整个过程。从应急管理的阶段看，应急准备工作体现在预防工作所需的意识准备和组织准备，监测预警工作所需的物资准备，响应工作所需的人员准备，恢复工作中所需的资金准备等各阶段的准备工作；从应急准备的内容看，其组织、机制、资源等方面的准备贯穿整个应急管理过程。

(3) 响应

应急响应是指在突发事件发生以后所进行的各种紧急处置和救援工作。及时响应是应急管理的又一项主要原则。

《突发事件应对法》中规定了突发事件发生以后的应急响应工作要求，第四十八条规定："突发事件发生后，履行统一领导职责或者组织处置突发事件的人民政府应当针对其性质、特点和危害程度，立即组织有关部门，调动应急救援队伍和社会力量，依照本章的规定和有关法律、法规、规章的规定采取应急处置措施。"

《突发事件应对法》第四十九条进一步规定了事故灾难应对处置的具体要求，内容如下："第四十九条自然灾害、事故灾难或者公共卫生事件发生后，履行统一领导职责的人民政府可以采取下列一项或者多项应急处置措施。"

① 组织营救和救治受害人员，疏散、撤离并妥善安置受到威胁的人员以及采取其他救助措施。

② 迅速控制危险源，标明危险区域，封锁危险场所，划定警戒区，实行交通管制以及其他控制措施。

③ 立即抢修被损坏的交通、通信、供水、排水、供电、供气、供热等公共设施，向受到危害的人员提供避难场所和生活必需品，实施医疗救护和卫生防疫以及其他保障措施。

④ 禁止或者限制使用有关设备、设施，关闭或者限制使用有关场所，中止人员密集的

活动或者可能导致危害扩大的生产经营活动以及采取其他保护措施。

⑤ 启用本级人民政府设置的财政预备费和储备的应急救援物资，必要时调用其他急需物资、设备、设施、工具。

⑥ 组织公民参加应急救援和处置工作，要求具有特定专长的人员提供服务。

⑦ 保障食品、饮用水、燃料等基本生活必需品的供应。

⑧ 依法从严惩处囤积居奇、哄抬物价、制假售假等扰乱市场秩序的行为，稳定市场价格，维护市场秩序。

⑨ 依法从严惩处哄抢财物、干扰破坏应急处置工作等扰乱社会秩序的行为，维护社会治安。

⑩ 采取防止发生次生、衍生事件的必要措施。

应急响应是应对突发事件的关键阶段、实战阶段，考验着政府和企业的应急处置能力，尤其需要解决好以下几个问题：一是要提高快速反应能力。响应速度越快，意味着越能减少损失。由于突发事件发生突然、扩散迅速，只有及时响应，控制住危险状况，防止突发事件的继续扩展，才能有效地减轻造成的各种损失。经验表明，建立统一的指挥中心或系统将有助于提高快速反应能力。二是加强协调组织能力。应对突发事件，特别是重大、特别重大突发事件，需要具有较强的组织动员能力和协调能力，使各方面的力量都参与进来，相互协作，共同应对。三是要为一线应急救援人员配备必要的防护装备，以提高危险状态下的应急处置能力，并保护好一线应急救援人员。

(4) 恢复

恢复是指突发事件的威胁和危害得到控制或者消除后所采取的处置工作。恢复工作包括短期恢复和长期恢复。

从时间上看，短期恢复并非在应急响应完全结束之后才开始，恢复可能是伴随着响应活动随即展开的。很多情况下，应急响应活动开始后，短期恢复活动就立即开始了，比如，一项复杂的人员营救活动中，受困人员陆续获救，从第一个受困人员获救之时起，其饮食、住宿、医疗救助等基本安全和卫生需求应当立即予以恢复，此时短期恢复工作就已经开始了，而不是等到所有受困人员全部获救之后才开始恢复工作。从以上角度看，短期恢复也可以理解为应急响应行动的延伸。

短期恢复工作包括向受灾人员提供食品、避难所、安全保障和医疗卫生等基本服务。在短期恢复工作中，应注意避免出现新的突发事件。《突发事件应对法》第五十八条规定："突发事件的威胁和危害得到控制或者消除后，履行统一领导职责或者组织处置突发事件的人民政府应当停止执行依照本法规定采取的应急处置措施，同时采取或者继续实施必要措施，防止发生自然灾害、事故灾难、公共卫生事件的次生、衍生事件或者重新引发社会安全事件。"

长期恢复的重点是经济、社会、环境和生活的恢复，包括重建被毁的设施和房屋，重新规划和建设受影响区域等。在长期恢复工作中，应汲取突发事件应急工作的经验教训，开展进一步的突发事件预防工作和减灾行动。

恢复阶段应注意：一是要强化有关部门，如市政、民政、医疗、保险、财政等部门的介入，尽快做好灾后恢复重建；二是要进行客观的事故调查，分析总结应急处置与应急管理的经验教训，这不仅可以为今后应对类似事件奠定新的基础，而且也有助于促进制度和管理革新。

7.9.4 事故应急预案

7.9.4.1 事故应急预案及其重要意义

制定事故应急预案是贯彻落实"安全第一、预防为主、综合治理"方针，提高应对风险和防范事故的能力，保证职工安全健康和公众生命安全，最大限度地减少财产损失、环境损害和社会影响的重要措施。

事故应急预案在应急系统中起着关键作用，它明确了在突发事故发生之前、发生过程中以及刚刚结束之后，谁负责做什么、何时做，以及相应的策略和资源准备等。它是针对可能发生的重大事故及其影响和后果的严重程度，为应急准备和应急响应的各个方面所预先作出的详细安排，是开展及时、有序和有效事故应急救援工作的行动指南。

① 应急预案确定了应急救援的范围和体系，使应急管理不再无据可依、无章可循。尤其是通过培训和演习，可以使应急人员熟悉自己的任务，具备完成指定任务所需的相应能力，并检验预案和行动程序，评估应急人员的整体协调性。

② 应急预案有利于做出及时的应急响应，降低事故后果。应急预案预先明确了应急各方的职责和响应程序，在应急资源等方面进行了先期准备，可以指导应急救援迅速、高效、有序地开展，将事故的人员伤亡、财产损失和环境破坏降到最低限度。

③ 应急预案是各类突发重大事故的应急基础。通过编制应急预案，可以对那些事先无法预料到的突发事故起到基本的应急指导作用，成为开展应急救援的"底线"。在此基础上，可以针对特定事故类别编制专项应急预案，并有针对性地开展专项应急准备活动。

④ 应急预案建立了与上级单位和部门应急救援体系的衔接。通过编制应急预案，可以确保当发生超过本级应急能力的重大事故时与有关应急机构的联系和协调。

⑤ 应急预案有利于提高风险防范意识。应急预案的编制、评审、发布、宣传、教育和培训，有利于各方了解可能面临的重大事故及其相应的应急措施，有利于促进各方提高风险防范意识和能力。

7.9.4.2 事故应急预案体系

《生产经营单位安全生产事故应急预案编制导则》（AQ/T 9002—2006）中第四条规定："应急预案应形成体系，针对各级各类可能发生的事故和所有危险源制定专项应急预案和现场应急处置方案，并明确事前、事发、事中、事后的各个过程中相关部门和有关人员的职责。生产规模小、危险因素少的生产经营单位，综合应急预案和专项应急预案可以合并编写。"

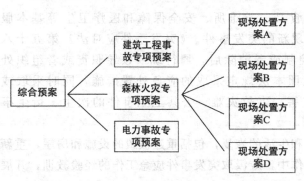

图 7-4 事故应急预案层次分布

基于可能面临的多种类型重大事故灾害，为保证各种类型预案之间的整体协调性和层次，并实现共性与个性、通用性与特殊性的结合，对应急预案合理地划分层次，是将各种类型应急预案有机组合在一起的有效方法。一般情况下，按照应急预案的功能和目标，应急预案可分为3个层次，如图7-4所示。

(1) 综合预案

综合预案相当于总体预案,从总体上阐述预案的应急方针、政策,应急组织结构及相应的职责,应急行动的总体思路等。通过综合预案,可以很清晰地了解应急的组织体系、运行机制及预案的文件体系。更重要的是,综合预案可以作为应急救援工作的基础和"底线",对那些没有预料的紧急情况也能起到一般的应急指导作用。

(2) 专项预案

专项预案是针对某种具体的、特定类型的紧急情况,如煤矿瓦斯爆炸、危险物质泄漏、火灾、某一自然灾害、危险源和应急保障而制定的计划或方案,是综合应急预案的组成部分,应按照综合应急预案的程序和要求组织制定,并作为综合应急预案的附件。

专项预案是在综合预案的基础上,充分考虑了某种特定危险的特点,对应急的形势、组织机构、应急活动等进行更具体的阐述,具有较强的针对性。专项应急预案应制定明确的救援程序和具体的应急救援措施。

(3) 现场处置方案

现场处置方案是在专项预案的基础上,根据具体情况而编制的。它是针对具体装置、场所、岗位所制定的应急处置措施。如危险化学品事故专项预案下编制的某重大危险源的应急预案等。现场处置方案的特点是针对某一具体场所的该类特殊危险及周边环境情况,在详细分析的基础上,对应急救援中的各个方面作出具体、周密而细致的安排,因而现场处置方案具有更强的针对性和对现场具体救援活动的指导性。

现场处置方案的另一特殊形式为单项预案。单项预案可以是针对大型公众聚集活动(如经济、文化、体育、民俗、娱乐、集会等活动)或高风险的建设施工或维修活动(如人口高密度区建筑物的定向爆破、生命线施工维护等活动)而制定的临时性应急行动方案。随着这些活动的结束,预案的有效性也随之终结。单项预案主要是针对临时活动中可能出现的紧急情况,预先对相关应急机构的职责、任务和预防性措施作出的安排。

7.9.4.3 事故应急预案主要内容

应急预案是整个应急管理体系的反映,它不仅包括事故发生过程中的应急响应和救援措施,而且还应包括事故发生前的各种应急准备和事故发生后的短期恢复,以及预案的管理与更新等。《生产经营单位安全生产事故应急预案编制导则》(AQ/T 9002—2006)第五条至第八条详细规定了综合预案、专项预案和现场处置方案的六个方面主要内容。

(1) 应急预案概况

应急预案概况主要描述生产经营单位概况以及危险特性状况等,同时对紧急情况下应急事件、适用范围和方针原则等提供简述并作必要说明。应急救援体系首先应有一个明确的方针和原则来作为指导应急救援工作的纲领。方针与原则反映了应急救援工作的优先方向、政策、范围和总体目标,如保护人员安全优先,防止和控制事故蔓延优先,保护环境优先。此外,方针与原则还应体现事故损失控制、预防为主、统一指挥以及持续改进等思想。

(2) 事故预防

预防程序是对潜在事故、可能的次生与衍生事故进行分析并说明所采取的预防和控制事故的措施。

应急预案是有针对性的,具有明确的对象,其对象可能是某一类或多类可能的重大事故类型。应急预案的制定必须基于对所针对的潜在事故类型有一个全面系统的认识和评价,识别出重要的潜在事故类型、性质、区域、分布及事故后果，同时，根据危险分析的结果，分析应急救援的应急力量和可用资源情况，并提出建设性意见。

1）危险分析

危险分析的最终目的是要明确应急的对象（可能存在的重大事故）、事故的性质及其影响范围、后果严重程度等，为应急准备、应急响应和减灾措施提供决策和指导依据。

危险分析包括危险识别、脆弱性分析和风险分析。危险分析应依据国家和地方有关的法律法规要求，根据具体情况进行。

2）资源分析

针对危险分析所确定的主要危险，明确应急救援所需的资源，列出可用的应急力量和资源，具体包括以下内容：

各类应急力量的组成及分布情况；

各种重要应急设备、物资的准备情况；

上级救援机构或周边可用的应急资源。

通过资源分析，可为应急资源的规划与配备、与相邻地区签订互助协议和预案编制提供指导。

3）法律法规要求

有关应急救援的法律法规是开展应急救援工作的重要前提保障。编制预案前，应调研国家和地方有关应急预案、事故预防、应急准备、应急响应和恢复相关的法律法规文件，以作为预案编制的依据和授权。

（3）准备程序

准备程序应说明应急行动前所需采取的准备工作，包括应急组织及其职责权限、应急队伍建设和人员培训、应急物资的准备、预案的演习、公众的应急知识培训、签订互助协议等。

应急预案能否在应急救援中成功地发挥作用，不仅仅取决于应急预案自身的完善程度，还依赖于应急准备的充分与否。应急准备主要包括各应急组织及其职责权限的明确、应急资源的准备、公众教育、应急人员培训、预案演练和互助协议的签署等。

1）机构与职责

为保证应急救援工作的反应迅速、协调有序，必须建立完善的应急机构组织体系，包括城市应急管理的领导机构、应急响应中心以及各有关机构部门等。对应急救援中承担任务的所有应急组织，应明确相应的职责、负责人、候补人及联络方式。

2）应急资源

应急资源的准备是应急救援工作的重要保障，应根据潜在事故的性质和危险分析，合理组建专业和社会救援力量，配备应急救援中所需的各种救援机械和装备、监测仪器、堵漏和清消材料、交通工具、个体防护装备、医疗器械和药品、生活保障物资等，并定期检查、维护与更新，保证始终处于完好状态。另外，对应急资源信息应实施有效的管理与更新。

3）教育、培训与演习

为全面提高应急能力，应急预案应对公众教育、应急训练和演习做出相应的规定，包括其内容、计划、组织与准备、效果评估等。

公众意识和自我保护能力是减少重大事故伤亡不可忽视的一个重要方面。作为应急准备的一项内容，应对公众的日常教育做出规定，尤其是位于重大危险源周边的人群，使他们了解潜在危险的性质和对健康的危害,掌握必要的自救知识,了解预先指定的主要及备用疏散路线和集合地点,了解各种警报的含义和应急救援工作的有关要求。

应急演习是对应急能力的综合检验。合理开展由应急各方参加的应急演习,有助于提高应急能力。同时,通过对演练的结果进行评估总结,有助于改进应急预案和应急管理工作中存在的不足,持续提高应急能力,完善应急管理工作。

4) 互助协议

当有关的应急力量与资源相对薄弱时,应事先寻求与邻近区域签订正式的互助协议,并做好相应的安排,以便在应急救援中及时得到外部救援力量和资源的援助。此外,也应与社会专业技术服务机构、物资供应企业等签署相应的互助协议。

(4) 应急程序

在应急救援过程中,存在一些必需的核心功能和任务,如接警与通知、指挥与控制、警报和紧急公告、通信、事态监测与评估、警戒与治安、人群疏散与安置、医疗与卫生、公共关系、应急人员安全、抢险与救援、危险物质控制等,无论何种应急过程都必须围绕上述功能和任务开展。应急程序主要指实施上述核心功能和任务的程序和步骤。

1) 接警与通知

准确了解事故的性质和规模等初始信息是决定启动应急救援的关键。接警作为应急响应的第一步,必须对接警要求作出明确规定,保证迅速、准确地向报警人员询问事故现场的重要信息。接警人员接受报警后,应按预先确定的通报程序,迅速向有关应急机构、政府及上级部门发出事故通知,以采取相应的行动。

2) 指挥与控制

重大安全生产事故应急救援往往需要多个救援机构共同处置,因此,对应急行动的统一指挥和协调是有效开展应急救援的关键。建立统一的应急指挥、协调和决策程序,便于对事故进行初始评估,确认紧急状态,从而迅速有效地进行应急响应决策,建立现场工作区域,确定重点保护区域和应急行动的优先原则,指挥和协调现场各救援队伍开展救援行动,合理高效地调配和使用应急资源等。

3) 警报和紧急公告

当事故可能影响到周边地区,对周边地区的公众可能造成威胁时,应及时启动警报系统,向公众发出警报,同时通过各种途径向公众发出紧急公告,告知事故性质、对健康的影响、自我保护措施、注意事项等,以保证公众能够及时做出自我保护响应。决定实施疏散时,应通过紧急公告确保公众了解疏散的有关信息,如疏散时间、路线、随身携带物、交通工具及目的地等。

4) 通信

通信是应急指挥、协调和与外界联系的重要保障,在现场指挥部、应急中心、各应急救援组织、新闻媒体、医院、上级政府和外部救援机构之间,必须建立完善的应急通信网络,在应急救援过程中应始终保持通信网络畅通,并设立备用通信系统。

5) 事态监测与评估

在应急救援过程中必须对事故的发展势态及影响及时进行动态的监测,建立对事故现场及场外的监测和评估程序。事态监测与评估在应急救援中起着非常重要的决策支持作用,其结果不仅是控制事故现场、制定消防、抢险措施的重要决策依据,也是划分现场工作区域、保障现场应急人员安全、实施公众保护措施的重要依据。即使在现场恢复阶段,也应当对现场和环境进行监测。

6) 警戒与治安

为保障现场应急救援工作的顺利开展,在事故现场周围建立警戒区域,实施交通管制,维护现场治安秩序是十分必要的,其目的是要防止与救援无关人员进入事故现场,保障救援队伍、物资运输和人群疏散等的交通畅通,并避免发生不必要的伤亡。

7) 人群疏散与安置

人群疏散是减少人员伤亡扩大的关键,也是最彻底的应急响应。应当对疏散的紧急情况和决策、预防性疏散准备、疏散区域、疏散距离、疏散路线、疏散运输工具、避难场所以及回迁等作出细致的规定和准备,应考虑疏散人群的数量、所需要的时间、风向等环境变化以及老弱病残等特殊人群的疏散等问题。对已实施临时疏散的人群,要做好临时生活安置,保障必要的水、电、卫生等基本条件。

8) 医疗与卫生

对受伤人员采取及时、有效的现场急救,合理转送医院进行治疗,是减少事故现场人员伤亡的关键。医疗人员必须了解城市主要的危险,并经过培训,掌握对受伤人员进行正确消毒和治疗方法。

9) 公共关系

重大事故发生后,不可避免地会引起新闻媒体和公众的关注。应将有关事故的信息、影响、救援工作的进展等情况及时向媒体和公众公布,以消除公众的恐慌心理,避免公众的猜疑和不满。应保证事故和救援信息的统一发布,明确事故应急救援过程中对媒体和公众的发言人和信息批准、发布的程序,避免信息的不一致性。同时,还应处理好公众的有关咨询,接待和安抚受害者家属。

10) 应急人员安全

重大事故尤其是涉及危险物质的重大事故的应急救援工作危险性极大,必须对应急人员自身的安全问题进行周密的考虑,包括安全预防措施、个体防护设备、现场安全监测等,明确紧急撤离应急人员的条件和程序,保证应急人员免受事故的伤害。

11) 抢险与救援

抢险与救援是应急救援工作的核心内容之一,其目的是为了尽快地控制事故的发展,防止事故的蔓延和进一步扩大,从而最终控制住事故,并积极营救事故现场的受害人员。尤其是涉及危险物质的泄漏、火灾事故,其消防和抢险工作的难度和危险性十分巨大,应对消防和抢险的器材和物资、人员的培训、方法和策略以及现场指挥等做好周密的安排和准备。

12) 危险物质控制

危险物质的泄漏或失控,将可能引发火灾、爆炸或中毒事故,对工人和设备等造成严重危险。而且,泄漏的危险物质以及夹带了有毒物质的灭火用水,都可能对环境造成重大影响,同时也会给现场救援工作带来更大的危险。因此,必须对危险物质进行及时有效的控制,如对泄漏物的围堵、收容和洗消,并进行妥善处置。

(5) 现场恢复

现场恢复也可称为紧急恢复,是指事故被控制住后所进行的短期恢复,从应急过程来说意味着应急救援工作的结束,进入到另一个工作阶段,即将现场恢复到一个基本稳定的状态。大量的经验教训表明,在现场恢复的过程中仍存在潜在的危险,如余烬复燃、受损建筑倒塌等,所以应充分考虑现场恢复过程中可能的危险。该部分主要内容应包括:宣布应急结束的程序；撤离和交接程序；恢复正常状态的程序；现场清理和受影响区域的连续检测；事故调查与后果评价等。

(6) 预案管理与评审改进

应急预案是应急救援工作的指导文件。应当对预案的制定、修改、更新、批准和发布做出明确的管理规定，保证定期或在应急演习、应急救援后对应急预案进行评审和改进，针对各种实际情况的变化以及预案应用中所暴露出的缺陷，持续地改进，以不断地完善应急预案体系。

以上这六个方面的内容相互之间既相对独立，又紧密联系，从应急的方针、策划、准备、响应、恢复到预案的管理与评审改进，形成了一个有机联系并持续改进的体系结构。这些要素是重大事故应急预案编制所应当涉及的基本方面，在编制时，可根据职能部门的设置和职责分配等具体情况，将要素进行合并或增加，以更符合实际。

7.9.5 应急演练

7.9.5.1 应急演练的定义、目的与原则

(1) 定义

应急演练是指各级政府部门、企事业单位、社会团体，组织相关应急人员与群众，针对特定的突发事件假想情景，按照应急预案所规定的职责和程序，在特定的时间和地域，执行应急响应任务的训练活动。

(2) 目的

① 检验预案。通过开展应急演练，查找应急预案中存在的问题，进而完善应急预案，提高应急预案的实用性和可操作性。

② 完善准备。通过开展应急演练，检查应对突发事件所需应急队伍、物资、装备、技术等方面的准备情况，发现不足及时予以调整补充，做好应急准备工作。

③ 锻炼队伍。通过开展应急演练，增强演练组织单位、参与单位和人员等对应急预案的熟悉程度，提高其应急处置能力。

④ 磨合机制。通过开展应急演练，进一步明确相关单位和人员的职责任务，理顺工作关系，完善应急机制。

⑤ 科普宣教。通过开展应急演练，普及应急知识，提高公众风险防范意识和自救互救等灾害应对能力。

(3) 原则

① 结合实际、合理定位。紧密结合应急管理工作实际，明确演练目的，根据资源条件确定演练方式和规模。

② 着眼实战、讲求实效。以提高应急指挥人员的指挥协调能力、应急队伍的实战能力为着眼点。重视对演练效果及组织工作的评估、考核，总结推广好经验，及时整改存在问题。

③ 精心组织、确保安全。围绕演练目的，精心策划演练内容，科学设计演练方案，周密组织演练活动，制定并严格遵守有关安全措施，确保演练参与人员及演练装备设施的安全。

④ 统筹规划、厉行节约。统筹规划应急演练活动，适当开展跨地区、跨部门、跨行业

的综合性演练，充分利用现有资源，努力提高应急演练效益。

7.9.5.2 应急演练的类型

(1) 按组织方式分类

① 桌面演练是一种圆桌讨论或演习活动；其目的是使各级应急部门、组织和个人在较轻松的而环境下，明确和熟悉应急预案中所规定的职责和程序，提高协调配合及解决问题的能力。桌面演练的情景和问题通常以口头或书面叙述的方式呈现，也可以使用地图、沙盘、计算机模拟、视频会议等辅助手段，有时被分别称为图上演练、沙盘演练、计算机模拟演练、视频会议演练等。

② 实战演练是以现场实战操作的形式开展的演练活动。参演人员在贴近实际状况和高度紧张的环境下，根据演练情景的要求，通过实际操作完成应急响应任务，以检验和提高相关应急人员的组织指挥、应急处置以及后勤保障等综合应急能力。

(2) 按演练内容分类

① 单项演练是指只涉及应急预案中特定应急响应功能或现场处置方案中一系列应急响应功能的演练活动。注重针对一个或少数几个参与单位（岗位）的特定环节和功能进行检验。

② 综合演练是指涉及应急预案中多项或全部应急响应功能的演练活动。注重对多个环节和功能进行检验，特别是对不同单位之间应急机制和联合应对能力的检验。

(3) 按演练目的和作用分类

① 检验性演练是指为了检验应急预案的可行性及应急准备的充分性而组织的演练。

② 示范性演练是指为了向参观、学习人员提供示范，为普及宣传应急知识而组织的观摩性演练。

③ 研究型演练是为了研究突发事件应急处置的有效方法，试验应急技术、设施和设备，探索存在问题的解决方案等而组织的演练。

不同演练组织形式、内容及目的的交叉组合，可以形成多种多样的演练方式，如单项桌面演练、综合桌面演练、单项实战演练、综合实战演练、单项示范演练、综合示范演练等。

7.9.5.3 应急演练的组织与实施

一次完整的应急演练活动要包括计划、准备、实施、评估总结和改进五个阶段，如图7-5 所示。

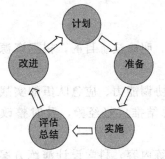

图 7-5 应急演练基本流程示意

(1) 计划阶段

演练组织单位在开展演练准备工作前应该首先制定演练计划。演练计划是有关演练的基本构想和对演练活动的初步安排，通常包括演练的目的、方式、地点、日程、演练策划领导小组和工作小组构成、经费预算和保障措施等。在制定演练计划时，需确定演练目的、分析演练需求、确定演练内容和范围、安排演练准备日程、编制演练经费预算等。

(2) 准备阶段

准备阶段的主要任务是根据演练计划成立演练组织机构，设计演练总体方案，并根据需要针对演练方案进行培训和预演，为演练实施奠定基础。

演练准备的核心工作是设计演练总体方案。演练总体方案是对演练活动的详细安排。演练总体方案的设计一般包括确定演练目标、设计演练情景与流程、设计技术保障方案、设计评估标准和方法、编写演练方案文件等等。

(3) 实施阶段

演练实施是对演练方案付诸行动的具体过程，是整个演练程序中的核心环节。实施阶段的主要任务包括按照演练总体方案完成各项演练活动，并为演练评估总结收集信息。

(4) 评估总结阶段

评估总结阶段的主要任务包括评估总结演练参与单位在应急准备方面的问题和不足、明确改进重点、提出改进计划等方面。

(5) 改进阶段

改进阶段的主要任务是按照改进计划，由相关单位实施落实，并对改进效果进行监督检查。

第 8 章　企业职业卫生管理

> 20 世纪后，世界原料药和中间体生产逐步向发展中国家转移，我国制药行业迅速发展。伴随制药行业的快速发展而来的是日渐突出的职业病防治问题。因制药行业生产工艺复杂，产品品种繁多，制药企业数量多，部分制药企业规模小，产品技术含量低，可能接触的职业病危害因素种类较多，造成的急慢性职业中毒时有发生。特别是一些外资企业和境外委托加工项目，由于原料从境外进口，企业又以境外原料成分保密为由拒绝检测，使职业病危害隐患陡增，针对性职业病防治无从下手，制药企业职业病防治形势严峻。

8.1　职业卫生概述

8.1.1　职业卫生定义

国际劳工组织和世界卫生组织提出：职业卫生旨在促进和维持所有职工在身体和精神幸福上的最高质量；防止在工人中发生由其工作环境所引起的各种有害于健康的情况；保护工人在就业期间免遭由不利于健康的因素所产生的各种危险；使工人置身于一个能适应其生理和心理特征的职业环境之中。总之，要使每一个人都能适应于自己的工作环境。

《职业卫生名词术语》（GBZ/T 224—2010）中职业卫生的定义如下：职业卫生是对工作场所内产生或存在的职业性有害因素及其健康损害进行识别、评估、预测和控制的一门科学，其目的是预防和保护劳动者免受职业性有害因素所致的健康影响和危险，使工作适应劳动者，促进和保障劳动者在职业活动中的身心健康和社会福利。

《职业安全卫生术语》（GB/T 15236—2008）中对职业卫生的定义是：以职工的健康在职业活动过程中免受有害因素侵害为目的的工作领域及其在法律、技术、设备、组织制度和教育等方面所采取的相应措施。

8.1.2　我国职业卫生现状

新中国成立以来，我国职业危害防治工作力度不断加强，国家职业卫生监管体制逐步建立，法律、法规、标准体系日趋完善。《职业病防治法》实施后，政府、企业、劳动者的职业病防治意识逐步增强，大中型用人单位的职业卫生条件有了较大改善，职业病高发的势头得到了一定程度的遏制。但是，随着经济快速发展，工业化水平不断提高，新技术、新工艺、新材料广泛应用，新的职业危害风险及职业病开始显现，职业病防治工作面临着新的挑战。目前我国职业病防治形势依然严峻。

(1) 职业危害范围广

我国职业病危害广泛分布于煤炭、冶金、建材、有色金属、机械、化工等传统工业、第三产业和医药、生物工程、计算机、汽车制造等新兴产业中。我国职业危害接触人数、分布领域在世界上均居首位。据统计，我国各种职业病危害因素接触者超过2亿，受害人数远高于矿难和工伤事故。

(2) 职业病患者总量大

据卫生部门统计，新中国成立至2012年年末，全国累计报告职业病807269例，其中累计报告尘肺病727148例，死亡149809例，累计报告职业中毒50851例，其中急性职业中毒25202例，慢性职业中毒25649例；其他职业病29270例。

因目前我国职业卫生服务覆盖面有限，且职业病统计要经过严格的诊断、鉴定程序，未进入这一正规程序的职业病患者，如从事有毒有害作业的农民工等，因缺乏职业病防治等相关知识被职业危害伤害的情况大量存在，造成大量"未报告"和"隐性"职业病例。与此相比，"报告病例"只是我国职业病病例的"冰山一角"，据专家估计我国实际职业病患病人数要远高于现有报告数量。

(3) 职业病发病率高

根据30个省、自治区、直辖市和新疆生产建设兵团职业病报告（不包括西藏），2012年共报告职业病27420例。其中肺沉着病24206例，急性职业中毒601例，慢性职业中毒1040例，其他职业病1573例。从行业分布看，煤炭、铁道、有色金属和建材行业的职业病病例数较多，分别为13399例、2706例、2686例和1163例，共占报告总数的72.77%。

① 肺沉着病　2012年共报告肺沉着病新病例24206例，较2011年减少2195例。其中，煤工肺沉着病和硅肺分别为12405例和10592例。肺沉着病报告病例数占2012年职业病报告总例数的88.28%。

② 急性职业中毒　2012年共报告急性职业中毒601例，死亡20例。其中，重大职业中毒事故（同时中毒10人以上或死亡5人以下）16起，中毒185例，死亡20例。引起急性职业中毒的化学物质主要是一氧化碳、二氯乙烷和氯气，此3种物质共发生中毒291例；病死率最高的是硫化氢中毒，中毒38例，死亡9例。

③ 慢性职业中毒　2012年共报告各类慢性职业中毒1040例。引起慢性职业中毒的化学物质主要是苯、铅及其化合物（不包含四乙基铅）、砷及其化合物，分别为329例、197例和164例。

④ 职业性肿瘤　2012年共报告各类职业性肿瘤95例，以轻工、化工行业为主。其中苯所致白血病53例，石棉所致肺癌、间皮瘤19例，焦炉工人肺癌17例，联苯胺所致膀胱癌3例，铬酸盐制造业工人肺癌3例。

⑤ 职业性放射性疾病　2012年共报告32例，其中放射性肿瘤10例，外照射慢性放射病12例，辐射性白内障5例，放射性甲状腺疾病3例，放射性皮肤疾病2例。

⑥ 职业性耳鼻喉口腔等疾病　2012年共报告1446例。职业性耳鼻喉口腔疾病639例，其中噪声聋597例；职业性眼病94例，其中化学性眼部灼伤64例；物理因素所致职业病201例，其中手臂振动病130例，中暑54例；生物因素所致职业病293例，其中布氏杆菌

病 244 例，森林脑炎 49 例；职业性皮肤病 148 例，其中皮炎 64 例；其他职业病 71 例，其中职业性哮喘为 46 例。

(4) 职业病造成的经济损失大

职业危害不仅会损害劳动者健康、使劳动者过早丧失劳动能力外，用于诊断、治疗、康复的费用也相当昂贵，给劳动者、用人单位和国家造成巨大的经济负担。国际劳工组织指出，全球每年因职业病造成的经济损失高达 1.25 万亿美元，约占全球 GDP 的 4%。国家统计局数据显示，2013 年我国 GDP 为 56.8845 万亿元人民币（按全年人民币对美元平均汇率 6.1932 计算，约合 9.18 万亿美元），如果按照国际劳工组织给出的 4% 比例估计，我国每年因职业病造成的经济损失将高达 2.27 万亿元人民币。同时，因职业病造成的劳动力资源损失更是难以用金钱来估算。

(5) 职业危害和职业病造成的负面影响大

近年来发生了一系列职业危害事故，如河北白沟导致 6 人死亡的苯中毒事故，山东时风集团 31 人中毒、2 人死亡的苯中毒事故，福建仙游县和安徽省凤阳县农民工群体性硅肺病事件，广东超霸、无锡松下电池公司尿镉超标及镉中毒事故等，都造成极大的社会影响，严重影响了社会稳定，已成为社会不安定因素。

(6) 中小企业危害严重

民营企业、乡镇企业等国内中小企业对职业病防治方面的法律、法规等缺乏了解，职业病预防意识不强，职业卫生管理力度较弱，作业场所职业病危害因素浓度（强度）超出职业接触限值要求，作业环境恶劣，缺乏有效的职业病防护和个体防护，劳动者身体健康很难得到有效保护，是职业病的高发场所。

(7) 职业病流动性大，存在着危险转移

我国经济发展不均衡，大量的农村人口进城务工，其中有大部分劳动力进入中小企业或非正规经济组织，从事有毒有害作业或超长时间、超强度劳动，是受职业病危害影响最严重的群体。该群体劳动关系往往并不固定，人员流动性很大，接触的职业病危害情况复杂，一旦发生职业健康损害，很难进行职业病认定。

我国职业危害在一些地方正呈现由城市、工业区向农村转移，由东部向中西部转移，由经济发达地区向经济欠发达地区转移，由大中型企业向中小型企业转移的趋势。

8.1.3 职业卫生管理体制

我国的职业卫生管理体制分为企业负责、行政机关监管、行业自律、职工参与和社会监督等方面。该体制体现了全面管理原则，要求在管理体系中做到纵向到底（即从各级政府到生产企业，从生产企业到生产岗位），横向到边（即政府部门综合协调，企业职能机构全面参与），实行分类管理、综合治理。

(1) 企业负责

企业负责就是指企业在其经营活动中必须对本企业的职业卫生全面负责，企业主要负责人对本单位的职业病防治工作、职业健康监护工作等全面负责。对此《中华人民共和国职业病防治法》、《用人单位职业健康监护监督管理办法》（安监总局令第 49 号）均作了明确规定。

企业应建立职业卫生管理责任制，在管生产的同时，做好职业卫生管理工作，达到责、权、利相互统一，不能将职业卫生同企业效益对立起来。企业应自觉贯彻"预防为主、防治结合"的方针，遵守职业卫生相关的法律、法规、标准等，切实落实职业防护措施，从源头控制、消除职业病危害；应依照《用人单位职业健康监护监督管理办法》、《职业健康监护技术规范》（GBZ 188—2014）、《放射工作人员职业健康监护技术规范》（GBZ 235—2011）等要求，制定、落实本单位职业健康检查年度计划，并列支专项经费，为计划的实施提供经费保证。

（2）行政机关监管

行政机关监管是指行政机关根据国家法律法规要求对职业卫生工作进行监管，具有相对的独立性、公正性和权威性。国务院安全生产监督管理部门、卫生行政部门、劳动保障行政部门依照其职责，负责全国职业卫生的监督管理工作；国务院有关部门在各自的职责范围内负责职业卫生的有关监督管理工作。根据《关于职业卫生监管部门职责分工的通知》（中央编办发〔2010〕104号），职业卫生监督职责进行了调整，其调整主要是在原有职责基础上，将建设项目职业卫生"三同时"审查及监督检查、职业卫生检测评价技术服务机构的资质认定与监督管理、职业健康监护的监督检查等职责，由卫生部划转至国家安全生产监督管理总局。调整后的职责分工，赋予了国家安全生产监督管理总局在职业病预防环节实施监管的主体地位。

相关行政部门依据相关法律、法规对企业进行监督检查，履行职业卫生监管职责，可对不遵守国家职业卫生法律、法规、标准的企业，下达监察通知书，作出限期整改或停产整顿的决定，必要时可提请当地人民政府或行业主管部门关闭企业。

（3）行业自律

行业自律主要体现在行业主管部门根据国家有关的方针、政策、法律、法规和标准，对行业内职业卫生工作进行管理和检查，通过计划、组织、协调、指导和监督检查，加强对行业所属企业以及归口管理企业职业卫生工作的管理，防止和控制职业病危害事故与职业病发生。

（4）职工参与和社会监督

职工参与和社会监督是职业卫生工作必不可少的组成部分。各级工会、社会团体、民主党派、新闻媒体等共同对职业卫生工作进行监督，以保障员工合法权益，保护员工生命健康，保证国家财产不受损失。依据《中华人民共和国工会法》和国家有关法律法规，工会对职业卫生工作进行的监督，是群众监督的主体。

我国职业卫生管理体制的各个方面相互作用。企业自身管理的同时还接受行业主管部门的行业管理和国家监管、社会监督。行业管理部门对本行业所属企业及归口管理单位行使行业职业卫生管理的职能，同时还接受行政机关监管和社会监督。国家行政机关对企业单位和行业管理部门的职业卫生工作实施国家监管，同时也接受社会监督。社会监督的对象包括企业单位、行业管理部门及政府行政部门。

8.2 职业卫生法规标准体系简介

我国职业卫生法律法规按其立法主体、法律效力不同，可分为宪法、法律、行政法规、地方性法规、部门规章、规范性文件和标准。此外，还有经我国批准生效的与职业卫生相关的国际条约。

8.2.1 法律体系框架

法律体系是指由一个国家的全部现行法律规范遵循一定的标准和原则,以各个不同的法律部门和法律层次为依托所组成的有机联系的统一整体。在我国已经初步形成了以宪法为基础和核心的社会主义法律体系。在职业卫生领域,以宪法为龙头,以刑法、民法、行政法的相关规定为约束,以《中华人民共和国职业病防治法》为核心,辅之以相应的法规、规章、职业卫生标准等,构成了完整的职业卫生法律体系框架。

8.2.2 宪法相关条款

宪法是指规定国家的根本制度和根本任务、集中体现各种政治力量对比关系、保障公民基本权利和义务的国家根本法。我国现行有效的《中华人民共和国宪法》(简称《宪法》)是我国的根本大法,具最高法律地位和法律效力。其他所有职业卫生法律都要依据宪法的基本原则来制定。《宪法》中与职业卫生相关的条款主要包括以下内容。

第四十二条规定:"中华人民共和国公民有劳动的权利和义务。国家通过各种途径,创造劳动就业条件,加强劳动保护,改善劳动条件,并在发展生产的基础上,提高劳动报酬和福利待遇。劳动是一切有劳动能力的公民的光荣职责。国有用人单位和城乡集体经济组织的劳动者都应当以国家主人翁的态度对待自己的劳动。国家提倡社会主义劳动竞赛,奖励劳动模范和先进工作者。国家提倡公民从事义务劳动。国家对就业前的公民进行必要的劳动就业训练。"

第四十三条规定:"中华人民共和国劳动者有休息的权利。国家发展劳动者休息和休养的设施,规定劳动者的工作时间和休假制度。"

第四十八条规定:"中华人民共和国妇女在政治的、经济的、文化的、社会的和家庭的生活等各方面享有同男子平等的权利。国家保护妇女的权利和利益,实行男女同工同酬,培养和选拔妇女干部。"

《宪法》从原则上对职业卫生工作的要求做出了规定,从宏观层面上体现了国家对劳动者健康和安全的考虑。

8.2.3 职业卫生法律和相关法律

我国的职业卫生法律和相关法律主要有《中华人民共和国职业病防治法》、《中华人民共和国安全生产法》、《中华人民共和国劳动法》和《中华人民共和国工会法》等。

(1)《中华人民共和国职业病防治法》(以下简称《职业病防治法》)

《职业病防治法》是职业卫生领域的最高普通法,于2001年10月27日颁布,2002年5月1日实施,2011年12月31日进行修订,其立法目的是:为了预防、控制和消除职业危害,防治职业病,保护劳动者健康及其相关权益,促进经济社会发展。《职业病防治法》包括总则、职业病前期预防、劳动过程中的防护与管理、职业病诊断与职业病病人保障、职业病监督检查、法律责任、附则等内容。该法明确了"保障劳动者健康权益"这一立法基本宗旨和"预防为主、防治结合"的基本工作方针。

(2)《中华人民共和国安全生产法》(以下简称《安全生产法》)

《安全生产法》于2002年6月29日通过,自2002年11月1日起施行,其立法目的是:加强安全生产监督管理,防止和减少生产安全事故,保障人民群众生命和财产安全,促进经济发展。《安全生产法》包括总则、生产经营单位的安全生产保障、从业人员的权利和义务、安全生产的监督管理、生产安全事故的应急救援与调查处理、法律责任、附则等内容。

(3)《中华人民共和国劳动法》（以下简称《劳动法》）

《劳动法》的立法目的是：保护劳动者的合法权益，调整劳动关系，建立和维护适应社会主义市场经济的劳动制度，促进经济发展和社会进步。

《劳动法》第六章"劳动安全卫生"，规定了我国职业卫生法规的基本要求；第四章"工作时间和休息休假"，要求维护和实现劳动者的休息权利，合理地安排工作时间和休息时间；第七章"女劳动者和未成年工特殊保护"，对女劳动者和未成年工特殊职业卫生要求作出了法律规定。

(4)《中华人民共和国工会法》（以下简称《工会法》）

《工会法》1992 年发布，2001 年修订。《工会法》明确规定"中华全国总工会及其各工会组织代表劳动者的利益，依法维护劳动者的合法权益"，"维护劳动者合法权益是工会的基本职责"，并明确以"平等协商和集体合同制度，协调劳动关系，维护用人单位劳动者劳动权益"、"依照法律规定通过劳动者代表大会或者其他形式，组织劳动者参与本单位的民主决策、民主管理和民主监督"。

(5)《中华人民共和国劳动合同法（修正案）》（以下简称《劳动合同法》）

《劳动合同法》于 2012 年 12 月 28 日通过，自 2013 年 7 月 1 日起施行，其立法目的是：为了完善劳动合同制度，明确劳动合同双方当事人的权利和义务，保护劳动者的合法权益，构建和发展和谐稳定的劳动关系。

《劳动合同法》中规定："劳动合同应当具备工作内容和工作地点、工作时间和休息休假、劳动保护、劳动条件和职业危害防护等条款"；"劳动者拒绝用人单位管理人员违章指挥、强令冒险作业的，不视为违反劳动合同"；"劳动者对危害生命安全和身体健康的劳动条件，有权对用人单位提出批评、检举和控告"。

8.2.4 职业卫生行政法规和相关行政法规

职业卫生行政法规是指由国务院制定的有关职业卫生的各类条例、办法、规定、实施细则、决定等。

(1)《使用有毒物品作业场所劳动保护条例》（国务院令第 352 号）

《使用有毒物品作业场所劳动保护条例》于 2002 年 4 月 30 日通过，2002 年 5 月 12 日公布并施行，其目的是"为了保证作业场所安全使用有毒物品，预防、控制和消除职业中毒危害，保护劳动者的生命安全、身体健康及其相关权益"。

《使用有毒物品作业场所劳动保护条例》共八章七十一条，包括总则、作业场所的预防措施、劳动过程的防护、职业健康监护、劳动者的权利与义务、监督管理、罚则和附则等内容。该条例在使用有毒物品作业场所的卫生许可制度、工伤保险、高毒特殊作业管理规定、职业卫生医师及护士制度、卫生行政部门责任、职业健康监护制度、责任追究等方面均有所突破，对于规范使用有毒物品作业场所的劳动保护工作具有重要意义。

(2)《中华人民共和国尘肺病防治条例》（国发［1987］105 号）

《中华人民共和国尘肺病防治条例》于 1987 年 12 月 3 日通过并颁布实施，其立法目的是为了保护劳动者健康，消除粉尘危害，防止发生尘肺病，促进生产发展。

《中华人民共和国尘肺病防治条例》共六章二十八条，包括总则、防尘、监督和监测、健康管理、奖励和处罚以及附则等内容。

该条例作为我国最早颁布的尘肺病防治行政法规，对企业的防尘责任、防尘投入、禁止危害转嫁、建设项目防尘工作"三同时"、接尘工人的职业健康检查和职业病诊疗等进行了规定，对于我国工作场所粉尘治理和劳动者尘肺病防治起到了重要的作用。

8.2.5 地方性职业卫生法规

地方性职业卫生法规是指省、自治区、直辖市的人民代表大会及其常务委员会，为执行和实施宪法、职业卫生法律、职业卫生行政法规，根据各自行政区域的具体情况和实际需要，在法定权限内制定、发布的规范性文件。经常以"条例"、"办法"等形式出现。

8.2.6 职业卫生规章及规范性文件

(1)《用人单位职业健康监护监督管理办法》(国家安全生产监督管理总局令第49号)

《用人单位职业健康监护监督管理办法》(以下简称《监护监管办法》) 于2012年3月6日审议通过，自2012年6月1日起施行。《监护监管办法》共五章三十二条，包括总则、用人单位职责、监督管理、法律责任和附则等内容。

《监护监管办法》在制定过程中参考和借鉴了卫生部《职业健康监护管理办法》中的部分内容，围绕着国家关于职业卫生监管部门职责分工而制定，凡不属于国家安全生产监督管理总局职责范围的，在该办法中均未作出规定。

《监护监管办法》根据《职业病防治法》的规定，按照强化用人单位主体责任、细化法律规定、增加可操作性的原则，对用人单位的职业健康监护职责作出了具体规定。在《职业病防治法》规定的职业健康监护主要内容（劳动者上岗前、在岗期间、离岗时和健康监护档案等）基础上，增加了应急职业健康检查的内容，但未将离岗后医学随访纳入职业健康监护工作中。

(2)《职业病危害项目申报办法》(国家安全生产监督管理总局令第48号)

《职业病危害项目申报办法》(以下简称《申报办法》) 于2012年3月6日审议通过，自2012年6月1日起施行。国家安全生产监督管理总局2009年9月8日公布的《作业场所职业危害申报管理办法》同时废止。

《申报办法》以新修订的《职业病防治法》为依据，对职业病危害项目申报的内容、方式、程序以及变更申报、监督检查等做出了明确规定，有利于更加简便的反映用人单位职业病危害状况，及时摸清底数，减轻用人单位负担。用人单位（煤矿除外）工作场所存在职业病危害因素的，应及时、如实的向所在地安全生产监督管理部门进行危害项目申报，并接受安全生产监督管理部门的监督管理。煤矿职业病危害项目申报办法另行规定。

(3)《建设项目职业卫生"三同时"监督管理暂行办法》(安监总局令第51号)

《建设项目职业卫生"三同时"监督管理暂行办法》(以下简称《"三同时"监管办法》) 于2012年3月6日审议通过，自2012年6月1日起施行。

《"三同时"监管办法》共六章三十九条，包括总则、职业病危害预评价、职业病防护设施设计、职业病危害控制效果评价与防护设施竣工验收、法律责任和附则等内容。在中华人民共和国领域内可能产生职业病危害的新建、改建、扩建和技术改造、技术引进建设项目职业病防护设施建设及其监督管理，均适用该办法。

《"三同时"监管办法》突出了建设单位主体责任，明确要求建设单位对建设项目职业病危害预评价、职业病防护设施设计专篇、职业病危害控制效果评价报告组织评审,并对其真实性、合法性负责;对建设项目实施分类管理,针对不同类别,提出不同要求,突出重点,提高监管效率。

(4)《工作场所职业卫生监督管理规定》(国家安全生产监督管理总局令第47号)

《工作场所职业卫生监督管理规定》(以下简称《工作场所规定》)于2012年3月6日审议通过,自2012年6月1日起施行。国家安全生产监督管理总局2009年7月1日公布的《作业场所职业健康监督管理暂行规定》同时废止。

《工作场所规定》共五章六十一条,包括总则、用人单位的职责、监督管理、法律责任和附则等内容。

新的《工作场所规定》保留《作业场所职业健康监督管理暂行规定》总体框架结构,按照新修订的《职业病防治法》内容,细化了用人单位的职业卫生管理责任,理清了安全监管部门的职业卫生监管法定职责、主要内容和相关措施。

新的《工作场所规定》要求用人单位委托具有相应资质的职业卫生技术服务机构,每年至少进行一次职业病危害因素检测,危害严重的每三年至少进行一次职业病危害现状评价,初次申请、申请换证、发生职业病危害事故的要及时进行现状评价;要求用人单位组织职业健康检查并承担相应费用,建立并妥善保存相关档案,为职业病诊断鉴定提供资料。

(5)《职业病诊断与鉴定管理办法》(卫生部令第91号)

根据新修订的《职业病防治法》,卫生部组织对《职业病诊断与鉴定管理办法》进行了修订,以进一步规范职业病诊断与鉴定工作,保障劳动者健康权益,新修订的《职业病诊断与鉴定管理办法》于2013年1月9日审议通过,自2013年4月10日起施行,其立法目的是为了规范职业病诊断与鉴定工作,加强职业病诊断与鉴定管理。

新修订的《职业病诊断与鉴定管理办法》采用以下原则。

① 合法性原则　严格按照新修订的《职业病防治法》进行相应修改,并与《行政许可法》相衔接。

② 便民原则　取消受理环节,简化鉴定申请手续,要求省级卫生行政部门和职业病诊断、鉴定机构公开相关信息,扩大了劳动者选择职业病诊断机构的范围。

③ 合理性原则　体现了职业病诊断与鉴定工作的科学、公正等原则,明确了各有关部门、用人单位和职业病诊断、鉴定机构的职责,诊断与鉴定工作程序公开、透明、可行。

④ 效率性原则　明确规定了职业病诊断工作的环节和时限,强化了职业病诊断与鉴定工作的时效性。

(6)《职业病分类和目录》(2013版)

国家卫生计生委、人力资源社会保障部、国家安全监管总局、全国总工会等部门于2013年12月23日联合颁发了《关于印发<职业病分类和目录>的通知》(国卫疾控发[2013]48号),2002年4月18日原卫生部和原劳动保障部联合印发的《职业病目录》同时废止。

此次调整的《职业病分类和目录》仍将职业病分为10类,但对其中3类的分类名称进行了调整。根据《职业病分类和目录》调整和职业病遴选原则,修订后的《职业病分类和目录》将职业病由原来的115种调整为132种(含4项开放性条款),其中新增18种,整合了2项开放性条款,并同时对16种职业病的名称进行了调整。

此次《职业病分类和目录》调整倾向生产一线作业人员,例如煤炭、冶金、有色金属、化工、林业、建材、机械加工行业作业人员等；同时，还涉及低温作业人员、医疗卫生人员和人民警察等。

(7)《职业病危害因素分类目录》

《职业病危害因素分类目录》详细列举了粉尘类、放射性物质类（电离辐射）、化学物质类、物理因素、生物因素、导致职业性皮肤病的危害因素、导致职业性眼病的危害因素、导致职业性耳鼻喉口腔疾病的危害因素、导致职业性肿瘤的危害因素和其他职业病危害因素10大类导致国家法定职业病的危害因素，并对职业病危害因素的行业和工种分布进行了举例，为用人单位建设项目职业病危害评价、申报、职业健康监护提供了依据。

(8)《高毒物品目录》(2003年版)

2003年卫生部制定并发布了《高毒物品目录》。《高毒物品目录》对54种高毒物品的毒物名称、CAS（化学文摘号）、别名、英文名称、MAC（工作场所空气中有毒物质最高容许浓度）、PC-TWA（工作场所空气中有毒物质时间加权平均容许浓度）、PC-STEL（工作场所空气中有毒物质短时间接触容许浓度）等进行了列举。

8.2.7　国家职业卫生标准

根据《中华人民共和国标准化法》，标准分为国家标准、部门标准、地方标准、企业标准4类，国家标准有"GB"强制性国家标准、"GB/T"推荐性国家标准、"GB/Z"国家标准化指导性技术文件3种。目前与职业卫生相关的部门标准有卫生（WS）标准和安全（AQ）标准2种。

依据《职业病防治法》，卫生部于2002年制定了《国家职业卫生标准管理办法》。该办法规定，我国职业卫生标准的代号由大写汉语拼音字母构成，分为强制性标准和推荐性标准，强制性国家标准的代号为"GBZ"，推荐性国家标准的代号为"GBZ/T"。国家职业卫生标准的编号由国家职业卫生标准的代号，发布的顺序号和发布的年号构成。

国家职业卫生标准是根据《职业病防治法》的规定，按照预防、控制和消除职业危害，防治职业病，保护劳动者健康及其相关权益的实际需要，由法律授权部门对国家职业病防治的技术要求作出的强制性统一规范。它是卫生法律法规体系的重要组成部分，是强制性技术法规的组成部分，是职业病防治工作标准化管理的技术规范，是衡量职业危害控制效果的技术指标，是贯彻实施卫生法律法规的重要技术依据，也是职业病防治工作监督管理的法定依据。国家职业卫生标准包括：用人单位工作场所职业危害的人体接触限值、职业健康监护要求、职业病诊断原则及处理技术要求，以及有关职业病危害因素监测评价方法等。

根据《职业病防治法》"有关防治职业病的国家职业卫生标准，由国务院卫生行政部门制定并公布"的规定，国家职业卫生标准是由国务院卫生行政部门发布的国家标准。

按照《中华人民共和国标准化法》第七条的规定"保障人体健康，人身、财产安全的标准和法律、行政法规规定强制执行的标准是强制性标准，其他标准是推荐性标准"，强制性的职业卫生标准必须贯彻实施。

(1) 国家职业卫生标准制定的原则

国家职业卫生标准制定原则如下。

① 符合国家有关法律、法规和方针、政策，满足职业卫生管理工作的需要。

② 体现科学性和先进性，注重可操作性。

③ 在充分考虑我国国情的基础上，积极采用国际通用标准。

④ 逐步实现体系化，保持标准的完整性和有机联系。

(2) 国家职业卫生标准分类

《国家职业卫生标准管理办法》将国家职业卫生标准规定为九大类别。

① 职业卫生专业基础标准。
② 工作场所作业条件卫生标准。
③ 工业毒物、生产性粉尘、物理因素职业接触限值。
④ 职业病诊断标准。
⑤ 职业照射放射防护标准。
⑥ 职业防护用品卫生标准。
⑦ 职业危害防护导则。
⑧ 劳动生理卫生、工效学标准。
⑨ 职业性危害因素检测、检验方法。

其中第②~⑥类标准为强制性标准，其他标准为推荐性标准。

8.2.8 经我国批准生效的国际职业卫生公约

国际劳工公约是国际职业卫生安全法律规范的一种形式，它不是由国际劳工组织直接实施的法律规范，而是采用会员国批准，并由会员国作为制定国内职业卫生法规依据的公约文本。国际劳工公约一经国家权力机关批准后，批准国应采取必要的措施以使公约发生效力，批准国同时负有实施已批准劳工公约的国际法义务。

经我国批准生效的国际劳工公约，也是我国职业卫生法规体系的重要组成部分。到目前为止，我国已经加入的有关国际职业卫生公约有《职业安全卫生公约》、《工作场所安全使用化学品公约》、《建筑业安全卫生公约》等。

8.3 职业病危害因素与职业病

8.3.1 职业病危害因素

8.3.1.1 职业病危害因素分类

根据《职业卫生名词术语》（GBZ/T 224—2010），职业病危害因素又称职业性有害因素，是在职业活动中产生和（或）存在的、可能对职业人群健康、安全和作业能力造成不良影响的因素或条件，包括化学、物理、生物等因素。职业病危害因素按照其分类标准不同有不同的分类方法。

(1) 职业病危害因素按其来源分类

职业病危害因素按照其来源可分为生产工艺过程中产生的危害因素、劳动过程中的危害因素和生产环境中的危害因素三大类。

1) 生产工艺过程中产生的危害因素

① 化学因素

在生产过程中接触到的原料、中间产品、成品以及废气、废水、废渣中的化学毒物均可对健康产生损害。化学性毒物以粉尘、烟、雾、蒸气或气体的形态散布于作业场所空气中，主要经呼吸道进入人体，也可经皮肤、消化道进入体内。

常见的化学性有害因素包括生产性粉尘和生产性毒物。

生产性粉尘主要包括硅尘、煤尘、石墨尘、炭黑尘、石棉尘、滑石尘、水泥尘、铝粉尘、电焊烟尘、铸造粉尘等。

生产性毒物：

金属及类金属，常见的如铅、汞、砷、镉、锰等；

刺激性气体，常见的如氯气、氮氧化物、氨、光气、氟化氢等；

窒息性气体，常见的如一氧化碳、硫化氢、甲烷等；

有机溶剂，常见的如苯及其同系物、二氯乙烷、正己烷、二硫化碳、溶剂汽油等；

苯的氨基和硝基化合物，常见的如苯胺、三硝基甲苯等；

高分子化合物，常见的如氯乙烯、丙烯腈、含氟塑料、二异氰酸甲苯酯等；

农药，常见的如有机磷酸酯类农药、拟除虫菊酯类农药等。

② 物理因素

常见的不良物理因素如下：

异常气象条件，如高温、低温、高湿；

异常气压，高气压、低气压；

噪声；

振动；

非电离辐射，如超高频辐射、微波、射频辐射、工频电场、紫外线、红外线、激光等；

电离辐射，如放射性同位素（如 ^{235}U、^{60}Co 等）、放射线（如 X 射线、γ 射线等）。

③ 生物因素

生产原料和作业环境中存在的致病微生物或寄生虫，如炭疽杆菌、森林脑炎病毒、布氏杆菌、真菌孢子、医务人员血源性病原体等。

2) 劳动过程中的危害因素

劳动过程是生产中劳动者为完成某项生产任务的各种操作总和，主要涉及劳动强度、劳动组织及操作方式等，包括以下几点：

不合理的劳动组织和作息制度；

精神（心理）性职业紧张，如机动车驾驶等；

劳动强度过大或生产定额不当，如安排的工作与生理状况不适应等；

个别器官或系统过度紧张，如视觉紧张等；

长时间处于不良体位、姿势或使用不合理的工具等。

3) 工作环境中的危害因素

工作环境是劳动者操作、观察、管理生产活动所处的外环境，涉及作业场所建筑布局、卫生防护、安全条件和设施等有关因素，常见的有：

自然环境因素，如炎热季节的太阳辐射、高原环境的低气压等；

厂房建筑或布局不合理、不符合职业卫生标准，如通风不良、采光照明不足、有毒与无毒、高毒与低毒作业安排在同一车间内等；

由不合理生产过程或不当管理所致环境污染。

(2) 职业病危害因素按导致法定职业病分类

由于职业病危害因素种类繁多，导致职业病和工作有关疾病的范围很广，需要采取的职业病危害防治措施各不相同，为了加强职业病危害防治的针对性，提高防治效果，根据现阶段我国的经济发展水平，并参考国际通行做法，《职业病危害因素分类目录》列出了目前我国应重点防控的 10 大类危害因素。

① 粉尘类
② 放射性物质类（电离辐射）
③ 化学物质类
④ 物理因素
⑤ 生物因素
⑥ 导致职业性皮肤病的危害因素
⑦ 导致职业性眼病的危害因素
⑧ 导致职业性耳鼻喉口腔疾病的危害因素
⑨ 职业性肿瘤的职业病危害因素
⑩ 其他职业病危害因素

8.3.1.2 常见职业病危害因素

(1) 生产性粉尘

生产性粉尘指在生产过程中形成的能够较长时间悬浮于空气中的固体微粒，是污染作业环境、损害劳动者健康的重要职业病危害因素，可引起包括尘肺病在内的多种职业性肺部疾病。

1) 生产性粉尘的来源

产生和存在生产性粉尘的行业和岗位很多，其来源主要有以下几方面。

① 固体物质的机械加工、粉碎，其所形成的尘粒，小者可为超显微镜下可见的微细粒子，大者肉眼即可看到，如金属的研磨，矿石的钻孔、爆破、破碎、磨粉等。

② 物质加热时产生的蒸气在空气中凝结成小颗粒或被氧化形成颗粒状物质，其所形成的微粒直径大多小于 $1\mu m$，如熔炼黄铜时，锌蒸气在空气中冷凝、氧化形成氧化锌烟尘。

③ 有机物质的不完全燃烧，其所形成的微粒直径多在 $0.5\mu m$ 以下，如木材、油、煤炭等燃烧时所产生的烟。

此外，在生产中使用粉末状物质进行混合、过筛、包装、搬运等操作时，也可产生大量粉尘；沉积的粉尘由于振动或气流影响再次回到于空气中（二次扬尘）也是生产性粉尘的主要来源之一。

2) 生产性粉尘的分类

粉尘的分类方法很多，按粉尘的性质可分为无机粉尘和有机粉尘两大类。

① 无机粉尘

矿物性粉尘：如石英、石棉、煤等。

金属性粉尘：如铅、锰、铍等。

人工无机粉尘：如金刚砂、水泥、玻璃纤维等。

② 有机粉尘

动物性粉尘：如皮毛、骨、角质粉尘等。

植物性粉尘：如棉、麻、谷物、烟草、木尘等。

人工有机粉尘：如合成树脂、橡胶、人造有机纤维粉尘等。

③ 混合性粉尘

指上述各种粉尘混合存在。在生产环境中，多数情况下为两种以上粉尘混合存在，如煤工接触的煤硅尘、金属制品加工研磨时的金属和磨料粉尘、皮毛加工的皮毛和土壤粉尘等。

3) 生产性粉尘对健康的影响

不同特征的生产性粉尘，可能引起机体不同部位和程度的损害。如可溶性有毒粉尘进入呼吸道后，能很快被吸收进入血流，引起中毒作用；某些硬质粉尘可机械性损伤角膜及结膜，引起角膜混浊和结膜炎等；粉尘堵塞皮脂腺和机械性刺激皮肤时，可引起粉刺、毛囊炎、脓皮病等。

生产性粉尘对机体直接的健康损害以呼吸系统为主，局部以刺激和炎性作用为主。

机体影响最大的是呼吸系统损害，包括尘肺、粉尘沉着症、呼吸道炎症和呼吸系统肿瘤等疾病。

4) 生产性粉尘引起的职业病

生产性粉尘的种类繁多，理化性状不同，对人体所造成的危害也是多种多样，就其病理性质可概况如下几种：

全身中毒性，例如铅、锰、砷化物等粉尘；

局部刺激性，例如生石灰、水泥、烟草等粉尘；

变态反应性，例如大麻、黄麻、面粉、锌烟等粉尘；

光感应性，例如沥青粉尘；

感染性，例如兽毛、谷粒等粉尘有时附有病原菌；

致癌性，例如铬、镍、砷、石棉及某些光感应性和放射性物质的粉尘；

尘肺，例如煤尘、硅尘、硅酸盐尘。

尘肺是指由于在生产环境中长期吸入生产性粉尘而引起的以肺组织纤维化为主的疾病，是职业性疾病中影响面最广、危害最严重的一类疾病。

(2) 生产性毒物

毒物是指在一定条件下，较低的剂量能引起机体功能性损伤的外源性化学物质。生产性毒物是指生产过程中产生或存在于工作场所空气中的各种毒物。

1) 生产性毒物的来源与存在形态

生产性毒物主要来源于生产过程中的原料、辅料、中间产物（中间体）、成品、副产品、夹杂物或废弃物；有时也来自于热分解产物及反应产物，如聚氯乙烯塑料加热至 160~170℃时可分解产生氯化氢等。

生产性毒物可以固态、液态、气态或气溶胶的形式存在。

① 气态　包括气体，指常温、常压下没有一定形状和体积，可以流动的物质，如氯气、氨气、一氧化碳、硫化氢等；蒸气指液态物质气化或固态物质升华而形成的气态物质，前者如苯蒸气，后者如熔磷时产生的磷蒸气。

② 液态　包括液体，指常温、常压下有一定的体积、没有一定的形态、可以流动的物质，如酸、碱、有机溶剂等；雾指分散在空气中的液体微滴，多由蒸气冷凝或液体喷散形成，如镀铬作业时产生的铬酸雾等。

③ 固态　包括烟，指分散在空气中的直径小于 $0.1\mu m$ 的固体微粒，金属熔融时产生的蒸气在空气中迅速冷凝、氧化可形成烟，如熔炼铅、铜时可产生铅烟、铜烟；有机物加热或燃烧时，也可形成烟；粉尘指能较长时间悬浮于空气中的固体微粒。固体物质的机械加工、粉碎，粉状物质在混合、筛分、包装时均可产生粉尘。

④ 气溶胶　以液体或固体为分散相，分散在气体介质中的溶胶物质，如粉尘、烟和雾，统称为气溶胶。

2) 生产性毒物进入人体的途径

生产性毒物主要经呼吸道吸收进入人体，亦可经皮肤和消化道吸收。

① 呼吸道　因肺泡呼吸膜极薄，扩散面积大（40~100m²），供血丰富，气体、蒸气和气溶胶状态的毒物均可经呼吸道吸收进入人体，大部分生产性毒物均由此途径吸收进入人体而导致中毒。经呼吸道吸收的毒物，未经肝脏的生物转化解毒过程，即直接进入大循环并分布于全身，故其毒作用发生较快。

② 皮肤　皮肤对外来化合物具有屏障作用，但亦有很多外来化合物可经皮肤吸收，如芳香族氨基和硝基化合物、有机磷酸酯类化合物、氨基甲酸酯类化合物、金属有机化合物（四乙铅等），均可通过完整皮肤吸收进入人体引起中毒。毒物主要通过表皮细胞，也可通过皮肤的附属器，如毛囊、皮脂腺或汗腺进入真皮而被吸收入血。经皮肤吸收的毒物也不经肝脏的生物转化解毒过程即直接进入大循环。

某些经皮肤难以吸收的毒物，如汞蒸气在浓度较高时也可经皮肤吸收。皮肤有病损或遭腐蚀性毒物损伤时，原本难经完整皮肤吸收的毒物也能进入。接触皮肤的部位和面积，毒物的浓度和黏稠度，生产环境的温度和适度等均可影响毒物经皮肤吸收。

③ 消化道　在生产过程中毒物经消化道摄入所致的职业中毒比较少见，多为事故性误服。由于个人卫生习惯不良或食物受毒物污染时，毒物也可经消化道进入体内。有的毒物如氰化物可被口腔黏膜吸收。

(3) 物理因素

1) 物理因素特点

生产和工作环境中，与劳动者健康密切相关的物理性因素包括气象条件（如气温、气湿、气压）、噪声和振动、电离辐射（如 X 射线、γ 射线等）、非电离辐射（如紫外线、红外线、激光、微波等）。与化学因素相比，物理因素具有以下特点。

① 作业场所常见的物理因素中，除激光是由人工产生之外，其他因素在自然界中均有存在。正常情况下，有些因素不但对人体无害，反而是人体生理活动或从事生产劳动所必需的，如气温等。

② 每一种物理因素都具有特定的物理参数，如表示气温的温度，振动的频率和速度等。物理因素对人体是否造成危害及危害程度的大小，与这些参数密切相关。

③ 作业场所中的物理因素一般有明确的来源，当产生物理因素的装置处于工作状态时，因素出现在作业环境中并可能造成健康危害。一旦装置停止工作，则相应的物理因素消失。

④ 作业场所空间中物理因素的强度一般不均匀，多以发生装置为中心，向四周传播。如果没有阻挡，则随距离的增加呈指数关系衰减。

⑤ 有些物理因素如噪声、微波等，可有连续波和脉冲波两种传播形式。不同的传播形式使得这些因素对人体危害的程度有较大差异。

⑥ 在许多情况下，物理因素对人体的损害效应与物理参数之间不呈直线相关关系，而是常表现为在某一强度范围内对人体无害，高于或低于这一范围才对人体产生不良影响，并且影响的部位和表现形式完全不同，如正常气温是人体生理功能必需的，而高温可引起中暑，低温则可引起冻伤等。

2) 噪声

① 生产性噪声的特性、种类及来源　在生产过程中，由于机器转动、气体排放、工件撞击与摩擦所产生的噪声，称为生产性噪声。

噪声有多种分类方法。按照噪声的来源，可分为以下3类。

空气动力性噪声：由于气体压力或体积的突然变化或流体流动所产生的噪声。如各种风机、空气压缩机发出的噪声。

机械性噪声：机械撞击、摩擦或质量不平衡旋转等机械力作用下引起固体部件振动所产生的噪声。如车床、电锯、电刨、球磨机、砂轮机等发出的噪声。

电磁噪声：由于磁场脉冲，磁致伸缩引起电气部件振动所致。如电磁式振动台和振荡器、大型电动机、发电机和变压器等产生的噪声。

② 生产性噪声引起的职业病　由于长时间接触噪声导致的听阈升高，不能恢复到原有水平的，称为永久性听力阈位移，临床上称噪声聋。职业噪声还具有听觉外效应，可引起人体其他器官或机能异常。

3）振动

生产过程中的生产设备、工具产生的振动称为生产性振动。产生振动的机械有锻造机、冲压机、压缩机、振动筛、送风机，振动传送带等。在生产中手臂振动所造成的危害较为明显和严重，国家已将手臂振动病列为职业病。

存在手臂振动的生产作业主要有以下4类。

① 以压缩空气为动力，使用锤打工具作业。如凿岩机、混凝土搅拌机、空气锤、筛选机、风铲、铆钉机等。

② 使用手持转动工具作业。如电钻、风钻、手摇钻、油锯、喷砂机、金刚砂抛光机、钻孔机等。

③ 使用固定轮转工具作业。如砂轮机、抛光机、电锯等。

④ 驾驶交通运输工具或农业机械作业。如汽车、火车、脱粒机等驾驶员，手臂长时间把持操作把手，亦存在手臂振动。

4）非电离辐射

① 高频作业、微波作业等　高频作业主要有高频感应加热，如金属的热处理、表面淬火、金属熔炼、热轧及高频焊接等，无屏蔽的高频输出变压器常是工人操作位的主要辐射源。

射频辐射对人体的影响不会导致组织器官的器质性损伤，主要引起功能性改变，并具有可逆性特征，症状往往在停止接触数周或数月后可消失。

微波能具有加热快、效率高、节省能源的特点。微波加热广泛用于橡胶、食品、木材、皮革、医药、纺织印染等行业。微波对机体的影响分致热效应和非致热效应两类，由于微波可选择性加热含水分组织而可造成机体热伤害，非致热效应主要表现在神经、分泌和心血管系统。

② 红外线　在生产环境中，加热金属、熔融玻璃、强发光体等均可成为红外线辐射源。炼钢工、铸造工、锻造工、玻璃熔吹工、焊接工等均可接触红外线辐射。

白内障是长期接触红外辐射而引起的常见职业病，其原因是红外线可致晶状体损伤。职业性白内障已列入我国职业病名单。

③ 紫外线　生产环境中，物体温度达1200℃以上辐射的电磁波谱中即可出现紫外线。随着物体温度的升高，辐射的紫外线频率增高。常见的工业辐射源有冶炼炉（高炉、平炉、电炉）、电焊、氧乙炔气焊、氩弧焊、等离子焊接等。

紫外线作用于皮肤能引起红斑反应。强烈的紫外线辐射可引起皮炎，皮肤接触沥青后再经紫外线照射,能发生严重的光感性皮炎,并伴有头痛、恶心、体温升高等症状,长期遭受紫外线照射,可发生湿疹、毛囊炎、皮肤萎缩、色素沉着,甚至可导致皮肤癌的发生。

在作业场所比较多见的是紫外线对眼睛的损伤,即由电弧光照射所引起的职业病——电光性眼炎。此外,在雪地作业、航空航海作业时,受到大量太阳光中紫外线的照射,也可引起类似电光性眼炎的角膜、结膜损伤,称为太阳光眼炎或雪盲症。

④ 激光　激光也是电磁波,属于非电离辐射。激光被广泛应用于工业、农业、医疗和科研等领域。在工业生产中主要利用激光进行焊接、打孔、切割、热处理等作业。

激光对健康的影响主要由其热效应和光化学效应造成,可引起机体内某些酶、氨基酸、蛋白质、核酸等的活性降低甚至失活。眼部受激光照射后,可突然出现眩光感、视力模糊等。激光对皮肤也可造成损伤。激光所致眼(角膜、晶状体、视网膜)损伤已列入我国职业病名单。

5) 电离辐射

① 凡能引起物质电离的各种辐射称为电离辐射。如各种天然放射性核素和人工放射性核素、X线机等。

随着原子能事业的发展,核工业、核设施也迅速发展,放射性核素和射线装置已广泛应用于工业、农业、医药卫生和科学研究中。接触电离辐射的劳动者日益增多。如利用射线照相原理进行管道焊缝探伤等。

② 电离辐射引起的职业病

放射性疾病是人体受各种电离辐射照射而发生的各种类型和不同程度损伤(或疾病)的总称。它包括:全身性放射性疾病,如急、慢性放射病;局部放射性疾病,如急、慢性放射性皮炎、放射性白内障;放射所致远期损伤,如放射所致白血病。

除战时核武器爆炸引起之外,放射性疾病常见于核能和放射装置应用中的意外事故,或由于防护条件不佳所致职业性损伤。列为国家法定职业病的,包括急性、亚急性、慢性外照射放射病、外照射皮肤放射损伤、内照射放射病、放射性肿瘤(含矿工高氡暴露所致肺癌)、放射性骨损伤、辐射性甲状腺疾病、放射性性腺疾病、放射复合伤、根据《职业性放射性疾病诊断标准(总则)》可以诊断的其他放射性损伤等。

6) 异常气象条件

气象条件主要是指作业环境周围空气的温度、湿度、气流与气压等。由这四个要素组成的微小气候在作业场所和劳动者的健康关系很大。作业场所的微小气候既受自然条件影响,也受生产条件影响。

① 异常气象条件定义

空气温度　生产环境的气温,受大气和太阳辐射的影响,在纬度较低的地区,夏季容易形成高温作业环境。生产场所的热源,如各种熔炉、化学反应釜等产生的热量,均可通过传导和对流加热空气。在人员密集的作业场所,人体散热也可对工作场所的气温产生一定影响。

湿度　作业场所内各种敞开液面的水分蒸发或蒸汽放散均可对作业环境湿度产生影响,如造纸、印染、缫丝、电镀等工艺中即存在上述情况,使作业场所环境湿度增大。影响作业场所内湿度的因素还包括大气气象条件。

风速　生产环境的气流除受自然风力的影响外,也与生产场所的热源分布和通风设备有关。热源使室内空气加热,产生对流气流,通风设备可以改变气流的速度和方向。

辐射热　热辐射是指能产生热效应的辐射线，主要是指红外线及一部分可见光。太阳的辐射以及生产场所的各种熔炉、开放的火焰、熔化的金属等均能向外散发热辐射，既可以作用于人体，也可使周围物体加热成为二次热源，扩大热辐射面积，加剧热辐射强度。

气压　一般情况下，工作环境的气压与大气压相同，虽然在不同的时间和地点略有变化，但变动范围很小，对机体无不良影响。某些特殊作业如潜水作业、航空飞行等，是在异常气压下工作，此时的气压与正常气压相差甚远。

② 异常气象条件下的作业类型

高温强热辐射作业　工作场所有生产性热源，其散热量大于 $23W/(m^3·h)$ 或 $84kJ/(m^3·h)$ 的车间；或当室外实际出现本地区夏季通风室外计算温度时，工作场所的气温高于室外 2℃ 或 2℃ 以上的作业，均属高温、强热辐射作业。如冶金工业的炼钢、炼铁、轧钢车间，机械制造工业的铸造、锻造、热处理车间，建材工业的陶瓷、玻璃等窑炉车间，火力电厂和轮船的锅炉间等。这些作业环境的特点是气温高、热辐射强度大，相对湿度低，形成干热环境。

高温高湿作业　气象条件特点是气温高、湿度大，热辐射强度不大，或不存在热辐射源。如印染、缫丝、造纸等工业中，液体加热或蒸煮，车间气温可达 35℃ 以上，相对湿度达 90% 以上。具有热害的煤矿深井井下气温可达 30℃；相对湿度达 95% 以上。

夏季露天作业　夏季从事农田、野外、建筑、搬运等露天作业及军事训练等，易受太阳辐射作用和地面及周围物体的热辐射。

低温作业　接触低温环境主要见于冬天在寒冷地区或极地从事野外作业，如建筑、装卸、农业、渔业、地质勘探、科学考察，或在寒冷天气中进行战争或军事训练。冬季室内因条件限制或其他原因而无采暖设备，亦可形成低温作业环境。在冷库或地窖等人工低温环境中工作，人工冷却剂的储存或运输过程中发生意外，亦可使接触者受低温侵袭。

高气压作业　气压作业主要有潜水作业和潜涵作业。潜水作业常见于水下施工、海洋资料及海洋生物研究、沉船打捞等。潜涵作业主要出现于修筑地下隧道或桥墩，工人在地下水位以下的深处或沉降于水下的潜涵内工作，为排出涵内的水，需通入较高压力的高压气。

低气压作业　高空、高山、高原均属低气压环境，在此类环境中进行运输、勘探、筑路、采矿等生产劳动，属低气压作业。

③ 异常气象条件对人体的影响

高温作业对机体的影响　高温作业对机体的影响主要是体温调节和人体水盐代谢的紊乱，机体内多余的热不能及时散发，产生蓄热现象，使体温升高。在高温作业条件下大量出汗，可使体内水分和盐大量丢失。汗液中的盐主要是氯化钠和少量钾，大量出汗可引起体内水盐代谢紊乱，对循环系统、消化系统、泌尿系统都可造成一些不良影响。

低温作业对机体的影响　在低温环境中，皮肤血管收缩以减少散热，内脏和骨骼肌血流增加，代谢加强，骨骼肌收缩产热，以保持正常体温。如时间过长，超过了人体耐受能力，体温逐渐降低。由于全身过冷，使机体免疫力和抵抗力降低，易患感冒、肺炎、肾炎、肌痛、神经痛、关节炎等，甚至可导致冻伤。

高低气压作业对人体的影响　高气压对机体的影响，在不同阶段表现不同。在加压过程中，可引起耳充塞感、耳鸣、头晕等，甚至造成鼓膜破裂；在高气压作业条件下，欲恢复到常压状态时，有个减压过程，在减压过程中，如果减压过速，则可引起减压病。低气压作业对人体的影响主要是由于低氧性缺氧而引起的损害，如高原病。

④ 异常气象条件引起的职业病

中暑　中暑是高温作业环境下发生的一类疾病的总称，是机体散热机制发生障碍的结果。按病情轻重可分为先兆中暑、轻症中暑、重症中暑。重症中暑可出现昏倒或痉挛，皮肤干燥无汗，体温在40℃以上等症状。

减压病　急性减压病主要发生在潜水作业后，减压病的症状主要表现为皮肤奇痒、灼热感、紫绀、大理石样斑纹；肌肉、关节和骨骼酸痛或针刺样剧烈疼痛，头痛、眩晕、失明、听力减退等。

高原病　高原病是发生于高原低氧环境下的一种疾病。急性高原病分为三型：急性高原反应、高原肺水肿、高原脑水肿。

航空病　职业性航空病是指由于航空飞行环境中的气压变化，所引起的航空性中耳炎、航空性鼻窦炎、变压性眩晕、高空减压病、肺气压伤等5种疾病。

冻伤　冻伤是由于寒冷潮湿作用引起的人体局部或全身损伤。轻时可造成皮肤一次性损伤，要及时救治；重时可致永久性功能障碍，需进行专业救治。严重时可危及生命，需紧急抢救。

(4) 生物性有害因素

生产原料和生产环境中存在的对职业人群健康有害的致病微生物、寄生虫、昆虫和其他动植物及其所生产的生物活性物质统称为生物性有害因素。如附着于动物皮毛上的炭疽芽孢杆菌、布氏杆菌、蜱媒森林脑炎病毒，滋生于草尘上的真菌等致病微生物及其毒性产物，某些动物、植物产生的刺激性、毒性或变态反应性生物活性物质，如鳞片、粉末、毛发、粪便、毒性分泌物、酶或蛋白质和花粉等，禽畜血吸虫尾蚴、钩蚴、蚕丝、蚕蛹、蚕茧、桑毛虫、松毛虫等，种类繁多。其除了是构成职业性哮喘、外源性过敏性肺炎和职业性皮肤病等法定职业病的致病因素外，还可引起法定职业性传染病，如炭疽、布鲁氏菌病、森林脑炎等。鼠疫、土拉菌病、口蹄疫、鸟疫、挤奶工结节、牧民狂犬病、钩端螺旋体病、寄生虫病（如牧民包囊虫病、绦虫病、矿工钩虫病）等亦为生物性有害因素所致。近年流行的传染性非典型肺炎、人类禽流感和猪链球菌病等新的传染性疾病对禽、畜类相关职业人群和医务工作者的健康都造成了较大影响。

8.3.2　职业病

(1) 法定职业病概念

《职业病防治法》将职业病定义为：企业、事业单位和个体经济组织等用人单位的劳动者在职业活动中，因接触粉尘、放射性物质和其他有毒、危害因素而引起的疾病。

职业病的分类和目录由国务院卫生行政部门会同国务院安全生产监督管理部门、劳动保障行政部门制定、调整并公布。

(2) 职业病分类

国家卫生计生委、劳动和社会保障部、国家安全监管总局、全国总工会4部门于2013年12月23日联合颁布了《关于印发＜职业病分类和目录＞的通知》（国卫疾控发［2013］48号）；2002年4月18日原卫生部和原劳动保障部联合印发的《职业病目录》同时废止。新的职业病分类和目录如表8-1所示。

表 8-1 新的职业病分类和目录（2013版）

分类		目录
一、职业性尘肺病及其他呼吸系统疾病	尘肺病	1. 矽肺；2. 煤工尘肺；3. 石墨尘肺；4. 炭黑尘肺；5. 石棉肺；6. 滑石尘肺；7. 水泥尘肺；8. 云母尘肺；9. 陶工尘肺；10. 铝尘肺；11. 电焊工尘肺；12. 铸工尘肺；13. 根据《尘肺病诊断标准》和《尘肺病理诊断标准》可以诊断的其他尘肺病
	其他呼吸系统疾病	1. 过敏性肺炎；2. 棉尘病；3. 哮喘；4. 金属及其化合物粉尘肺沉着病（锡、铁、锑、钡及其化合物等）；5. 刺激性化学物所致慢性阻塞性肺疾病；6. 硬金属肺病
二、职业性皮肤病		1. 接触性皮炎；2. 光接触性皮炎；3. 电光性皮炎；4. 黑变病；5. 痤疮；6. 溃疡；7. 化学性皮肤灼伤；8. 白斑；9. 根据《职业性皮肤病的诊断总则》可以诊断的其他职业性皮肤病
三、职业性眼病		1. 化学性眼部灼伤；2. 电光性眼炎；3. 白内障（含辐射性白内障、三硝基甲苯白内障）
四、职业性耳鼻喉口腔疾病		1. 噪声聋；2. 铬鼻病；3. 牙酸蚀病；4. 爆震聋
五、职业性化学中毒		1. 铅及其化合物中毒（不包括四乙基铅）；2. 汞及其化合物中毒；3. 锰及其化合物中毒；4. 镉及其化合物中毒；5. 铍病；6. 铊及其化合物中毒；7. 钡及其化合物中毒；8. 钒及其化合物中毒；9. 磷及其化合物中毒；10. 砷及其化合物中毒；11. 铀及其化合物中毒；12. 砷化氢中毒；13. 氯气中毒；14. 二氧化硫中毒；15. 光气中毒；16. 氨中毒；17. 偏二甲基肼中毒；18. 氮氧化合物中毒；19. 一氧化碳中毒；20. 二硫化碳中毒；21. 硫化氢中毒；22. 磷化氢、磷化锌、磷化铝中毒；23. 氟及其无机化合物中毒；24. 氰及腈类化合物中毒；25. 四乙基铅中毒；26. 有机锡中毒；27. 羰基镍中毒；28. 苯中毒；29. 甲苯中毒；30. 二甲苯中毒；31. 正己烷中毒；32. 汽油中毒；33. 一甲胺中毒；34. 有机氟聚合物单体及其热裂解物中毒；35. 二氯乙烷中毒；36. 四氯化碳中毒；37. 氯乙烯中毒；38. 三氯乙烯中毒；39. 氯丙烯中毒；40. 氯丁二烯中毒；41. 苯的氨基及硝基化合物（不包括三硝基甲苯）中毒；42. 三硝基甲苯中毒；43. 甲醇中毒；44. 酚中毒；45. 五氯酚（钠）中毒；46. 甲醛中毒；47. 硫酸二甲酯中毒；48. 丙烯酰胺中毒；49. 二甲基甲酰胺中毒；50. 有机磷中毒；51. 氨基甲酸酯类中毒；52. 杀虫脒中毒；53. 溴甲烷中毒；54. 拟除虫菊酯类中毒；55. 铟及其化合物中毒；56. 溴丙烷中毒；57. 碘甲烷中毒；58. 氯乙酸中毒；59. 环氧乙烷中毒；60. 上述条目未提及的与职业有害因素接触之间存在直接因果关系的其他化学中毒
六、物理因素所致职业病		1. 中暑；2. 减压病；3. 高原病；4. 航空病；5. 手臂振动病；6. 激光所致眼（角膜、晶状体、视网膜）损伤；7. 冻伤
七、职业性放射性疾病		1. 外照射急性放射病；2. 外照射亚急性放射病；3. 外照射慢性放射病；4. 内照射放射病；5. 放射性皮肤疾病；6. 放射性肿瘤（含矿工高氡暴露所致肺癌）；7. 放射性骨损伤；8. 放射性甲状腺疾病；9. 放射性性腺疾病；10. 放射复合伤；11. 根据《职业性放射性疾病诊断标准（总则）》可以诊断的其他放射性损伤
八、职业性传染病		1. 炭疽；2. 森林脑炎；3. 布鲁氏菌病；4. 艾滋病（限于医疗卫生人员及人民警察）；5. 莱姆病
九、职业性肿瘤		1. 石棉所致肺癌、间皮瘤；2. 联苯胺所致膀胱癌；3. 苯所致白血病；4. 氯甲醚、双氯甲醚所致肺癌；5. 砷及其化合物所致肺癌、皮肤癌；6. 氯乙烯所致肝血管肉瘤；7. 焦炉逸散物所致肺癌；8. 六价铬化合物所致肺癌；9. 毛沸石所致肺癌、胸膜间皮瘤；10. 煤焦油、煤焦油沥青、石油沥青所致皮肤癌；11. β-萘胺所致膀胱癌
十、其他职业病		1. 金属烟热；2. 滑囊炎（限于井下工人）；3. 股静脉血栓综合征、股动脉闭塞症或淋巴管闭塞症（限于刮研作业人员）

(3) 职业病的特点

① 病因明确。病因即职业病危害因素，在控制病因或作用条件后，可消除或减少发病。

② 所接触的病因大多是可检测的，需达到一定的强度（浓度或剂量）才能致病，一般存在"接触水平（剂量）——效应（反应）"关系。

③ 在接触同一因素的人群中常有一定的发病率，很少只出现个别病例。

④ 大多数职业病如能早期诊断、处理，康复效果较好，但有些职业病，如尘肺病，目前尚无特效疗法，只能对症综合处理，发现越晚，治疗效果越差。

⑤ 除职业性传染病外，治疗个体无助于控制人群发病。从病因学上说，职业病是完全可以预防的，须强调"预防为主"。

职业性疾病可涉及很多器官、系统，涵盖临床医学的各个分科，如内科、外科、神经科、皮肤科、眼科、耳鼻喉科等。处理职业性疾病的诊断、治疗、康复，以及职业禁忌证、劳动能力鉴定等问题，需要牢固掌握和充分运用临床多学科的综合知识和技能。

(4) 工作有关疾病

工作有关疾病与职业病有所区别。广义上，职业病是指与工作有关并直接与职业病危害因素有因果联系的疾病，而工作有关疾病则具有以下3层含义。

① 职业因素是该病发生和发展的诸多因素之一，但不是唯一的直接病因。

② 职业因素影响了健康，从而促使潜在的疾病显露或加重已有疾病的病情。

③ 通过改善工作条件，可使所患疾病得到控制或缓解。常见的工作有关疾病包括矿工的消化性溃疡、建筑工的肌肉骨骼疾病等。

此外，作用轻微的职业病危害因素，有时虽不至于引起病理性损害，但可产生体表的某些改变如皮肤色素增加等。这些改变尚在生理范围之内，故可视为机体的一种代偿或适应性变化，通常称为职业特征。

8.4 职业病防护设施

职业病防护设施是指消除或降低工作场所的职业病危害因素浓度或强度，减少职业病危害因素对劳动者健康的损害或影响，达到保护劳动者健康目的的装置。利用职业病防护设施来消除或降低作业场所职业病危害因素的浓度（强度），是落实预防为主方针和保护劳动者健康的根本方法。

8.4.1 职业病防护设施选用原则

为有效的消除或减弱职业病危害因素对人体健康的影响，职业病防护设施的选用原则主要包括以下几方面。

(1) 依照优先顺序实施综合治理

① 对于粉尘及毒物等化学物质，应按照以下优先顺序实施综合治理：

- 用无毒或低毒物质代替有毒高毒物质；
- 改善有害的生产工艺与作业方法防止有害物扩散；
- 将产生有害因素的设备密闭化、自动化；
- 采取隔离或远距离操作；

• 采取局部通风、吹吸式通风、全面通风等工程防护设施。

② 对于噪声、振动等物理因素,应按照以下优先顺序实施综合治理:

采用不产生有害能量或产生较少的机械设备;

变更工艺、材料以及作业方法,降低有害能量水平;

利用吸收材料遮蔽有害能量发生源;

将劳动者与有害能量发生源隔离。

(2) 应具有针对性、可行性和经济合理性

① 针对性 应针对不同行业特点和建设项目涉及的职业病危害因素及其产生职业病危害的条件,提出相应对策措施。

② 可行性 职业病危害防护措施在经济、技术、时间上应具有可行性,应以法规、标准为依据,便于应用和操作。

③ 经济合理性 职业病危害防护措施应以职业卫生法律、法规、标准和技术规范为依据,结合建设项目的经济、技术情况,使职业卫生技术装备水平与工艺装备水平相适应,不应过高的提出职业病危害防护措施。

(3) 应符合国家、地方、行业有关标准和设计规定

职业病防护设施的设计应符合《工业企业总平面设计规范》、《生产设备安全卫生设计总则》、《生产设备安全卫生设计总则》等国家、地方、行业有关标准和设计规定。

8.4.2 常见职业病防护设施

职业病防护设施主要包括密闭、隔离、湿式抑降尘、全面通风、局部通风等,本节主要介绍粉尘、有毒物质、噪声等的常见职业病防护设施。

8.4.2.1 粉尘

粉尘是我国最主要的职业病危害因素,每年因接触粉尘而出现肺沉着病患者多达上万例。采用工程技术措施消除和降低粉尘危害,是防止尘肺发生的根本措施,主要涉及"革、水、密、风"四部分。

(1) 革

通过改革工艺流程使生产过程机械化、密闭化、自动化,对原辅材料或生产工艺进行改造,如用大颗粒粉尘替代小颗粒粉尘,用湿法工艺替代干法工艺等,从而消除和降低粉尘危害。

(2) 水

通过湿式作业避免或减少粉尘,通过喷雾降尘、煤层注水、湿式凿岩等方式控制粉尘的发生和扩散。湿式作业防尘已为厂矿广泛应用,其特点是防尘效果可靠,易于管理,投资较低。

(3) 密

通过密闭隔离的方式将粉尘发生源进行隔离密闭,通常采用密闭罩等职业病防护设施,也有通过水幕或气幕的方式将尘源进行隔离。

(4) 风

采取通风除尘设施是控制粉尘危害,降低工作场所空气中粉尘浓度最重要的措施,也是目前工业生产中控制粉尘扩散、消除粉尘危害最有效的方法之一。其主要是以通风的方式将作业场所的粉尘有效捕集，通过除尘器等对尾气进行净化。设计并安装有效的通风除尘系统是控制粉尘危害最重要的手段。其中，最常采用的是局部排风系统。

8.4.2.2 有毒物质

防毒技术措施是指在生产工艺、设备、操作等方面，从安全防毒角度来考虑设计、计划、检查、保养等措施，尽可能减少人与毒物直接接触的机会。主要包括以下几方面。

① 以无毒、低毒物料代替有毒、高毒物料，是从根本上解决毒物危害的首选办法。如采用水溶性漆替代油漆、无苯涂料代替含苯涂料等。

② 改革工艺。尽量选择生产过程中不产生或少产生有毒物质的工艺。如采用无氰电镀工艺替代以氰化物为配合剂的电镀工艺。

③ 生产过程的密闭化、管道化、连续机械化、自动化是解决毒物危害的根本途径，是防止有毒物质从生产过程中散发、外逸的关键。生产过程的密闭除设备本身密闭外，尚需辅以管道化、机械化的投料和出料，考虑物料运输、粉碎、包装等过程的密闭，避免生产过程中的跑、冒、滴、漏现象。

④ 隔离操作。即将工人操作地点与生产设备隔离开来，避免工人接触有毒物质。

⑤ 采取局部通风和全面通风等工程防护措施。生产过程中常因设备的跑、冒、滴、漏，使毒物逸散至空气中，采取适当的通风措施，及时排走空气中的毒物，是降低作业场所空气中毒物浓度的一项重要措施。

局部排风是将工业生产中产生的有毒有害气体或蒸气在其发生源处控制、收集起来，不使其扩散到工作场所，并把有害气体经净化处理后排至工作场所以外的一种常用排毒方式。

全面通风是在工作场所内全面进行通风换气，以维持整个工作场所范围内空气环境的卫生条件。全面通风的实质是用新鲜空气来冲淡工作场所内的污浊空气，使工作场所空气中有害物质的浓度达到职业卫生标准所规定的短时间接触容许浓度或最高容许浓度的要求。全面通风可以利用自然通风实现，也可以借助于机械通风来实现。

自然通风是以风压和热压作用使空气流动所形成的一种通风方式，完全依靠自然形成的动力来实现生产车间内外空气的交换。

机械通风是利用通风机产生的压力，克服沿程的流体阻力，使气流沿风道的主、支网管流动，从而使新鲜空气进入工作场所，污染的空气从工作场所中排出。

8.4.2.3 噪声

(1) 基本控制措施

1) 声源控制

物理学中，把正在发声的物体称为声源。从广义说，声源可能是振动的固体，也可能是流体（喷注、湍流、紊流）。控制噪声的根本途径是治理噪声源，减少机器设备本身的振动和噪声，主要方法包括选用低噪声、低振动的设备，改进生产工艺，提高机械设备的加工精度和安装技术，使发声体变为不发声体，或大大降低发声体的声功率。如将铆接改为焊接、锤击成型改为液压成型等。

2) 传播途径控制

由于技术和经济的原因，从声源上控制噪声难以实现，即需从传播途径上加以控制。在传播途径上阻断和屏蔽声波的传播，或使声波传播的能量随距离衰减，是控制噪声、限制噪声传播的有效方法。

控制噪声传播途径可从以下三个方面考虑。

合理布局：将高噪声车间与一般噪声较低的车间、生活区分开，避免互相干扰；对特别强烈的噪声源，可设置在离厂区比较远的地区，使噪声最大限度的随距离自然衰减。

生产工艺设备的平面布置采取"静闹分区"，防止互相影响；把各车间同类型的噪声源集中布置，防止声源过于分散、扩大噪声污染面，便于采取声学技术措施集中处理。

利用屏障阻止噪声传播：尽可能利用天然地形，如山冈、土坡、树木草丛和已有建筑屏障等阻断或屏蔽一部分噪声。如在噪声严重的工厂交通道路的两旁设置足够高度的围墙或屏障，使与其相邻地方所接收的噪声强度降低；建立绿化带，使噪声衰减。

利用声源的指向：把电厂、化工厂的高压锅炉、受压容器的排气放气出口朝向上空或野外，以减小朝向生活区的噪声。

从声源或传播途径上控制噪声仍不能达到要求时，可进一步采取包括消声、隔声、吸声隔振等局部声学技术措施解决。

(2) 局部声学技术措施

1）消声

对空气动力机械（风机、压缩机等）辐射的空气动力性噪声，应采用消声器进行消声处理。

2）隔声

对噪声源设备进行隔声处理可采用带阻尼层、吸声层的隔声罩，随隔声罩结构形式不同，其 A 声级降噪量可达到 15~40dB。

不宜对噪声源作隔声处理，且操作人员不需经常停留在设备附近时，应设置操作、监视、休息用的隔声间（室）。

强噪声源比较分散的大车间，可设置隔声屏障或带有生产工艺孔的隔墙，将车间分成几个不同强度的噪声区域。

3）吸声

用吸声材料和吸声结构装饰在室内的天花板和墙壁上做成吸声体，悬挂在房间内或做管道的内衬以吸收气流噪声。

对吸声较少、混响声较强的车间厂房，应采取吸声降噪处理；根据所需的吸声降噪量，确定吸声材料、吸声体的类型、结构、数量和安装方式。

4）隔振降噪

在机械设备下面装设减振器或减振层，使振动传不出去，以减低固体声的传播。

对产生较强振动和冲击，从而引起固体声传播及振动辐射噪声的机器设备，应采取隔振措施。常用的隔振元件（隔振垫层和隔振器）有橡胶、软木、玻璃纤维隔振垫和金属弹簧、空气弹簧、压缩型橡胶隔振器等。

上述控制措施降低噪声原理与应用效果情况见表 8-2。

8.4.2.4 振动

振动的工程控制措施主要包括以下几个方面。

① 减少振源的激振强度，在设计、制造生产工具和机械时采用减振措施，使振动降低到对人体无害水平。

② 切断振动的传播途径或在传播途径上削弱振动。

表 8-2　几种噪声控制工程措施的原理与应用效果比较

序号	控制措施类型	降低噪声原理	适应场合	降噪效果/dB
1	吸声	利用吸声材料或结构,降低工房内反射声,如吸声墙	车间噪声源多,而且分散	4～10
2	隔声	利用隔声结构,将噪声源和接受点隔开。常用的有隔声罩,隔声室	车间人多,噪声设备少宜用隔声罩;反之宜用隔声室	10～40
3	消声	利用阻性、抗性和小孔喷注、多孔扩散等原理,消减气流噪声	气动设备的空气动力性噪声	15～40
4	隔振	将振动设备与地板的刚性接触改为弹性接触,隔绝固体声传播	机械振动严重	5～25
5	阻尼(减振)	利用内摩擦损耗大的材料涂贴在振动件表面上,减少金属薄板的弯曲振动	设备金属外壳、管道等振动与噪声强度较大场合	5～15

③ 承受振动的建筑或设备采取防振措施。

8.4.2.5　高温

高温环境是由于太阳的热辐射和气温的升高以及各种热源散发热量而形成的。高温作业的气象条件包括空气的温度、湿度、风速和热辐射4方面,可分为高温强辐射热作业和高温高湿作业两大类型。

高温防护技术措施除改进工艺过程、合理安排热源,尽量使生产过程机械化和自动化外,还可采用隔热、全面通风、局部降温等措施。

(1) 隔热

利用隔热减少热源的热作用。常用的方法主要有热绝缘和热屏挡。

① 热绝缘　在发热体外直接包覆一层导热性能差的材料,材料的导热性越差,厚度越大,则发热体向外散发的热量就减少的越多。热绝缘一般分为包裹、涂抹、砌筑和填充。常用的隔热材料有草灰、土坯、青砖、石棉、矿渣棉等。

② 热屏挡　可分为透明、半透明和不透明3类。常用的有玻璃板、铁纱屏、铁纱水幕、石棉板、铁板及流动水箱等。

(2) 全面通风

降低车间内气温的主要途径是对整个车间进行全面通风。实现全面通风的方法有自然通风和机械通风两种。为加强自然通风的效果,通常在车间上部安装可调节的排风天窗。

(3) 局部降温

常用的局部降温措施有：送风扇、喷雾风扇、空气淋浴等。

① 送风扇　有吊扇、座扇、机床风扇和轴流风机等,是通过造成一定的风速,使人身体感觉凉快,但并不能使工作地点空气温度降低。

② 喷雾风扇　喷雾风扇是由轴流式风机、甩水转盘、挡水外壳、导风板、支架等部分组成的。它与简易送风扇不同的是,在送出来的风中混有雾状小水滴。因雾滴蒸发吸热,能使送风气流的温度有所降低,同时雾滴落到人体表面后,还能吸收人体一部分热量,使人感到凉快。

③ 空气淋浴　是利用风机、风道把室外空气抽入喷水室内，把空气加湿冷却，使温度降低，然后用风管送到工作地点，直接吹向人体。空气淋浴需要庞大设备，费用较高。

8.4.2.6　非电离辐射

(1) 场源的屏蔽

根据工艺过程和操作情况，采用适宜的屏蔽材料包围发射场源予以屏蔽。常用屏蔽材料包括：铜、铝丝（板），橡胶，玻璃钢等。

(2) 合理布局

充分考虑场源之间及场源与操作位置之间的合理布局，尽可能使场源远离操作地点和休息地点。

8.4.2.7　电离辐射

电离辐射的防护主要是控制辐射源的质和量。电离辐射的防护分为外照射防护和内照射防护。外照射防护的基本方法有时间防护、距离防护和屏蔽防护，通称"外防护三原则"。内照射防护的基本防护方法有围封隔离、除污保洁和个人防护等综合性防护措施。

8.5　个人使用的职业病防护用品

针对企业作业场所难以采取工程控制技术措施进行职业危害防护，或虽采取了工程控制技术措施，但其作业场所职业病危害因素浓度（强度）仍不能满足职业接触限值要求的情况，为避免从业人员受到职业病危害因素侵害，保护从业人员身体健康，必须为从业人员提供有效的个人使用的职业病防护用品，并指导其合理佩戴、使用。

个人使用的职业病防护用品是劳动防护的最后一道防线，其配备和使用不能替代作业环境、劳动条件等根本性改善措施，不能成为逃避采取根本性措施或降低根本性措施实施力度的借口或依靠。

劳动防护用品可依据防护功能或防护部位进行分类。根据《劳动防护用品分类与代码》，我国以人体防护部位对劳动防护用品进行分类，共分为：头部防护用品、呼吸器官防护用品、眼（面）部防护用品、听觉器官防护用品、手部防护用品、足部防护用品、躯体防护用品、护肤用品、防坠落劳动防护用品 9 大类。

其中个人使用的职业病防护用品主要有：头部防护用品中的防尘帽、防寒帽、防高温帽、防电磁辐射帽等；呼吸器官防护用品中的防尘口罩和防毒口罩（面具）；眼面部防护用品中的防尘、防高温、防电磁辐射、防射线、防化学飞溅、防强光用品等；听觉器官防护用品中的耳塞、耳罩和防噪声耳帽等；手部防护用品中的防寒手套、防毒手套、防高温手套、防 X 射线手套、防酸碱手套、防振手套多种；足部防护用品中的防寒鞋、防高温鞋、防酸碱鞋、防振鞋等；躯体防护用品中的防寒服、防毒服、防高温服、防电磁辐射服、耐酸碱服等；护肤用品中的防毒、防腐、防射线等。

8.5.1　个人使用的职业病防护用品的选用

个人使用的职业病防护用品选择的适当与否，直接关系到其防护效果和劳动者生产作业的效率。首先,选择的个人使用的职业病防护用品须具有一定针对性的、充分的防护功能;其次,其防护性能必须适度,过度防护不仅造成不必要的浪费,而且防护等级的提升往往会使得个人使用的职业病防护用品操作的灵活性、使用的舒适度降低。另外,还要考虑多个防护用品之间的搭配使用以及防护用品与作业环境、作业活动间可能产生的相互影响问题。

一般来说,个人使用的职业病防护用品的选用可参考以下五个方面。

8.5.1.1 按作业类别和工种选用

《个体防护装备选用规范》(GB/T 11651—2008)中规定了 39 种作业如何选用个人使用的职业病防护用品,是选用个人使用的职业病防护用品的主要依据。

原国家经贸委 2000 年发布的《劳动防护用品配备标准(试行)》,则是在参照《中华人民共和国工种分类目录》的基础上,对 116 个典型工种(以及更多相近工种)的劳动防护用品的配备给出了明确建议,并要求各省市根据自身经济条件和特点制定相应的地方配备标准。因企业情况差异较大,相同工种未必接触相同的职业危害,故各企业应结合各工种具体作业特点,制定自身的配备标准。

国家安全生产监督管理总局发布的《煤矿职业安全卫生个体防护用品配备标准》(AQ 1051—2008),规定了煤矿井下、井上、煤炭洗选和露天煤矿作业岗位所配备个人使用的职业病防护用品的种类、配备范围及使用期限等。

8.5.1.2 根据工作场所有害因素进行选用

根据作业环境和作业活动中存在的职业病危害因素,选择具有相应防护特性的个人使用的职业病防护用品。

(1) 粉尘有害因素

在《工作场所有害因素职业接触限值》(GBZ 2.1—2007)中规定了 47 种有害粉尘。当工作场所环境空气中粉尘浓度超过职业接触限值时,相关作业人员应首先根据超标倍数和暴露时间等,选择相应防护等级的防颗粒物呼吸器(如一次性防尘口罩、防尘半面罩、动力送风呼吸器等)进行呼吸防护;另外根据粉尘发散特点和作业特点,选择防尘眼镜、防尘面屏、防尘服等。其中,对于某些危害性较大(如具有"三致"和放射性的粉尘)、可能达到或超过 IDLH(立即威胁生命和健康)浓度的粉尘,应采用隔绝式呼吸器、防尘服、防尘手套,甚至某些防辐射功能的个人使用的职业病防护用品等。

(2) 化学性有害因素

在《工作场所有害因素职业接触限值》(GBZ 2.1—2007)中规定了 339 种有毒物质,当作业场所有毒物过量或浓度超过职业接触限值时,应对相关作业人员提供有效的个人使用的职业病防护用品。应根据毒物的存在形态、发散方式、侵入途径、超标水平等情况选择相应防护用品(如呼吸防护、躯体防护、手部防护、足部防护、眼面部防护、头部防护等),应针对该毒物特性的防护类型,以该毒物释放计量或超标水平的防护等级等选择防护产品。

为防止毒物从皮肤侵入人体,皮肤防护常采用穿防护服、防护鞋,戴防护手套、防护帽等防护用品;对裸露皮肤,应视其所接触的物质不同,采用相应的保护油膏或清洁剂。

为防止毒物从呼吸道侵入人体,应使用过滤式或隔离式防毒用具。过滤式防毒用具有简易防毒口罩、防尘口罩和过滤式防毒面具等;隔离式防毒用具可分为氧气呼吸器、空气呼吸器、自吸式长管面具和送风式防毒面具等。

应根据现场作业环境的条件如含氧量、毒物的性质、毒性和浓度等,正确选择和使用防毒面具。

(3) 物理有害因素

工作场所物理有害因素主要包括噪声、高温、激光、振动、辐射等。针对不同的有害因素的存在传播方式、暴露剂量及可能危害的身体部位，可选用针对性防护该危害因素、相应防护等级、保护易伤害身体部位的个人使用的职业病防护用品。如用于防护紫外、红外辐射伤害的护目镜、面具和焊接护目镜等。防噪声的个人使用的职业病防护用品包括：降声棉耳塞、防声耳塞或佩戴耳罩、头盔等。

(4) 生物性有害因素

接触皮毛、动物引起的炭疽杆菌感染、布氏杆菌感染、森林采伐引起的脑炎病菌感染，医护人员接触患者引起细菌、病毒性感染。鉴于病菌病毒易于传播扩散，可能经口、鼻、皮肤和伤口等侵入的特点，生物性有害因素根据其危害特性及上述特点，选择防护口罩、眼面防护器具、防护手套和全身性防护服装等。

8.5.1.3 根据作业现场职业危害浓度或强度选用

企业在根据工作场所存在的有害因素类型选用个人使用的职业病防护用品时，也可进一步根据工作场所有害因素的测定值选用适宜的防护用品。

对于呼吸防护用品的选择，《呼吸防护用品的选择、使用与维护》（GB/T 18664—2002）中给出了比较明确的呼吸防护用品选择思路和具体步骤。其选择思路如下。

① 对作业环境进行职业危害识别评价，确定危害水平。

② 明确各种呼吸防护用品的防护级别。

③ 选择防护级别高于危害水平的呼吸防护用品种类。

对于听力防护用品的选择，首先要确定噪声作业环境下实现听力有效防护所需要的护听器的SNR值（即单值噪声降低数），然后再根据作业条件和佩戴者的使用特点，选择具体式样的护听器。

8.5.1.4 个人使用的职业病防护用品选择需要考虑的其他因素

① 针对有害物质可能会危害的不同部位或面积，选择相对应的防护用品。

② 根据佩戴者身体尺寸或佩戴部位尺寸的大小，选择相应型号或尺寸的个人使用的职业病防护用品。

③ 长时间佩戴的舒适性以及其对作业活动或身体健康的影响。

④ 对多个危害因素或多个身体部位进行防护时，需考虑不同防护用品之间的协调性、匹配性及集成性。

⑤ 防护用品的外形结构、尺寸、工作性能、材料等特性对于作业环境及作业活动的适用性、安全性。

⑥ 防护用品购买、携带、维护和使用的方便性。

8.5.1.5 按国家规定和标准选择配备类型合适和质量合格的产品

根据防护功能的实际需求，个人使用的职业病防护用品多种多样。通常同一类型产品可能有多种型式，每种型式又可能有多个防护等级或不同的型号。如防颗粒物呼吸器有随弃式、半面罩和全面罩3种型式，而根据防护水平的不同又有KN（P）90、KN（P）95、KN（P）100这3个等级，根据面罩尺寸大小不同又有大、中和小3个型号。因此，在确定了存在的职业危害后，要根据作业环境的实际情况，根据相应的产品标准进一步选择适当的产品型式、防护等级和型号等参数，以便找到某一款适当的最终产品。

具体产品选择确定后，还应注意防护用品产品的质量，目前我国对特种劳动防护用品的生产、销售和使用领域的管理实行"安全标志"管理制度和"生产许可证"制度，分别由国家安全生产监督管理总局和各级质量监督检验检疫部门管理和审批。

2005年实施的《劳动防护用品监督管理规定》（国家安全生产监督管理总局令第1号）、《特种劳动防护用品安全标志实施细则》等法规规章明确规定，企业生产的特种劳动防护用品必须取得特种劳动防护用品安全标志，特种劳动防护用品安全标志是确认特种劳动防护用品安全防护性能符合国家标准、行业标准，准许用人单位配发和使用该劳动防护用品的凭证。经营劳动防护用品的单位不得经营假冒伪劣劳动防护用品和无安全标志的特种劳动防护用品。

特种劳动防护用品安全标志由特种劳动防护用品安全标志证书和特种劳动防护用品安全标志标识两部分组成。标志证书是由管理机构颁发授权给合格生产企业的资格证书，而安全标志标识（"LA"标识）则是授权给合格生产企业，可以在其产品本体或包装上标明其获得安全标志资格认证的简明标识，以便于用户辨识。

目前我国已对头部防护用品、呼吸防护用品、眼面防护用品、躯体防护用品、足部防护用品和坠落防护用品6大类24种产品实施特种劳动防护用品安全标志管理。对涉及头部防护、呼吸防护、眼面防护、躯体防护、足部防护、手部防护和坠落防护7大类32种产品实施生产许可证管理。

除安全标志许可证和生产许可证等关于企业的资质证书外，正规生产厂家还应按照相关管理规定对于每个批次的产品提供合格的出厂检测报告，每个最小包装产品有检验合格证、"LA"标识、产品执行标识和等级说明、使用维护和报废说明、生产企业和售后等信息。

8.5.2　个人使用的职业病防护用品的使用期限和报废

8.5.2.1　使用期限

个人使用的职业病防护用品的使用期限与作业场所环境、使用频率、自身性质等多方面因素有关。一般来说，使用期限应考虑以下3个方面的影响。

（1）腐蚀程度

根据不同作业对个人使用的职业病防护用品的磨损可划分为重腐蚀作业、中腐蚀作业和轻腐蚀作业。腐蚀程度反映作业环境和工种使用情况。

（2）损耗情况

根据防护功能降低的程度可分为易受损耗、中等受损耗和强制性报废。受损耗情况反映防护用品防护性能情况。

（3）耐用性能

根据使用周期可分为耐用、中等耐用和不耐用。耐用性能反映个人使用的职业病防护用品材质状况，如用耐高温阻燃纤维织物制成的阻燃防护服，要比用阻燃剂处理的阻燃织物制成的阻燃防护服耐用。耐用性能反映的是个人使用的职业病防护用品的综合质量。

8.5.2.2　报废

根据国家标准《个体防护用品选用规范》（GB/T 11651—2008）的规定，个人使用的职业病防护用品出现下列情况之一时，即予报废。

① 所选用的个人使用的职业病防护用品技术指标不符合国家相关标准或行业标准。
② 所选用的个人使用的职业病防护用品与所从事的作业类型不匹配。
③ 个人使用的职业病防护用品产品标识不符合产品要求或国家法律法规的要求。
④ 个人使用的职业病防护用品在使用或保管储存期内遭到破损或超过有效使用期。
⑤ 所选用的个人使用的职业病防护用品经定期检验和抽查不合格。
⑥ 当发生使用说明中规定的其他报废条件时。

8.5.3 个人使用的职业病防护用品管理

① 个人使用的职业病防护用品应由生产经营单位的职业卫生管理部门根据《劳动防护用品配备标准》予以发放,并应根据不同的作业环境和工作条件,配备、发放相应的个人使用的职业病防护用品。发放的个人使用的职业病防护用品应具有生产许可证、安全鉴定证和产品合格证。
② 职业卫生管理部门应对采购的个人使用的职业病防护用品进行验收。
③ 对于从事多种作业或在多种作业环境中的作业人员,应按其主要从事的工种和作业环境配备个人使用的职业病防护用品。如配备的个人使用的职业病防护用品在从事其他工种作业时或在其他作业环境中不适用的,应另行配备其他个人使用的职业病防护用品。
④ 对于经常进入生产现场检查的职业卫生管理等人员,应针对检查人员进入的生产区域,配备相应的个人使用的职业病防护用品。
⑤ 企业应配备公用的防护服、护目镜等个人使用的职业病防护用品,供外来参观、学习、检查工作等人员临时借用。公用的个人使用的职业病防护用品应保持整洁,并由专人保管。
⑥ 对于可能发生有毒有害气体泄漏的作业场所,除为作业人员配备常规个人使用的职业病防护用品外,还应在现场的醒目位置放置必需的防毒护具等应急救援物品,以便其在逃生、救援时应急使用。公司职业卫生管理人员应定期检查防毒护具等应急救援物品的有效性,保证其处于良好的待用状态。
⑦ 一般个人使用的职业病防护用品应按照规定的时间按时发放,不得拖延。特殊劳动保护用品,在需要时可向劳动保护用品发放部门提出申请,经同意后发放。
⑧ 建立和健全个人使用的职业病防护用品发放登记台账。按时记载发放个人使用的职业病防护用品的情况和办理调转手续,并定时核对各工种岗位个人使用的职业病防护用品的种类和使用期限。
⑨ 个人使用的职业病防护用品应定期检查,失效的个人使用的职业病防护用品应及时报废。
⑩ 禁止将个人使用的职业病防护用品折现发给劳动者,也不能以任何理由拒绝为劳动者配备个人使用的职业病防护用品,发放的个人使用的职业病防护用品个人不得转卖。

8.6 应急救援设施

应急救援设施是指在工作场所设置的报警装置、现场急救用品、洗眼器、喷淋装置等冲洗设备和强制通风设备,以及应急救援中使用的通信、运输设备等。《中华人民共和国职业病防治法》规定,对可能发生急性职业损伤的有毒、有害工作场所,用人单位应当设置报警装置,配置现场急救用品、冲洗设备、应急撤离通道和必要的泄险区。

应急救援设施是在可能发生急性职业损伤的场所,预防和及时控制劳动者急性职业损伤,确保劳动者得到及时救治、避免和控制身体伤害扩大、危害因素扩散等所必需的。依据用途和配备目的不同,应急救援设施可分为监测报警装置、现场紧急处置设施、急救或损伤紧急处置用品、强制通风设施及其他设备设施五大类。

(1) 监测报警装置

应急救援用监测报警通常是指用于检测工作场所空气中有毒物质浓度并进行报警的装置和仪器,由探测器和报警控制器组成,具有有毒气体自动检测和报警功能,常用的有固定式、移动式和便携式检测报警仪。

(2) 强制通风设施

强制通风设施也称事故通风设施,是用于有毒气体、易挥发性溶剂等发生逸散、泄漏等情况的工作场所,为避免有害气体等进一步积聚造成人员伤害,所设置的与有害物质逸散或泄漏等相关联的事故通风设施。

(3) 现场紧急处置设施

现场紧急处置设施主要是指用于处置喷溅于劳动者皮肤黏膜上的有毒、有害物质,避免急性职业损伤进一步加剧的设备设施,常见有喷淋装置、洗眼器等冲洗用设备设施。

(4) 急救或损伤紧急处置用品

急救用品或损伤紧急处置用品,是指劳动者发生急性职业损伤后,用于急救的药品或紧急处置劳动者伤口、损伤的皮肤黏膜等的用品等。包括针对某一类型特定化学物中毒所使用的急救药品,剪刀、镊子、胶带、纱布、棉签、创可贴、生理盐水、医用酒精等紧急处置用品,用于中和酸碱的常用弱酸碱性药液等。

(5) 其他设备设施

其他应急救援设备设施主要包括:个人使用的职业病防护用品、通信设备设施、运输设备设施等。

① 个人使用的职业病防护用品　应急救援用个人使用的职业病防护用品是用于可能发生急性中毒等急性职业损伤,从事现场救援的人员必须要佩戴的个人使用的职业病防护用品,主要包括:过滤式呼吸器、隔绝式呼吸器等。

② 通信设备设施　通信设备设施主要用于发生急性职业损伤事故时指挥人员、救援人员等之间的紧急联络等。

③ 运输设备设施　用于运输人员的设备设施,如担架等。

8.7　企业职业卫生管理

根据《中华人民共和国职业病防治法》,职业卫生管理措施应包括职业卫生管理机构与人员的配置、职业卫生管理制度和操作规程、职业卫生培训、职业危害告知、职业病危害因素检测、职业健康监护、警示标识设置等内容。

8.7.1　职业卫生管理机构与人员的配置

用人单位应设置或指定职业卫生管理机构或组织,配备专职或兼职的职业卫生管理人员，负责本单位的职业病防治工作。

职业卫生管理机构及其相关组织的责任包括：组织执行卫生管理的方针政策；制订并组织实施职业卫生管理工作计划；组织劳动者职业卫生培训及劳动者间的合作交流；负责确定职业危害识别、评价及其控制人员的职责、义务和权利，并告知劳动者；制定有效的职业病防治方案；监督管理和评估本单位的职业病防治工作；负责工作场所职业卫生监测和职工职业健康监护。

用人单位应按职工总数的千分之二到千分之五配备职业卫生专（兼）职人员，对本单位职业卫生工作提供技术指导和管理。职工人数少于三百人的用人单位至少应配备一名职业卫生专（兼）职人员。

职业卫生管理人员应具备与本单位所从事的生产经营活动相适应的职业卫生知识和管理能力，并接受相关职业卫生培训。

8.7.2 职业卫生管理制度和操作规程

用人单位应根据国家、地方的职业病防治法律法规要求，结合本单位实际情况制定相应的规章制度。

根据《工作场所职业卫生监督管理规定》（国家安全生产监督管理总局令第47号）的规定要求，用人单位应建立的职业卫生管理制度包括：

① 职业病危害防治责任制度；
② 职业病危害警示与告知制度；
③ 职业病危害项目申报制度；
④ 职业病防治宣传教育培训制度；
⑤ 职业病防护设施维护检修制度；
⑥ 职业病防护用品管理制度；
⑦ 职业病危害检测及评价管理制度；
⑧ 建设项目职业卫生"三同时"管理制度；
⑨ 劳动者职业健康监护及其档案管理制度；
⑩ 职业病危害事故处置与报告制度；
⑪ 职业病危害应急救援与管理制度；
⑫ 岗位职业卫生操作规程；
⑬ 法律、法规、规章规定的其他职业病防治制度。

职业卫生管理制度应包括管理部门、职责、目标、内容、保障措施、评估方法等要素。岗位操作规程应经科学论证，并与岗位职责相对应，其内容应包括职业卫生防护内容，可以张贴或其他方式，方便劳动者了解、提示劳动者遵守。

8.7.3 职业病防治规划及实施方案

用人单位每年年初应制定相应的职业病防治规划及配套的具体实施方案。用人单位制定的年度职业病防治计划应包括目的、目标、措施、考核指标、保障条件等内容。实施方案应包括实施时间、实施进度、实施步骤、技术要求、考核内容、验收方法等内容。

用人单位每年年底对职业病防治计划和实施方案的落实情况进行必要的评估，撰写年度评估报告。评估报告应包括存在的问题和下一步的工作重点。书面评估报告应送达决策层阅知，并作为下一年度制订计划和实施方案的参考。

8.7.4 职业病危害告知

(1) 公告栏

产生职业病危害的用人单位，应当在醒目位置设置公告栏，公布有关职业病防治的规章制度、操作规程、职业病危害事故应急救援措施和工作场所职业病危害因素检测结果等。

(2) 警示标识和中文警示说明

对产生严重职业病危害的作业岗位，应在其醒目位置，设置警示标识和中文警示说明。警示说明应载明产生职业病危害的种类、后果、预防以及应急救治措施等。

(3) 合同告知

用人单位与劳动者订立劳动合同（含聘用合同，下同）时，应将工作过程中可能产生的职业病危害及其后果、职业病防护措施和待遇等如实告知劳动者，并在劳动合同中写明，不得隐瞒或欺骗。

劳动者在已订立劳动合同期间因工作岗位或者工作内容变更，从事与所订立劳动合同中未告知的职业病危害作业时，用人单位应将工作过程中可能产生的职业病危害及其后果、职业病防护措施和待遇等如实告知劳动者，并在劳动合同中写明，不得隐瞒或欺骗，向劳动者履行如实告知义务，并协商变更原劳动合同相关条款。

用人单位违反上述规定的，劳动者有权拒绝从事存在职业病危害的作业，用人单位不得因此解除与劳动者所订立的劳动合同。

8.7.5 职业卫生培训

用人单位的主要负责人和职业卫生管理人员应接受职业卫生培训，遵守职业病防治法律、法规，依法组织本单位的职业病防治工作。

用人单位应对劳动者进行上岗前职业卫生培训和在岗期间的定期职业卫生培训，普及职业卫生知识，督促劳动者遵守职业病防治法律、法规、规章和操作规程，指导劳动者正确使用职业病防护设备和个人使用的职业病防护用品。

劳动者应学习和掌握相关的职业卫生知识，增强职业病防范意识，遵守职业病防治法律、法规、规章和操作规程，正确使用、维护职业病防护设备和个人使用的职业病防护用品，发现职业病危害事故隐患应及时报告。

8.7.6 职业健康监护

职业健康监护是以预防为目的，根据劳动者的职业接触史，通过定期或不定期的医学健康检查和健康相关资料的收集，连续性地监测劳动者的健康状况，分析劳动者健康变化与所接触的职业病危害因素的关系，并及时地将健康检查和资料分析结果报告给用人单位和劳动者本人，以便及时采取干预措施，保护劳动者健康。

职业健康监护主要包括职业健康检查、离岗后健康检查、应急健康检查和职业健康监护档案管理等内容。

对从事接触职业病危害作业的劳动者，用人单位应按照国务院安全生产监督管理部门、卫生行政部门的规定组织上岗前、在岗期间和离岗时的职业健康检查，并将检查结果书面告知劳动者。职业健康检查费用由用人单位承担。

用人单位不得安排未经上岗前职业健康检查的劳动者从事接触职业病危害的作业；不得安排有职业禁忌的劳动者从事其所禁忌的作业；对在职业健康检查中发现有与所从事的职业相关的健康损害的劳动者，应调离原工作岗位，并妥善安置；对未进行离岗前职业健康检查的劳动者不得解除或终止与其订立的劳动合同。

职业健康检查应由省级以上人民政府卫生行政部门批准的医疗卫生机构承担。

8.7.6.1 健康检查

职业健康检查是职业健康监护的内容之一，分为上岗前检查、在岗期间定期健康检查、离岗时健康检查、离岗后医学随访检查和应急健康检查5类。

(1) 上岗前检查

上岗前健康检查的主要目的是发现有无职业禁忌证，建立接触职业病危害因素人员的基础健康档案。上岗前健康检查均为强制性职业健康检查，应在开始从事有害作业前完成，如从事粉尘作业人员的胸部X射线监测等，以确定人员的健康状况是否能够从事该种作业，该资料亦可用于今后定期健康检查的对照。

下列人员应进行上岗前健康检查。

① 拟从事接触职业病危害因素作业的新录用人员，包括转岗到该种作业岗位的人员。

② 拟从事有特殊健康要求作业的人员，如高处作业、电工作业、职业机动车驾驶作业等。

(2) 在岗期间定期健康检查

长期从事规定的需要开展健康监护的职业病危害因素作业的劳动者，应进行在岗期间的定期健康检查。定期健康检查的目的主要是早期发现职业病患者、疑似职业病患者或劳动者的其他健康异常改变；及时发现有职业禁忌证的劳动者；通过动态观察劳动者群体健康变化，评价工作场所职业病危害因素的控制效果。定期健康检查的周期应根据不同职业病危害因素的性质、工作场所有害因素的浓度（强度）、目标疾病的潜伏期和防护措施等因素决定。

定期检查的时间间隔可根据有害因素的性质和危害程度、工人的接触水平以及生产环境是否存在其他有害因素而定。一般认为，属于过量接触并可能引起严重后果的，每半年或1年检查1次；低水平接触或对健康影响不甚严重的，每2~4年检查1次；生产场所同时存在其他有害因素，则应相应地缩短间隔期。定期检查的项目，除一般检查外，应针对有害因素可能损害的器官或系统进行重点检查，通常与该作业就业前检查的项目基本相同。

(3) 离岗时健康检查

① 劳动者在准备调离或脱离所从事的职业病危害作业或岗位前，应进行离岗时健康检查，其目的主要是确定该人员在停止接触职业病危害因素时的健康状况。

② 如最后一次在岗期间的健康检查是在离岗前的90天内进行的，可视为离岗时检查。

(4) 离岗后医学随访检查

① 如接触的职业病危害因素具有慢性健康影响或发病有较长的潜伏期，在脱离接触后仍有可能发生职业病，则需进行医学随访检查。

② 尘肺病患者在离岗后需进行医学随访检查。

③ 随访时间的长短应根据有害因素致病的流行病学及临床特点、劳动者从事该作业的时间长短、工作场所有害因素的浓度等因素综合考虑确定。

(5) 应急健康检查

① 当发生急性职业病危害事故时，对遭受或可能遭受急性职业病危害的劳动者，应及

时组织健康检查。根据检查结果和现场劳动卫生学调查,确定危害因素,为急救和治疗提供依据,控制职业病危害的继续蔓延和发展。应急健康检查应在事故发生后立即开始。

② 从事可能产生职业性传染病作业的劳动者,在疫情流行期或近期密切接触传染源者,应及时开展应急健康检查,随时监测疫情动态。

8.7.6.2 健康监护档案

用人单位应为劳动者建立职业健康监护档案,并按照规定的期限妥善保存,每一人员设一健康监护卡(或册),这是一项重要的基础工作,可为职业有害因素的评价、职业病诊断、职业流行病学研究等提供资料,为整理和分析职业卫生资料提供便利条件。

健康监护档案是健康监护全过程的客观记录资料,是系统地观察劳动者健康状况的变化,评价个体和群体健康损害的依据,其资料具有完整性、连续性的特征。职业健康监护档案应当包括劳动者的职业史、职业病危害接触史、职业健康检查结果和职业病诊疗等有关个人健康资料。

(1) 劳动者职业健康监护档案

① 劳动者职业史、既往史和职业病危害接触史。
② 相应工作场所职业病危害因素监测结果。
③ 职业健康检查结果及处理情况。
④ 职业病诊疗等健康资料。

(2) 用人单位职业健康监护管理档案

① 职业健康监护委托书。
② 职业健康检查结果报告和评价报告。
③ 职业病报告卡。
④ 用人单位对职业病患者、患有职业禁忌证者和已出现职业相关健康损害劳动者的处理和安置记录。
⑤ 用人单位在职业健康监护中提供的其他资料和职业健康检查机构记录整理的相关资料。
⑥ 行政部门要求的其他资料。

(3) 档案管理

用人单位应建立劳动者职业健康监护档案和用人单位职业健康监护管理档案,应由专人负责管理,并按规定妥善保存。劳动者或其近亲属、劳动者委托代理人、相关的卫生监督检查人员有权查阅、复印劳动者的职业健康监护档案。用人单位不得拒绝或提供虚假档案材料。劳动者离开用人单位时,有权索取本人职业健康监护档案复印件,用人单位应如实、无偿提供,并在所提供的复印件上签章。监督机构、用人单位和职业健康检查机构应采取措施维护劳动者的职业健康隐私权、保密权。

8.7.7 职业卫生档案

职业卫生档案是职业病防治过程的真实记录和反映,也是行政执法的重要参考依据。用人单位应建立职业卫生档案,指定专(兼)职人员负责,并应对档案的借阅做出规定。

职业卫生档案应包括建设单位职业卫生基本情况、生产工艺流程、所使用的原辅料名称及用量、产品、副产品、中间产品产量、作业场所职业病危害因素种类与分布等情况、作业环境职业病危害因素检测与评价记录、职业病防护设施运转及维护档案等。

8.8 制药企业典型职业危害分析

制药工业生产工艺复杂，根据生产性质不同，一般分为原料药生产和剂型药生产两大类。本节主要针对上述两类生产的主体工艺流程进行介绍，对其中涉及的主要职业病危害因素进行识别，并提出其职业病防治要点。

8.8.1 生产工艺介绍

8.8.1.1 原料药制造

原料药的基本生产过程主要包括发酵提取、化学品合成、天然物萃取、生物制剂原料药制造等。

(1) 发酵提取

发酵是从微生物菌株的孢子样品接种开始，利用一套微生物技术对菌株进行选择性培养、净化、使其成长，以生产所需要的药品。间歇式发酵过程包括3个基本工序：接种和种子培养、发酵、产品回收或分离。发酵提取工艺流程如图8-1所示。

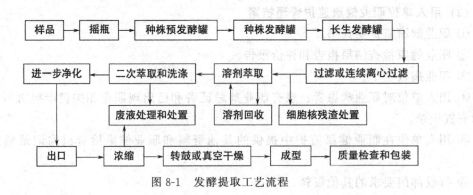

图8-1 发酵提取工艺流程

以发酵提取青霉素为例，主要工艺流程如图8-2所示。

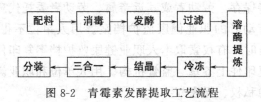

图8-2 青霉素发酵提取工艺流程

(2) 化学品合成

化学品合成过程使用有机和无机化学品，以间歇式操作，生产具有特定物理和药理学性能的药物物质。一般在多用途反应器中进行一系列化学反应，通过萃取、结晶和过滤分离而成。通常要经过干燥、研磨和制片得到最终产品。工艺步骤繁多，生产周期较长，各工序均属间断生产，反应时间长短不一。具体工艺流程如图8-3所示。

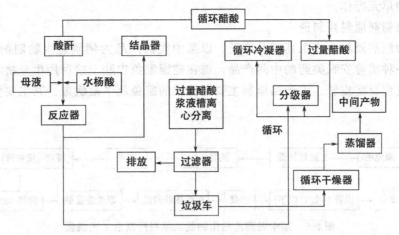

图 8-3　化学品合成流程

以咖啡因生产工艺为例，主要工艺流程如图 8-4 所示。

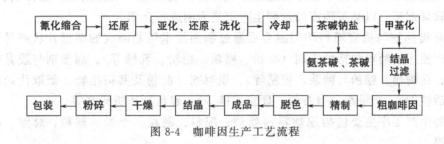

图 8-4　咖啡因生产工艺流程

(3) 天然物萃取

天然物萃取主要利用混合物中各组分在某溶剂中的溶解度不同来分离液体或固体混合物。主要包括液液萃取和固液萃取 2 大类。萃取过程常以金属化合物作为沉淀剂，用酚类化合物作溶剂。萃取液和废液的 pH 用强酸或碱中和调节。常用的提取剂为水、乙醇、丙酮、氯仿、乙醚和石油醚等。

① 液液萃取

液液萃取包括单级萃取、多级错流萃取、多级逆流萃取、有回流的多级逆流萃取。

以单级萃取为例，将溶剂与原料液一起加入萃取器，两者经充分接触后分层，分离后可得萃取相和萃余相。单级萃取工艺流程如图 8-5 所示。

图 8-5　单级萃取工艺流程

② 固液萃取

利用有机或无机溶剂将固体原料中的可溶性组分溶解，使其进入液相，再将不溶性固体与溶液分开的单元操作。

(4) 生物制剂原料药制造

当前生物制剂原料药或医药产品广泛，以某中医药产品为例阐述生物制剂原料药工艺。该产品作为一种镇静安眠类药的中间产品，需在健康家兔皮肤上接种用生理盐水稀释的牛痘病毒，取其发痘炎症皮肤。该产品原料主要是健康的家兔及牛痘病毒。其主要生产工艺如图8-6 所示。

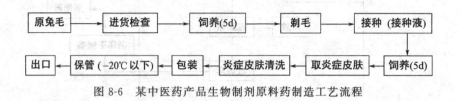

图 8-6　某中医药产品生物制剂原料药制造工艺流程

8.8.1.2　剂型药制造

药物经过加工制成应用于临床的适宜形式称为药物剂型，简称剂型，如片剂、胶囊剂、注射剂、软膏剂等。以某医药产品片剂生产工艺为例进行介绍。

片剂是指药物与适宜辅料均匀混合后通过制剂技术压制而成的圆形片状或异形片状制剂。其生产使用的辅料包括填充剂（淀粉、糊精、糖粉、乳糖等）、润湿剂与胶黏剂（蒸馏水、乙醇、淀粉糊、糖粉与糖浆、糊精等）、崩解剂（淀粉及其衍生物、低取代羟丙基纤维素、表面活性剂）、润滑剂（滑石粉、硬脂酸镁等）、着色剂和矫味剂等。

片剂的生产工序主要包括原辅料预处理、配料、制粒、干燥、整粒、总混、压片、包衣、包装等。

原辅料预处理、配料：包括原辅料粉碎、筛分、称量、配制。

制粒：常用的制粒方法包括干法制粒、湿法制粒和沸腾干燥制粒法。

干燥：湿法制成的颗粒，应立即干燥，以免受压变形或结块，干燥温度一般以 50～60℃为宜。

整粒：将粘连或结块的颗粒分开，以得到大小均匀、适合压片的颗粒。

压片：总混后经测定主药含量，计算片重后即可压片。

包衣：在片剂表面包以适宜的物料，常用的包衣物料包括浓糖浆、明胶浆、滑石粉等。

某医药产品片剂生产工艺流程如图 8-7、图 8-8 所示。

图 8-7　某医药产品片剂原辅料预处理工艺流程

8.8.2　职业病危害因素识别

8.8.2.1　原料药制造

(1) 发酵提取

以发酵提取青霉素工艺为例对原料药发酵提取过程中的职业病危害因素进行识别。青霉素发酵提取过程中的职业病危害因素分布情况见表 8-3。

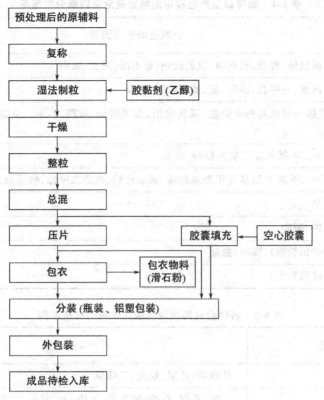

图 8-8 某医药产品片剂（含胶囊剂）生产工艺流程

表 8-3 青霉素发酵提取过程中的职业病危害因素分布

工序		职业病危害因素
配料		氢氧化钠、氨
消毒		噪声、高温
发酵		噪声、高温
过滤	鼓风过滤	噪声、高温
	加药	甲醛、苯胺、乙酸、氨、二甲胺、氢氧化钠

(2) 化学品合成

化学品合成工作场所有害因素主要包括粉尘、有毒化学物质、噪声、高温等，其中粉尘及有毒化学物质的职业危害较大。

以咖啡因生产为例，生产过程中的职业病危害因素分布情况见表 8-4。

化学品合成生产中常使用大量的有机溶剂，参加卤化、烃化、硝化、重氮化、酰化、脂化、醚化、胺化、氧化、还原、加成、缩合、环合、消除、水解、重排、催化氢化、裂解、缩酮、拆分、乙炔化等反应。各种合成药反应类型所使用的有机溶剂举例见表 8-5。

表 8-4 咖啡因生产过程中的职业病危害因素分布情况

岗位	职业病危害因素
氰化	氯乙酸、碳酸钠、盐酸、氰化钠、氯乙酸钠、氰乙酸、高温、噪声
缩合	二甲脲、尿素、一甲胺、醋酐、氨、氰乙酰脲、高温
环合亚化	1,3-二甲基-4-亚氨基脲嗪钠盐、氢氧化钠、亚硝酸钠、硫酸、1,3-二甲基-4-氨基-5 异亚硝基脲嗪、高温
还原	铁粉、1,3-二甲基-4,5 二氨基脲嗪、高温
酰化闭环	甲酸、1,3-二甲基-4-氨基-5 甲酰基脲嗪、氢氧化钠、硫酸二甲酯、咖啡因、高温、噪声
压滤	噪声、振动
碳提	炭尘、噪声、振动
粉碎	粉尘(咖啡因粉尘)、噪声、振动
包装	粉尘(咖啡因粉尘)

表 8-5 各种合成药反应类型与使用的有机溶剂

反应类型	有机溶剂
加氢	低级醇、乙酸、烃类、二噁烷
氧化	甲醇、乙酸、吡啶、硝基苯、氯仿、苯、甲苯、二甲苯
卤化	甲醇、四氯化碳、乙酸、二氯乙烷、四氯乙烷、二氯代苯、三氯代苯、硝基苯、DMF、氯仿、三氯乙烯、苯、甲苯、二甲苯
酯化	甲醇、甲醛、苯、甲苯、二甲苯、丁醚、DMF、氯仿、三氯乙烯
硝化	乙酸、二氯代苯、硝基苯、二甲苯
偶联反应	甲苯胺
格利雅反应(Grignard)	乙醚、高级醚
弗瑞德-克莱福特反应(Friedel-Crafts)	硝基苯、苯、二硫化碳、四氯化碳、四氯乙烷、二氯乙烷
磺化	甲醇、硝基苯、多氯苯、氯仿、二噁烷
脱水	苯、甲苯、二甲苯、乙烯
缩合	乙醚、苯、甲苯、二甲苯、丙酮、DMF、苯胺、三氯乙烯、二氯乙烷、丙烯腈
脱氢	喹啉、己二胺
脱羧	喹啉
重氮化	乙醇、乙酸、吡啶、甲醇、苯胺
酰化	甲醇、二氯乙烷、氯仿、苯、甲苯
缩醛化	苯、己烷

(3) 生物制剂原料药制造

以某中医药产品为例,生物制剂原料药家兔炎症皮肤的制取过程涉及的职业病危害因素详见表 8-6。

表 8-6 生物制剂原料药家兔炎症皮肤的制取过程涉及的职业病危害因素

工作场所/设备/工序	职业病危害因素
家兔消毒	乙醇
炎症皮肤清洗消毒	苯酚
废水处理	硫酸、氢氧化钠
风机、水泵	噪声
兔排泄物清洗	氨、硫醇、吲哚

生物药物分离纯化和精制过程中采用的萃取、浸析、洗涤等方法常使用大量的有机溶剂，如乙醇、乙醚和丙酮在维生素、激素、抗生素等的浓缩和精制过程中是传统的常用溶剂。维生素、抗生素等药品萃取和精制过程中使用的有机溶剂情况详见表 8-7。

表 8-7 药品萃取和精制过程中使用的有机溶剂

物质名称	方法	溶剂
吗啡	植物萃取	甲醇、乙醇、异丙醇、乙醚、异丙醚、丙酮、二氯乙烷、苯、石油醚
咖啡因	茶叶中萃取	二氯乙烷、三氯乙烯
孕甾酮	牝马尿中萃取	丁醚、1,2-二氯乙烷、乙醚、丁醇、己醇
维生素 A、维生素 D	鱼的肝脏中萃取	1,2-二氯乙烷、二氯甲烷
维生素 A、维生素 D	沉淀剂	乙醇、异丙醇
维生素 B	谷物萃取	丙酮、异丙醇
维生素 B	酵母中萃取	醋酸乙酯(98%)
维生素 B_{12}	精制	丁醇、煤焦油烃类
维生素 C	从合成的水溶液中沉淀	丙酮、甲醇混合溶液
青霉素	萃取、精制	丙酮、氯仿、氯苯、乙醚、丁酮、丁醇、仲丁醇、乙酸戊酯、乙酸甲基戊酯、甲基异丁基(甲)酮
氯霉素	发酵液中萃取精制	乙酸乙酯、乙酸异丙酯、乙酸戊酯
金霉素	萃取	丙酮、丁醇、乙二醇、乙醚
某些生物药品	中药酶提成	甲苯、二甲苯
某些生物药品	生化药提取	二甲苯、汽油

8.8.2.2 剂型药制造

制剂药制造主要的有害职业因素包括金属类（如锰、铬等）、有机溶剂（如苯及苯化合物、氯仿等）、刺激性气体（如氯、硫酸二甲酯等）、窒息性气体（如氰化氢、一氧化碳等）、高分子化合物等化学物、粉尘、高温、噪声、振动物理因素等。

以片剂制造为例，生产过程产生的主要职业病危害因素为药物粉尘和生产性噪声，其中药物粉尘主要存在于粉碎、筛分、称量、混合、制粒、干燥、整粒、总混、压片、填充、包衣、包装等工序人工上料和出料过程；噪声主要来自于粉碎机、振动筛等设备的运行过程。

在制剂制备过程中，有时也会使用到有机溶剂，如包衣过程，透皮制剂制备等。一些制剂生产使用有机溶剂的情况详见表8-8。

表 8-8 一些制剂生产使用的有机溶剂

物质名称	方法	溶剂
固体制剂	制颗粒、固体分散	乙醇、氯仿、丙酮
	包衣、微型包裹	乙醇、甲醇、异丙醇、丙酮、氯仿、甲醛
	软胶囊洗丸、配液	氯仿、四氯化碳或乙醇、溶剂汽油、松节油
液体制剂	配液	乙醇、丙二醇、聚乙二醇、二甲基亚砜、醋酸乙酯
柱设计与滴眼剂	配液	乙醇、丙二醇、聚乙二醇(平均相对分子质量300～400)
	安瓿印字	二甲苯、甲醛
	软管印刷	二甲苯、甲醛
涂膜剂	配药液	乙醇、丙酮、乙醇+丙酮
气雾剂	药物配制	乙醇、丙二醇或聚乙二醇
浸出制剂	浸出	乙醇、氯仿、乙醚、石油醚
贴膏剂	溶剂法	汽油

8.8.3 职业病危害防治要点

制药行业涉及产品种类繁多，生产工艺和使用的主要原辅材料亦不尽相同，存在的职业病危害因素多种多样，其中对人体健康影响最为严重的主要是刺激性气体、窒息性气体、有机化合物和生产性粉尘，可引起职业中毒、职业性皮肤病、肺沉着病等多种职业病。

(1) 原料药制造

原料药制造过程中的主要职业病危害因素为氢氧化钠、氨、苯胺、甲醛、盐酸、氰化钠、醋酐、硫酸、甲醇、乙酸、苯、甲苯、二甲苯、氯仿、三氯乙烯、粉尘等。

发酵提取过程中的关键控制点为配料、消毒、发酵、提取、结晶等岗位。发酵过程主要是微生物的分离和生长，使用非病原体微生物。产品回收过程的设备保持密闭，废液排放前经过处理，可以降低生物和化学有毒物质的危害。

化学品合成的关键控制点为各类管道、反应釜、提取罐以及包装岗位。在实际生产过程中应检查管道等设备设施的密封性，防止跑、冒、滴、漏，在上述岗位考虑安装有效的局部通风设施。以咖啡因生产为例，职业病危害的关键控制点为酰化闭环岗位产生的硫酸二甲酯和包装岗位产生的咖啡因粉尘。职业病防治的重点包括：①在酰化闭环岗位安装有效的局部通风设施；②包装岗位应尽量采取密闭操作，并加强个人防护。

天然物萃取的关键控制点为过滤设备、泵、阀门和管道等设备，在生产过程中应保持上述设备具有良好的密封性，防止跑、冒、滴、漏。

生物制剂原料药制造中职业病危害的关键控制点为消毒、清洗岗位，关键控制措施主要是加强工作场所的通风及作业人员的个体防护。

检修维护管道、罐体等密闭设备时，应按照 GBZ/T 205—2007《密闭空间作业职业危害防护规范》等标准规范的要求进行操作，控制、掌握管道、各种罐等密闭设备内有毒物质浓度，并在确保安全防护措施及应急救援准备到位的情况下进行操作，同时密闭设备外的监督人员与内部操作人员应保持通信联系，防止硫化氢等急性中毒、缺氧窒息等事故的发生。

(2) 剂型药制造

某医药产品片剂生产为例，片剂制造过程的职业危害关键控制点主要为粉碎、筛分、称量、配制、制粒、干燥、整粒、总混、压片等工序上料和出料过程，关键控制措施包括安装有效的排风除尘装置，将粉尘限制在局部范围内，抑制扬尘、降低粉尘扩散。

8.9 职业危害检测与评价

8.9.1 职业病危害因素检测

职业病危害因素检测主要是利用采样设备和检测仪器，依照《职业病防治法》和国家职业卫生标准等要求，对生产过程中产生的职业病危害因素进行识别、检测与鉴定，掌握工作场所中职业病危害因素的性质、浓度（强度）以及时空分布情况，评价工作场所作业环境和劳动条件是否符合职业卫生标准要求，为制定职业卫生防护对策措施，改善不良劳动条件，预防控制职业病，保障劳动者健康提供数据支持，是职业病防治工作中的一项重要内容。

目前，我国职业病危害因素的检测方法主要包括工作场所物理因素测量、工作场所有害物质的空气检测、工作场所有害物质的生物检测等。

物理因素测量是指利用仪器设备对工作场所噪声、高温、振动、射频辐射、紫外光等物理因素的强度及其接触时间进行测量，以评价工作场所的职业卫生状况和劳动者的接触程度及可能的健康影响。

空气检测是指在一段时期内，通过检测工作场所空气中有害物质的浓度，以评价工作场所的职业卫生状况和劳动者接触有害物质的程度及可能的健康影响。

生物检测是指在一段时期内，通过检测人体生物材料（血、尿、呼出气等）中有害物质或其代谢物的含量（浓度）或由它们所致的生物效应水平，以评价劳动者接触有害物质的程度及可能的健康影响。

作为评价劳动者接触有毒有害物质程度的两个方法，空气检测和生物检测各有其特点，具体内容见表8-9。

从表8-9的对比可以看出，空气检测是生物检测的基础，生物检测指标的确定和检测结果的评价，离不开空气检测。生物检测可以弥补空气检测在个体接触剂量评价中的不足。二者均用来评价职业接触程度。完整的职业卫生评价应需要空气检测和生物检测相结合。

目前，我国职业病危害因素检测主要以工作场所有毒有害物质的空气检测和工作场所物理因素的测量为主。

职业病危害因素检测按检测方法和仪器类型，可分为现场检测和实验室检测两方面。

(1) 现场检测

现场检测是指利用便携直读式仪器在工作场所进行实时检测、快速给出检测结果，适用于对工作场所的职业卫生状况作出迅速判断，例如事故检测、高毒物质工作场所的日常监测等。常用方法有气体检测管法、便携式气体分析仪测定法、物理因素的现场测量等。

表 8-9　空气检测和生物检测的比较

比较内容	空气检测	生物检测
定义	通过检测工作场所空气中毒物的浓度以评价职业卫生状况和劳动者接触毒物的程度	通过检测人体生物材料中毒物及其代谢物含量,以评价劳动者接触毒物的程度
测定对象	样品:空气 对象:毒物	样品:生物材料 对象:毒物及其代谢物、引起机体的反应物
评价依据	职业接触限值	职业接触生物限值
优缺点	1. 适用范围广,可测各种毒物; 2. 操作较易、较快; 3. 适用于评价工作场所空气质量,不能反映个体差异; 4. 测定结果仅能反映经呼吸道进入人体的可能剂量; 5. 一个毒物只有1~2个评价指标; 6. 结果解释明确	1. 适用范围小,可检测的毒物少; 2. 操作较难、较慢; 3. 适用于评价个体接触剂量,能反映个体差异; 4. 测定结果能反映经各种途径进入人体的剂量,不能指明进入途径; 5. 一个毒物可有多个评价指标; 6. 得到特异的生物检测指标较困难; 7. 结果解释需慎重

① 气体检测管法,将浸渍过化学试剂的固体吸附剂制成指示剂,装在玻璃管内,当空气通过时,有害物质与化学试剂反应引起固体吸附剂变色,根据颜色深浅或变色柱的长度,与事先制备好的标准色板或浓度标尺进行比较,即时作出定性或定量检测。利用气体检测管可对100多种有机物和无机物进行检测,如苯、甲苯、丙酮、氯乙烯、二氧化硫、硫化氢、氯化氢、臭氧、二氧化氮、氨气、氰化氢、氯气等。

气体检测管法具有体积小、质量轻、携带方便、操作简单快速和费用低等优点。但其检测准确度和精密度较差。

② 便携式气体分析仪测定法,采用以红外线、半导体、电化学、色谱分析、激光等检测原理制成的便携式直读仪器在工作现场进行的快速检测。其优点是:有较高的灵敏准确度和精密度;可用于多种有害物质的检测;仪器设备体积较小,质量较轻,携带方便;操作简单快速。

③ 物理因素的现场测量,除振动外,物理因素多以场的形式存在于作业场所,如声场、电磁场、热辐射场等,且除高温外,物理因素的产生和消失与生产设备的启动和关闭均是同步的。物理因素的测量均采用便携式仪器设备现场即时直读的方式进行。

工作场所物理因素的现场测量项目主要包括噪声、高温、振动、射频辐射、紫外光等。

(2) 实验室检测

实验室检测是指在现场样品采集后,将样品送回实验室,利用实验室分析仪器进行测定分析的方法,是目前工作场所空气中化学物质检测最常用的检测方法。

常用的实验室检测方法有以下几种。

① 称量法,主要用于粉尘的测定。

② 光谱法,广泛用于金属及其化合物、非金属无机化合物以及部分有机物的测定,如紫外可见分光光度法、原子吸收光谱法等。

③ 色谱法,主要用于有机化合物和非金属无机离子的测定,如气相色谱法、液相色谱法、离子色谱法等。

用于实验室检测的分析仪器主要有分析天平、紫外可见分光光度计、原子吸收光谱仪（火焰和石墨炉）、原子荧光光谱仪、气相色谱仪、气相色谱质谱联用仪、离子色谱仪、液相色谱仪等。

实验室检测适用范围广，测定灵敏度高、准确度高、精密度好。我国已颁布的职业卫生标准检测方法以实验室检测方法为主。实验室检测的缺点是检测所需时间较长，不能即时出具检测结果。

8.9.2 建设项目职业病危害评价

《中华人民共和国职业病防治法》明确规定了国家实施建设项目职业病危害评价制度，用以预防、控制和消除建设项目可能产生的职业病危害，规范建设项目职业卫生监督管理工作，确保建设项目职业病危害防护设施与主体工程同时设计、同时施工、同时投入生产和使用。根据评价的时机和目的不同，建设项目职业病危害评价可分为建设项目职业病危害预评价和建设项目职业病危害控制效果评价两类。

建设项目职业病危害预评价是指针对可能产生职业病危害的建设项目，在其可行性论证阶段，对建设项目可能产生的职业病危害因素及其有害性与接触水平、职业病防护设施等进行的预测性分析与评价。

建设项目职业病危害控制效果评价是指在建设项目完工后、竣工验收前，对工作场所职业病危害因素及其接触水平、职业病防护设施及其效果等做出的综合评价。

根据中央编办《关于职业卫生监管部门职责分工的通知》（中央编办发［2010］104号）以及中华人民共和国卫生部、国家安全生产监督管理总局《关于职业卫生工作职能调整的公告》（2010年第21号）精神，由安全生产监督管理部门负责职业卫生检测、评价技术服务机构的资质认定和监督管理工作，负责新建、改建、扩建工程项目和技术改造、技术引进项目的职业卫生"三同时"审查及监督检查。

建设项目的职业病危害预评价和职业病危害控制效果评价都必须由取得安全生产监督管理部门资质认可的职业卫生技术服务机构实施。

8.9.3 用人单位职业病危害现状评价

根据《工作场所职业卫生监督管理规定》（国家安全生产监督管理总局令第47号）的相关要求，用人单位委托具有相应资质的职业卫生技术服务机构，危害严重的每三年至少进行一次职业病危害现状评价，初次申请、申请换证、发生职业病危害事故的要及时进行现状评价。

用人单位职业病危害现状评价是指应用职业卫生的科学理论和方法，对用人单位正常生产状态下的职业卫生管理状况以及工作场所职业病危害因素及危害程度、职业病防护措施及效果、健康影响等做出综合评价。

用人单位职业病危害现状评价必须由取得安全生产监督管理部门资质认可的职业卫生技术服务机构实施，在生产满负荷或正常生产情况下进行。

参 考 文 献

[1] 李志宁,李钧.药品安全生产概论[M].北京:化学工业出版社,2006.
[2] 张之东.安全生产知识[M].北京:人民卫生出版社,2013.
[3] 宋航.制药工程技术概论[M].北京:化学工业出版社,2013.
[4] 姚日生.制药工程原理与设备[M].北京:高等教育出版社2007.
[5] 张珩,王存文.制药设备与工艺设计[M].北京:高等教育出版社,2008.
[6] 蒋军成.化工安全[M].北京:机械工业出版社,2008.
[7] 朱建军.化工安全与环保[M].北京:北京大学出版社,2011.
[8] 唐朝纲.危险化学品安全管理基础[M].北京:机械工业出版社,2014.
[9] 李克荣.安全生产管理知识[M].北京:中国大百科全书出版社,2011.
[10] 辛嵩,刘剑.安全工程概论[M].徐州:中国矿业大学出版社,2011.
[11] 杨泗霖.防火与防爆[M].北京:首都经济贸易大学出版社,2000.
[12] 蒋军成.化工安全[M].北京:中国劳动社会保障出版社,2007.
[13] 王志祥.制药工程学[M].北京:化学工业出版社,2008.
[14] 许文,张毅民.化工安全工程概论[M].北京:化学工业出版社,2011.
[15] 王凯全.安全工程概论[M].北京:中国劳动社会保障出版社,2010.
[16] 景国勋,杨玉忠.安全管理学[M].北京:中国劳动社会保障出版社,2012.
[17] 王新泉,邬燕云.安全生产标准化教程[M].北京:机械工业出版社,2011.
[18] 华安天宇.安全生产标准化[M].北京:中国环境科学出版社,2012.
[19] 赵雪娥,孟亦飞,刘秀玉.燃烧与爆炸理论[M].北京:化学工业出版社,2011.
[20] 陈莹.工业火灾与爆炸事故预防[M].北京:化学工业出版社,2010.
[21] 伍爱有,彭新.防火与防爆工程[M].北京:国防工业出版社,2014.
[22] 王信群,黄冬梅,梁晓瑜.火灾爆炸理论与预防控制技术[M].北京:冶金工业出版社,2014.
[23] 霍然,杨振宏,柳静献.火灾爆炸预防控制工程学[M].北京:机械工业出版社,2007.
[24] 杨泗霖.防火防爆技术[M].北京:中国劳动社会保障出版社,2008.
[25] 王凯全.安全管理学[M].北京:化学工业出版社,2011.
[26] 钮英建.电气安全工程[M].北京:中国劳动社会保障出版社,2009.
[27] 夏兴华,侯静,丁君德.电气安全工程[M].北京:人民邮电出版社,2012.
[28] 孙熙,蒋永清.电气安全[M].北京:机械工业出版社,2011.
[29] GB 50058—2014,爆炸危险环境电力装置设计规范[S].
[30] 张显力.防爆电气概论[M].北京:机械工业出版社,2008.
[31] 上海市安全生产科学研究所.防爆电气作业人员安全技术[M].上海:上海科学技术出版社,2013.
[32] 吴穹,许开立.安全管理学[M].北京:煤炭工业出版社,2002.
[33] 亢永.城市燃气埋地管道系统风险研究[D].沈阳:东北大学,2014.
[34] 吴超.安全科学方法学[M].北京:中国劳动社会保障出版社,2011.
[35] 吴宗之,高进东,魏利军.危险评价方法及其应用[M].北京:冶金工业出版社,2001.
[36] 刘诗飞,詹予忠.重大危险源辨识及危害后果分析[M].北京:化学工业出版社,2008.
[37] 刘博.职业卫生管理培训教材(复训)[M].北京:气象出版社,2014.
[38] 陈永青.职业卫生评价与检测(职业卫生基础知识)[M].北京:煤炭工业出版社,2013.
[39] 刘宝龙.职业卫生评价与检测(建设项目职业病危害评价)[M].北京:煤炭工业出版社,2013.
[40] 杜欢永.职业卫生评价与检测(职业病危害因素检测)[M].北京:煤炭工业出版社,2013.
[41] 姜向阳.职业卫生评价与检测(典型行业职业病危害评价要点分析)[M].北京:煤炭工业出版

社,2013.
[42] 孙贵范.职业卫生与职业医学[M].北京:人民卫生出版社,2013.
[43] 吴强,任国友.职业卫生基础[M].徐州:中国矿业大学出版社,2012.
[44] 王志.职业卫生概论[M].北京:国防工业出版社,2012.
[45] 吴宗之.安全生产技术[M].北京:中国大百科全书出版社,2011.
[46] 贾海霞.原料药生产中有机溶剂的职业危害及防范措施[J].山西科技,2008,(5):149-150.
[47] 陈利群.制药生产中有机溶剂的使用与职业危害因素分析[J].医药工程设计,2008,29(1):22-26.
[48] GBZ/T 224—2010,职业卫生名词术语[S].
[49] GB/T 15236—2008,职业安全卫生术语[S].
[50] GBZ 188—2014,职业健康监护技术规范[S].
[51] 王丽琼.防火与防爆技术基础[M].北京,北京理工大学出版社,2009.
[52] 赵衡阳.气体和粉尘爆炸原理[M].北京,北京理工大学出版社,2009.
[53] 方剑春.谁来保护做药人的安全与健康[N].中国医药报,2006-2-28(B01).
[54] 张奇,白春华,梁慧敏.燃烧与爆炸基础[M].北京,北京理工大学出版社,2007.